当代目录学

郑建明 等 著

科学出版社

北京

内 容 简 介

本书为南京大学信息管理学院图书馆学专业核心课程"目录学"教学与科研团队潜心研究的成果,探讨当代目录学理论体系构建问题,论述当代目录学的理论基础及其基本理论问题,当代目录学方法论及描述、组织与揭示的学科方法体系,书目信息组织模式及其组织方法,网络信息资源书目控制的优化路径;探讨大数据管理中的目录学,重点论述非结构化数据处理、数字信息资源重构及其策略;分析数字环境下书目信息服务与利用的变化、特点与新要求,提出书目信息服务与利用的模式和社会化书目信息事业结构。

本书可作为高等学校图书馆学专业教材,也适合用作广大图书馆与信息机构的工作人员的学习培训、研究参考用书。

图书在版编目(CIP)数据

当代目录学/郑建明等著. —北京:科学出版社,2020.12
ISBN 978-7-03-066504-1

Ⅰ. ①当… Ⅱ. ①郑… Ⅲ. ①目录学 Ⅳ. ①G257

中国版本图书馆 CIP 数据核字(2020)第 204564 号

责任编辑:惠 雪 曾佳佳/责任校对:杨聪敏
责任印制:张 伟/封面设计:许 瑞

科学出版社 出版
北京东黄城根北街 16 号
邮政编码:100717
http://www.sciencep.com

北京厚诚则铭印刷科技有限公司 印刷
科学出版社发行 各地新华书店经销
*
2020 年 12 月第 一 版　开本:787×1092　1/16
2022 年 9 月第二次印刷　印张:16 1/2
字数:390 000

定价:89.00 元
(如有印装质量问题,我社负责调换)

前　言

"碎片化"是信息时代各类信息资源的基本特征之一，随着社会信息化进程的不断推进，信息单元不断细分，"碎片化"程度不断加剧。"碎片化"英文 fragmentation，原意就是完整的内容细粒化、零片化，是指一个同质内容所包含的多个元素，且不能和原有内容建立起有机的联系，具有"组织去中心化、结构非整体性、形态多元化"的特征。

与"碎片化"相对的是结构化，结构化指通过挖掘信息间的内容关系，使得个体、散乱、无序变为整体、逻辑、有序。数字文献信息既包括文献数据库等数字化文献集合体，也包括网络原生与传输的文献信息。数字文献信息从一开始就面临结构化的难题，而幸运的是有了网络目录和搜索引擎，网络目录和搜索引擎就是数字文献信息资源化的结构组织。结构化实质上是构筑一个信息资源体系，有了数字信息数据库书目系统、大数据的结构化，资源体系的实体化构建才有可能，目录学提供数字文献信息结构化的基础与原理，有助于实现信息的结构化。

当代目录学的精髓就是书目信息理论，其体现了当代目录学的本质特征。书目信息理论以书目信息为基点，实质与核心是信息资源的知识组织，即数字文献信息资源的结构化。构建数字文献信息资源结构化体系，形成当代书目信息范式，奠定互联网信息书目机制的基础，对无序化的数字文献信息资源整序与揭示成为"当代目录学的新任务"。

数字文献信息资源组织就是将网络空间里大量无序、散乱的信息，采用一定规则与模式，按照一定原则与方法进行处理，从而形成有序、整体、逻辑的结构化体系，其基本原理就是书目信息的聚合重构。"聚合"是将异构的信息资源链接在一起；"重构"则是将所集合的各种信息资源进行规范、组织，对分散无序、相对独立的数字文献信息进行类聚、融合和重组，使其重新组织成一个新的有机整体。

数字文献信息资源整合包括三个层次：最底层是数据集成层（基于语法的整合），完成异构和分布数据源在语法层面上的数据整合；第二层是知识集成层（基于语义的整合），按照既定的知识组织体系和知识本体结构对数字资源进行概念或语义的描述与组织，这是知识内在联系的整合，形成一个能够高效利用数字资源的知识网格；第三层是服务整合层（基于语用的整合），即根据用户的个性化需要，动态地构建出应用系统，为用户提供智能化的知识服务。

提炼碎片，用结构化手段完成碎片的"拼图"，也称为知识整合，即利用知识本体实现数字文献资源的概念和语义的组织，按照一定的知识体系对数字文献资源进行分类、组织、标注，并通过本体技术使相对独立的数字文献信息产生联系。知识整合是数字资源整合的高级阶段，它不仅能够实现异构系统局部资源的功能优化，也能使数字图书馆的众多数字文献资源生成规范有序的知识网络。当代数字文献信息资源组织以书目信息为基点，揭示数字文献信息内容脉络，构筑大数据的数字文献资源体系，智能化、智慧化服务方有可能。

当代书目信息理论将研究对象由纯文本的文献信息资源组织拓展到了数字载体的文献信息资源、网络信息资源的整序与组织领域，其基本原理就是通过对网络文献信息甚至数字文献信息的采集、处理、分析与组织，降低信息熵值，提高信息有序化度，形成结构性信息源。书目信息系统使网络文献信息有序化的过程是对当代书目信息活动内在本质的揭示。

应对碎片化信息的基础是数字文献信息有序化、结构化，其实现则是通过数字文献书目信息控制。数字文献书目信息控制有四方面的表现：①书目控制是知识管理的手段，书目控制注重无序信息的书目治理规范、流程、方法；②数据挖掘是内容组织的前提，数据挖掘强调知识之间的关联与融合；③智能处理主要依赖语义关联，语义建立信息资源的知识整体性与关联性的深层次揭示；④本体构建的可视化特征为主题图谱，本体系统构建知识地图（主题图谱）。

书目信息具有学术范式，书目信息以系统方式揭示信息内容之间的联系，对无序信息进行知识整合；指示信息特征，标注知识位置，在语义层次上对异构信息建立规范视图。书目信息理论的核心是将碎片化的信息内容进行知识结构化关联，从整体上揭示信息资源的结构布局与内容逻辑关联，进而对大数据概念的信息资源进行聚合重构，建立内在关联。书目信息理论仍是无序信息结构化方案的立论依据、资源聚合重构的方法论基础。

本书为南京大学信息管理学院开设的图书馆学专业核心课程"目录学"教学与科研团队潜心研究的成果，共由11章组成，内容包括书目信息定义及概念认识；当代目录学基础理论和基本理论问题；当代目录学理论体系的构建；当代目录学方法论；当代目录学发展史；书目信息组织模式、方法、系统；网络信息资源书目控制及其优化路径；社会化书目信息事业结构及服务；大数据管理中的目录学方法论等。本书由郑建明主持，钱鹏、陈雅、王锰、刘慧、熊翔宇、胡唐明、潘颖、宋海艳、李涵、吴志敏等共同完成。其中第一章书目信息由郑建明、李涵、王锰执笔，第二章目录学理论发展态势由郑建明、王锰、胡唐明执笔，第三章当代目录学理论体系由王锰、钱鹏、郑建明执笔，第四章当代目录学方法论由郑建明、钱鹏、胡唐明执笔，第五章当代目录学发展中的若干问题由胡唐明、刘慧、郑建明执笔，第六章书目信息组织由钱鹏、胡唐明、郑建明执笔，第七章数字文献资源的整合机制及其实现由刘慧、吴志敏、潘颖执笔，第八章网络信息资源书目控制由宋海艳、熊翔宇、郑建明执笔，第九章书目信息服务由郑建明、刘慧、胡唐明执笔，第十章网络学术信息资源利用由陈雅执笔，第十一章大数据中的目录学由熊翔宇执笔。全书由郑建明、钱鹏、熊翔宇统稿。

本书写作过程中，得到了武汉大学彭斐章教授的关心与指导，武汉大学陈传夫教授、王新才教授、黄如花教授、司莉教授、冉从敬教授，北京大学李国新教授、王子舟教授，南开大学柯平教授，中山大学程焕文教授，郑州大学王国强教授，扬州大学傅荣贤教授等给予了积极鼓励与大力支持。本书写作过程中还参考引用了许多相关论著及其思想观点；本书的出版得到了南京大学"双一流"专业及课程建设项目的支持；科学出版社惠雪编辑付出了辛勤劳动。在此，我们一并表示衷心的感谢！若有疏漏之处，恳请专家和读者批评指正。

作 者

2020 年 6 月

目 录

前言
第一章 书目信息 ………………………………………………………… 1
  第一节 书目信息概念 ………………………………………………… 1
    一、概念术语 ……………………………………………………… 1
    二、书目信息概念的界定 ………………………………………… 2
    三、书目的定义 …………………………………………………… 4
  第二节 书目信息概念的认识演变 …………………………………… 5
    一、书目信息的提出 ……………………………………………… 5
    二、书目信息的理论依据 ………………………………………… 7
    三、书目信息概念产生的源流 …………………………………… 8
  第三节 书目信息的本质属性与社会属性 …………………………… 9
    一、书目信息的本质属性 ………………………………………… 10
    二、书目信息的社会属性 ………………………………………… 11
  第四节 书目信息的存在形式、特征与职能 ………………………… 12
    一、书目信息的存在形式 ………………………………………… 12
    二、书目信息的特征 ……………………………………………… 13
    三、书目信息的基本职能与社会职能 …………………………… 13

第二章 目录学理论发展态势 …………………………………………… 14
  第一节 目录学基础理论 ……………………………………………… 14
    一、国内研究状况 ………………………………………………… 15
    二、国外研究状况 ………………………………………………… 18
    三、中西目录学理论研究的比较分析 …………………………… 21
    四、数字时代目录学发展方向的探索 …………………………… 23
    五、目录学发展的挑战与机遇 …………………………………… 27
  第二节 当代目录学基本理论问题 …………………………………… 30
    一、目录学理论基础 ……………………………………………… 31
    二、目录学研究对象 ……………………………………………… 32
    三、目录学的学科体系 …………………………………………… 32
  第三节 2010~2019年目录学研究综述 ……………………………… 36
    一、基于史料的古典目录学的经典叙述 ………………………… 37
    二、中西目录学研究的拓展、衔接与融合 ……………………… 40

三、目录学的学科交叉与融合·································42
第四节　目录学的时代特征···44
　　　一、学科发展的社会基础···45
　　　二、学科主要内容··45
　　　三、学科原理重构··46

第三章　当代目录学理论体系··49
第一节　理论体系概述··49
　　　一、概念··49
　　　二、目录学理论体系概念的分析···································50
　　　三、目录学体系构建原则···51
第二节　学科意义··52
　　　一、建立目录学理论体系的必要性和紧迫性······················52
　　　二、学科理论体系的建设特点······································53
第三节　当代目录学理论体系的构建···································55
　　　一、立论基础··55
　　　二、构建要素··56
　　　三、目录学理论体系的逻辑关联···································59
第四节　当代目录学理论体系的内容···································61
　　　一、目录学理论内核···61
　　　二、目录学基础理论···66
　　　三、目录学应用理论···66
　　　四、目录学学术环境···67

第四章　当代目录学方法论···69
第一节　当代目录学方法机理···70
　　　一、文献信息的揭示与报道··70
　　　二、用户对信息的特定需求··73
　　　三、高效解决目录学的主要矛盾···································74
第二节　书目信息方法论··76
　　　一、链接技术··77
　　　二、信息精选··77
　　　三、专业化标引··78
　　　四、书目信息增值服务···79
第三节　书目信息描述方法··80
　　　一、什么是书目信息描述···80
　　　二、书目信息描述的具体方法······································81
　　　三、网络信息资源描述···83
　　第四节　书目信息组织方法···85

一、什么是书目信息组织 ………………………………………………… 85
　　二、书目信息组织的具体方法 …………………………………………… 85
　　三、网络信息资源组织 …………………………………………………… 86
第五节　书目信息揭示方法 …………………………………………………… 87
　　一、什么是书目信息揭示 ………………………………………………… 87
　　二、书目信息揭示的具体方法 …………………………………………… 87
　　三、综述与述评的本质 …………………………………………………… 88
　　四、书目信息系统编纂法（二次文献数据库建设法） ………………… 93

第五章　当代目录学发展中的若干问题 ……………………………………… 95
　第一节　当代目录学基本理论研究的发展 ………………………………… 96
　　一、理论回顾 ……………………………………………………………… 96
　　二、学科理论研究的要点 ………………………………………………… 98
　　三、目录学的学科本质 …………………………………………………… 99
　第二节　书目工作实践的演变 ……………………………………………… 101
　　一、书目工作实践的特点 ………………………………………………… 101
　　二、信息描述规则的演变 ………………………………………………… 102
　　三、OCLC书目工作建设 ………………………………………………… 106
　　四、数字化学习指导与数字导读服务 …………………………………… 107
　　五、书目工作未来发展方向与趋势 ……………………………………… 108
　第三节　泛信息素养教育模式构建及其实现策略 ………………………… 109
　　一、信息素养到泛信息素养的嬗变 ……………………………………… 109
　　二、泛信息素养的基本认识 ……………………………………………… 110
　　三、泛信息素养教育模式构建 …………………………………………… 113

第六章　书目信息组织 ………………………………………………………… 119
　第一节　书目信息组织概论 ………………………………………………… 119
　　一、书目信息组织的理论基础 …………………………………………… 119
　　二、书目信息组织意义与作用 …………………………………………… 123
　第二节　书目信息组织模式 ………………………………………………… 124
　　一、链接模式 ……………………………………………………………… 124
　　二、搜索引擎模式 ………………………………………………………… 125
　　三、门户指南模式 ………………………………………………………… 126
　　四、自组织模式 …………………………………………………………… 127
　第三节　书目信息组织方法 ………………………………………………… 128
　　一、主题法在数字书目信息组织中的利用 ……………………………… 128
　　二、分类法在数字书目信息组织中的利用 ……………………………… 129
　　三、分类主题一体化在数字书目信息组织中的利用 …………………… 130
　　四、本体在数字书目信息组织中的利用 ………………………………… 130

五、语义网在数字书目信息组织中的利用 131
　第四节　书目信息组织系统 132
　　一、书目信息组织系统概述 132
　　二、书目信息组织系统的互操作 133

第七章　数字文献资源的整合机制及其实现 135
　第一节　数字文献资源整合的基本问题 135
　　一、概述 135
　　二、数字资源整合概念 136
　　三、数字资源整合要素 137
　　四、数字资源整合的原则 138
　第二节　数字信息资源整合方式 140
　　一、数据整合 140
　　二、数字资源整合方式比较 145
　　三、数字资源整合方式的选择 148
　第三节　数字资源整合的技术研究 149
　　一、数字资源整合工具 149
　　二、数字信息系统整合 154
　　三、技术在数字资源整合中的重要性 155
　　四、信息资源整合的发展趋势 155

第八章　网络信息资源书目控制 157
　第一节　书目控制理论 157
　　一、书目控制理论的内涵 157
　　二、书目控制理论发展 159
　　三、数字资源的控制 159
　第二节　国外书目控制理论研究的态势 161
　　一、近十年国外书目控制研究主题 161
　　二、数字环境下书目控制研究新的增长点 168
　　三、数字环境下书目控制研究展望 171
　第三节　网络信息资源的书目控制 173
　　一、书目信息控制与网络信息资源管理 173
　　二、书目控制理论在网络信息资源组织中的发展和应用 174
　　三、网络信息资源书目控制的发展契机 178
　第四节　网络信息资源书目控制优化路径 186
　　一、应用信息构建，注重面向用户的信息资源的选择 186
　　二、优化展示方法和手段，强化可理解的信息组织和表达 188
　　三、以用户为中心的界面设计，增强信息可用性，提高用户体验 189
　　四、资源展示中的易用性和可用性平衡 191

第九章　书目信息服务 ··· 193
第一节　数字环境下的书目信息服务 ································· 193
一、数字环境下书目信息服务的变化 ································· 193
二、数字环境下书目信息服务的特点 ································· 194
三、数字环境下书目信息服务的新要求 ······························ 195
第二节　书目信息服务的模式 ·· 196
一、基于目录提供的导航模式 ·· 196
二、基于内容提供的书目信息整合模式 ······························ 199
三、基于服务提供的书目利用模式 ···································· 202
第三节　书目信息标准化 ··· 205
一、书目信息工作标准化含义 ·· 205
二、文献著录系列标准 ·· 206
三、我国书目信息标准化 ··· 208
四、书目信息代码标准模式构建 ······································· 209
第四节　中国社会化书目信息事业 ··································· 214
一、书目信息活动的社会环境 ·· 214
二、学科发展环境 ·· 215
三、书目信息意识、书目信息需求与社会之间的关系 ············· 215
四、书目信息服务观 ··· 216
第五节　书目信息组织的智能化与可视化 ··························· 216

第十章　网络学术信息资源利用 ······································ 218
第一节　网络学术信息资源概念与特征 ····························· 218
一、网络学术信息资源的概念 ··· 218
二、网络学术信息资源的特征 ··· 219
第二节　网络学术信息资源划分与种类 ····························· 221
一、按信息资源的加工程度划分 ······································ 221
二、按信息资源的载体划分 ·· 222
三、按信息资源的有偿性划分 ··· 222
第三节　网络学术信息资源检索 ····································· 223
一、学术信息资源检索的基本方法 ··································· 223
二、网络信息检索的技巧 ··· 226
第四节　网络书目信息资源 ·· 229
一、国家书目信息资源 ·· 230
二、图书馆网上联机公共目录查询系统（OPAC） ················ 230
三、网上联合书目信息资源 ·· 231
四、网上专题书目信息资源 ·· 232
五、网上书店书目信息资源 ·· 232

六、网上出版发行书目信息资源 233
　第五节　网络学术信息资源评价与共享 233
第十一章　大数据中的目录学 237
　第一节　大数据与目录学 237
　　一、大数据 238
　　二、现代目录学研究的基点——书目信息理论 239
　　三、书目信息活动的实质——知识组织 240
　　四、目录的知识地图属性 241
　第二节　非结构化数据处理 242
　　一、非结构化数据处理的基础理论 242
　　二、图情领域非结构化数据处理研究 243
　　三、非结构化数据处理中的目录学原理 244
　第三节　数字信息资源重构及其策略 245
　　一、图书馆数字信息资源重构的基础理论 245
　　二、图书馆数字信息资源重构策略 246
　　三、图书馆数字信息资源重构中的目录学方法论 247
　第四节　大数据管理中的目录学机理 248
参考书目 251
后记 252

第一章

书目信息

书目信息，国内学术界也称书目情报，其思想在学术界被普遍认为起源于美国 20 世纪 40～50 年代由伊根和谢拉创立的书目交流理论。书目信息是文献交流的媒体，是记载文献信息、传递文献信息的"对象知识"。书目信息之所以成为文献交流的工具，是因为书目信息是经过筛选、浓缩、揭示、组织而成的文献信息系统。在书目信息理论的指引下，目录学理论发生了彻底的革命，这一革命结束了目录学以具体书目成果为核心的历史。

第一节 书目信息概念

一、概念术语

概念问题是一个学科发展的基本问题，概念的差别可能会导致人们对于其内涵和外延认识的错觉。因此首先要界定目录学理论体系中的"概念"，明确定义，对其内涵和外延也要进行限定。

目录在中国源远流长。古代的"目录"中"目"和"录"各有其意，是有差异的。"目"的意思是书名或篇目，"录"是关于文献的内容特征[1]，包括文献内容的学术流派及其演变、学术派别及其渊源，作者生平、学术思想、校勘经过、评价等的文字说明，也称叙录、书录或提要。"目录"一词，始于汉代。刘向《别录》有"《列子》目录"，刘歆《七略》有"尚书有青丝编目录"。班固《汉书》有"刘向司籍，九流以别。爰著目录，略序洪烈。述《艺文志》第十"。他在叙述刘向校书的情况时提到："每一书已，向辄条其篇目，撮其旨意，录而奏之。"刘向"条其篇目"，即目的部分；"撮其旨意"和"论其指归，辨其讹谬"是指录的部分，正因为有录，所以才能"辨章学术，考镜源流"[2]。将目和录合起来便是目录，相当于现在的书目。随着目录体式的演变，出现了很多称谓：刘向的《别录》包括"篇目"和"叙录"两部分，目在叙之前，所以其"书录"之"录"

---

[1] 张志强. 文献学引论. 南京：江苏教育出版社，2010: 132-133.
[2] 韩松涛. 网上学科导航的目录学特性初探. 大学图书馆学报，2006(4): 76-80, 104.

即"目录";也有录在目前,略去目而称为"序录"的,如陆德明的《经典释文序录》;有称"略"的,如刘歆的《七略》。《七志》称为"志",《中经新簿》称为"簿",《遂初堂书目》称为"书目",《郡斋读书志》称为"读书志"。此外,目录还有"解题""提要""考""记"等别称。

汉代刘向、刘歆父子的《别录》和《七略》,清代的《四库全书总目提要》等目录学著作,均以对学术的考辨而受到人们的重视[1]。姚名达就认为曰目曰录,皆非单独,义本相通,故成一体。万事万物,莫不有名,即莫不有目录。

中国古典书目不仅著录图书的形式特征,更注重从学术角度,通过大序、小序、解题等方式揭示图书的内容特征。"大序",指部序,叙述本部类所含内容的学术流派及某些流派的演变过程,总评古今学术。"小序",即类序,阐述本类的学术派别及师承渊源。"解题",即现在所谓的提要,介绍作者生平及其学术思想,概述全书要旨,批评学术得失,指示学术门径。

而现在对于目录的理解基本是"书目"的概念,当代的目录实践实际是书目实践,大多数只有目而没有录,但只有录才能体现出学科价值和实用性。彭斐章《目录学教程》,称书目又为目录,认为书目是一种二次文献。书目着眼于对文献的压缩和整序,从时间和资金成本方面简化过程,强化知识的快速流动,最终促成知识交流的实现[2]。

古今的差异,造成了目录与书目概念的混同,影响了人们对其正确地认识和理解,这也影响了人们对目录功用的评价。此外,西学翻译中,"目录"常指一个图书馆的书目,造成了书目与目录两个概念的不同内涵[3]。由此可以看到,中西、古今目录及书目的概念交叉导致了目录、书目概念的混乱,而关系的混乱会导致人们不能对其进行客观准确的评价,这在实践中可能不利于学科发展[1]。因此,在目录学理论、实践和目录学教育中,应该对"目录"和"书目"的使用有明确的规范。

二、书目信息概念的界定

书目信息概念准则在于有可能将一切多样的和分散的现象作为一个统一的整体来研究[4]。学者们对于书目信息概念进行了充分的讨论,撰文发表各自观点。在讨论过程中形成的代表性观点有以下几种。

(一)文献说

彭斐章界定"书目情报服务"时指出,广义的书目情报服务是指对书目情报的加工整理、传递、利用整个过程的活动,狭义的书目情报服务是根据需求者的咨询向其提供书目情报的过程。虽然他未对"书目情报"这一概念进行正面定义,但可看出其观点与

---

[1] 王锰,郑建明. 从目录学的致用性看当代目录学的发展. 图书馆杂志, 2013(12): 14-17, 41.
[2] 彭斐章. 目录学教程. 北京: 高等教育出版社, 2004: 1-2.
[3] 韩松涛. 目录学基本理论探讨. 图书情报工作, 2006(9): 40-42.
[4] 向矛. 书目信息序论. 图书馆建设, 1994(6): 14-17.

科尔舒诺夫1981年的观点较为接近。刘建明也照搬了科氏的定义[1]。这一类观点的特点在于使"书目情报"概念不脱离具体文献，较符合情报学关于文献与情报的理论。

（二）二次文献说

陈传夫论述"利用二次文献传递的知识"时强调，书目情报首先是对文献记录下来的那部分知识的浓缩，二次文献对它具有表征的功能，而书目情报交流的本质是知识的通信[2]。他的观点在"文献说"的基础上进一步划分出二次文献这一概念，以"文献"和"知识"作为"书目情报"的构成要素，并认为二次文献是形式，书目信息是内容，与英文中bibliographic information（BI）的含义较接近。

（三）二次、三次文献说

路林提出，"二次文献"与"三次文献"本质上毫无二致，是信息利用、信息处理不同阶段的产物，它们可以同属于一个上位概念，这就是书目情报[3]。曾令霞在《试论书目情报系统的结构与功能》中给出了更为明确的定义："书目情报是对文献的内容信息和形式特征进行筛选、描述、替代、重组和综合而形成的有着特定参考利用价值的有序化的文献信息。它具有对原始文献的依赖性、浓缩性、有序性、传递性等特点，具体内容范围包括书目、文摘、索引、书目之书目、指南之指南、文献指南等二次、三次文献检索工具。"[4]二次、三次文献说更全面地考虑到了书目产品的多样性和多层次性以及它们之间的密切联系，其中曾令霞的观点特别指出了书目信息所具有的工具性。

（四）大范畴说

随着书目信息概念内涵的不断扩大，柯平在其1996年出版的专著《书目情报系统理论研究》中提出了一个概念——"经过分析和综合处理并用于浓缩和记忆的知识"。他进一步解释书目情报是存在于一次文献、二次文献、三次文献之中的一种特殊的文献信息，其表现形态可概括为：①文本书目情报，指在形成原始文献过程中生成的关于文本的书目情报，如书名、责任者、版本、目次、参考文献等；②文献书目情报，在文本书目情报基础上生成的关于原始文献的信息，包括各类二次文献和三次文献；③具有文本书目情报和文献书目情报的某些特点的准书目情报，包括各种关于人名、地名、机构名等的工具书、年鉴、全文数据库、商品目录等[5]。

---

[1] 刘建明. 论书目情报. 图书馆理论与实践, 1990(3): 8-12.
[2] 陈传夫. 论目录学的体系. 图书情报知识, 1986(4): 35-36, 17.
[3] 路林. 论现代书目情报的特征、发展及定义. 上海高校图书情报学刊, 1991(2): 13-16.
[4] 曾令霞. 试论书目情报系统的结构与功能. 图书情报知识, 1993(3): 43.
[5] 柯平. 书目情报系统理论研究. 北京: 书目文献出版社, 1996: 9-10.

（五）效用信息说

柯平将书目信息定义为："建立在书目文献这种具体概念基础上的抽象概念，是书目文献中关于文献及其识别的情报。"[1]1995 年他又在与王心裁合著的文章中将以上定义发展为"关于文献的能反映文献存在的效用信息"[2]。彭斐章和贺修铭指出，书目情报区别于表示事物的二次文献概念，是书目文献这种具体概念上的抽象概念，是书目文献中关于文献及其识别的情报，是关于文献的效用信息[3]。效用信息说是目前较为流行的观点。

（六）书目信息说

郑建明在《当代目录学》一书中提出书目信息的相关观点[4]。刘国华发表了一系列文章，从多角度多层次论述了书目信息的定义，认为书目中包含的信息，或信息概念的限定，其物质、物理表现形式为书目或书目文献。王波也在论文《1990 年以来的目录学研究：从"书目情报"谈起》中对书目信息说发表了见解[5]。

三、书目的定义

书目是根据特定要求著录一批相关文献，并按一定顺序编排而成的一种揭示与报道文献的工具。它可以是独立的，也可以作为另一文献的附录或一部分[6]。这一定义实际上将书目解释为一种具体的工具，即目录的别称。

新的广义的书目概念可作如下定义：书目是根据一定的社会需要，科学地描述、揭示和组织文献信息的特征，并对所有文献实行书目控制的一种工具和人工系统。

对上述定义，还可进一步作如下的说明、解释。

（一）书目是一种工具

通过书目对文献实行控制，是由书目的基本职能所决定的，书目的基本职能可归结为文献记录与检索职能。

书目的记录职能首先表现在它能通过一定的存储手段对文献线索（而不是文献本身）进行有效登记，全面、系统地揭示与报道一定历史时期和一定范围内各种文献的出版、收藏概貌。书目的记录职能还表现在它能通过一定的手段对已出版、收藏，甚至未出版或亡佚了的一定历史时期、一定范围的文献及文献中的个别篇章、知识单元进行揭示、

---

[1] 柯平. 试论以书目情报为基础的书目控制. 图书馆理论与实践, 1991(3): 8-12, 62.
[2] 王心裁, 柯平. 关于书目情报的几个问题. 图书情报知识, 1995(1): 23-26.
[3] 彭斐章, 贺修铭. 书目情报服务的组织与管理. 武汉: 武汉大学出版社, 1996.
[4] 郑建明. 当代目录学. 南京: 南京大学出版社, 1994.
[5] 王波. 1990 年以来的目录学研究：从"书目情报"谈起. 图书馆理论与实践, 1998(1): 30-34.
[6] 武汉大学、北京大学《目录学概论》编写组. 目录学概论. 北京: 中华书局, 1982: 2.

报道。

　　书目具有的检索职能使它堪称为"打开人类知识宝库的金钥匙"。人们要在浩瀚的文献海洋里，找到自己所需的文献，书目就是导航图、指南针，没有书目作为检索文献的工具，人们要有计划地、系统地搜集有关资料并进行科学研究是不可能的事。

（二）书目是一种社会现象

　　书目是人类社会的产物，自然界没有书目。书目只存在于人类社会之中，因此，书目是一种社会现象。这是因为，对文献进行开发利用和对文献实行书目控制，是人类特有的一种行为、实践。

　　另外，书目作为一种控制文献的工具，对文献的记忆具有全面、准确、持久等特点，可弥补人脑记忆模糊的不足。而且，书目这一形式仅仅存在于社会集体中，其本身具有公共性，个人也只有在社会集体中才能充分地利用书目这一工具和充分地发挥书目的功能。

（三）书目是一种人工系统

　　从系统论的观点来看，书目可以脱离具体文献而单独存在，是一个相对独立的系统。以系统作为属性概念，书目系统具有系统的集合性、关联性、目的性、环境适应性和层次性等基本特征。

　　系统的层次性决定着书目系统不仅是一个完整的系统，而且是更大系统的一个组成部分。书目的存在是由文献、信息的存在所决定的。书目系统，实际上是一种文献系统、信息系统（或称书目文献系统、书目信息系统）；或者说，书目系统是文献系统、信息系统中的一个子系统。书目系统有以下两点基本属性：①书目是有序化的文献信息系统；②书目是文献中介系统。

第二节　书目信息概念的认识演变

一、书目信息的提出

　　"书目情报"是当代目录学的概念核心这一观点是彭斐章倡导并着力建构的，彭斐章于1990年出版《书目情报需求与服务研究》，该书的理论成果就是把信息用户的需求定义为"书目情报"，以此为出发点，把目录学研究和目录工作的范畴从传统书目文献的编纂扩大到书目情报服务[1]。20世纪90年代至今，"书目情报"已经成为目录学研究的重点方向，参与研究的学者越来越多，研究范围越来越广泛，研究程度也越来越深入。

　　肖希明提出，书目信息需求与服务理论是目录学理论与实践的最佳结合点，该理论以书目信息有序化为基础，通过书目信息咨询服务这一富有活力的新形式，发挥书目所

---

[1] 彭斐章. 书目情报需求与服务研究. 武汉: 武汉大学出版社, 1990.

固有的交流、报道和检索功能，解决目录学的特有矛盾[1]。

王波认为，书目信息的贡献在于推动目录学研究的精细化水平的提高，"书目信息"的含义是"文本的效用信息"，其可能被后者取代，也可能随着目录学学科在学术界的影响逐渐扩大，成为指代后者的新的学术术语[2]。

针对书目信息的内涵，第一，作为一个学科门类，其完善的体系需要有一个逻辑起点和基点，在社会信息化的背景下，目录学体系的逻辑起点和基点就是书目信息；第二，书目信息又称文献的效用信息，是所揭示的文献的文本的语义信息；第三，书目信息一旦被揭示，将形成系统，并与文献信息交流系统相对独立。基于书目信息在目录学体系中的重要位置，彭斐章认为"现代目录学是研究书目情报运动规律的一门科学"[3]。

彭斐章、曾令霞、王惠君提出，需要从当代目录学发展的环境特征讨论目录学研究的新视角，当代目录学的环境就是以信息技术革命为标志的信息社会，"信息"的特征改变了目录工作的物质条件和技术手段，促进其向书目信息工作的转向，即从文献信息传递着眼寻求新机制、从信息的联系着眼寻求新规律、从信息的价值着眼寻求新的标准[4]。

柯平对书目信息系统进行了全方位研究，涉及书目信息系统功能、环境的分析与运行机制、发展方向等[5]。

彭斐章和贺修铭进一步阐释以书目信息理论为目录学基点的观点，将组织与管理理论引入书目服务，与书目控制相结合，探索书目信息服务管理的新体制[6]。

黄先蓉认为目录学的发展需要充分考虑其研究的时空定位，包括时代性、民族性、地域性、开放性、层次性等基本因素，而书目信息是探索这些定位的研究基点[7]。

李文华认为书目信息理论突出了一切活动"以人为本"的人文观，并认为书目情报理论把传统目录学研究对象从二维空间"书目-文献"扩充到三维空间"人-书目-文献-人"[8]。

秦明和吴家玲认为，书目信息的提出为我国当代目录学研究指明了方向[9]。

综合以上对书目信息的论述以及对书目信息服务的研究看，主要观点有：其一，书目信息突破传统界限中以文献整体为反映对象的研究设定，发展为以知识单元为揭示对象；其二，书目信息服务所提供的不仅仅是书目，而且是具有价值的信息。

总之，书目信息理论拓展了目录学研究内容，将目录学核心思想从传统书目观转向现代书目观，使目录学研究从具体的书目文献转而聚焦到书目文献中的信息，促进目

---

[1] 肖希明. 我国当代目录学研究进展. 图书情报工作, 1994(5): 1-5, 61.
[2] 王波. 1990年以来的目录学研究：从"书目情报"谈起. 图书馆理论与实践, 1998(1): 30-34.
[3] 彭斐章. 世纪之交的目录学研究. 图书情报工作, 1995(2): 1-5.
[4] 彭斐章, 曾令霞, 王惠君. 论当代目录学的发展趋势. 图书情报知识, 1991(4): 9-15.
[5] 柯平. 书目情报系统理论研究. 北京：书目文献出版社, 1996: 234.
[6] 彭斐章, 贺修铭. 书目情报服务的组织与管理. 武汉：武汉大学出版社, 1996.
[7] 黄先蓉. 现代目录学发展研究的时空定位. 武汉大学学报(哲学社会科学版), 1998(2): 118-121..
[8] 李文华. 我国当代目录学研究主要成之之管见. 现代情报, 2003(6): 69-70.
[9] 秦明, 吴家玲. 论当代目录学的失衡. 图书情报工作, 2003(7): 121-123, 126.

学研究和书目工作的信息化[1,2]，加速了目录学的现代化进程[3]。可以说，在书目信息理论的指引下，目录学理论发生了彻底的革命，这一革命结束了目录学以具体书目成果为核心的历史。

二、书目信息的理论依据

从英语 bibliographic（al）包含有 bibliographic information（BI），或 BI 作为一个上位概念包括出版地、出版时间等内涵，到俄语中的 библиографическая информация（БИ）所表达的是其"具体的历史形成的形式"，都强调了信息对物质载体的依赖性。

从语义学角度分析，翻译采用"书目信息"较为合适，"书目信息"是两个名词并列，"书目"对"信息"的修饰作用较明显，是个偏正词组，不至于产生太大的误解。书目信息可解释为"书目的情况报道"。

英语中的 BI 意为书目信息，并不意味着我国就只能沿用其原意而不能将其改为文献的效用信息，学科术语是应该允许被探讨和发展的；可以用书目信息包含公开的索引、文摘等二次文献，亦可用书目信息去代表以二次文献为条件、一次文献为基础，经过深度加工的综述、述评等三次文献。书目信息的内涵包括书目、索引、文摘、书目之书目等二次文献，述评、综述、书评等三次文献以及各种类型的书目数据库。

1973 年，国际标准 ISO 2709：《文献工作——书目信息交换用磁带格式》（第 1 版）颁布，该标准中包含有"bibliographic information"这一概念，1981 年，国际标准 ISO 2709：《文献工作——书目信息交换用磁带格式》（第 2 版）正式发布[4]。

1981 年，全国文献工作标准化技术委员会（现称"全国情报文献工作标准化技术委员会"）参照 1981 年国际标准 ISO 2709：《文献工作——书目信息交换用磁带格式》（第 2 版），将英语"bibliographic information"翻译为"文献目录信息"，并于 1982 年 2 月 13 日提出了《文献目录信息交换用磁带格式》（GB/T 2901—1982），其中包含"文献目录信息""目录信息"，1983 年该国家标准正式发布。

1986～1992 年，陆续颁布的国家标准《文献书目信息交换用数学字符编码字符集》（GB/T 6513—1986）、《书目信息交换用希腊字母编码字符集》（GB/T 13141—1991）、《书目信息交换用拉丁字母代码字符扩充集》（GB/T 13142—1991）、《书目信息交换用磁带格式》（GB/T 2901—1992）等主要使用"书目信息"[5]。

1995 年《中国机读目录格式使用手册》使用"书目信息"等概念。

---

[1] 柯平. 中国目录学的现状与未来. 图书馆杂志, 2005(3): 5-11, 4.
[2] 柯平. 中国目录学的新观察. 高校图书馆工作, 2004(3): 7-14, 69.
[3] 彭斐章, 付先华. 20 世纪中国目录学研究的回眸与思考. 图书馆论坛, 2004(6): 5-10, 57.
[4] 国际标准化组织. 文献与情报工作国际标准汇编. 北京: 科学技术文献出版社, 1992.
[5] 全国文献工作标准化技术委员会. 文献工作标准汇编. 北京: 科学技术文献出版社, 1996.

三、书目信息概念产生的源流

1952 年伊根和谢拉在《图书馆杂志》上发表《目录学：一种理论基础》，正式提出了书目交流的理论，其中包含了书目与信息的思想，如"书目是思想和信息的一个传递系统，类似于物质商品运输的铁路系统"，既反映了书目在信息中的联系与地位，也说明了书目的系统思想[1]。

20 世纪 50 年代谢拉多次运用书目信息（bibliographic information）这一术语，虽没有对这一概念进行明确的界定，但可知其基本含义是关于书目报道的各种信息，或者说与出版物及其著录有关的信息。

1990 年出版的《哈罗德图书馆员词汇》继承了谢拉的思想，将书目信息定义为：为便于订书作出鉴别的有关一出版物的详细情况，包括作者、书名、出版者、出版地、版次、丛书注、卷号、分册和补编以及定价，部分图书还包括编者、译者或插图者，有时称之为"trade information"。

书目信息理论正式形成于苏联。20 世纪 60 年代，苏联开始注意到书目与英文 information 相对应的俄语词汇关系的研究；70 年代讨论目录学术语时正式出现了书目信息 библиографическая информация（БИ）的概念。

1970 年列夫伊的《从科技发展角度看专家们对书目情报的需求》和 1971 年别特罗夫斯基的《论苏联技术书目情报发展的现状和道路》两篇文章反映了当时对书目信息的初步认识[2]。

1976 年苏联著名目录学家米哈依洛夫在《科学交流与情报学》一书中提出了科学交流的理论[3]。他认为"大"科学时代出现了严重的信息危机，而增进科学交流是解决信息危机的有效途径。在他给出的广义的科学交流系统图中，印刷图书的出现使得基于书信、手稿和科学家间个人交往的非正式过程趋于消失，"科学情报工作"则将相应地得到加强。米氏的科学交流理论为书目信息理论的诞生奠定了基础。

1977 年巴尔苏科和科尔舒诺夫在《苏联目录学状况、问题与前景》一书中表达了书目信息的基本思想，指出书目情报（第二位的文献情报）正在以最一般普通的概念公诸于世，它是作为情报报道的一种特殊形式进行研究的。就这个概念而言，书目的一般理论就是书目情报的理论。

苏联国家标准《书目：术语与定义》把书目信息定义为"为识别和利用出版物所必需的情报（不论这些信息的提供方式是口头的、阅读的还是机读的）"。

科尔舒诺夫在《目录学普通教程》一书中正式提出了书目信息理论[4]。他认为书目

---

[1] 齐格蒙特·鲍曼. 全球化——人类的后果. 北京：商务印书馆，2001.
[2] 柯平. 书目情报系统理论研究. 北京：书目文献出版社，1996：3.
[3] 米哈依洛夫，乔尔内，吉里列夫斯基. 科学交流与情报学. 徐新民，张国华，孙荣科，等译. 北京：科学技术文献出版社，1980.
[4] 科尔舒诺夫. 目录学普通教程. 彭斐章，李修宇，赵世良，等译. 武汉：武汉大学出版社，1987.

信息是"以具体的历史形成的形式，在文献交流中发挥检索、交流和评价功能的，关于文献的情报"，并围绕这一定义阐述了书目信息的外在形式、基本社会功能和实质功能结构等问题。1990 年他又在新版的《目录学普通教程》中将以上定义进一步地补充表述为：以满足和培养社会文献需求为最终目的，是关于文献的有序化（标准的）情报。

书目信息概念在我国的发展概况，一般认为始于 1959 年。这一年，中国科学院图书馆的赵继生在一篇文章中首次使用了"书目情报"这一术语[1]，但在当时并未引起目录学界的重视。

1986 年出版的《目录学》以专门一章论及"书目情报服务"，指出书目情报服务这个概念有广义和狭义之分，广义的书目情报服务是指书目文献的编制、传递、利用整个过程的活动；狭义的书目情报服务则是书目情报检索和利用的服务[2]。同年，陈传夫在《论目录学的体系》中为"书目情报"下了定义："利用二次文献传递的知识"，他还将"书目情报"作为目录学体系的起点和核心概念[3]。1988 年，他又在论文《论目录学的功能体系》中进一步指出"书目情报交流是任何类型书目工作的本质"，"目录学理论的核心内容不是单一的，书目情报的交流，是核心的主干，在这个核心周围凝集着目录学的其他知识"[4]。

1987 年彭斐章等翻译了科尔舒诺夫的《目录学普通教程》，引入了苏联的"书目情报理论"。此后关于书目信息概念的探讨开始进入高潮，论及书目信息概念的著作有《书目工作概论》《书目情报需求与服务研究》《书目情报系统理论研究》《书目情报服务的组织与管理》《书目控制与书目学》《当代目录学》等多部，论文有近百篇。

第三节　书目信息的本质属性与社会属性

弄清书目信息概念的理论意义，在于有可能将一切多样和分散的现象作为一个统一的整体来研究。因此书目、索引、文摘、书目数据库、信息检索等及其相应的客体，包括为检索、通报、推荐文献而编制和传递的有组织的文献信息，都是书目现象。这样的书目现象组合而成一个整体，不仅仅是对原始文献的简单替代，或者说不仅仅是对文献外表特征的罗列，还包含着对内容信息的分析综合。书目信息正是在文献数量剧增、老化加速、语种多样、发表分散，以及载体与形态发生剧变，即网络化与数字化推动的信息环境发生变化的背景下产生和发展的。意义就在于对庞大的各类型一次文献进行书目检索控制和重新组织，具体环节包括替代、分析与综合。

---

[1] 赵继生. 中国科学院图书馆的书目情报工作. 中国科学院图书馆通讯, 1959, 4(10): 2-6.
[2] 彭斐章, 乔好勤, 陈传夫. 目录学. 武汉: 武汉大学出版社, 1986: 68-69.
[3] 陈传夫. 论目录学的体系. 图书情报知识, 1986(4): 35-36, 17.
[4] 陈传夫. 论目录学的功能体系. 武汉大学学报(社会科学版), 1988(2): 119-125.

一、书目信息的本质属性

所谓本质属性,即自然属性,是指某类事物必然具有的,能够反映、揭示事物根本特点和性质的内在特性。书目信息的本质属性也是书目信息的实质,是书目信息所特有,并区别于其他事物现象的属性。彭斐章等提出目录的本质属性就是文献目录信息的揭示与目录信息的需求之间的关系,这一属性是目录所特有的、最基本并区别于其他文献现象的根本所在[1]。书目信息本质属性的确立,是书目事业存在与发展的客观前提和社会实践的基础。本书关于书目信息本质属性的论证,从以下方面展开。

首先,书目信息可看作是文献的原始模型,要求尽可能地对原始文献进行模拟,尽可能从语义上保留原文的信息内容,并加上评价性文字,对原文中的知识进行有序化处理,尽可能使原文陈述的事实(即信息内容)不变。

其次,书目信息还是有序化的文献集合,为实现作为众多信息记录的有序集合,人们采用了多种方法将混乱无序的信息流整序为科学的信息系统。书目信息正是在有序化基础上完成其交流、检索等职能。

再次,书目信息还是文献信息交流的凭据,或者说书目信息是在文献交流过程中逐步产生的。人类在社会实践活动中需要使用文献,就需要先了解文献的情况,需要掌握文献信息。而书目信息又是文献交流的媒体,它之所以成为文献交流的工具,是因为书目信息是经过筛选、浓缩、揭示、组织而成的文献信息系统。文献收藏者、生产者、管理者使用简单明了而又能表述文献特征和形式的代码,逐步创立著录、提要、注释等方法。书目信息交流的本质是知识的通信,交流机制是将知识变成记录载体(二次文献)上传的信息。

书目信息揭示和传递的是文献的信息特征,而非文献内容整体,其本质属性表现在:①存储,无论是早期纸张型、卡片式,还是磁带、磁盘、光盘、缩微胶片等形式,或是当前数字化、网络(云端)保存的目录,即与存储有关,涉及书目信息整序、建库的目的、选题范围、载体形式与存储技术;②浓缩,书目信息是原始文献内容、外在形式的信息特征的浓缩,书目信息提供文献的浓缩性外表与内容特征;③记录,使用传统和现代的技术、方法,将信息记录在一定的载体上,并且由于现代化技术的使用,标准化要求越来越高;④检索,传统的手工检索与当今的机械、自动化检索并驾齐驱,且各种现代化检索手段正在迅速发展,并逐渐成为信息市场主要消费领域重要的技术力量;⑤指示,书目信息具有指示职能,通过基本书录事项、提要、文摘中的指示性词语向用户指示文献出处、版本、收藏地点及内容特征;⑥传递,是书目信息的内在属性,书目信息只有传递,才能体现其价值。

最后,书目信息是集成性信息,书目信息不是单个信息的描述,而是许多信息集合的产物。信息具有可压缩性,书目信息是在提取出文献的内容特征信息和外表特征信息基础上,重组为有序化的信息集合体,其整合功能超过单篇文献信息所具有的作用。在

---

[1] 彭斐章, 乔好勤, 陈传夫. 目录学. 武汉: 武汉大学出版社, 1986: 68-69.

当今书目数据库和联机网络中,这种集成性更加突出。

书目信息四个方面的本质属性是一个连贯的整体,如何体现书目信息的本质属性,需要有对应的方法论体系支撑。

二、书目信息的社会属性

书目信息的属性不是单一的,书目信息属性除了自然属性即本质属性外,还有社会属性,社会属性是书目信息的主要非本质属性之一。

人类社会实践活动中,书目信息作为一种创造,是记载、传递文献信息的"对象知识",为满足特定需要而创造的借以掌握文献书目信息的工具,是人类社会实践活动的一个组成部分,必然具有某些社会事物的一般属性,即社会属性。社会性、文化性、学术性、中介性等属性正是书目信息本质属性在人类社会运动与发展过程中的具体化。

书目信息是一种记载、传递文献信息的系统,它是人类社会活动所创造的,社会为书目事业的发展提供了良好的背景条件,书目事业发展也是由社会所决定的,其产生与发展受一定社会外部条件的制约,社会的历史条件决定了其发展规模与速度。

彭斐章指出,作为社会现象的书目情报的实质在于书目情报报道、检索的社会作用,为弄清这一实质,必须揭示反映书目情报及其需求之间的基本的、最一般的联系的内在功能结构[1]。其中关于书目信息的社会属性可以概括为交流性、中介性、检索性和评价性。

书目信息作为人类社会发展到一定阶段的产物,人类共同创造的社会事物,人类用于记录、组织、揭示、报道文献信息的"对象知识",其社会属性有如下几个方面。

一是交流性,即文献信息交流过程中体现出来的交流内容、交流对象、交流实体方面。书目信息传递与交流的是存储在一定物质之上的客观知识形态的知识信息,书目信息交流是一种文献信息交流。文献是人类社会活动的产物,是社会知识的载体,文献信息交流是一种社会现象。通过交流,告知社会需求者关于他们所不了解的文献的存在及其内容构成。全社会的文献信息需求者或潜在需求者都可利用文献信息资源,享有各种文献信息服务。书目信息服务正是担负着将有关文献信息准确地揭示出来,提供给需求者,使得特定文献信息能在最需要它的时间、地点和特定需求者中得以利用的职能。

书目信息系统是人们社会实践活动的成果,也是这种社会实践活动的工具和手段。各种特定的书目信息系统根据自身在整个文献信息交流体系中所担负的特定职责,为特定的需求者提供服务。就书目信息整体而言,交流对象是人类社会的所有需求者。书目信息系统是传递文献信息的社会实体,是向全社会需求者及潜在需求者传递文献信息、提供文献信息服务的,也是他们赖以获取文献信息、查寻所需文献信息的有效工具,是保证全社会的文献信息正常交流的传递系统。

二是中介性,即文献与需求者之间的桥梁。对书目信息的评价标准主要在于其是否根据需求者需要收录文献信息及其满足社会文献信息需求的程度。作为一种传递信息的

---

[1] 彭斐章. 书目情报需求与服务研究. 武汉: 武汉大学出版社, 1990.

工具，书目信息系统在社会知识交流系统中，始终担负着将全社会知识迅速传递到社会知识利用活动中去，促进社会知识对社会发展产生作用的重任。

关于书目信息这一性质，美国谢拉、英国布鲁克斯、苏联米哈依洛夫等均有论述。书目信息对社会知识的交流起着重要的作用，但其本身并不是所要传递的知识，也不是社会需求者所需要的知识，在文献信息交流系统中，它仅是架在需求者与文献之间的桥梁，其根本任务在于揭示、报道、传递、提供需求者所需的文献信息，把文献与需求者的需求联系起来，满足需求者查询与利用文献的需要。通过书目信息活动和书目信息这一工具来加速知识载体的传递，在书目信息的指导作用下，需求者可以迅速准确地查到所需的知识载体，从而获得有用的知识。

书目信息活动的实质就是转化文献信息，以实现文献信息的揭示、报道与传递，从本质上看，则是一种联系文献与需求者的具有中介作用的活动。作为中介，书目信息人员一方面要了解社会文献的状况，另一方面要研究需求者的需求，只有这样，才能把全社会文献的书目信息定性、定量、定向、及时地传递给需求者。

三是检索性，即可检索和输出文献书目信息的检索系统。书目信息是文献信息交流的媒体，是文献信息交流的工具，识别需求者需要的特定文献并确定其位置。因为书目信息本身是经过筛选、浓缩、揭示、组织编排而成的文献目录信息存储系统，尽管书目信息存储文献的数量与系统建造的目的、载体形式、存储技术有密切关系，但具有存储特性这一点，是无可否认的。从浓缩性角度看，书目信息从文献数量和内容方面进行浓缩加工，使需求者在较短的时间里，花少量的精力就可了解某一批文献的特征信息。从具有序化性能的角度看，文献特征信息的有序化及与之相应的文献组织的有序化之间的对应关系，决定了书目信息的检索性能，利用书目信息检索所需文献是获得信息的重要渠道，它有助于以最少的时间和精力了解国内外文献状况，迅速准确地找到文献的线索、文献的出处和存储地点，及时查阅原文文献。

书目信息通过其基本书录中的事项，向需求者指示文献出处、版本特征、收藏地点、所在处所（或位置）、学科范围、质量评价等内容特征。

四是评价性，按照各种质量与数量标准评价文献，有目的地作用于需求者的认识，并以他们的具体需求和阅读可能为依据。

第四节 书目信息的存在形式、特征与职能

一、书目信息的存在形式

书目信息的存在形式包括书目报道、书目记录和书目资料。

书目报道是构成书目信息的基本单位，由于信息所具有的可压缩性，书目信息在提取出文献的内容特征信息和外表特征信息基础上重新组合为有序化信息集合体，书目报道所体现的不仅是关于整体单元文献的信息内容，也是关于它的信息或具有统一形式的一般文献的信息内容，书目报道是作为书目信息要素发挥作用的具有完整结构的组合体，

书目报道就是书目信息的要素。

书目记录是书目报道不可缺少的部分,是用户识别和检索文献的入口,在书目信息实践活动中,可按要求把书目著录的具体事项分为若干级次。

书目资料的主要存在形式是书目记录,某一特定的书目资料反映特定文献的形式和内容及信息价值,使原先分散而无序的文献,体现为一种有序的结合。书目资料包括目录、索引、文摘、题录、简介、综述、书目数据库、文本数据库等。

二、书目信息的特征

书目信息的基本特征可分为内容特征和外部特征。

内容特征表现为:①对原始文献较强的依附性和相对的独立性;②书目自身所含信息内容的有限性与相对的无限性。

外部特征表现为:①有经过较正规、统一的书目著录、文献标引(或称编目处理)后形成的较正规、统一的目——书目款目(或标引目录);②有一定数量书目款目并经人工或机器的有序排列;③有相应的辅助检索手段(即有经过标引后的辅助索引款目)。

三、书目信息的基本职能与社会职能

从整体功能来看,书目信息具有两种功能,一是基本职能,二是社会职能。基本职能是任何书目都具有的,由书目的基本属性所决定。

书目的社会职能可表述为:①推荐职能,所谓推荐职能就是在书目编制中以一定的科学、道德标准,并通过著录、标引、款目集合等手段向读者积极引荐、介绍文献的价值和作用。②计量分析文献职能,应用统计学的计量方法提示文献之间的学术关系及某一学科文献的发展趋势,即为计量分析文献职能。任何一部书目,都由若干书目数据单元排列和组合,给予人们以量的概念,通过对这一"量"的认识,人们可以获得文献之间的比例数、文献增长变化数据、文献间的参考系数、文献分布系数。③商品职能,一般认为,书目产品在完成生产制作过程后,将有一部分,或者说有越来越多的产品进入市场进行交换,成为商品。这是因为,书目作为一种信息资源,其作用日益为人们所认识。④评价职能,所谓评价职能就是通过著录、标引、提要、文摘、款目集合等手段在揭示文献的外形和内容特征时,进一步揭示文献的意义、作用,并确认文献的科学、艺术或思想价值。

第二章 目录学理论发展态势

最近几十年来，目录学研究者们一直在寻求目录学发展的突破口，其中，书目信息理论是一个重要的突破口，以此为逻辑起点的书目控制研究也为目录学输入了新鲜血液。自此，目录学的核心思想从传统目录学的书目观转向现代目录学的书目信息观；同时，以书目信息理论为基础的目录学体系，突破传统学科藩篱，逐步加强与图书馆学、信息学、信息资源管理等相关学科的联系，依托理论研究和工作实践的信息化，推动着当代目录学的发展。书目信息理论拓展了现代目录学的研究内容，增强了现代目录学的渗透力，提高了目录学的社会地位，加速目录学由传统向现代化过渡的进程。20 世纪 90 年代以来，随着信息化社会的发展，人们对目录信息系统的要求也日益提高，它的研究内容也因此越来越丰富。对无序化的网络信息资源进行整理和揭示已经成为中国目录学研究的新任务[1]。

第一节 目录学基础理论

当代目录学研究的重点已由原来的书本式目录逐渐转移到网络信息目录工作及其检索工具上来[2]，也就是说，诸如数字化的信息资源库、控制网络信息的目录工具、搜索引擎等，已成为当代目录学关注的研究对象[3]。目录学研究者正积极参与网络信息资源的建设、开发和利用[4]。数字目录学、知识资源服务与知识记忆系统、信息控制等正逐渐成为当代目录学研究的重点[5]。在网络目录学和数字目录学研究方面的成果尤其丰硕。

2001 年 6 月乔好勤正式提出"网络目录学"这一新的概念，"网络目录学"的提出是我国当代目录学理论发展的一大创新，有力地促进了我国当代目录学持续向前发展。

---

[1] 彭斐章, 付先华. 20 世纪中国目录学研究的回眸与思考. 图书馆论坛, 2004(6): 5-10, 57.

[2] 付先华. 当代中国目录学的新发展. 中国图书馆学报, 2005(5): 70-73, 81.

[3] 王锦贵. 论章学诚的目录学知识创新. 大学图书馆学报, 2003(4): 71-75.

[4] 乔好勤, 李锦兰. 当代目录学的理论与实践. 图书与情报, 2001(3): 2-5, 12.

[5] 柯平. 中国目录学的现状与未来. 图书馆杂志, 2005(3): 5-11, 4.

司莉等从网络信息资源类型特点入手，阐述网络信息资源组织的超文本、搜索引擎、指引库、元数据和图书馆编目几种方式与目录学应用问题，并提出知识组织智能化研究、元数据研究、网络化书目情报服务研究、知识管理研究等几个目录学发展和创新的新知识增长点[1]。她还分析了网络信息资源组织与揭示的现状及存在的问题，并提出了一系列切实可行的优化策略与办法[2]。彭斐章认为应该从网络文化、网络书目控制、网络书目情报理论、网络书目情报服务、知识组织智能化与书目资源重组实践、网络资源的组织、管理与控制（包括网站分类技术、全文搜索技术、元数据研究）几个方面来对网络环境下中国目录学进行深入的研究和实践[3]。王京山指出，目录学要与时俱进，探索网络环境下目录学发展的新理论、新技术和新方法，研究网络信息组织与管理利用问题，如网络编目、网络检索、因特网与传统书目方法的改进等[4]。彭斐章等指出，如何完善数字时代信息资源的生产、聚集、组织、传播、开发和利用等方式方法，是21世纪我国目录学研究面临的重要问题[5]。

2007年5月，第五届全国目录学学术研讨会在重庆顺利召开，大会的主题为"数字时代目录学的发展"，这次大会有力推动了我国数字目录学研究继续向前发展。会上武汉大学信息管理学院教授王新才指出了中国目录学的发展趋势：①从文献整理与控制看目录学的科学化趋势。目前文献整理趋于电子化，目录学的数字化是目录学科学化的典型代表。信息组织与控制的标准研究、各种新技术的应用，都是目录学科学化发展的表现。②从读书治学工具看目录学的古典化趋势。章学诚认为应该通过编写小序、叙录以及应用互著和别裁等书目方法揭示学术之间的联系，而这种重点揭示学术联系的目录学发展方向体现了目录学的古典化，它有别于重点是检索的目录学的现代化。③从阅读指导看目录学的大众化趋势。诺贝尔经济学奖获得者西蒙曾指出，信息会消耗接收者的注意力，过量的信息会导致注意力的贫乏。因此要对大众阅读进行指导。随着网络技术的发展，信息过量现象尤为严重，所以网络更需要导航。

2013年11月，由中国图书馆学会目录学专业委员会和武汉大学信息管理学院主办的第六届全国目录学学术研讨会在武汉大学召开，会议以"继承与创新——中国目录学的发展"为主题。此次目录学研讨会是新时期的一次重要会议，也是全国书目工作者、图书馆工作者、书业工作者、文献工作者、目录学文献学教学与研究人员的一次盛会，对文献工作和目录学的发展产生了巨大的影响。

一、国内研究状况

目录学学术研究得益于目录工作实践的深入，依托目录实践，目录学的理论研究无

---

[1] 司莉, 彭斐章, 贺剑峰. 网络信息资源组织与目录学的创新和发展. 图书情报工作, 2001(9): 21-24.
[2] 司莉. 网络信息资源组织与揭示及其优化研究. 武汉: 武汉大学, 2003.
[3] 彭斐章, 付先华. 20世纪中国目录学研究的回眸与思考. 图书馆论坛, 2004(6): 5-10, 57.
[4] 王京山. 中国当代目录学的回顾与前瞻. 图书馆学研究, 2003(12): 6-11.
[5] 彭斐章, 乔好勤, 陈传夫. 目录学(修订版). 武汉: 武汉大学出版社, 2003.

论是数量还是质量上成果都是显著的。根据李钟履的调查结果，在1917～1949年期间，目录学主题方面的研究成果仅63篇，把索引法方面的算上，大约119篇[1]。根据陈东等研究者的调研，在1950～1979年期间，关于目录学主题的论文也只有154篇。而以目录学为主题，从中国知网期刊论文检索，检索时间限定为1949～2019年，检索日期为2019年9月23日，得到期刊论文数量为3682篇，主要是1979年后，论文数量为3645篇。除了论文外，笔者在超星数字图书馆以目录学为题名字段检索出1949～2014年期间的目录学相关图书有263种。在这一阶段，目录学教育和组织工作出现显著成果。比如彭斐章等在目录学方向着力培养研究生，目录学分委员会学术组织设立并发挥作用，面向全国范围的目录学专题讨论会顺利召开，且至今已召开7次。这些都使得目录学领域研究队伍不断壮大，研究范围也不断扩大。

但是，从内容上看，目录学研究在各主题领域存在不平衡的现象。论文中目录学史领域较多，目录学应用领域、实践研究次之，理论研究、专科目录学、外国目录学、目录学分支领域较少[2]。当然，在这一阶段也经历了彷徨、批判、反思。危机说、超前说、衰亡说不绝于耳[3]，像组织和刊物方面的问题，目录工作、研究选题重复与分散方面的问题，以及理论脱离实际的问题都或多或少存在。中华人民共和国成立后，在历史方法主导下，目录学限制在目录学史范围，总结多，开拓少。在理论体系方面，姚名达的"论、史、法"结构仍占重要地位，限制了目录学体系的发展。之所以说体系受限，并不是因为这一结构无法包含新的目录学内容，而是其放大了史在目录学研究中的地位。

直到20世纪80年代随着数字时代的到来，信息技术的发展，这一结构才逐渐被突破，但在普通目录学和专科目录学中仍有"论、史、法"的痕迹，在研究中提出的目录学原理体系的理论也仅是目录学整体的一部分，不能涵盖全部目录学研究内容[4]。彭斐章、谢灼华发表《关于我国目录学研究的几个问题》[5]，逐渐引起学界对目录学理论研究的重视。1982年，武汉大学、北京大学等高校组织编写目录学相关教材，在《目录学概论》一书中，目录学方法论首次被看作是目录学的基本理论问题。该书借鉴姚名达的"论、史、法"主张，从宏观上被化成了两篇，结果就是"理论-方法"的体系随之出现，学科史则被放在了基础部分。1986年，彭斐章《目录学》围绕着"基础理论、方法技术、组织管理"三个大方面，形成了一个体系，全书除理论基础、组织管理等传统教材内容外，还出现了书目情报服务、现代化技术等新的学术内容。

随着数字时代的不断发展，目录学研究出现新的情况。以彭斐章为首的学者开始积极倡导建立现代目录学体系，在20世纪80年代中期新的技术环境下，书目信息被引入。90年代以书目信息为基点，书目信息理论被阐述和发扬，一些重要的学术成果就被引进到国内，同时国内学者结合自身实践出版的作品往往具有中国特色。比如《目录学普

---

[1] 李钟履. 图书馆学论文索引(第一辑). 北京: 商务印书馆, 1959.
[2] 代根兴, 周晓燕, 杨文秀. 中国目录学研究十五年. 山东图书馆季刊, 1995(3): 1-5.
[3] 柯平. 我国目录学研究现状评述. 河南图书馆学刊, 1993(1): 5-10.
[4] 柯平. 从文献目录学到数字目录学. 北京: 国家图书馆出版社, 2008: 39-40.
[5] 彭斐章, 谢灼华. 关于我国目录学研究的几个问题. 武汉大学学报(哲学社会科学版), 1980(1): 90-96.

教程》（1987 年）就是从苏联引进过来的，《书目情报需求与服务研究》（1990 年）等就是结合中国情况，深入探讨了目录学的基本理论，这些理论涉及广泛，像书目信息的结构与功能、传播、应用等都被提到[1]。彭斐章还进行了书目服务研究，并发表了《书目情报服务的组织与管理》《书目情报需求与服务组织》。由此可以看出，自 20 世纪 90 年代开始，书目信息理论成为数字时代的目录学着重研究的方向，基本上确立了以书目信息理论为基础的目录学体系[2]。

刘国华依靠书目控制的研究心得，从总体上对其与目录学基础理论的关系进行了探讨[3]。朱天俊指出中国目录学主要包括目录学理论、历史和方法[4]。乔好勤着眼于大的学术环境，以及迅速发展的技术等客观环境，提出目录学理论、教育等的突破必要且迫切[5]，指出要建立有中国特色的目录学理论体系。陈传夫认为，书目信息是数字时代目录学的研究起点，他按照"知识-文献"这个次序，把目录学理论体系分成理论、应用与发展原理三个部分[6]。曾令霞认为当代目录学处于理论体系的形成阶段，指出目录学的学科体系包括了经验、理论、方法和结构这几个因素，因素间彼此互动；目录学理论体系则由理论目录学、应用目录学和专科目录学组成[7]。贺修铭指出，书目控制在数字时代的目录学中地位非凡，他以其为中心，认为目录学的理论模式既包括带有传统特色的古典目录学，又包括实用目录学和计量目录学[8]。

王新才以书目信息为基点，认为目录学有三个层次：微观层次由方法理论、服务应用理论组成；中观层次主要研究文献和读者；宏观层次着眼于学术环境的整体性，对其涉及的各种因素，如文献、书目信息、读者等各种主体，不满足于探讨表面的联系，更重要的是研究深层次的潜藏的本质与规律[9]。尤其是在当前技术背景下，目录学要敢于和勇于在学科领域间平等地交流和互动，吸取各个学科的长处。

柯平认为信息理论是目录学的理论基础，信息理论对目录学的影响、渗透使目录学的知识结构发生变化，目录学研究逐渐向信息化方向靠近，建立由基本理论和应用理论组成的理论体系很必要[10]。目录学学科体系分为普通目录学，包括理论的、时代的、地区的、应用的；专科目录学，包括马列、社科、科技。数字时代目录学受其自身和时代环境的影响很大。尤其是在当前数字环境下，信息科学与信息理论被融入目录学，很大程度上造成了目录学的知识结构的转变。在这种环境和背景下，目录学必须应时而变，

---

[1] 彭斐章, 贺剑锋, 司莉. 试论 21 世纪中国目录学研究的基本特征. 图书馆杂志, 2001(5): 2-5, 28.
[2] 柯平. 从文献目录学到数字目录学. 北京: 国家图书馆出版社, 2008: 2-16.
[3] 刘国华. 论目录学基础理论(上). 图书馆工作与研究, 2008(11): 30-32.
[4] 朱天俊. 目录学研究中若干问题的思考. 中国图书馆学报, 1992(4): 11-15, 88.
[5] 乔好勤. 行走书林: 乔好勤文集. 上海: 华东师范大学出版社, 2011.
[6] 陈传夫. 论目录学的原理体系(上). 图书馆学研究, 1987(4): 113-117.
[7] 曾令霞. 关于目录学学科建设若干问题的思考. 图书情报知识, 1991(3): 2-6.
[8] 贺修铭. 新技术革命给目录学提出的新课题——论目录学理论模式的演变及其趋势. 图书馆学研究, 1985(3): 92-96, 118.
[9] 王新才. 试论目录学变革中的传统实现. 图书情报知识, 2008(6): 60-63, 79.
[10] 柯平. 试论以信息理论为基础的现代目录学. 图书情报知识, 1994(2): 22-25.

从学科环境、学科基础与社会需要的整体角度出发，调整和优化相关理论[1]，柯平积极主张"信息资源-知识"的观点，由此衍生出三个研究方向，即信息目录学、文献目录学、知识目录学。

杨河源则指出目录学的理论基础是文献信息学[2]。肖希明根据认识论原则的要求和方法论原则的指导，明确目录学理论基础、基础理论、应用理论是目录学理论的研究范畴[3]。程焕文提出当前目录学与其研究对象的义域不适应，并提出了二次文献学的设想[4]。韩松涛提出了目录学的双核心说，其一是表现目录学本身特征和专业背景特色的图情专业领域的目录学内容，强调专业性与学术性；其二为交叉内容，主要涉及计算机等学科，以及与其交流形成的目录学应用[5]。

郑恒雄认为台湾对于中国古典目录学的继承已积累了丰富成绩，以分类法及编目法为主，以西方书目控制理论影响为最，图书馆人扮演目录工作的积极角色，然而也要思考集成发扬古典目录精华。虽然台湾学界关于当代目录学的探讨较少，但台湾的各类书目、书目自动化、线上目录发展较好。台湾目录学著作阐述中国目录学史居多，图书馆界则注重实务，缺乏理论探讨，目录学理论与实践脱节。只有周彦文《中国目录学理论》和胡楚生《中国目录学研究》有理论方面的探讨，应用实践上则涉及书目控制、书目资讯规范化、网络环境下的书目控制、元数据、书目记录的功能需求（functional requirements for bibliographic records, FRBR）、文献计量学等研究[6]。

二、国外研究状况

西方目录学起源很早，早在1797年，目录学就已被当成专业术语，出现在《大英百科全书》中，纳入西方学科体系。随着研究的深入，欧美目录学逐渐形成列举目录学、分析目录学两大分支学科。由于欧美目录学的延续性很强，即使是在现代，仍然没有出现新的完全脱离这个范围的目录学体系，所以，本书首先对这两个体系进行梳理，介绍和分析这两个体系中出现的各种问题、代表性观点，以使读者对西方目录学理论体系、理论研究有一个大体的认识。

（一）列举目录学

从时间上看，19世纪之前，西方的书目基本上都是列举式目录，19世纪开始，因莎士比亚戏剧研究的风行，对英美文学遗产进行系统整理的风气日盛[7]，在整理中，有的

---

[1] 柯平. 从文献目录学到数字目录学. 北京：国家图书馆出版社，2008：63-73.

[2] 杨河源. 目录学的理论基础是文献信息学. 图书情报知识，1991(2)：12-13, 28.

[3] 肖希明. 论目录学理论体系. 中国图书馆学报，1994(3)：18-23.

[4] 程焕文. 论中国当代目录学的变革——关于建立二次文献学的初步构想. 图书与情报，1991(4)：69-75.

[5] 韩松涛. 目录学基本理论探讨. 图书情报工作，2006(9)：40-42.

[6] 郑恒雄. 台湾"当代目录学"发展之探讨——从传统走向现代. 国家图书馆刊，2008(1)：1-23.

[7] Tanselle G T. Bibliographical history as a field of study//Studies in Bibliography. Charlottesville: Bibliographical Society of the University of Virginia, 1988: 33-63.

学者渐渐把文学作品当作"物质实体"进行探讨。学者们对于物质形式探讨的范围和关注点是有差别的，但基本上包括纸、版式、铅字等，并希望通过以上探讨能够最大限度地反映文献的本来面目[1]。

（二）分析目录学

与列举目录学有差别，分析目录学的关注点在于书籍历史、外形、文本制作方式甚至还会涉及该书籍的影响。历史、版本和描述目录学都是其包括的范围，三者之间差别不大，只是侧重点有所不同[2]。印刷本与作者构想文本的吻合程度是版本目录学的研究重点。历史目录学会涉及研究书史，书籍的生产者、生产机构及机器，涉及技术史、工艺史等与书籍有关的文化领域、社会领域。描述目录学则是一门关于文献描述的学问，书籍的形成、铅字类型、纸张类型、插图与图书的结合方式、装订都是其研究范围。通过对其收录书籍的全面描述，指导用户辨别不同图书的不同版本，以及单一版本图书的重要演变[3]。

列举目录学更加侧重应用性，表现形式丰富多样，而分析目录学侧重目录学发挥在科学方面的作用[4]。随着数字时代的到来，西方目录学基本唯美国目录学马首是瞻，更加侧重其为社会服务的技术性研究。比如目录实践加入计算机技术、数据挖掘技术、数据处理技术等现代因素，机读目录、国际标准书目著录、元数据等被推广，编目方法和技术的目录方法都明显具有美国风格，注重实用性[5]。

在目录学基础性研究中，有很多争论值得深入分析探究。备受争议的命题中就有其是否具有科学性的讨论。1814年托马斯·哈特韦尔·霍恩抛出"幼稚的目录科学"的论点[6]。他认为目录学仅仅是一门关于图书分类的知识。当然这个论断是有异议的。很多学者对此发表看法，他们对目录学的认识主要有以下几种情况：关于图书的科学或是知识就是目录学；实践被看成是目录学的一个特色；艺术性第一、科学性第二是目录学的显著特点等。目录学（bibliography）、目录科学（the science of bibliography）和科学目录学（scientific bibliography）的讨论延续了一个多世纪。20世纪60年代末70年代初，目录学家麦肯齐（D. F. McKenzie）、索普（J. Thorpe）、戴维森（P. Davison）和佩克亨（M. Peekham）等曾对此发表自己的见解和观点。谭瑟勒认为目录学并不能叫作目录科学，更不能称为科学目录学。这是因为，目录学中的"科学"指的是系统与有条理，这与物理、化学等学科中"科学"的含义不同，因此，过于强调目录学具有一般性含义的"科学"可能使目录学研究的中心问题缺失。

---

[1] 罗丽丽. 西方目录学史: 发展历程与基本文献. 情报资料工作, 2002(6): 70-74.

[2] Tanselle G T. The concept of format. Studies in Bibliography, 2000(53): 67-115.

[3] Williams W P, Abbott C S. An Introduction to Bibliographical and Textual Studies. New York: Modern Language Association, 1985.

[4] Tanselle G T. Bibliography and science. Studies in Bibliography, 1974(27): 55-89.

[5] 费巍. 西方目录学的发展及其对我国目录学研究的借鉴意义. 图书情报知识, 2008(1): 50-57, 104.

[6] 程焕文. 美国当代著名目录学家谭瑟勒学术思想初论. 大学图书馆学报, 1994(6): 49-54.

20 世纪 50 年代，美国书目工作一直存在着分散、缺少统一的组织等问题。而且美国的目录学界形成了两个对立的派别：狭义派和宏观派。前者称目录为一个独立的工具，只能符合一部分人的要求。后者认为目录在社会中起着通信媒介的作用。伊根和谢拉在《目录学理论基础》（Foundations of a theory of bibliography）[1]一文中认为社会认识论（social epistemology）是目录学的理论基础，她把社会当成一个整体，寻求对于整个环境的一种知觉或理解关系。

谢拉发现，整个社会对书目服务的需求经历了从微观、个人认识到宏观、社会认识的过程，与个人隐性向社会显性的知识转变相类似。而书目正是作为这种转变的工具和载体而存在的。谢拉认为这两者并不是对立的，她运用类比法重点考察经济学的相关理论[2,3]，提出一定要从认知论的角度，对目录学的知识体系进行统筹考虑，并积极借鉴其他学科的思维和方法，从多角度来考察目录学，使目录学能够更好地发挥服务工具的作用。同时，美国的目录学在建立与发展过程中，受实用主义的影响极为深远[4,5]。谢拉提出作为目录学的科学基础的社会认识论，其主要是为了使目录学从实用主义中摆脱出来，同时她还将社会认识论作为基石，成功建立了一门目录学的知识体系。基于当时的实践和理论发展的需要，谢拉提出"社会认识论"是希望目录学研究能有一个认识的起点，这种探索具有历史必然性。为了对被作为目录学的本质与核心的知识的通信规律有深刻的认识，必须要不断推动对知识起源和本质的探索与研究，要不断加强对组织理论和功能的发展与创新，要不断促进对知识产品全过程的优化与利用。同时应注意从系统科学的角度，将目录学的本质与核心深化，既要使目录学联系所处环境，也要认识到书目通讯作为个体元素的作用[6]。谢拉设想的目录学的理论体系既要深入文献的内容，促进核心的深化，又要实现内容的扩展与联系[7]。

WOS（Web of Science）、LISA（Library and Information Science Abstracts）等外文数据库的文献检索结果，也印证了数字时代目录学的研究建立在目录工作的应用实践之上。以下是具体的几个应用领域。

1. 超大型数字联合目录

国外数字联合目录倾向大规模化，并发挥图书馆联盟的作用。比如，以跨系统、跨区域图书馆的多种数据库为基础建立的集中式联合目录，实现数字目录和传统书目的结合。

---

[1] Egan M E, Shera J H. Foundations of a theory of bibliography. Library Quarterly, 1952, 22(2): 125-137.
[2] Zandonade T. Social epistemology from Jesse Shera to Steve Fuller. Library Trends, 2004, 52(4): 810-832.
[3] Shera J H. Sociological Foundations of Librarianship. Bombay: Asia Publishing House, 1970: 107-108.
[4] Shera J H. The Foundations of Education for Librarianship. New York: Becker & Hayes, 1972: 114.
[5] Shera J H. 关于图书馆学的基本原理. 孔青, 况能富, 译. 中国图书学报, 1982(2): 65-69.
[6] 陈传夫. 评 J. H. 谢拉的目录学"理论基础". 图书情报知识, 1986(2): 9-11, 17.
[7] 巴德 J M. 杰西·谢拉, 社会认识论和实践. 李红霞, 译. 国外社会科学, 2003(1): 105-107.

2. 网络目录

网络目录也称链接目录，是互联网上的目录，侧重 Web 网站链接，且按照主题或者是类目进行组织，Yahoo 目录和开放目录项目是其典范。开放目录项目起于开源运动，目的是解决搜索引擎的问题。目前最大、最复杂的开放目录依靠人工编辑，由来自世界各地的志愿者建设与维护，能在英、德、法、日、中等 17 种语言间转换，在检索上分主题检索和分类检索，在类型方面既有综合性的，也有专科性的，每个目录又按主题划分，比如环境目录，就包括动物、农业等近 30 个主题。

3. 网络学科目录

网络学科目录是超文本链接和学科信息门户的结合，是一种比较重要的网络目录。网络学科目录一般是单主题的，侧重自然科学，注重学术性。数字时代英美目录工作者建立了大量的网络学科目录，是欧美目录学发展的重点，开放存取网络学科目录是其代表[1]。

4. 专题目录

专题目录是为研究某一文献主题而提供的目录，可以是期刊论文目录或图书目录，在英美国家广泛使用，包括多个学科的多个主题，例如成人教育主题目录或者是大学生生涯规划、超导体甚至是护理方面的主题目录都是其中内容。

5. 注释目录

注释目录主要是作为图书、论文、文件等的参见目录，注重描述与评价。内容大概是介绍著作、论文的研究主题或范围，评价学术造诣和介绍背景，相关读者评论，同类作品比较等。由以上我们也可以看出，注释目录的出发点是让读者了解被参见资源的相关性、准确性和质量情况，并具有描述性和评价性，表现作者的观点、表达方式和学术造诣。具体到每个作品的注释目录也有差别，有的通篇就一个注释，接着是几十页的目录，如 Rudy Hung 的注释目录；有的则有很多注释，注释与目录交替，如 Meri Meredith 的国际性业务注释目录。

三、中西目录学理论研究的比较分析

数字时代的目录学主要是为了解决数字资源的急速增长与人们差异性需求的矛盾。探索如何解决这个问题已经受到目录学界、业界的关注，而且在具体的实践中国内外都有了一些进展。在这个过程中，我们不仅要认识到数字时代目录载体的变化，还要根据外部技术与学术环境的变化调整思维，结合数字环境和数字资源的现实状况，继承与发扬传统目录学方法，同时立足当下开拓新的研究视角和研究领域。纵观欧美目录学体系，其延续性很强，研究范围基本上围绕两大体系保持不变，在应用方法、应用实践上不断

---

[1] 曾伟忠, 董畅. 数字时代目录学的历史使命和未来发展的思考. 图书与情报, 2012(2): 29-33, 68.

创新。西方目录学整体上侧重于技术实践，强调为社会服务实用技术的发展，是其研究路径和发展特色，这使得技术方法等实践方面的研究在目录学研究领域不断取得积极进展。

以英美国家为代表的西方目录学在应用理论与技术方法上的研究之所以成果比较多，一方面在于西方学术文化的优良传统。西方学术强调主体与客体之间的差异，对主体与客体分层次进行研究，同时注意科学方法的指导性，在研究过程或程式上注意理性认识、逻辑分析，进而构建理论体系[1]。和其比较，中国传统目录学则与校雠学、版本学等关系复杂，难解难分。姚名达认为目录学在古代与校雠学形成二位一体，名实近似，缭绕不清[2]，这对中国传统目录学的嬗变是极为不利的。而在另一方面，其具有致用与变通特点。从其研究领域也可看出西方目录学侧重致用性，我们从其研究的主题和方向如网络目录、开放存取目录、注释目录、选题目录等，可以看出这些均是目录实践中的具体问题。所以说，西方目录学研究侧重于对目录工作的现实指导并不是没有根据的。而且西方目录学注意根据学科内外环境的变化，不断研究新情况、新问题，还针对这些变化提出新的想法，保持着变通的传统，而不封闭独立、故步自封。基于以上的特点和优点，西方目录学在应用方面不断取得新进展，真正发挥了致用作用[3]。

反观国内，目录学界和业界在各研究主题上是不平衡的，而且在理论研究中对于数字时代目录学研究还不常见，彭斐章教授等倡导的书目情报观点、柯平教授的数字目录学等比较系统，形成一定的影响，大多数理论研究还是条块性、板块性的，逻辑性不强，论述也不系统，尤其是对于当前学科环境和技术环境的新变化，还没有新的系统的观点出现，所以我们急切需要有关系统论述数字时代的目录学新特点的理论新成果。

彭斐章[4]、乔好勤[5]、朱天俊[6]都认为目录学研究应该应时而变，同时尽早求得中国目录学体系的共识，这是当前加强目录学理论建设的重要课题之一。在具体的探讨过程中，可以从不同角度来展开。通过继承传统与引进西方成果，融会贯通，建立合乎中国实际的目录学理论体系。如彭斐章、陈传夫、柯平对书目情报的探讨，曾令霞对科学的学科结构理论的借鉴，朱天俊论史法的发扬，贺修铭以书目控制为中心的理论模式等。这些研究尽管有些观点有待商榷，但都是在积极探索下得出的有益成果，为目录学理论体系的进一步发展奠定了基础。在当前技术与学术融合的背景下，目录学研究在理论与实践上也达到空前的深度和广度。具体体现在，不仅要研究书目情报服务、目录工作标准化、自动化、书目工作的组织与管理等[7]，还要研究网络书目、数字信息资源组织与管理、关联数据组织等新的内容。

---

[1] 柯平. 从文献目录学到数字目录学. 北京: 国家图书馆出版社, 2008: 152-170.
[2] 姚名达. 中国目录学史. 上海: 上海古籍出版社, 2002: 6-7.
[3] 袁生奎. 中西目录学沿革及学术风格研究. 情报杂志, 1998(4): 10-12.
[4] 彭斐章, 谢灼华. 关于我国目录学研究的几个问题. 武汉大学学报(哲学社会科学版), 1980(1): 90-96.
[5] 乔好勤. 我国近十年目录学研究的回顾与思考[J]. 图书馆学通讯, 1988(4): 19-25.
[6] 朱天俊. 目录学研究中若干问题的思考. 中国图书馆学报, 1992(4): 11-15, 88.
[7] 黄先蓉. 现代目录学研究的发展道路. 图书情报工作, 1997(11): 21-24.

在新的目录学理论研究中，更要注重从逻辑的关系考虑，对目录学著录揭示对象的新变化进行着重介绍，对目录出现的新成果进行着重整合，使目录学理论与实践面向社会、面向大众、面向学科理论和实践的最新进展[1]。要实现这一目标，就需要我们理论和实践相结合、传统与现代相结合。一方面通过借鉴西方目录学发展经验，开展对其应用理论与技术方法的不断研究，着重研究数字环境下的目录实践；另一方面，发扬中国传统目录学的优点[2]，面对新的情况，不断拓展目录学研究内容，对于已有、现有和将有的目录学理论和实践的新内容进行总结，深入挖掘目录学发展的规律[3]。同时深入探索数字时代、信息时代目录服务模式，根据实际的需要，不断调整服务方向，提升社会效益，促进中国的目录学理论研究水平的提升。新的目录学理论体系的形成对于理清当前混乱不清的目录学基础理论研究具有重要意义，不仅能够明确学科发展方向，而且能加固目录学根基。

四、数字时代目录学发展方向的探索

（一）关于学科属性

王子舟曾言：在网络时代，目录及目录工作的自动化与数字化，也是目录学研究者不能忽视的内容。但目录学作为人文科学，它对人们获取知识信息应该体现出深沉的"永久关怀"意识，却是更不能忽视的[4]。

陈光祚在《目录学是研究文献流的整序、测度和导向的科学——对目录学对象的再认识》一文中指出，把文献流作为一个整体，探索其运动的规律、内部构成的变化，特别是研究文献流的整序、测度与导向，这就是目录学的对象与任务。用更简洁的话来说，目录学就是研究文献宏观控制的科学[5]。

柯平在《试论以信息理论为基础的现代目录学》中认为，现代目录学如何以信息理论为基础，体现书目、文献、信息的本质特征与内在联系，直接关系到现代目录学的发展。信息理论不仅确立了目录学的理论基础，而且影响着目录学的学科性质。随着综合性学科、边缘学科的出现，现代目录学正在走出社会科学，它与情报学和图书馆学都必然是信息科学的重要分支。现代目录学必然会向信息化方向发展[6]。

（二）关于致用性

目录学是一门实践性很强的科学，这一点，几乎没有异议[7]。众多研究者认为，当

---

[1] 彭斐章, 陈红艳. 数字时代再谈目录学知识的普及. 图书馆论坛, 2007(6): 9-12.
[2] 肖希明. 我国当代目录学研究进展. 图书情报工作, 1994(5): 1-5, 61.
[3] 夏南强, 张炯. 当代社会需要的目录学. 大学图书馆学报, 2003(5): 66-68.
[4] 王子舟. 时代需求与目录学的发展. 图书情报知识, 1998(1): 7-10.
[5] 陈光祚. 目录学是研究文献流的整序、测度和导向的科学——对目录学对象的再认识. 图书情报工作, 1990(1): 1-7, 30.
[6] 柯平. 试论以信息理论为基础的现代目录学. 图书情报知识, 1994(2): 22-25.
[7] 陈光祚. 我的目录学实践活动及对现代目录学理论的思考. 图书馆论坛, 2004, 24(6): 243-247.

代目录学要从致用化原则出发，面向网络文献的组织与利用，将中国当代目录学建设成为致用科学和应用科学。

张洪元认为以计算机技术发展为龙头的现代科学技术给目录学提出了发展的新问题。怎样将在书目工作中充分运用计算机技术与保持目录学千余年"读书治学"的功能有效地结合起来，成为我们当代目录学发展的一个必须首先解决的重大而具体的问题[1]。

王京山认为，重申对目录学致用性的认识是当代目录学的又一成果。目录学本是致用之学，中国当代目录学是中国传统目录学的逻辑发展。中国目录学的功用从"辨章学术，考镜源流"到指导读书治学再到文献的揭示、组织与利用，今天，目录学的致用性结合现代书目技术为目录学的发展开辟了广阔的天地。在目录学研究中，"致用"原则应是高扬的旗帜[2]。

付先华认为，随着新技术革命对目录工作的影响和信息技术的突飞猛进，人们更多地关注目录工作的标准化、书目服务、联机检索、网络检索等应用问题[3]。

李丹认为，在现代信息环境下，用户越来越需要在书目情报机构的帮助下去查询、评价与筛选信息，更有效地组织、分析和利用信息资源。对于目录学的研究方法、研究内容以及目录学研究过程中要处理好的各种关系的调整，都将立足于目录学的致用性[4]。

彭斐章指出中国目录学尽管长期坚持贯彻"辨章学术，考镜源流"的基本宗旨，并且国内也以实践表明了它绝不仅仅是"网络群籍、部次甲乙"的所谓"簿录之学"，但就本质而言，目录学作为一门致用之学则是毋庸置疑的。无论是追踪古代图书的收藏、利用，还是考察现代信息资源的开发、服务，目录学的这一基本特征都始终没有改变——收藏、管理的需要，读书、治学的需要，适应当代社会发展的需要[5]。

（三）关于学科定位

目录学发展到今天，其强大的生命力毋庸置疑，但在现代科学技术条件下，目录学与其他古老学科一样需要更清楚的定位，才能顺利地发展，目录学发展的生命力之火，需要研究者不断地添柴助焰。20世纪中国目录学经历两次大的飞跃，学科地位大大提高。有学者认为，21世纪中国目录学除了将表现出更强的开放性、兼容性、渗透性、扩张性之外，在目录学整体化发展道路上，还将形成大目录学观[6]。

徐建华指出，目录学从开始到现在，就一直是一门应用性较强，并始终处于学术辅助地位的学科。在古代，它辅助于经学、史学的研究，在现代，它辅助于文献信息服务。随着现代科技的不断发展，这种学术特质不断显露并日益明晰起来[7]。西方学者认为，

---

[1] 张洪元. 知识组织智能化与目录学在当代的发展. 大学图书情报学刊, 2001(2): 3-4, 7.
[2] 王京山. 中国当代目录学的回顾与前瞻. 图书馆学研究, 2003(12): 6-11.
[3] 付先华. 当代中国目录学的新发展. 中国图书馆学报, 2005, 31(5): 70-73, 81.
[4] 李丹. 从现代信息环境看书目情报的基点作用. 图书馆理论与实践, 2003(6): 49-51.
[5] 彭斐章. 目录学教程. 北京: 高等教育出版社, 2004: 255-256.
[6] 彭斐章, 贺剑锋, 司莉. 试论21世纪中国目录学研究的基本特征. 图书馆杂志, 2001(5): 2-5, 28.
[7] 徐建华. 目录学的学科定位、研究者心态及其他. 图书情报知识, 2005(3): 9-11.

在知识的发展中,目录学不是一种主要的力量,而是一种次要的和辅助的力量,因为它主要是支持和鼓励创新活动,而不产生新的知识[1]。

(四) 学界的探讨和努力

因特网的迅速兴起、网络信息资源的飞速增长,使得用户存取和利用网络信息资源的需求与日俱增。不断增长着的巨大文献信息量与人们对信息特定需求之间的现实矛盾日益尖锐化。有效地揭示与报道网络信息资源,满足用户对网络资源的特定需求是时代赋予目录学的新课题,关系着目录学在网络时代的生存与发展[2]。

2000 年 11 月,美国国会图书馆召开以"书目控制和网络"(Bibliographic Control and the Web)为主题的会议,发布了"网络资源的书目控制:国会图书馆行动计划"(Bibliographic Control of Web Resources: Library of Congress Action Plan) 6 个行动目标:①提高所选电子资源中标准记录的有效性,制订关于加强电子资源记录的创建和有效性的计划,探讨由注册、采访和编目而获得的元数据的使用方法;②促进对所选网络资源记录的跨系统访问和显示,定义一个对记录进行查找、检索和排序的通用界面;③与元数据标准团体合作,加强所选网络资源的书目控制,由元数据标准团体制定能够阐明图书馆关于数据使用的内容和结构方面的规则的文件,确立并推广现有元数据方案;④开发元数据收割和维护的自动化工具,为提供和维护复合型资源记录相关的寻址问题制定规范;⑤开展适当的培训和继续教育,改进图书馆和情报科学学院的课程,推行目录工作从业者的继续教育;⑥支持新兴元数据标准的研究和开发,迎接互操作性带来的挑战,以促进被选网络资源的书目控制[3]。

2001 年,广东省图书馆学会主办"网络信息资源管理与目录学"学术沙龙,围绕"目录学面临的问题和发展趋势""信息资源开发利用与目录学研究""网络信息资源目录控制的理论、方法和技术问题"展开热烈讨论。乔好勤指出,目录学研究者们应善于应用目录学原理控制和开发网络信息资源,这才是当代目录学研究的新方向[4]。网络信息目录控制是目录工作发展的新阶段,是当代目录学研究最重要、最现实的问题。当代目录学要联系实际,要讲实用,非研究网络信息目录控制不可。网络信息的搜索、网络目录和索引的建立、检索和利用,同样可看成是网络信息的目录控制。

2002 年 4 月,中国图书馆学会第六届学术研究委员会目录学分委员会在北京成立。委员会认真回顾近年来的目录学研究,提出要认清目录学的时代性和重要性,配合中国数字图书馆工程,研究书目数据加工与书目控制标准,包括文后引用网上文献的规范、文摘编写标准等。特别强调对目录学重大问题的研究,包括网络信息资源的书目控制、文献与读者利用矛盾及解决方案、网络资源导航的目录学指导、导读研究、专科目录

---

[1] 彭斐章. 目录学教程. 北京: 高等教育出版社, 2004: 99.
[2] 司莉, 彭斐章, 贺剑锋. 网络信息资源组织与目录学的创新和发展. 图书情报工作, 2001(9): 21-24.
[3] 彭斐章, 邹瑾. 数字环境下的书目控制研究. 图书馆论坛, 2005(6): 10-15.
[4] 李锦兰. "网络信息资源管理与目录学"学术沙龙综述. 图书馆论坛, 2001, 21(6): 104-105.

学研究等[1]。

2004年10月，中国图书馆学会目录学专业委员会在南开大学召开全国第四届目录学学术研讨会，会议主题是"网络信息文化——新世纪书目工作与目录学的发展"。围绕我国书目信息标准化与数字图书馆的书目标准、网络信息资源书目控制与导航、基于网络的书目情报需求与书目情报服务新模式、信息加工与文献的深层次开发、目录学教育改革与发展等议题展开深入探讨[2]。柯平的主旨发言探讨了目录学面临的挑战与变革，构建了基于"信息资源-知识定位"的包括文献目录学、信息目录学和知识目录学的新时期目录学三角模型，认为目录学的发展重点有数字目录学、企业目录学、知识资源服务与知识记忆系统、信息控制和阅读教育与读者教育等[3]。目录学第三次飞跃的重点之一就是网络信息资源研究。柯平在相关研究中多次强调，目录学要与时俱进。一方面，经过对传统目录学的批评与反思，广泛吸收新的学科方法，借鉴图书馆学情报学的成果，正确看待目录学传统与现代化的关系，重新认识目录学在信息传播与学术文化中的价值，使得目录学研究沿着正确的方向发展，体系逐步丰富和完善。另一方面，数字化和网络化的浪潮再一次将目录学置于新的环境之中，目录学面临着以先进的信息技术替代传统的书目工作方法或者将传统目录学方法与现代书目情报技术结合的选择，目录学也面临着书目工具的异化、二次文献概念的淡化、书目情报体系与文献体系的合一化、书目情报的数字化保存等方面的挑战[4]。

2007年5月第五届全国目录学学术研讨会在重庆召开，这次的主题是"数字时代目录学的发展"，涉及我国目录学的现状与未来、网络信息资源的书目控制与网络书目情报服务新模式、古籍数字化与古籍书目资源共享、目录学教育的回顾与发展、信息素养教育与书目导读、数字参考咨询服务与书目工作的变革6个分主题[5]。此次会议进一步明确了目录学的时代特征和历史地位，以及新时代目录学的重大任务。认为目录学研究要坚持继承与发展的优良传统，在继承的基础上开拓创新，并突出目录学研究务实的风格。在主旨发言上，柯平的研究论文《试论面向数字书目控制和数字资源控制的数字目录学》在上届研讨会的基础上更加深入地对数字目录学进行了探讨，王新才做的第二篇主旨报告《浅议目录学的发展走向》再一次强调了目录学是致用之学，指出目录学发展是与致用相关联的，主要体现在整理文献、治学工具、阅读指导方面。李国新做总结报告时指出目录学的发展方向集中在数字化和大众化方面[6]，参会代表对此形成共识。

2013年11月，第六届全国目录学学术研讨会在武汉大学召开，大会主题是"继承与创新——中国目录学的发展"，主要议题聚焦在：①中国目录学的传统与创新；②数字

---

[1] 柯平. 中国目录学的现状与未来. 图书馆杂志, 2005(3): 5-11, 4.
[2] 潘芳莲. 目录学研究的继承与发展——25年来全国目录学学术研讨的主题分析. 图书馆工作与研究, 2009(7): 8-12.
[3] 徐建华, 阎慧. 全国第四届目录学学术研讨会会议综述. 图书馆杂志, 2005(2): 14-15, 86.
[4] 柯平. 中国目录学的新观察. 高校图书馆工作, 2004(3): 7-14, 69.
[5] 柯平. 数字时代的中国目录学——在第五届全国目录学学术研讨会闭幕式上的总结. 图书馆建设, 2007(4): 116-117.
[6] 费巍, 武利红. 数字时代目录学的数字化和大众化——第五届全国目录学学术研讨会会议纪要. 图书情报知识, 2007(4): 55-57.

目录学、数字阅读与数字图书馆；③中华文献遗产保护与古籍目录学；④信息素养教育与文献检索课程、目录学课程建设；⑤文献学与目录学的学科建设；⑥推荐书目与图书馆导读工作；⑦书目编纂方法与理论；⑧目录学研究的合作。目的在于探讨中国目录学理论、实践的继承、创新与发展问题。彭斐章教授指出，目录学在不断继承与创新的发展过程中，对于出版发行、信息管理、数字阅读、书目控制、网络信息资源揭示、数字目录学等领域仍具有十分重要的指导作用[1]。

2016 年 11 月，中文古籍整理与版本目录学国际学术研讨会在中山大学召开，与会专家学者围绕中文古籍整理与版本鉴定，中文古籍善本书志及其编撰研究，中文古籍与特色历史文献的数字典藏与数字人文研究，海外中文古籍的收藏、整理与利用，《广州大典》与广州历史文化等议题报告了各自最新的研究成果，并展开热烈的交流和讨论。为海内外中文古籍收藏与研究单位及个人搭建了良好的学术交流平台，进一步推动了中文古籍资源共建共享，促进了中文古籍整理、版本目录学、书志学、文献学等学科的学术发展、国际交流与合作。

2019 年 4 月，武汉大学信息管理学院举办了"彭斐章先生学术思想研讨会"，与会嘉宾围绕如何更好地研究彭斐章先生的学术思想、学习彭斐章先生的治学精神、提升学科建设进行了研讨。柯平教授从学科体系、理论体系、方法论体系和教育体系四个方面总结了先生对于现代目录学思想的贡献，概括了其现代目录学思想具有时代性和开放性、目录学继承的整体化与集成化、目录学发展的总结性与前瞻性等主要特点，创新性地指出了先生所提出的"目录学是智慧之学"的重要观点[2]。

五、目录学发展的挑战与机遇

目录学理论与实践是一个辩证统一的整体，无论是忽视实践的理论，还是忽视理论的实践，都只会阻碍目录学的健康发展。目录学是目录工作实践活动的概括和总结，目录工作实践是目录学的社会基础和生命[3]。面对信息资源网络化和数字化、社会信息化、全球化这样的时代背景，目录学将何去何从，研究者需要进一步思考如何从更加新颖的视角为目录学的发展创造更加广阔的发展空间，不仅要使目录学研究在理论中有所突破，有所创新，更要以理论指导促进实践的深化，开拓目录学发展的领域。

（一）基于学科的思考

科学的进步和发展总表现为打破旧范式，确立新范式，具体到每一学科，则表现为学科基点（研究对象）和学科制高点（理论基础）的选择与确立。

传统目录学的功能，过多地表现为读书治学的门径和工具，而缺乏对书目现象的分

---

[1] 王新才, 丁家友. 中国目录学的继承与创新——第六届全国目录学学术研讨会会议纪要. 图书情报知识, 2014(3): 4-7.
[2] 柯平, 刘旭青. 论彭斐章先生现代目录学思想. 图书情报知识, 2019(4): 26-34.
[3] 徐强平. 我国目录学基础理论研究目前存在的问题及相应对策. 重庆图情研究, 2005, 6(2): 16-20.

析、综合、思辨和解释[1]。彭斐章等提出，今后目录学的生存与发展，将在很大程度上取决于它能否将自己置于一种相对独立的、完整的和科学的理论体系之上[2]。现代目录学的方向有两个决定因素：一是目录学自身的发展，二是目录学的时代环境[3]，目录学自身的发展主要是出于学科发展的考虑。对于学科基点，刘国华认为"书目情报"作为目录学研究基点之一，解决了当时我国目录学研究面临的困境，使目录学发展走向了一个新阶段[4]。目录学是致用之学，就必须在新环境下研究新情况、解决新问题。网络信息资源不同于传统信息资源，揭示与有效地报道网络信息资源是21世纪目录学面临的主要任务之一，也是时代赋予的历史使命。

生活在"信息时代"，人们所面对的信息，不仅包括传统的图书、报纸、广播、电视等信息源，还包括磁盘、光盘、网络、多媒体等，数字化技术将带来信息的生产、聚集、检索、传播、复制、再生产方式的变化。而且用户的信息素养层次越高，对现代信息源的依赖程度就越深。而传统目录学能否完全涉足这些新的信息源，在很大程度上取决于目录学理论研究与现代技术手段的兼容。目录学能否从传统的相对静态的书本式检索发展到动态的、功能齐全的、计算机完全接受的现代化检索将是对目录学生死存亡的又一次挑战[5]。积极开展网络书目文献资源利用及其应用体系的研究，是网络环境下目录学发展的需要，更是建设数字图书馆和实现资源共享的需要，具有重要的现实意义[6]。因此，目录学应积极探索网络环境下目录学发展的新理论、新技术和新方法，研究网络信息组织、管理、利用问题，如网络编目、网络检索、因特网与传统书目方法的改进等[7]。

在纪念王重民先生诞辰100周年学术研讨会上，学者们各抒己见，指出当前特别重要的是注意传统与现代的结合，理论与实践的结合，目录学应有继承与发展观。王锦贵分析了目录学困境的成因，提出应与时俱进，将重心调整到网络信息、目录工作、数据库检索上。来新夏说传统目录学方法在数字图书馆中仍然有用，目录学如何发展，发展就是实践。朱天俊认为，目录学是致用之学，我们在研究当今书目工作经验的同时，不能舍弃传统目录学的精华。为此，需要继承中国目录学"辨章学术，考镜源流"的学术传统，通过文献研讨学术，发挥目录学的学术史功能；继承目录学的求实精神，用科学的态度，客观准确地揭示报道文献信息，记录和保存人类的精神财富；继承目录学的致用之道，服务于读书治学的社会需要，适应学术文化的发展和图书文献的变化，发展目录学的实用方法[8]。

---

[1] 刘国华, 李志, 翁菊梅. 对目录学"危机""困境"论的回顾与述评. 重庆图情研究, 2003, 4(2): 50-59.

[2] 彭斐章, 曾令霞, 王惠君. 论当代目录学的发展趋势. 图书情报知识, 1991(4): 9-15.

[3] 柯平. 试论以信息理论为基础的现代目录学. 图书情报知识, 1994(2): 22-25.

[4] 刘国华. 论目录学基点. 四川图书馆学报, 2004(2): 11-14.

[5] 高成鸢. 从逻辑看中国"目录学"的发展. 津图学刊, 1995(3): 26-34.

[6] 彭斐章. 目录学教程. 北京: 高等教育出版社, 2004: 277.

[7] 郑永田. 2000年以来我国目录学研究综述. 图书馆杂志, 2008(1): 2-7.

[8] 柯平. 中国目录学的现状与未来. 图书馆杂志, 2005, 24(3): 5-11, 4.

毫无疑问,"传统"和"历史"是应当继承和研究的,但更为重要的是使之发扬光大,这就要求跳出"传统"和"史的研究"范围之外。只有这样,中国现代目录学才能有较大的突破[1]。目录学必须找回自己的定位。目录学要与其他学科相联系,相互借鉴与渗透,加强学科的融合。同时,目录学也必须保持和发展自己的特色,在信息-文献、用户-读者、治学-阅读、加工-组织等方面显露出它永恒的魅力[2]。

(二)基于资源利用实践的选择

任何一门科学的发展,都是由社会实践的需要决定的,目录学也不例外。目录学是一门实践性比较强的科学,是目录工作实践经验的概括和总结。现代目录学已经由单纯的读书治学之学发展为一门以研究日益增长的庞大文献与人们对它的特定需要之间的矛盾为对象的科学[3]。目录学技术性与其致用性发展是辩证统一的,目录学的致用性与现代书目技术的结合为其发展开辟了广阔的天地。面对巨量的信息资源,特别是时刻变动的网络信息,书目工作的出路在于不断应用计算机技术、数据库技术和新检索技术,对庞大的信息进行组织整理[4]。

网络时代的目录学研究内涵变得更加丰富,外延更加扩大,有着许多新的研究领域和新视角,需要更多的思想和创新来升华书目工作实践。网络环境不但为目录学研究者和工作者提供了对象,也要求在鱼龙混杂、泥沙俱下、众声喧哗、头绪纷纭的海量信息中,发挥其提要钩玄、书海导航的功能,而这一向为中国传统目录学的长处。"辨章学术,考镜源流"的功能不仅仅由目录学独自承担,它同时可能由阅读、书评等活动承担。但无论如何,具有深厚学养和判断能力,独立不倚、学有专长的各科专家以及目录学家应该承担向社会传播、介绍、评判相关领域研究成绩的工作[5]。

随着网络的迅速发展、普及和广泛应用,网络信息资源呈现出爆炸性的增长,用户的信息需求也呈现出多元化、全球化、社会化、集成化、数字化和个性化等特征[6],用户对网络信息的依赖性也越来越强,越来越需要书目情报机构帮助查询、评价与筛选信息,更有效地组织、分析和利用信息资源。如何在庞杂的互联网上快速准确地获得有价值的信息,已成为用户日益关注的问题,这就需要引入新的方法对网络信息资源进行组织和检索,以提高网络信息资源的检索和利用效率[7]。

满足用户的信息需求,是目录学致用性的本质体现。其实,中西目录学都主张致用,但中国目录学之致用是"辨章学术,考镜源流",而西方目录学的致用性体现在方便获取

---

[1] 肖明. 目录学是时空文化的缩影. 山东图书馆季刊, 1994(3): 1-5.
[2] 柯平. 中国目录学的新观察. 高校图书馆工作, 2004(3): 7-14, 69.
[3] 彭斐章, 付先华. 20世纪中国目录学研究的回眸与思考. 图书馆论坛, 2004(6): 5-10, 57.
[4] 付先华. 当代中国目录学的新发展. 中国图书馆学报, 2005, 31(5): 70-73, 81.
[5] 杨河源. 目录学: 困局与希望. 图书情报知识, 2005(3): 12-13, 17.
[6] 彭斐章, 陈传夫. 书目情报需求与服务组织. 武汉: 武汉大学出版社, 2000: 前言 3-5.
[7] 耿骞, 汤艳莉. 面向网络信息资源的自然语言检索. 情报科学, 2004, 22(7): 845-849.

文献及共享文献[1]。在新的环境下，目录学与时俱进和追求致用性的本质使得它必须更加务实，这就意味着目录学研究不仅仅要讲究"辨章学术，考镜源流"，还要面向现实、面向问题、面向实践，充分认识到目录学面临的挑战和机遇，把握目录学发展的趋势和特点，积极借鉴国外现代目录学研究的经验和成果，重视目录学实用性的研究。新时代的目录学要解决数字时代信息资源的揭示、报道、开发与利用问题；同时利用网络加强文献资源共享，改变不适应现实需要的落后的服务方式，加强与用户的互动，以满足读者不断变化的信息需求[2]。

总而言之，网络时代目录学学科的发展要求其从整体化原则出发，建立大目录学观；从科学化原则出发，深入探讨目录学的方法论；从致用化原则出发，以目录实践来标示新时期的目录学思想内涵。

第二节 当代目录学基本理论问题

一般认为，"当代"是指 1949 年至今的时期。因此，当代目录学发展至今已有 70 余年了。这期间，特别是 20 世纪 90 年代以来，随着社会信息化，目录学研究的主题与内容日趋丰富，其中既包括书目信息、网络目录学、数字目录学等概念的提出，也包括目录学基础理论、目录学史、目录学教育等方面的研究分支，这些研究对目录学的对象、任务、内容、范围、发展等一系列重要理论问题进行了深入的探讨[3]。目录学研究重点还包括如目录学研究方法、书目信息理论、目录学学科地位等各个方面。书目情报理论第一次把研究对象从具体的书目文献转向文献中的信息，不再以文献整体而是以知识单元为揭示对象，所提供的服务也不仅仅是书目，而是文献中的信息乃至知识[4]。书目情报理论促进了目录学研究和书目工作的信息化[5]，加速了目录学由传统向现代化过渡的进程[6]。当代目录学理论研究异常活跃，学术争鸣之风鹊起，目录学的学理也越辩越明。

社会信息化背景下，网络信息资源逐渐成为信息资源最主要的部分，也是人们利用信息资源最主要的内容，目录学研究者们积极参与网络信息资源的建设、开发和利用[7]。网络信息资源的整理与揭示逐渐成为目录学所面临的新任务。当代目录学的研究也已由原来的书本式目录逐渐转移到网络信息目录工作及其检索工具上来[8]，数据库、网络目录、搜索引擎等成为当代目录学的研究对象[9]；数字目录学、知识资源服务与知识记忆系

---

[1] 王京山. 中国当代目录学的回顾与前瞻. 图书馆学研究, 2003(12): 6-11.
[2] 彭斐章. 目录学教程. 北京: 高等教育出版社, 2004: 278.
[3] 郑永田. 2000 年以来我国目录学研究综述. 图书馆杂志, 2008(1): 2-7.
[4] 李贺, 刘彧. 冷眼旁观目录学——兼论目录学的学科性质及定位. 情报资料工作, 2006(5): 33-35.
[5] 柯平. 中国目录学的新观察. 高校图书馆工作, 2004(3): 7-14, 69.
[6] 彭斐章, 付先华. 20 世纪中国目录学研究的回眸与思考. 图书馆论坛, 2004(6): 5-10, 57.
[7] 乔好勤, 李锦兰. 当代目录学的理论与实践. 图书与情报, 2001(3): 2-5, 12.
[8] 付先华. 当代中国目录学的新发展. 中国图书馆学报, 2005(5): 70-73, 81.
[9] 王锦贵. 论章学诚的目录学知识创新. 大学图书馆学报, 2003(4): 71-75.

统、信息控制成为研究重点[1]。网络信息资源的无序化特征成为当代目录学面临的挑战[2]。

方法论方面，尽管网络信息资源成为主流，但以纸质传统文献为对象的传统目录学的方法依然适用[3]，或保留其精髓的同时稍作改造后再利用。当代目录学理论研究采用的是以分析-综合为主的思维方法、定性分析与历史回归法[4]，并借鉴其他学科长期发展所形成的研究程序、论证方式和思维模式，结合目录学的研究特点来探讨引进方法的应用机制，从根本上改变原有的研究视角和思维方式，形成新的研究规范[5]。目录学方法论的发展空间同其他学科一样，也是在"新陈代谢"中不断地得到充实和发展[6]。

书目情报理论将目录学的核心思想从传统目录学的书目观转向现代目录学的书目观，把目录学研究者的视线从具体的书目文献引向书目文献中的信息，促进了目录学研究和书目工作的信息化与科学化[3]。书目信息不再以文献整体为反映对象，而是以知识单元为揭示对象；书目信息服务提供的不仅仅是书目、知识，而是具有一定价值的信息[7]。

一、目录学理论基础

大多数学科在发展到一定阶段时，会开展对学科史、对学科理论基础的再梳理与反思，目录学也不例外。当代目录学的一个主要方向就是对目录学理论基础的进一步深入探讨，总结并提出了如"信息理论""社会认识论""知识基础论""文化论""大众传播理论"等当代目录学基础理论的观点。

目录学界的部分学者认为，信息科学正影响并渗透到目录学领域，改变着目录学的知识结构。柯平提出，引入信息理论建立的书目情报理论是现代目录学的基础理论，以信息理论为基础开展的目录学研究，引导着传统目录学向信息化方向发展[8]。

葛民提出，目录学解决了"信息传播"问题，在学科性质上，与大众传播学有着天然的联系，因此，目录学的理论基础除了信息理论等，也应包含大众传播理论[9]。

杨河源提出"文献信息学"的观点，其基本出发点在于，"信息科学"或"信息理论"过于笼统，事实上，目录学所关注的只能是人类社会所有信息中属于"文献信息"的那一小部分，因此，以"文献信息学"作为理论基础更为恰当，也可以保证目录学的研究能够更加具体和深入[10]。

肖希明提出，目录学的理论基础是包括哲学基础在内的多学科且具有层次体系，其

---

[1] 柯平. 中国目录学的现状与未来. 图书馆杂志, 2005(3): 5-11, 4.

[2] 彭斐章, 付先华. 20世纪中国目录学研究的回眸与思考. 图书馆论坛, 2004(6): 5-10, 57.

[3] 柯平. 中国目录学的新观察. 高校图书馆工作, 2004(3): 7-14, 69.

[4] 陈铭, 郑建明. 20世纪90年代的目录学研究综述. 中国图书馆学报, 2001(1): 63-66.

[5] 王京山. 中国当代目录学的回顾与前瞻. 图书馆学研究, 2003(12): 6-11.

[6] 赵伯兴. 论网络时代目录学研究重点的转移. 上海高校图书情报学刊, 2001(3): 15-18.

[7] 李贺, 刘彧. 冷眼旁观目录学——兼论目录学的学科性质及定位. 情报资料工作, 2006(5): 33-35.

[8] 柯平. 试论以信息理论为基础的现代目录学. 图书情报知识, 1994(1): 22-26.

[9] 葛民. 大众传播理论与目录学. 图书与情报, 1990(2): 74-78.

[10] 杨河源. 目录学的理论基础是文献信息学. 图书情报知识, 1991(2): 12-13, 28.

中"信息科学"与"文化学说"尤其关键，体现在确定目录学学科发展起点、揭示书目现象本质这些学科内核等方面的作用[1]。

二、目录学研究对象

陈光祚提出，需要进行"对目录学对象的再认识"，并认为"目录学是研究文献流的整序、测度和导向的科学"[2]，这种对目录学研究对象的判断突破了目录学是"目录之学"的固有观念，力图容纳和反映当代书目活动的实践。

罗娟华和黄奇认为，目录学的研究对象应为"图书文献、目录以及目录生成的相关工具和其他应用条件等"[3]。

彭斐章从"书目情报"这一学科基点出发，认为现代目录学是"研究书目情报运动规律的一门科学"[4]。

袁世亮认为，目录学研究的抽象对象就是"揭示和报道历史上形成为文献形式的知识与人们对于这些文献特定需求之间的规律"，也可以说是书目情报运动的规律、目录工作形成和发展的一般规律等；原有的以具体书目为核心的研究体系需要彻底被打破，目录学不能停留在以研究具体书目成果为核心的阶段[5]。

三、目录学的学科体系

卿家康认为，所谓目录学体系，实际上是目录学家认识的系统化，目录学家从信息和文化等多样性的角度开展研究，使得目录学体系和研究方法更加多元，促进目录学研究的繁荣，也加快目录学发展的步伐[6]。目录学体系内容正在从以下几个方面发生着改变，并促进目录学的现代化。

（一）目录学理论体系

彭斐章、曾令霞、王惠君认为，随着信息时代的到来，目录学思想体系的变革势在必行。在目录学的研究中，借鉴信息科学等其他学科在发展中所形成的研究方法和思维模式，结合目录学研究的自身特点，构建全新研究范式，推动形成一个系统化、科学化、完整化的理论体系[7]。

曾令霞运用科学的学科结构理论来探讨目录学理论体系，她认为目录学学科体系应分为经验要素、理论要素、方法要素和结构要素四个方面[8]。

---

[1] 肖希明. 论目录学的理论体系. 中国图书馆学报, 1994(3): 18-23.
[2] 陈光祚. 目录学是研究文献流的整序、测度和导向的科学——对目录学对象的再认识. 图书情报工作, 1990(1): 1-7, 30.
[3] 罗娟华, 黄奇. 目录学的科学意义、学科地位及其对象、内容问题新探. 图书馆界, 1993(1): 32-35.
[4] 彭斐章. 世纪之交的目录学研究. 图书情报工作, 1995(2): 1-5.
[5] 袁世亮. 对目录学核心问题的研究综述. 大学图书情报学刊, 2008(6): 87-92.
[6] 卿家康. 目录学的时代性与当代中国目录学的特征. 图书情报知识, 1995(2): 2-6.
[7] 彭斐章, 曾令霞, 王惠君. 论当代目录学的发展趋势. 图书情报知识, 1991(4): 9-15.
[8] 曾令霞. 关于目录学学科建设若干问题的思考. 图书情报知识, 1991(3): 2-6.

肖希明从对书目工作实践影响程度的角度,把目录学理论划分为三个层次,分别是目录学理论基础、目录学基础理论和目录学应用理论[1]。

程焕文则提出二次文献学的设想,并具体勾画了相应的学科体系[2]。

(二)目录学方法论体系

马芝蓓认为目录学方法论属于具体科学的方法论,由方法论的定义所演绎出的目录学方法论是关于目录学方法的理论,具体包括:其一,目录学方法及其体系建立的学说;其二,目录学诸方法的总和。目录学方法论体系是目录学所采用的方式方法相互关联而构成的一个整体[3]。

彭斐章等提出,目录学方法论体系要结合目录学研究的特点,同时寻找引进方法与目录学研究的契合点,形成更加科学化、多样化、系统化的方法论体系[4]。

(三)分支学科

比较目录学、计量目录学等新的分支是从20世纪90年代逐渐发展起来的,在这些新学科的发展上,许多学者都提出了相关的观点,他们认为,比较目录学、计量目录学等新分支发展的必要性和重要性,体现在当代目录学研究的计量化、精确化趋势。

马芝蓓认为,当代目录学的分支学科主要在书目控制、比较目录学、计量目录学、国外目录学理论研究等方面[5]。

彭斐章、谢灼华提出,应该在比较目录学、计量目录学、数字书目控制论方面发展目录学新的学科分支。对应着运用新的研究方法,从调研和统计推进书目计量和书目控制[6]。

乔好勤等认为当代目录学是计量目录学的时代[7]。

彭斐章提出目录学的量化转向不仅仅是方法的量化,而且是目录学整体性的量化,因此,应该从目录学的基本矛盾入手,针对基本矛盾所包含的结构要素及其关系开展定量研究[8]。

卿家康把代表当代目录学发展方向的分支学科确定为书目控制论、书目计量学、比较目录学[9]。

马芝蓓专门对书目计量学的方法进行了分析,认为主要有引文分析法、文献统计分析法等,并提出书目计量学这一学科分支的研究可以确定核心期刊,可以确定书目情报

---

[1] 肖希明. 论目录学理论体系. 中国图书馆学报, 1994(3): 18-23.
[2] 程焕文. 论中国当代目录学的变革——关于建立二次文献学的初步构想. 图书与情报, 1991(4): 69-75.
[3] 马芝蓓. 当代目录学方法论体系探讨. 图书情报工作, 1994(2): 24-29, 47.
[4] 彭斐章, 曾令霞, 王惠君. 论当代目录学的发展趋势. 图书情报知识, 1991(4): 9-15.
[5] 马芝蓓. 中西目录学发展现状的历史考察——兼论当代中国目录学发展能力. 晋图学刊, 1995(2): 53-57.
[6] 彭斐章, 谢灼华. 关于我国目录学研究的几个问题. 武汉大学学报(哲学社会科学版), 1980(1): 90-96.
[7] 乔好勤, 陈东, 廖璠. 我国目录学研究的回顾与前瞻. 图书与情报, 1989(3): 21-28.
[8] 彭斐章. 世纪之交的目录学研究. 图书情报工作, 1995(2): 1-5.
[9] 卿家康. 目录学的时代性与当代中国目录学的特征. 图书情报知识, 1995(2): 2-6.

需求特点与侧重点，以针对检索工具所涵括的书目进行统计分析的结果为依据，可以从中了解某一学科或某一知识领域的发展现状。从这个角度看，书目计量学具有广阔的应用和发展前景[1]。

彭斐章、曾令霞、王惠君通过分析提出，当代目录学的发展具有计量化、精确化趋势[2]。

（四）书目控制理论

柯平将书目控制理论与经济学理论相结合，首次提出书目控制经济学的新概念，探讨书目控制的经济现象及其规律。基于书目控制经济学概念，柯平建立了文献经济学的理论体系，并尝试将其应用在文献生产、各类型文献的书目控制、网络环境下的书目控制等方面[3]。

柯平还认为，随着网络技术的发展，加强网络信息资源的书目控制是书目控制的重点与方向。柯平提出网络信息资源书目控制的三个层次，包括：一般网络资源的书目控制、网络出版物的书目控制、网络知识与学术资源的书目控制。分别通过搜索引擎、网络资源导航、网络目录、网络文献评价系统、网络知识提炼与加工以及知识挖掘等技术与智能的综合方案解决[4]。

秦宜敏认为书目控制论是将控制论的思想方法引入目录学而产生的一个分支学科，包含对文献的描述控制和开发控制[5]。书目控制的目的是以书目去控制、了解、掌握、检索、传递文献线索，实现最大范围文献信息的提供与兼容共享[6]。

乔好勤认为，书目控制具有悠久的历史，自从有了一定数量的文献，也就有了人类对文献的书目控制，但作为一种指导目录工作的系统化理论与实践则是近年来才逐渐开展的[7]。

黄俊贵分析书目控制的概念及其内涵，探讨书目控制的相关实践，并提出将书目控制在目录学中的地位提升到"现代目录学正是研究书目控制的方法、理论和历史的学科"这一高度[8]。

（五）目录学应用研究

很多学者对目录学的研究不局限于基础理论，而是转向应用领域，以适应社会的需要和信息技术的发展。20世纪90年代出版的四部目录学专著是积极有益的尝试，分别

---

[1] 马芝蓓. 当代目录学方法论体系探讨. 图书情报工作, 1994(2): 24-29, 47.
[2] 彭斐章, 曾令霞, 王惠君. 论当代目录学的发展趋势. 图书情报知识, 1991(4): 9-15.
[3] 柯平. 书目控制的经济学与我国书目控制的经济效益研究——国家哲学社会科学"九五"规划重点项目研究概况. 河南图书馆学刊, 2001(3): 94-96.
[4] 柯平. 中国目录学的新观察. 高校图书馆工作, 2004(3): 7-14, 69.
[5] 秦宜敏. 我国书目控制研究述评. 图书馆, 1992(3): 17-23.
[6] 秦宜敏. 书目控制与文献资源共享. 武汉: 湖北人民出版社, 2003.
[7] 乔好勤. 中国目录学史. 武汉: 武汉大学出版社, 1992.
[8] 黄俊贵. 书目控制论的思辨：从世界到中国. 中国图书馆学报, 1995(5): 56-63.

是：倪晓建的《书目工作概论》、朱天俊的《应用目录学简明教程》、郑建明的《当代目录学》、柯平的《文献目录学》。这些专著的一个共同特点就是以目录学的方法为中心，体现目录学的实用性，彰显目录学之"致用"。

肖希明认为目录学应用研究是目录学理论运用于实践的中介，目录学是致用之学，应用研究应当成为当代目录学研究的重点[1]。

柯平认为目录学研究者应该在应用目录学这一转向上达到一致，目录学必须要从它是"致用之学"这一基本观点出发[2]。

卿家康提出，应当建立大目录学观，立足于全社会、各领域开展各层次的书目信息活动，整体建设并发展目录学，因此，需要从序化书目信息的全体、书目信息活动的全程、书目信息应用的各领域、书目信息活动的各层次等方面开展目录学应用研究[3]。

朱天俊摒弃空谈和历史的赘述，强调目录学实用方法，结合书目工作，特别增加计算机应用，对提要、文摘、索引、书目、综述、书评编写的方法以及计算机在整理编纂文献工作中的运用进行系统的论述与介绍[4]。

黄先蓉认为目录学的理论来源于实践并指导实践。作为"致用之学"，目录学理论乃至目录学学科的发展程度，需要取决于书目情报实践活动状况，因此，目录学应用的研究是"目录学的生命线"这一判断并不为过[5]。

彭斐章列举了当代目录学应用研究的成果，主要有国家书目的编制及有关问题的研究、检索刊物体系的建立和发展研究、联机目录报道体系、计算编制联机目录的试验与研究等。此外，书目工作标准化、学科目录工作或专科文献目录学的研究也都是目录学应用研究的重要方向[6]。彭斐章还认为，必须加强目录学应用研究，面向社会的书目实践活动，既是时代对目录学的要求，也是当代目录学对传统目录学模式反思的结果，是对时代要求的一种自觉回应[7]。

卿家康认为介入社会生活是目录学体现"致用"的手段，是目录学的希望所在。指导读书治学、提供情报服务，体现了目录学的应用科学属性，也是目录学发展为能真正成为人人所需学问的路径[3]。

为应对网络信息资源的大量涌现所开展的书目组织与控制，是当代目录学研究和书目工作的重点，目录学应用研究主要集中在网络目录学、数字目录学等方面，均取得了相当丰硕的研究成果。

乔好勤和李锦兰在 2001 年正式提出"网络目录学"这一概念，明确指出，当前的目

---

[1] 肖希明. 我国当代目录学研究进展. 图书情报工作, 1994(5): 1-5, 61.
[2] 柯平. 中国目录学的现状与未来. 图书馆杂志, 2005(3): 5-11, 4.
[3] 卿家康. 目录学的时代性与当代中国目录学的特征. 图书情报知识, 1995(2): 2-6.
[4] 朱天俊. 应用目录学简明教程. 北京：光明日报出版社, 1993.
[5] 黄先蓉. 现代目录学研究的发展道路. 图书情报工作, 1977(11): 21-24.
[6] 中国目录学的今天与明天//王振鹄教授七秩荣庆祝寿论文集编辑小组. 当代图书馆事业论集——庆祝王振鹄教授七秩荣庆论文集. 台北：正中书局, 1994.
[7] 彭斐章. 世纪之交的目录学研究. 图书情报工作, 1995(2): 1-5.

录工作实践活动已进入网络信息目录控制的新阶段，目录学的研究重点应该尽快转移到网络信息目录工作及其检索工具上来[1]。

随着这一概念的提出，目录学研究者们不断深入开展研究。司莉等分析网络信息资源的特征以及开展网络信息资源组织的现状和存在的问题，阐述超文本、搜索引擎等在目录学中的应用，提出优化策略和推进目录学发展的增长点，如知识组织智能化研究、元数据研究、网络化书目情报服务研究、知识管理研究等[2,3]。

彭斐章和付先华认为，网络目录学研究应该从网络文化出发，探讨网络书目控制、网络书目情报理论、网络书目情报服务等，其中，在书目工作中，需关注知识组织智能化与书目资源重组实践，以及网站分类技术、全文搜索技术等[4]。

王京山认为，网络信息资源的组织与管理利用问题包括网络编目、网络检索、因特网与传统书目方法的改进等[5]。

数字目录学研究是目录学应用研究发展的又一重要方向，2003年彭斐章就指出，"目录学研究正进入数字时代"[6]。2005年，柯平正式提出"数字目录学"的概念。他认为，"数字目录学正是研究数字环境下的数字资源与网络书目情报工作，解决数字资源的组织与开发利用等问题，为发展信息资源管理和信息服务提供支持的一门目录学新兴学科"。围绕这一概念，柯平初步构建了数字目录学的原理体系，即"数字资源-知识"体系，其中包括数字资源控制论、知识加工论、e-reading 等[7]。刘炜认为，数字目录学还可以包含数字资源组织（元数据/本体方法）、资源整合、服务整合、语义互操作、元搜索及协议等多方面的内容[8]。

第三节 2010～2019 年目录学研究综述

近十年来（2010～2019 年），我国目录学研究呈现以下三个特点：①对古典目录学的阐释与叙述，其研究方法注重史料研究，包括对古典目录学的著作研究、人物研究以及人物著作相互之间的关系研究等方面。②中西目录学研究的拓展、衔接与融合。当前，学科之间交叉度越来越高，学科之间的融合度越来越高。目录学与其他学科相互交叉、相互渗透，形成你中有我、我中有你的局面。同时，中西目录学也在不断地探索中寻求融合。③目录学与各学科的交叉融合速度加快，以数字目录学为代表的新兴目录学发展迅速，目录学与人工智能、大数据等新兴技术相结合，推动了数字目录学的进一步发展。

---

[1] 乔好勤, 李锦兰. 当代目录学的理论与实践. 图书与情报, 2001(3): 2-5, 12.
[2] 司莉, 彭斐章, 贺剑峰. 网络信息资源组织与目录学的创新和发展. 图书情报工作, 2001(9): 21-24.
[3] 司莉. 网络信息资源组织与揭示及其优化研究. 武汉: 武汉大学, 2003.
[4] 彭斐章, 付先华. 20 世纪中国目录学研究的回眸与思考. 图书馆论坛, 2004(6): 5-10, 57.
[5] 王京山. 中国当代目录学的回顾与前瞻. 图书馆学研究, 2003(12): 6-11.
[6] 彭斐章, 乔好勤, 陈传夫. 目录学(修订版). 武汉: 武汉大学出版社, 2003.
[7] 柯平. 数字目录学——当代目录学的发展方向. 图书情报知识, 2005(3): 18-22.
[8] 刘炜. 再论目录学的雄起. http://meta.bokee.com/1065247.html[2020-03-25].

同时，目录学与文学、宗教等学科也有一定程度的相互交融。

一、基于史料的古典目录学的经典叙述

中国传统目录学博大精深，源远流长，我们只能从历史的长河中管窥目录学的研究内容。早在汉代，刘向校书时分四步：广罗异本，相互校补；条别篇章，定考目次；校雠讹文脱简，写定正本；提要钩玄，撰写叙录。刘歆在编撰《七略》时开创了目录学体系的一个范式：创建分类体系，撰写总说明，每类下有小序，说明学术源流，每书下有叙录（解题或提要）。班固等则开创了史志目录体例，据《七略》而成《汉书·艺文志》，"删其要以务篇籍"。而《中经新簿》是我国第一部采用四部分类的著作，把图书分为甲、乙、丙、丁，之后学者李充对《中经新簿》的分类进行了"删正"，将甲乙丙丁改为经史子集，这一改动影响深远。至清代，《四库全书总目》是中国古典目录学的集大成者，在传统的四部分类法基础上吸收了古今书目分类的成就，在内容体例上"显征正史，傲采稗官，扬其所长，纠其不逮"。与此同时，中国古代目录学者也在理论上进行探索。郑樵主张"会通"，提出"通记古今图书""详明类例""泛释无义"等理论。清代章学诚提出"互著""别裁"等理论，并在"宗刘"和"补郑"的前提下提出了"辨章学术，考镜源流"的理念，认为书目应当通过甲乙部次辨别流派，更应当通过小序、叙录等方式折衷六艺，宣明大道。而到了近代，导读目录的兴起则是文化冲突的历史产物。至此，中国古典目录学体系已基本建立，其核心与根本目的是"辨章学术，考镜源流"，其方法是分类、小序、叙录、提要、互著、别裁等，它分为官修目录、史志目录、私人目录、专科目录、导读目录等几个分支。现代目录学的文献揭示和组织的许多方法基本上是建立在古典目录学理论与方法上的，如索引、书评、文摘、综述等[1]。表 2-1 为近十年部分古典目录学研究论文。

表 2-1 近十年部分古典目录学研究论文

序号	作者	研究内容
1	马梦丹	论古典目录学与现代目录学的异同及目录学的发展趋势
2	杨苏闽	魏晋南北朝时期目录学的起兴
3	范旭艳	杜定友《校雠新义》与传统目录学之知识分化
4	王秋萍	《勿庵历算书目》的目录学价值与学术史意义
5	夏勇	目录学视域下的地域总集范畴辨析
6	温庆新	传统目录学视域下《四库全书总目》所言"小说之体"的文类涵义
7	胡明想	"历代诸家本草"的目录学意义
8	温庆新	阅读史视域下中国古典目录学主体建构理路关照
9	张宪荣	国图所藏耿文光二十卷本《目录学》考

---

[1] 胡唐明, 郑建明, 黄建年. 衔接与融合：当代目录学研究进路. 图书馆理论与实践, 2012(2): 4-8.

续表

序号	作者	研究内容
10	邵宁	由《汉志》《隋志》《四库》看史籍在目录学中的流变
11	张燕	略论《玉海·艺文》的目录学价值
12	刘晓寒	目录学视野中的术数分类演变
13	汪高鑫	汉代目录学的发展及其成就
14	王小路	《隋书·经籍志》在中国目录学史上的贡献与影响
15	李艳	《直斋书目解题》的目录学价值
16	孔凡秋	二十四史在目录学著作中著录情况概述
17	陈辉	敦煌遗书《太平部卷第二》的目录学考察——兼论《太平部卷第二》的出处归属
18	王镕鑫	诏令类在目录学史上著录的变化及发展
19	王鹰	佛教早期目录学的发展——《综理众经目录》和《出三藏记集》对目录学术语的不同诠释
20	刘文江	从目录看古代文体分类意识的演进——从《汉志》"诗赋略"与《隋志》"集部"谈起
21	周蓓	唐代汉籍东传日本的目录学考察
22	罗春兰，黄绪婷	宋代江西目录学著述考论
23	王丽英，孙小梅，于丽娜，崔建伟	读《佛家经录在中国目录学之位置》探析梁启超目录学思想
24	陈晓华	试论清代目录学的几个特征
25	汪泽	目录学视野中的经学演变——以《汉志》《隋志》《四库总目》之经部书目为中心
26	陈海珠，包平，胡唐明	中国古典目录学流变与特点刍议

近十年来，关于目录学家的研究论文主要表现在生平、著作或某个知识点方面的研究，其中有关研究叶昌炽、余嘉锡、姚名达、王重民、郑樵、梁启超、彭斐章等目录学家的论文较多。表 2-2 为近十年部分关于目录学家及其著作、思想的研究论文。近十年来，我国比较注重史料的收集与整理，表现在国家社科基金和教育部基金项目上，图书馆学与档案学有许多项目都体现在目录学的史料收集与整理方向。今后一段时间内，这也是目录学研究的一个重要方向，表现在目录学著作、目录学史料以及目录学家等方面的研究。

表 2-2 近十年有关目录学家及其著作、思想的研究论文（部分）

序号	作者	研究内容
1	马玲	孙诒让的目录学思想探究
2	王广三	汪宪的目录学思想探微
3	刘惠兰	叶昌炽的目录学思想探究

续表

序号	作者	研究内容
4	赵宣	丁瑜先生之版本目录学研究
5	陈晓华，李文昌	论乾嘉目录学的几个特征
6	李兵	顾櫰三的目录学成就与思想述论
7	田雯	余嘉锡目录学特色刍议——以余嘉锡《四库提要辨证序录》及《目录学发微》为例
8	张新民	莫友芝版本目录学成就考论——影印《宋元旧本书经眼录》前言
9	傅荣贤	傅兰雅《译书事略》的目录学解读
10	王振良	来新夏与《古籍整理讲义》——"南开百年名家名作巡礼"之七
11	赵元斌，李鹏	姚名达目录学研究述评
12	杨学东	觉丹热智目录学成就述评
13	柯平，刘旭青	论彭斐章先生现代目录学思想
14	唐黎明，张固也	郑樵《通志·艺文略》所据书目考
15	范旭艳	杜定友《校雠新义》与传统目录学之知识分化
16	罗彧	王重民学术著述考
17	许多	钱亚新校雠学研究
18	杨文钰	李之鼎及其文献学成就考述
19	曹珍	潘自牧及其《记纂渊海》研究
20	牛卫东	宋代天台宗大师慈云遵式的佛籍目录学成就考述
21	杨琳	龙启瑞的目录学思想探微
22	翟丹	王古鲁及其目录学成就
23	温庆新	民族文化本位视域下的古典目录学理论建构——傅荣贤《中国古代目录学研究》读后
24	尹芳	胡应麟诸子学研究
25	顾琳琳	梅辉立《中国经典书目提要》（Bibliographical Notes on Chinese Books）研究
26	史丽君	论张宗泰的目录学思想
27	王晓雨	郑默在古代目录学领域的贡献
28	李巧玲	张金吾藏书及其目录学成就
29	靳爱红	陆心源的目录学思想探析
30	张庆伟	朱彝尊《经义考》的目录学思想探究
31	娄冰	徐树兰的目录学思想探究
32	郭慧玲	孙殿起的目录学思想探究
33	刘浩	黎锦熙的《史传演义举目》与一段被遗忘的小说目录学史
34	孙振田	陶存煦《最低限度国学入门书目》
35	孙雪峰	梁僧祐及其目录学、文献学成就论略
36	田萌萌	尤袤《遂初堂书目》研究综述
37	亢琦	张厚生先生目录学思想初探
38	竺洪波	孙楷第关于《西游记》的版本目录学研究
38	王彪	元行冲《群书四录》的目录学思想探究
40	傅荣贤	孙德谦《汉书·艺文志》研究得失评
41	许小玲	焦竑及其《国史经籍志》提要辨证
42	丁伟国	钟嗣成与《录鬼簿》

续表

序号	作者	研究内容
43	靳爱红	王俭《七志》——私撰目录的开端
44	杨德志	叶昌炽《缘督庐日记》的文献学价值
45	全根先,赵红	王庸目录学成就略述
46	戴丽琴,彭树欣,柯平	梁启超:中国古代目录学研究现代第一人
47	王军,曹金发	梅文鼎及其目录学成就述评
48	李国斌	刘昫目录学思想述略
49	王新雨	祁承㸁的目录学思想考略
50	傅荣贤	浅论阮孝绪《七录·序》的目录学思想及其影响

二、中西目录学研究的拓展、衔接与融合

(一)目录学研究内容的拓展

当代目录学的首要任务就是在结构范畴下建立符合当代科学规范的学科体系。所谓结构范畴是反映客观事物的实体性,揭示客观事物的内容,即客观事物在内的各种成分或因素及其相互关系的范畴。

20世纪下半叶以来,随着计算机技术、通信技术与网络技术的快速发展,目录学的研究内容有了很大的拓展,这表现在以下几个方面:①数字资源增长十分迅速,如何描述与组织数字资源成为当今重要的任务。为了更好地揭示与组织数字资源,国际图书馆协会联合会(International Federation of Library Associations and Institutions, IFLA)于1998年出版发行了《书目记录的功能需求》。它提供一个清晰定义的结构化框架,使书目记录中的数据与记录用户的需求之间产生关联。②书目知识系统之间的互操作也是当代目录学研究的另一脉络。由于国家之间与系统之间存在不同的文化背景以及不同的技术条件,许多书目知识描述标准不能相互兼容,在当今开源技术与开放理念的支持下,书目知识系统之间的互操作是必然的,目前主要表现在叙词表之间相互映射以及元数据之间的映射。目前已建立的较知名的互操作有:LCSH(国会图书馆标题词表)和DDC(杜威十进分类法)之间的映射,GSAFD(个人作品主题检索指南)、ERIC Thesaurus(美国教育资源数据库叙词表)、LCC(国会图书馆分类法)、LCSHac(国会图书馆儿童标题词表)、MeSH(医学标题词表)、NLMC(国家医学图书馆分类法)之间的相互映射[1]。③书目知识控制。目前国际上有两个知名的书目知识控制组织:国际图联书目控制部和美国国会图书馆书目控制未来工作组。国际图联书目控制部包括四个工作组:书目组、编目组、分类索引组、知识管理组。其中书目组从国家书目控制和世界书目控制的角度来对数字资源进行控制,对于世界书目控制工作具有重大影响力。④书目知识服务。近几年书目

---

[1] 胡唐明,郑建明. 以书目知识为基点,以用户服务为中心——近十年(2000~2009年)书目工作进展与演化. 图书情报知识, 2010(4): 20-26.

知识服务又有一些新的动向。例如在 Web 2.0 及《书目记录的功能需求》的推动下，联机公共目录检索系统（Online Public Access Catalogue, OPAC）出现了新的内容，集中体现了以用户为中心的特点。数字化学习指导、数字导读服务、信息素养教育与培养无不体现以用户为中心的特点。另外，书目知识服务的方式也发生一定的变化，从解释文献的基本特征延伸为深度揭示信息内容，从注重学术性向关心网络导航和导读的大众化方向转变，可移动的书目信息系统（如 Web OPAC）、开放的书目信息系统（如网络书目信息资源 OPAC、基于开放存取理念的开放内容联盟（Open Content Alliance, OCA））、无缝的书目信息服务（如虚拟咨询服务、GIL 全球目录）、跨媒介与语言资源的目录体系等新型书目知识体系不断出现。⑤目录学领域的实践深化。OCLC（Online Computer Library Center, 联机计算机图书馆中心）作为目录学领域理论与实践的集大成者，在信息编目、资源共享、开放存取、知识管理、在线学习以及图书馆管理软件的开发上都发挥了巨大作用。为了更好地实践资源共享这一理念，OCLC 采取了开源技术与数据挖掘技术，并推出了五种类型研究项目：内容管理、馆藏与用户分析、互操作、知识组织、系统服务架构，以便知识能够自由、免费、共享，使得访问知识系统更加流畅[1]。

（二）中西目录学的衔接与融合

中国传统目录学的核心是"辨章学术，考镜源流"，其"厚重之势"在于分类。在分类方法上，多以书名为标目，这是由中国特定的文化背景所决定的，自孔子以来，中国传统文化主张"述而不作"，古代学者在整理文献时，书名容易确定，而作者难以考订，因此，在著录图书时多以书名为标目。在著录方法上，为了达到"辨"和"考"的目的，中国传统目录学强调分类，重视小序和提要。西方目录学思想精髓及目的在于"方便地获取图书"，这也是有其深刻历史原因的。西方目录学在文艺复兴时期得到较大发展，在西方文化价值观里，强调人的价值和独创精神，且书名一般较长，书名中没有实际意义的虚词通常在前，故不以书名而以作者或责任者为标目，因此，在研究方法上，西方目录学重编目，重索引，重排序法，重书目控制。

中国传统目录学与西方目录学目的不同、侧重点不同、方法不同，可谓泾渭分明，形成两种截然不同的目录学体系。到了近现代，中国目录学经历了一个从碰撞到融合的渐进过程。这个过程按历史进程来说可分为三个阶段。第一阶段从鸦片战争到 20 世纪 40 年代末，这个时期中西文化激烈碰撞，中国目录学者一方面反思传统目录学文化与价值，另一方面积极介绍和引入西方目录学体系，这一时期的特点是目录学的"西学东渐"，例如张之洞的《书目问答》、康有为的《日本书目志》、梁启超的《西学目录表》无不淋漓尽致地体现这一特点。第二阶段是从 20 世纪 40 年代末到 20 世纪 90 年代末。从 1949 年美国图书馆学家谢拉提出书目控制的概念以来，西方目录学进入了书目控制时代，各种书目知识的著录与描述规则相继出台，在国际图联及西方发达国家图书馆协会的大力支持下，推出了 AACR1（Anglo-American Cataloguing Rules 1st Edition,《英美编目条例》

---

[1] 胡唐明, 郑建明, 黄建年. 衔接与融合：当代目录学研究进路. 图书馆理论与实践, 2012(2): 4-8.

第一版)、AACR2（Anglo-American Cataloguing Rules 2nd Edition,《英美编目条例》第二版）、ISBD（International Standard Bibliographic Description,《国际标准书目著录》)、UNIMARC 等各种标准与规则，国际图联也成立了书目控制部。我国也在 ISBD 的基础上，推出了国家标准《文献著录总则》《普通图书著录规则》《非书资料著录规则》《古籍著录规则》《连续出版物著录规则》等多种著录规则，并在 UNIMARC 的基础上推出了 CNMARC。同时突出了我国传统目录学的"厚重之势"，即分类优势，建立了《中国图书馆分类法》，并建立了《中国分类主题词表》《军用主题词表》等。综上，第二阶段中西目录学的衔接与融合的主要内容是建立了相关书目知识著录和描述的国际标准和国家标准，体现了规则与标准融合的特点。第三阶段是从 20 世纪 90 年代末至今。在 FRBR 诞生之前，关于书目知识的著录与描述的最高层次是载体表现层次，FRBR 的最高描述层次是作品和内容表达层次，这两个层次分别对应了中国传统目录学的"辨章学术，考镜源流"核心思想。通过内容表达层来聚集书目的所有版本、文摘、内容简介等，而更高一层的作品则体现了学术和源流的深层体系。FRBR 通过作品、内容表达、载体表现、单件四个实体建立四个不同层次，并通过实体之间的属性建立了书目知识体系的网状关系及纵横向关系。资源描述与检索（resource description and access, RDA）名称中去除"英美"（Anglo-American）这个地域性特色，用"description and access"代替"编目"（cataloguing），表示不限于传统图书馆资源，而是包含目前已经存在和将来有可能出现的各种信息资源，适用于全世界范围的图书馆、艺术馆、档案馆、博物馆及其他信息机构。RDA 是建立在 FRBR 这一框架上的，这也意味着"辨章学术，考镜源流"的思想在西方目录学体系得以进一步融入，当代目录学经历了从细化到综合、从微观到宏观的转向。今后中西目录学融合的趋势将会以书目知识为结合点和出发点，寻求中西书目知识的衔接与融合[1]。

三、目录学的学科交叉与融合

（一）目录学的学科交融

目前，随着时代脚步的前进，目录学与文学、佛学、医学等学科也产生交叉融合，根据目录进行联合选书、校勘、查漏补缺等。表 2-3 为近十年各学科发表的部分目录学论文。

表 2-3 近十年各学科的目录学论文（部分）

序号	作者	研究内容
1	朱萍，赵楠	《陈广才红学研究藏书目录及评价》的红学目录学史及域外传播史意义
2	张欣	《中国小说史略》的目录学研究方法
3	宁艳红	《宝唱录》在佛经目录学上的价值

---

[1] 胡唐明，郑建明，黄建年. 衔接与融合：当代目录学研究进路. 图书馆理论与实践, 2012(2): 4-8.

续表

序号	作者	研究内容
4	张泓	从《搜神记》的归类看古代目录学的小说观
5	孙晓辉	论目录学体系中的器乐立目——兼论南宋莆田二郑的音乐分类观及其影响
6	杨焄	文学趣味、史家视野和目录学根柢——鲁迅与许世瑛的学术因缘
7	穆丽君，李亚军	建国后出版的《针灸甲乙经》目录学梳理
8	韩翠霞	傅惜华戏曲目录学研究
9	邓松波	古代医学文献目录学渊源考究
10	王鹰	佛教早期目录学的发展——《综理众经目录》和《出三藏记集》对目录学术语的不同诠释
11	杨维中	梁真谛翻译《大乘起信论》的目录学考察——《大乘起信论》翻译新考之二
12	王丽英	读《佛家经录在中国目录学之位置》探析梁启超目录学思想
13	李帅	目录学视野中的小说观念嬗变探析——以《汉志》《隋志》《总目》为例
14	李月辰	从目录学角度看马理思想的传播
15	段青，张华敏，康小梅，尚文玲	数字时代中医药信息资源目录学的研究
16	郭炳瑞	目录学视角下的"小说"观念探析——以《汉书·艺文志》和《隋书·经籍志》为例
17	李阳	浅析中国音乐文献学校勘学、目录学的方法

（二）基于大数据的数字目录学研究

目录学的系统化、数字化、有序化和大众化是大势所趋。目录学与现代科技的完美结合将进一步影响普通社会个体的知识储备体系和阅读方式。近十年来，在实践上，目录学与人工智能技术有机融合度较高。一引其纲，万目皆张。从本质上来讲，人工智能技术是建立在目录学基础上，对各个"知识点目录"进行收集整理，通过先进的算法对用户使用习惯和兴趣偏好进行有效分析，从而建立智能分析和推送系统，并在此基础上，模拟人的思维不断修改偏差以达到智能效果。可以说，智能与智慧系统的基础是基于目录学理论的各个知识点的收集、整理与分析。目前，智能与智慧系统已广泛应用于生活与工作中。

在图书馆界，Web of Science 系列产品是现代目录学应用的典范，目前推出的 SCI（Science Citation Index，科学引文索引）、SSCI（Social Sciences Citation Index，社会科学引文索引）、ESI（Essential Science Indicators，基本科学指标数据库）、InCites、EndNote、Publons、Kopernio 等产品都是目录学的经典应用。另外，Elsevier 推出的 Scopus 产品与 Web of Science 系列产品有异曲同工之处，都是现代目录学应用的经典之作。用云计算的方式实现知识单元的集聚，用"互联网+"的思维去思考目录学的未来，用知识链接平台的方法实现知识的共享，这些都会从根本上改变目录学的研究方式[1]。结合人工智能与大数据等技术在超大型数字联合目录、链接目录、知识单元目录等领域取得较大进展，

---

[1] 高思莉. 大数据背景下的目录学发展研究. 湖北函授大学学报, 2015(16): 97-98, 100.

完美地展现了目录学的致用性。对知识单元实现组织有序化、检索高效化、导读体优质化、揭示直观化。基于大数据的目录学充分利用了用户画像、知识图谱、深度学习等人工智能技术实现传统目录学向智能目录学的转变，在智能推荐、智能检索、智能咨询、自动编目、智能导读等方面取得较大突破[1]。表 2-4 为近十年数字目录学方面的一部分研究论文。

表 2-4　近十年数字目录学研究论文（部分）

序号	作者	研究内容
1	熊翔宇，郑建明	大数据管理中的目录学思想
2	石进，胡雅萍，李益婷	大数据时代目录学的新使命
3	李瑞龙，李明杰	数字人文背景下古典目录学"辨考"思想的实现路径初探
4	张晓丹，于楠楠	数字时代目录学的信息资源控制功能研究
5	任士英	略论目录学视野下的警学文献著录及其定位——警察文献学论稿之一
6	胡明丽	传承与创新：古典目录学在古籍电子资源整理与研究中的应用
7	丁宇，陈耀盛	基于致用之学与学术史的多元多层次数据目录学研究
8	陈晓华	传统目录学连接历史和当下
9	傅荣贤	论古典目录学在近代的时空转向
10	王锰	数字时代目录学理论研究相关问题探析
11	张晓丹，包和平	网络资源导读——数字目录学的发展途径
12	王小全，王恒明，车丽娜	新媒体环境阅读引导与数字目录学服务协同推进的实践及发展——以重庆地区为例
13	何苗苗，王小全	数字目录学在新媒体环境阅读中功能和作用的创新
14	王锰，郑建明，陈雅	数字时代目录学理论体系的形式与内容分析
15	王锰，陈雅，郑建明	数字时代目录学理论体系构建的相关理论研究
16	王锰，郑建明	从目录学的致用性看当代目录学的发展
17	高思莉	大数据背景下的目录学发展研究
18	周文博，傅荣贤	基于引文分析法的目录学研究现状分析
19	周文博，傅荣贤	基于作者共被引的国内目录学知识图谱分析

第四节　目录学的时代特征

柯平认为，作为一门具有悠久历史和优良传统的学科，目录学同样具有鲜明的时代特征和广泛的实用价值，体现在"研究数字环境下的数字资源与网络书目情报工作，解决数字资源的组织与开发利用等问题"；柯平提出，数字目录学及其研究内容包括：数字资源系统的目录学研究；数字参考咨询的目录学研究；数字化学习指导的目录学研究；网络阅读研究。特别是数字目录学之"数字"是整个社会环境，也是学习环境的变化，是目录学所研究的"读书治学"的新特征，因此，如"信息素养与读书治学的关系"、电

---

[1] 石进, 胡雅萍, 李益婷. 大数据时代目录学的新使命. 图书馆学研究, 2019(6): 49-55.

子阅读引起的阅读习惯的变化等,都需要构建新的理论体系,推动目录学向数字化发展[1]。

一、学科发展的社会基础

当代目录学的社会实践基础之一是书目工作数字化。具体地说,书目工作数字化是指书目信息电子化、书目信息网络化、书目信息集成化、书目信息智能化等,包括数字载体和网络化传播的书目,体现在书目用户可以通过网络利用书目信息产品。当代目录学学科发展是应对社会需求以及应对信息资源网络化与数字化,通过实践并开展探索所推动的结果。

当代目录学强调目录学的现代化,体现在不断开展新领域的研究。彭斐章指出,目录学正进入数字时代,如何科学地解决数字时代信息资源的生产、聚集、组织、传播、开发和利用等方式方法的问题,是21世纪我国目录学研究面临的重要问题[2]。他指导博士生们对书目工作数字化与网络信息资源组织开展了许多有益的、具有重大意义的探索,取得了《网络信息资源组织与目录学的创新和发展》《网络检索工具发展新思维》等学术成果。

倪晓健认为,信息加工的目的是使更大范围内的用户可以便捷地利用信息资源,从而解决信息激增带来的矛盾[3]。

乔好勤和李锦兰倡导,可以仿照"地方文献目录学""医学目录学"等专题资源的目录学分支,建立"网络信息目录学"或"网络目录学",主要结合网络信息资源对社会各层面的影响,推动目录学研究[4]。

毋庸置疑,面对具有海量、无序化、异构特征的网络信息资源,如何进行高效整理和揭示已成为当代目录学研究的新任务[5];研究重点也已经转向网络信息目录及其检索工具上来[4];研究内容包括数字资源库、网络目录、网络信息书目控制工具、搜索引擎等[6]。

二、学科主要内容

网络目录学的研究主要解决网络环境下信息资源的组织与检索利用问题,比如数字资源的分类编目、数字图书馆目录组织、网络资源二次开发等。司莉等从网络新资源类型特点入手,阐述网络信息资源组织的超文本、搜索引擎、指引库、元数据等目录学应用问题,提出知识组织智能化研究、网络书目信息服务研究、知识组织管理研究等目录学发展与创新的学科新的生长点,并在网络信息资源组织与揭示策略研究方面进行了有益的探索[7]。王京山则提出,网络环境下目录学发展需要研究网络信息组织与管理利用

---

[1] 柯平. 数字目录学——当代目录学的发展方向. 图书情报知识, 2005(3): 18-22.
[2] 彭斐章, 乔好勤, 陈传夫. 目录学(修订版). 武汉: 武汉大学出版社, 2003.
[3] 倪晓健. 信息加工. 武汉: 武汉大学出版社, 2001.
[4] 乔好勤, 李锦兰. 当代目录学的理论与实践. 图书与情报, 2001(3): 2-5, 12.
[5] 彭斐章, 付先华. 20世纪中国目录学研究的回眸与思考. 图书馆论坛, 2004(6): 5-10, 57.
[6] 王锦贵. 论章学诚的目录学知识创新. 大学图书馆学报, 2003(4): 71-75.
[7] 司莉, 彭斐章, 贺剑峰. 网络信息资源组织与目录学的创新和发展. 图书情报工作, 2001(9): 21-24.

问题，如网络编目、网络检索、网络与传统书目方法的改进等[1]。

联机编目系统集成图书馆联盟的馆藏资源，特别是随着"联盟之联盟"的出现，集成趋势更加明显，如 OCLC 的 WorldCat、全国图书馆联合编目中心、中科院系统书目数据库、中国高等教育文献保障系统（China Academic Library & Information System，CALIS）书目数据库等。数字图书馆目录实践包括元数据研究，如 DC 元数据、开放性在线资源联合编目、数字图书馆联盟的联合目录等；电子资源编目实践包括著录条例增加"电子资源"部分。此外，还包括近年来随着数据资源在图书馆资源的比例日渐扩大，在元数据仓储上架构的发现系统（Discovery Service）的发展。

彭斐章提出应从网络文化、网络书目控制、网络书目信息理论、网络书目信息服务、知识组织智能化与书目资源重组实践、网络资源的组织、管理与控制（包括网站分类技术、全文搜索技术、元数据研究）等方面对网络环境下书目信息进行深入的研究与实践[2]。在网络环境下，书目控制与文献、数据库更紧密地结合起来成为一体化的资源，发挥着多样化的效用[3]。

网络书目，也就是网络二次文献，包括 OPAC、网络联合目录、网络书业书目、网络书目数据库等，而网络索引有网站索引、数据库索引、词表索引、类目索引等，都是需要加强学术研究的领域，包括网站和网页可检索性与可用性等。

数字参考工具研究主要包括电子版工具书和网络版工具书的研究。随着人工智能技术的发展，图书馆的信息咨询服务逐渐从面对面咨询服务转向在线咨询服务、联合咨询服务，智能咨询服务也正在如火如荼地开展中。

三、学科原理重构

当代目录学正在转向，随着网络目录学和数字目录学研究方向和相关概念的提出，面向数字信息资源与网络书目信息研究和工作实践，以及为解决数字信息资源的组织与开发利用问题所开展的理论探索，不断丰富着当代目录学的内涵。体现在当代目录学不仅仅有简单的"文献-读者"体系，还包括"数字资源-知识-用户"体系。

数字资源是当代目录学理论研究和书目工作的重要对象，包括互联网上的数字资源和非网上数字资源（也有称为电子资源），对这些数字资源的揭示与组织、报道，并实现向需要这些资源的用户的传播，是当代目录学的主要任务之一；知识服务维度是当代目录学的另一个研究视角，具体分为知识记忆与导航功能、科学报道与评价功能等。就前者而言，知识资源库和知识导航系统是其最主要的体现方式，支持社会的知识记忆，除了面向主题的知识导航，还包括导读系统、按需完成的特定领域的个性化导航服务，其中知识导航系统的重点是学术资源导航；而对于后者则是利用数字书目所收录的科技文

---

[1] 王京山. 中国当代目录学的回顾与前瞻. 图书馆学研究, 2003(12): 6-11.
[2] 彭斐章, 付先华. 20 世纪中国目录学研究的回眸与思考. 图书馆论坛, 2004(6): 5-10, 57.
[3] 柯平. 书目控制的经济学与我国书目控制的经济效益研究——国家哲学社会科学"九五"规划重点项目研究概况. 河南图书馆学刊, 2001(3): 94-96.

献信息，结合评价系统，如引文或分析工具，实现成果评价、竞争力评价等功能，实现对科研创新的支持，包括 Web of Science、ESI、Scopus、中文社会科学引文索引等工具。

除了报道、评价，针对网络环境下数字资源形式上动态存在、数量上高速增长的特点，当代目录学需要解决的是如何对这些资源进行控制。主要有以下几个方面。

（1）数字资源的长久保存与记录问题。当前社会知识的主体是以数字资源形态存在的，数字资源已经成为人类知识库的核心内容，但大量网络数字资源处于动态和流动的状态，包括内容更新和地址更新，如不及时采集，大量有价值的资源可能就无从获取，严重影响着人类的社会记忆；同时，数字资源的大量性也产生了是否所有资源都必须保留，以及如果不是，哪些需要保留的问题，需要研究和制定资源保存的机制、选择所保留数字资源的范畴和标准。

（2）数字资源鉴定问题。这是对数字资源真实性、有效性、完整性的控制，即从数字资源起源（生成时）开始，与数据溯源（data provenance）相关，建立资源真实性、有效性与完整性的认定方法，包括文本作者识别、格式与内容纠错等；以及可以采取类似传统目录学的"校雠"功能，校正数字资源的错误信息。

（3）数字资源污染问题。可以从技术、法律、伦理多个维度探索组合性解决方案，如网络信息过滤、信息犯罪惩治，以及从管理角度出发的网络信息资源审查制度。

（4）流媒体和音视频资源控制问题。主要是通过对元数据进行管理，实现流媒体和音视频数字资源的收集、保存、标引等。

（5）数字资源质量评价问题。主要从内容评价、平台评价、检索评价、可获得性评价、安全性评价、成本效益评价等角度开展，评价方式有定性和定量。

当代目录学研究呈现出整体化与科学化的发展趋势。整体化发展趋势表现在目录学自身理论的整体化和目录学与其他学科融合而形成的整体化。随着学科发展的逐渐成熟，目录学研究者们在不断全面总结以往研究成果，将基础理论研究与书目工作实际结合，从而构建系统完整的目录学理论体系。此外，从"知识-文化-社会意识"的路径将目录学与文化、教育、传播等社会科学融合；从"知识-信息-交流"的路径将目录学与计算机科学、信息科学等自然科学融合，推动目录学成为研究人类创造的精神财富的重要学问。科学化是目录学作为学科门类发展成熟的标志，主要表现为目录学名词术语的标准化，以及将注重实务的具体书目方法进行抽象，提升到方法论的高度，包括其他书目信息工作实践经验的理论升华，并列入目录学的基础理论问题，构建科学化的目录学理论体系。

目录学是一门有着悠久历史传统的学科，20世纪开始与图书馆学、情报学等其他社会科学相结合，建立起新的目录学理论体系，实现重大转型；21世纪以来，随着数字技术与网络技术的出现，信息资源发生变化，为目录学开辟新天地的同时，也推动目录学进入又一次重大变革期。在这个时期，既要继承目录学的优良传统，也需要加强对数字书目与书目信息的研究，进行当代目录学的探索；在促进书目工作方法论发展的同时，也需要脚踏实地参与数字资源平台建设,在实践中总结和提炼书目工作经验,充实当代目录学研究成果;不忘目录学是"学中第一紧要事"的核心含义,面向数字化学习环境和数字化知识学习系统,加强阅读学习指导,使当代目录学在网络信息环境下焕发新的生机。

第三章 当代目录学理论体系

对理论体系进行阐释和深入研究，是一门学科得以形成的重要特征，学科理论体系成熟与否也同样是体现一门学科发展状况的重要标志。在哲学理论体系建设上，黑格尔认为，哲学必须要有它自己的体系，否则就称不上是一门学科；哲学若不成体系，它表达的仅仅是个人的主观的特殊的心情，其内容只是偶然性的；只有形成一个体系，哲学内容才能作为其中的一个联系环节，进一步得到证明；如果不是这样，它就仅是没有任何根据的假设[1]。科学史学家霍尔顿也指出，从看似凌乱和变化无常的各种现象中找出一个相对有次序、有层次和相对协调的结构是一门科学的重要任务，并以此种方式解释和超越直接的经验[2]。可以看出，理论体系的建设在一门学科的发展中有着至关重要的作用，因此在学科建设中，构建其理论体系是重中之重。

第一节 理论体系概述

一、概念

界定"理论体系"的内涵是探究"理论体系"问题的前提，离开这一前提，研讨就失去了立论依据。什么叫理论？一般来说，是指在某一活动领域中联系实际推演出来的概念或原理，或者是从对事实的推测、演绎、抽象或综合而得出的，对某一个或某几个现象的性质、作用、原因或起源的评价、看法、提法或程式。科学理论是系统化的科学知识，是关于客观事物的本质及其规律性相对正确的认识，是经过逻辑论证和实践检验，并由一系列概念、判断和推理表达出来的知识体系。所谓"体系"，按《辞海》的解释是"若干有关事物互相联系互相制约而构成的一个整体"。这里的关键词是"整体"，决定性元素是"若干有关事物"和"互相联系互相制约"。如果不是"若干"而是单个，或者虽是"若干"但其间互不相关，也不能构成一个有内在逻辑关系的整体，当然也就不能称其为"体系"。据此可以说，"理论体系"是由一系列概念、理论构成的，个别的、零碎

---

[1] 黑格尔. 小逻辑. 贺麟, 译. 上海: 上海人民出版社, 2009: 70-71.
[2] 尤江东, 丛敬军. 信息经济学的理论体系与学科建设研究. 图书情报工作网刊, 2012(8): 49-55.

的理论不能叫作"理论体系"。更重要的是这一系列概念、理论应当是相互联系的而不是彼此孤立的，是首尾一贯的而不是自相矛盾的。再说"科学理论体系"。"科学"一词，本义是指反映事物发展规律的知识体系，其特点是严密，性质是真理。理论体系之所以为科学，必须具备两个基本条件：第一，它建立在辩证唯物主义和历史唯物主义的世界观、方法论的基础上，能揭示客观事物的内部联系，反映事物发展变化的规律性；第二，它来自千百万人民的社会实践，是实践经验的总结和提炼，并在实践中经受了检验，从而能有效地指导和推动实践。一切具备这两个基本条件的理论体系，都是科学理论体系。以上就是"体系""理论体系""科学理论体系"等诸种提法和概念的固有内涵。

二、目录学理论体系概念的分析

认识理论体系的内涵是探究理论体系问题的前提条件。理论是概念或者原理按照一定的逻辑、根据一定的关系演绎而来。就某一问题从多方面探讨，所获取的有关实践方面、理论方面的科学性认识，就是知识。研究者在理论实践方面不断深入，对知识进行思考、验证、解答。但是，关于各种一般问题和基础性问题的知识可能仍然是关联性不强的、散漫的知识，这些知识彼此的深层次关联并没有被挖掘。而理论就是解决这方面问题的，是根据知识的内涵对现存知识进行加工处理，从而建立起有关知识的体系，对知识的内在联系进行深层揭示。

科学理论体现的是这样的一种认识。事物的本质、规律都会被涉及，并且是已经经过检验、按照规则关联的知识体系。由前文可知，"体系"是一些有关事物互相联系互相制约而构成的一个整体。从解释可以看出，有两点需要把握。一是强调整体性，二是这几个事物之间不仅相互联系而且相互制约。由此得出，理论体系应该是包含若干概念、理论的，更需要把握的是，这几个概念、理论是有关联的而不是相互独立的，是一以贯之而不自相矛盾的。科学的理论体系有两个必备条件：第一是其哲学依据，以辩证、历史唯物主义的世界观、方法论为根基，反映客观事物的内在关系，表现事物演化的规律；第二是其实践基础，其来源于并经历了实践检验，这保证其对实践具有较好的驱动和引导。以上就是体系、理论体系、科学的理论体系等概念的内涵[1]。

当前的目录学理论研究在基本理论框架的认识上存在一些问题，比如，目录学体系、理论体系、学科体系这几个概念，几乎可以随便使用或者相互替换，如"目录学理论体系"和"目录学体系"在研究中就常常被当作同一概念来使用。这也从侧面说明了中国学者对其含义并未取得明确和一致的理解。事实上，这几个概念是有差别的。目录学的理论体系不是对各种目录学理论的简单组合，而是一个具有一定层次、按照某种逻辑关系构成的系统，它将目录学领域的一些概念、规律和方法按一定方式相互关联，并把其作为知识元素，这些知识元素都是目录学知识体系的重要组成部分。而目录学体系则与学科体系类似，从宏观的角度讲，基本涵盖各个分支学科，是以不同方式联系起来形成的目录学学科整体。所以，学科体系侧重于分支学科，通过对其不断加强建设和优化，

---

[1] 雷云. 谈谈"理论体系". 当代社科视野, 2010(6): 1-4.

确保分支学科数量和质量达到要求时,才能通过加强对分支学科的关系及特点研究,按照逻辑规则,建立起完整的目录学学科体系[1]。这就是以上几个概念间的区别,需要我们在研究中加以注意和规范使用。

三、目录学体系构建原则

(一)整体性原则

人们对事物的属性认识要进入"组织性""相关性""有机性"的认识,从对事物的单向研究进入到多向研究,从线性研究进入到非线性研究,进而开拓对事物整体性研究的新领域。整体性是系统方法的基本出发点,它把研究对象作为由各个组成部分构成的有机整体,研究整体的构成及其发展规律。在构建目录学理论体系时,一是要始终把它作为整体来考察,从各认知元素的相互联系、相互作用的关系中,揭示系统的整体性质和运动规律,使目录学理论体系的各组成部分得以整体地发展;二是要着眼于目录学与文化科学、信息科学等众多学科的融合,将目录学融进现代自然科学和社会科学整体中,使其成为现代科学体系的组成部分。透过各个子系统、要素之间的组织性、相关性、有机性,从总体上构建目录学理论体系。

(二)层次性原则

一门科学的理论体系一般表现出一定的层次结构,需要遵循层次性原则。数字时代的目录学理论体系也不例外。其实这样一种层次规范有要求,首先它有标准,其次它是科学的,不是简单的拼拼凑凑。科学的理论体系蕴含各种要素,这些要素彼此间又具有某种关联性,这种关联性很清晰、明确、规则,并非没有章法。层次性原则不仅表现出体系内部的有序性,还要求体系各要素不断和外部环境进行动态交流,在相互流动中保持、发展、进步。这样,研究者在研究理论体系的本质、内涵时,要把内部的有序性与体系同外部环境的交流相结合,来认识、把握体系。从以上对体系的层次性的阐释中,可以得出我们在构建数字时代的目录学理论体系时,为了让它有序,可以这样布局:首先,着眼于有关系的各个理论要素,它们位于体系之中,关系如何发挥作用;其次,研究目录学理论与外部学术环境之间关系的动态发展性。

体系的形成还要遵循层次上的有序性。体系的发展是从无序到有序、从低级到高级不断演化与发展的过程[2]。我们在构建目录学理论体系的框架时,把目录学理论体系划分成几个层次,并将不同层次归属于不同的理论范畴,需要制定科学合理的、有意义的标准。对于目录学理论体系的层次划分需要注意完整性、严密性和科学性,理论范畴应当包含相对应的各种目录学理论元素,使各种理论范畴的个性和共性都能得到鲜明展示,

---

[1] 肖希明. 论目录学理论体系. 中国图书馆学报, 1994(3): 18-23.
[2] 丛敬军, 王学东. 信息生态学的理论体系与学科建设研究. 情报资料工作, 2009(3): 25-29.

进而形成目录学理论体系的多层次结构[1]。

（三）发展原则

运动是物质的存在方式。物质、能量和信息交流是无处不在的。系统和环境之间以及系统内部也不例外。这就要求学者做到继承性和开放性的有机结合。其中继承性是指在体系的探索过程中要对传统目录学进行批判的继承，取其精华，并将其融入数字时代的目录学；所谓开放性，指目录学是在与周围学科的相互渗透、相互联系、相互进行信息交换的过程中发展的。要突出交叉学科的特点和优势，在对国内外成果进行整合分析的基础上，不断加强对其他相关学科研究成果的吸收消化与创新。在容纳新的理论要素和理论范畴的过程中，也体现了其灵活性和预测性。只有这样，才符合发展性的内涵。

第二节 学科意义

在当代，尤其是在数字时代，图书情报领域的学者在目录学研究方面表现出重应用、轻理论的特点。具体来说，领域学者在实践应用、方法技术和社会现实问题等方面开展了深入研究工作，但是对理论或者理论的应用指导性的研究则较为薄弱。通过对目录学进行主题词检索结果的分析，可以得出以下结论：图书情报领域学者对科学理论的指导作用重视不够，尚未系统深入地对其在目录学理论体系构建中的指导价值进行归纳总结。国外关于目录学基础理论的研究也比较缺乏，对于目录学理论在机制、模式方面的研究不多，系统性不强，因此在当前数字环境下，我们在目录学研究中必须要对其指导理论进行探寻，从而发挥其推动研究和应用实践的作用。当然，科学的客观性的特征使得对于理论的假设和论断都是探索性的，通过不断的探索，最终逐渐靠近科学理论的本质[2]。经过不断探索，不断丰富、发展、更新研究内容，甚至研究对象，最终实现一个稳定与成熟的目录学理论体系的构建。

一、建立目录学理论体系的必要性和紧迫性

彭斐章和谢灼华[3]认为关于目录学理论体系问题的研究，有助于我国当代目录学研究水平的提高，同时也是使目录学研究深入的基础；乔好勤等[4]阐述了目录学理论体系更新的必然性，认为理论是实践的概括和总结，既然旧的目录学理论赖以存在的社会实践已经发生变化，用新的目录学理论体系代替旧的理论体系便是必然的；朱天俊[5]认为尽早求得中国目录学体系的共识是当前加强目录学理论建设的重要课题之一。

---

[1] 郑建明. 当代目录学. 南京：南京大学出版社, 1994: 8-9.
[2] 卡尔·波普尔. 科学发现的逻辑. 查汝强, 邱仁宗, 万木春, 译. 北京：中国美术学院出版社, 2008.
[3] 彭斐章, 谢灼华. 关于我国目录学研究的几个问题. 武汉大学学报(哲学社会科学版), 1980(1): 90-96.
[4] 乔好勤, 陈东, 廖璠. 我国目录学研究的回顾与前瞻. 图书与情报, 1989(3): 21-28.
[5] 朱天俊. 目录学研究中若干问题的思考. 中国图书馆学报, 1992(4): 11-15, 88.

建立合乎规范而又有中国特色的目录学理论体系是目录学研究者的努力方向。陈传夫[1]以书目情报为起点，根据"知识—文献"的逻辑顺序，将目录学的原理体系分为三个层次：应用原理、发展原理和理论原理。三个部分相互区别又相互联系，共同构成一个原理体系。这是从新的角度探索目录学理论体系的一个尝试。曾令霞[2]运用科学的学科结构理论来探讨目录学理论体系问题，她把这一体系归结为两种模式，一是反映学科本身形成、进化的本体论框架，二是反映书目工作流程的过程论框架。朱天俊认为目录学作为一门科学，是由目录学理论、目录学历史和目录学方法组成的，它们之间有密不可分的联系[3]。贺修铭认为当代目录学已经形成一个以书目控制为中心，以传统目录学、实用目录学、计量目录学三种亚理论模式所组成的当代目录学理论模式[4]。这些观点虽待商榷，但其探索是积极的，这些研究成果为目录学理论体系进一步发展奠定了基础。

现代科学技术的发展极大地丰富了目录工作的内容，目录学研究也达到空前的深度和广度。书目信息服务，目录工作标准化、自动化，书目工作的组织管理等纳入了目录学研究范围[5]，旧的目录学理论体系在容纳新的目录学知识方面已无能为力，信息知识环境下的当代目录学理论体系正在形成。

二、学科理论体系的建设特点

从科学史的角度来看，一门学科的理论体系是否成熟，基本上按以下逻辑发展：利用特定的对象，独特的研究方法，构造一个内聚性强的合乎逻辑的成熟的理论体系。根据这样的逻辑，这种理论体系具有以下特点。

（一）学科理论的单维性

当代目录学有自己独特的研究对象、研究方法，一旦理论体系成熟，它基本上是一维的。为什么呢？因为它的研究对象是独一无二的、客观的，有关该对象的知识是一种客观存在，所以关于该对象的知识是不变的、稳定的。这也是库恩研究范式的理论的体现，库恩认为在一门科学成为常规科学后，其范式理论是独一无二。但在此范式形成之前，学科理论则是多样的、并存的，但最终只有一个范式理论得以在竞争中保存，这也标志着该学科的成熟。也正是由于这样的范式冲突，各学科的历史，是建立自己的范式的历史，同时伴随着其他范式的崩溃。如果说一个学科的理论描述比较多样、多元，可能是由于该学科发展尚未成熟。因此，为了获得成熟的理论范式，范式之间也是不断竞争的，造成范式的理论的唯一性也是必然的。

---

[1] 陈传夫. 论目录学的原理体系(上). 图书馆学研究, 1987(4): 113-117.
[2] 曾令霞. 关于目录学学科建设若干问题的思考. 图书情报知识, 1991(3): 2-6.
[3] 朱天俊. 目录学研究中若干问题的思考. 中国图书学报, 1992(4): 11-15, 88.
[4] 贺修铭. 新技术革命给目录学提出的新课题——论目录学理论模式的演变及其趋势. 图书馆学研究, 1985(3): 92-96, 118.
[5] 黄先蓉. 现代目录学研究的发展道路. 图书情报工作, 1997(11): 21-24.

（二）学科理论的线性

理论知识的研究对象是独特的且研究方式单一，导致该理论是对知识的线性累加，呈直线式发展。具体来说就是，一门科学的研究对象和方法独具特色，从基本概念、基本思路、基本推理到基本理论形成。当代目录学学科的理论系统严密，内聚性强，逻辑联系密切，依次向外不断拓展，形成高层次的知识，这表现出明显的逻辑发展路线。

（三）相关学科理论的适用性与借鉴性

形成一种典型的学科理论体系发展模式，是一门学科发展成熟的重要标准，是一门学科发展所必经的阶段。这种理论模式几乎是自然科学、人文科学的学术探讨和理论建设的目标，包括目录学在内的各门科学也在向此方向努力。

在社会学研究中有三个传统范式。第一，社会学的实证传统。这一流派，把社会现象当成自然现象来研究。第二，人文社会学的传统。他们认为社会学是一门科学，对社会活动因果过程和活动进行解释。第三，马克思批判社会学。这三种理论作为社会学理论体系，是互补、并存的基本结构，它们彼此在研究方法、研究逻辑、研究内容之间侧重点很不同，甚至是对立的，但在科研实践中，似乎并不妨碍社会学理论体系的深化研究，社会学反而得到更广阔的发展空间。如果按照前文标准，理论体系是不成熟的，那么这个学科就不成熟。就社会学而言，这显然不成立。尽管社会学理论曾经历各种危机，但那已成为过去，如今社会学发展模式已为大家所承认，甚至被推广到其他学科。

（四）学科理论体系的差异性

每一门学科都有其独特的对象，学科之间存在着差别，发展模式也不是一成不变的，不会存在一个万能的标准可以进行学科套用。也正因为每一个学科都有其特殊性，发展阶段和发展方向都有差别，因此，在目录学的学科建设上，传统的、严密逻辑统一的成熟理论体系只是一个目标，我们可以不断靠近，但不需要再追求严格的符合传统标准的理论体系。毕竟学科发展的道路各不相同，在发展中存在多种方式，理论模式也可以是多样的，各种不同的探索不但不表明学科理论体系的不成熟，相反会指引方向和目标，促进目录学进一步发展。因此，当代目录学、数字时代的目录学研究追求唯一的方向和逻辑路线，乃至理论体系是不现实的，也是不符合实际的，在研究中我们应该大胆假设并小心求证，发展符合数字时代的目录学理论，促进理论体系的发展。特别是数字信息时代，我们主张学术争鸣，鼓励有价值的研讨，探讨的过程可能是曲折的、有争议的，但是通过探讨可以识别关键问题，并借此达到对目录学本质深刻理解的目的。当然，对于一种科学的理论模式必须要有一些基本要求，它应该是建立在一种方法论基础上的许多理论，是用一个体系组织的、密切相连的有机整体。

第三节　当代目录学理论体系的构建

学科的发展都是螺旋上升、不断迭代前进的，这是学科发展的科学客观性的体现，也是学科自身发展的必然，因此，学科理论体系也处于不断建设、不断完善的发展过程，过度稳定和成熟的学科理论体系恰恰可能是因为学科发展活力不足。目录学也一样，特别是当前，传统目录学所面临的信息资源正在发生着巨大的变革，面向网络化、数字化的特征，目录学必须依从科学客观性的要求，不断提出试探性的科学陈述，提出网络化、数字化环境的目录学需要解决的问题，提出方案，并不断进行确认。这就要求目录学不断丰富、发展、更新自己的研究内容、研究对象，构建和完善，甚至重构当代目录学的理论体系。

一、立论基础

与其他任何一门学科理论体系一样，目录学的理论体系应具有以下四个标志：专门的研究对象；特定的概念体系；基本的研究范式；代表性的学科理论。

（一）研究对象

任何一门学科都有其自身的研究对象，以形成本学科区别于其他学科的特点。随着学科研究的交叉，同一个研究对象可能涉及不同学科或知识领域，也就是说目录学的研究者们在研究过程中可能会研究其他学科的内容，而所确定的研究对象也可能为其他知识领域所涉及，但可以明确和肯定的是，这个对象一定不会是那些领域研究的核心。学科理论体系的构建关系到学科的存在和发展，目录学理论体系建立的关键在于确定研究对象和研究出发点，可以说，研究对象是支撑理论体系整体存在的灵魂，而理论体系的框架和研究线路、发展轨迹则由研究的出发点（逻辑起点）决定。因此，对目录学研究对象或研究出发点认识不同，最终构建而形成的理论体系也会有着非常巨大的不同[1]。

（二）概念体系

由专业术语和专业词汇所构成的概念体系是一门学科得以成立的重要标志之一。在构建目录学的概念体系时，可以从目录学核心概念和概念体系的基础部分着手，完善概念体系的主体，继而向完整且完善的概念体系发展。需要说明的是，由于专业术语和专业词汇会随着研究对象、研究领域的变化而发生变化，术语会消失、变更，也常会有新的术语和概念出现，比如网络目录学、数字目录学等，因此，概念体系也会随之产生异动。

（三）研究范式

"范式"是库恩通过对科学发展史中各学科发展情况进行总结并首先提出的。库恩认

---

[1] 彭斐章, 贺剑锋, 司莉. 试论 21 世纪中国目录学研究的基本特征. 图书馆杂志, 2001(5): 2-5, 28.

为，范式是一个学科领域内共同认可并形成共识的一套包含基本概念（本体论）、方法论、认识和提出领域内问题（认识论）等的理论体系，使得该学科的研究人员得以在大家共同接受的框架内开展研究。当然，范式也可能随着学科环境以及学科内重大且具有颠覆意义的发现产生变迁，但一般来说，在一定时期内，范式呈现稳定态势。就目录学而言，特别是当代目录学，尚未形成稳定态，还没有相对公认的理论和主导性的研究方向，体现在经验性概念较多，且未上升到理论性层次，概念体系尚未完善。

（四）学科理论

学科理论是指学科发展过程中，支撑学科在一定时期内处于稳定态的具有代表学科核心概念特性的观点，或在学科发展过程中，最终能推动学科向新的研究范式变迁的观点，以及围绕这些观点形成的理论与方法。

研究对象、概念体系、研究范式和学科理论，这四个方面共同构成学科的核心要素，如上所阐述，四个方面实际上是一个整体，研究对象的确定体现该学科区别于其他学科的鲜明特征，概念体系是围绕对研究对象的学术术语的界定，研究范式是该学科研究者共同遵守的框架，而学科理论，特别是代表性的学科理论既是研究范式的具体体现和"中流砥柱"，也是学科新范式产生的标志。因此，理解和阐释四个要素的任意一个总要在一定程度上受制于其他要素的规定性，孤立地解释任何一个因素都没有实质性的意义[1]。

二、构建要素

目录学学科的理论构建需要从研究对象、概念体系、研究范式及学科理论角度进行探讨，这四个要素是一个整体，理论构建中，任一要素的完善程度都受到另一要素的影响，也对另一个要素的完善起到影响与预设功能。为研究需要，我们分别逐一讨论当代目录学理论构建所涉及的如逻辑起点、研究对象、概念体系、研究范式、学科理论等，并试图基于此开展当代目录学理论构建。

（一）逻辑起点

一般而言，一个学科的逻辑起点，需要符合以下特征：①逻辑起点所表达的概念必须是科学和严谨的，是区别于一般日常概念的科学概念。这种概念反映客观现实，且必须经过分析、综合、抽象、概括等思维过程后形成。这种科学概念一般具有非常明确的内涵和外延，确保人们不会对其所指代内容产生误解。②作为逻辑起点的概念是整个学科理论体系中处于核心地位、起到基础作用的那个概念，这个概念往往是高度抽象化的，可能是最简单和基本的概念，但蕴含着学科研究对象所指代的一切问题，并可以用来解释、阐释、演绎本门学科概念体系中的其他概念，也可以推演出逻辑起点与一切其他概念之间，以及其他各个概念之间的关系。③逻辑起点是逻辑和历史的统一。一方面，逻

---

[1] 初浩楠, 程志伟. 高等教育管理学理论体系建构初探——以"学科"的特定标志为方向. 中南民族大学学报(人文社会科学版), 2004(1): 160-162.

辑起点在概念体系中具有一种"先天的"逻辑性特征；另一方面，历史不断发展前进，逻辑起点在学科历史发展过程中不断抽象、凝练，在学科理论体系中反映着对于学科发展的前后一贯性，这种反映可能是修正过的，与该学科特定历史时期的实践活动起点保持一致，从这个视角看，逻辑起点也是历史。

逻辑起点是演绎学科发展的出发点，是构建整个学科理论体系大厦的基石，对目录学而言，正确确定其逻辑起点是构建整个学科理论体系的关键。长期以来，特别是信息环境发生变化的当下，对于目录学的逻辑起点尚存在诸多争鸣，不少学者开展了有关学科逻辑起点的研究，也提出了有价值的观点。

我们认为，对于当代目录学的理论体系，其逻辑起点是"书目信息"，表现为：①书目信息是关于文献的信息，可以看成是文献的原始模型；②书目信息也是有序化的文献信息，正是在序化的基础上才能完成交流检索职能，书目信息的本质是文献信息交流的凭据；③书目信息是面向文献集合的集成性信息，体现在书目信息既是单个文献的"替代物"，同时，作为集成性信息，书目信息不是简单罗列，而是通过在序化过程中所揭示的不同文献之间关系的分析，实现信息集合体的重组，也是多个甚至海量文献之间关系的一种表达，或者说是内容与结构相融合的丰富性呈现。

（二）研究对象

关于目录学的研究对象，在学科发展过程中，出现过图书说、图书和目录说、目录说、关系说、矛盾说等观点。随着信息技术的进步，网络信息资源、数字信息资源不断呈现，数量和范围不断扩大，与大众信息需求的日益增长同步发展。因此，目录学的研究重心开始由文献转向信息。所以，我们认为目录学的研究对象是信息和知识。

明确信息和知识为目录学的研究对象，是目录学在信息环境下，通过外延的扩展（文献向信息资源等转向）实现学科发展的自身需要。基于此，围绕着信息和知识，网络信息资源组织成为关注焦点，针对书目信息、书目情报、书目情报组织与服务、信息组织、搜索引擎、自动编目、自动文摘、自动索引、机读目录、书目数据库、联机编目等的研究日益丰富。

同时，知识经济和知识管理研究兴起，国家信息基础设施建设逐步完善，目录学研究对象的知识化趋势也日益明显。以知识为核心的目录学研究、书目工作围绕着对知识的有效组织、揭示、报道、查找、传递与利用展开。

（三）概念体系

目录学的发展与书目工作实践密切相关，专业人员通过书目和检索刊物的编制、数据库开发等工作推动书目信息及其服务体系建设与完善。目录学学科方法的传统性形成了一种模式，即常常是针对局部或某一问题的某一方面进行研究和阐述，以解决某个具体书目工作中遇到的问题，面向目录学整体，包括目录学研究对象及其理论基础展开思考的甚少，"只见树木，不见森林"，这对目录学形成学科的概念体系极其不利。

当代目录学的概念体系大致分为三个层次，其一是包含书目、书目信息等的基本层次；其二是包含书目类型、书目组织、书目管理、书目控制、书目事业、书目史等的理论层次；其三是包含书目系统和书目信息服务等的应用层次。围绕这些不同层次的主体概念，可以构建起当代目录学的概念体系，从而使得学科具有自身特有的话语系统和学术规范，支撑起目录学的学科框架。

（四）研究范式

范式作为在某一段时期内，对于科学家社群而言，研究工作所要解决的问题与解答的范例，是在大多数学科中都得到验证，也反过来成为判断一个学科门类是否具有区别于其他学科的独有特征，以及本质上是否具有科学性的一个标准。对于目录学而言，一般认为，尽管如前一小节提到，由于目录学以书目工作为主，目录学学科存在理论基础薄弱的问题，学科发展也面临迷茫和困惑，但众多学者的共识在于，目录学的理论研究需要加强，书目工作的实践活动也更不能停止，从而体现目录学在"致用之学"上区别于其他学科的独有特征。因此，目录学的学科范式的关键问题在于通过何种方式实现学科发展理论与实践的"并举"。目录学是"致用之学"，这一点一直未变，"致用"是目录学的本质和生命线。不管是传统目录学发展至今的深厚积淀，还是当代目录学面对网络信息资源的继承应用，"致用"在目录学中无处不在。

既然目录学是致用之学，那么开展目录学研究的主要方面就是如何解决在实践中出现的问题，我们称这种以实践中的问题为出发点的科学研究方式为"问题研究模式"。"问题研究模式"究其根本并不是纯粹意义上某一门学科在其知识领域或对人类整个知识体系进行科学知识的积累，也不是意图构建一个全新的体系，其主要工作在于针对特定问题，不断增进、深化和拓展对其的认识，并通过提炼和归纳，上升到学理高度，目的在于帮助提升人们对相应问题的认知，实现对同类问题的解决[1]。

"致用之学"是对目录学实践性特征的一种表达方式，因此，目录学理论体系究其根本也具有应用性强的属性[2]，这一属性决定了目录学研究，以及在学科发展中不断完善的方式就是通过在实践中不断发现问题和解决问题，而不能只是一个纯粹的知识体系，概念体系必须为目录学实践服务，阐释那些能够对书目工作实践起到指导和引领作用的知识，帮助目录工作者解决其在工作中所遇到的普遍性或特殊性问题。可以这样认为，如果说目录学存在"理论体系"，也是对长期书目工作经验的提炼和总结，同时，目录学的"理论体系"也必将可以转化为可付诸实践的"实用型知识"。

当代目录学从致用性原则出发，以目录实践来标示当代目录学思想内涵，自觉地承担起科学地揭示与有效地报道网络信息资源的职责，对无序化的网络信息资源进行整理和揭示，会为社会提供更为完善和便捷的目录服务。以信息和知识为内核的目录学"问

---

[1] 张斌贤. 从"学科体系时代"到"问题取向时代"——试论我国教育科学研究发展的趋势. 教育科学, 1997(1): 16-18.
[2] 肖希明. 关注现实问题：图书馆学研究永恒的方向——贺《中国图书馆学报》创刊50周年. 中国图书馆学报, 2007(5): 35-37, 58.

题研究范式",是当前研究的主要方向。

(五)学科理论

由于目录学的理论往往比较纯粹地来自书目工作的总结,因此,在构建目录学理论体系时,研究者一般会针对由实践所总结升华的诸多理论,采用"板块结构法",将各种理论要素按各自标准和方法进行组合,形成了不同的理论板块。其优点在于直接与实践相关,但缺点也很明显,即各个理论板块之间常常缺乏逻辑联系,所构建成的理论体系的学科整体性、有机性,乃至科学性都有比较大的不足。

目录学经过长期的理论研究和实践总结,形成了一些代表性理论,包括书目信息理论、分类编目理论、文献著录理论、文献检索理论(包括网络信息资源检索、专科目录检索等)、引文理论等。当代目录学所面临的问题是,如何将这些理论应用一个体系组织起来,结合对目录学学术术语和相应的名词概念的内涵与外延分析,形成彼此密切相连的有机整体。总之,研究对象、概念、范畴、原理的抽象是构建目录学理论体系的关键。当代目录学首先应当不断总结不同历史发展时期的目录学实践,分析、归纳、提炼,经过从特殊到一般的抽象,发现目录学的学科核心;其次,积极拥抱和勇于接受新的信息环境带来的挑战,通过不断解决新问题,为构建目录学理论体系的大厦准备"材料";最后,必须逐渐提升其科学性,在不忘其"致用之学"初衷的同时,系统构建逻辑严密的目录学理论体系,形成一个自洽性知识体系,既保证理论自身生长的活力,又提升其对书目工作实践的解释力、指导力和预见力,推动目录学学科的发展。

三、目录学理论体系的逻辑关联

前文逐一探讨了目录学理论体系的各个部分所包括的内容和发挥的功能,从整体的角度,这些部分也具有深层关联。目录学理论体系与学科体系不同,学科体系侧重学科性、条块性,而理论体系更注重整体性、逻辑性和规则性[1]。在科研实践中,将目录学理论体系当成多个不同分支学科的整合是不严谨的。因此,在数字时代的目录学理论体系中,我们就要从逻辑思辨的角度不断研究和发展目录学,明确目录学的研究内容、研究范围,持续研究目录学各种理论。

目录学体系的深层次组织依靠概念间的逻辑关系。概念是一门科学形成和发展的重要基础,对于目录学来说,也不例外。围绕目录学的主体概念,能衍生出一个概念丛,即以概念为要素构建出一个概念系统。通过概念(概念的结构)和概念之间的关系(概念之间的实践关系和逻辑关系),相互作用,形成由逻辑关系连接起来的概念系统。在这个系统中,理论内核充当了数字时代的目录学理论体系的基础和核心的角色。在这个基础上,通过一定的逻辑规则,以其为核心,组成了一个概念体系。另外,基础理论还要对理论内核所需要的其他辅助性命题进行进一步的探讨,并对其进行补充。

随之而来的一个结果是基础理论层次涉及的概念数量不断增加。应用理论层次处于

---

[1] 彭斐章. 目录学教程. 北京: 高等教育出版社, 2004: 1.

数字时代的目录学理论体系的边缘，其紧邻学术环境。应用理论主要是汲取学术环境中偏重实践性、应用性的目录学理论知识，并将这些知识概念化。按照规则对这些概念进行整合，它们相互关联、相互作用，目录学理论概念体系因此形成。

数字时代的目录学理论体系以理论内核为基础，逐渐向基础、应用理论层面演变。在数字时代的目录学理论体系中，核心本质内容是具有高抽象性特点的理论内核基础理论。基础理论紧密联系理论内核，保护理论内核的产生和发展，细分和全面阐释了其中的概念、内涵。应用理论具有实践性的特点，这是由于目录学学术环境和社会实践是应用理论的概念来源。

同时，目录学理论研究在丰富的目录学实践基础上，运用分析与归纳的方法，从不同历史时期和不同空间条件下的目录学实践中，经过了从特殊到一般的抽象性发展，剔除许多不重要的、偶然性的材料，揭示一般的、共性的理论及它们之间的内在联系，以语言形式反映目录学本质属性。目录学理论体系是相对系统的、逻辑严密的、完善的体系，能够强有力地解释、指导和预见目录学实践，理论体系的重要性要求目录学理论研究者必须将理论体系建构放在重要地位。在具体研究中，目录学理论研究者应辩证综合地运用社会科学理论研究中比较成熟的逻辑与历史相统一的方法、抽象与具体结合的方法、原理与方法相一致的方法等，整理各种经验和理论知识，反映目录学本质属性的概念、范畴和原理，按照一定的内在逻辑关系形成一个自洽性知识体系，引导目录学的发展[1]。

数字时代的目录学理论体系涵盖了基础理论和应用理论、基本原理和应用原理、基本概念和应用概念等，其相互之间的关系特别复杂，需要进行系统梳理、分析。所以，对数字时代目录学理论体系的研究，需要先从其整体入手。数字时代的目录学理论体系在形式上应该是一个立体的、多层次的，并且在各层次间有交汇连接点的开放性体系。数字时代的目录学理论体系包含理论内核、基础理论与应用理论。理论内核的建立始于基础理论这一层次，其对基础理论本质进行抽象，为把握数字时代的目录学理论的本质而形成的一种认识，借助于这个具有本质特征的概念体系，能逻辑地引领数字时代目录学的整个基础理论的研究。其外依次是基础理论与应用理论。三者之间的排列是有序的，并面向学术环境开放和目录实践开放。

在目录学理论体系的内容中，借助于逻辑关系，通过概念之间相互作用，形成由"关系"连接起来的概念系统。数字时代的目录学理论体系具有实践性特征，概念之间的逻辑关系最终要接受目录实践的检验。因此，目录学作为庞大科学体系中的一个很小的构成部分，必须围绕着自己特殊的理论核心，形成目录学的广泛认同的符合自身特点的知识概念系统和明确的学科研究的准则，使研究者能根据一定的规则开展工作，进而促进目录学理论体系的建立。理论内核、基础理论、应用理论是建构数字时代目录学理论体系的核心要素，在学术环境下，三者紧密联系，构成了当代目录学研究的整体，并支撑起目录学的理论框架。

目录学理论体系建设需要考察和识别现有的代表性认识，进而分析其现状，对国内

---

[1] 李硕豪, 闫月勤. 高等教育学理论体系研究之研究. 江苏高教, 2004(5): 25-28.

外目录学理论体系研究文献进行梳理和总结，对国内外目录学领域理论、实践活动中出现的问题进行系统的识别和归纳，构建数字时代的适合我国现状的目录学理论体系。随着国内呼吁对数字资源、网络资源进行整合，目录学理论体系也需要实时更新。

第四节 当代目录学理论体系的内容

科学的理论体系还表现在理论体系涉及的知识元素在内涵上的深层联系。如果说形式是表面联系的话，那么对于深层内容联系的探讨必不可免。这些知识元素的地位与功能也需要逐一分析。数字时代的目录学理论体系的内容是指：目录学体系包括的内容，内部所含的实质或意义、各种内容的关系和地位是怎样的，各个部分又是怎样联系的，等等。在目录学理论体系中，有形式也有内容。比如近代"论、史、法"体系，当代的基本理论、应用理论等体系，其各个部分包含哪些内容，这些内容之间的关联是什么，这都是内容的研究。然而大多数研究，并没有升华到基础理论、原理的深层研究，并没有从逻辑关系上进行深入的阐释，条块分割严重。该部分主要通过对数字时代目录学理论体系的各个部分的内容和地位进行初步阐释，然后再通过探寻其中的逻辑关系，揭示其间的本质。

一、目录学理论内核

（一）理论内核的要求

理论内核的建立始于基础理论这一层次。理论内核的存在是目录学存在和发展的依据，因为它来源于对目录学本质的思考和提炼。依据数字时代目录学的本质，逐渐向外发散，形成一个概念体系。有了这个体系，就可以对数字时代的目录学理论和实践进行指导。所以，理论内核的研究是战略性的，内核的构建也颇费工夫。但是这种研究又是不能避免的，因为内核的确立和被认同可以起到拉动基础理论的研究的作用。

内核在研究中可能叫法有所差别。有的学者称为基点，有的称为逻辑起点。比如彭斐章认为科学的进步和发展总是表现为旧范式或科学系统的打破和新范式或科学系统的诞生，具体到每一学科，则表现为学科基点的选择，基点在学科理论体系构建中意义很大[1]。

理论体系构建的起点是对所有基本问题回答的逻辑起点，基本问题的解答包括了这个逻辑起点的概念、作用和方法理论体系，是一种对实践的指导。问题回答的清楚与否取决于有无对所有概念中最具有关键意义的一个做出全面充分的说明，并使其可以延伸至其他相关联的概念。作为逻辑起点的概念可以有效地对理论体系及相关研究加以辨析区别，这不仅是论证理论推断的充分条件，而且是整个理论体系的最基本命题。据此，我们判断一种理论体系的构建是否独立，而非附属于其他学科的关键就在于看其是否拥有一个关键概念作为逻辑起点。否则，其独立性有待考证，也有可能对基本问题的探讨

---

[1] 彭斐章, 等. 数字时代目录学的理论变革与发展研究. 武汉: 武汉大学出版社, 2009: 113-120.

超出了该理论体系的范围。所以逻辑起点的选定直接关系到基本问题的解答，进而关系到整个理论体系的建立，逻辑起点是构建理论体系的内核。

在研究中，只有对理论体系建立的一般机制有宏观、深入的认识，才能认真反思逻辑起点的概念和作用，对逻辑起点与相关概念的关系等问题有实质的认识，才能对逻辑起点的发展有更加全面的认识。一门科学理论体系的逻辑起点需要遵循以下条件。

1. 科学

在逻辑学上，概念有科学与日常之别。逻辑起点的概念就是科学概念，它是对客观现实的反映，它是历经分析、综合、抽象、概括等加工过程产生的内涵与外延明确的概念，正是因为明确性，人们对其指代的东西不会产生误解。

2. 简单

在一门科学进行体系建设时，其涉及的知识会按照一定的规则被融入一条逻辑链，一方面可以精简知识体系，另一方面又能简化认识和理解程式。在理论体系构建过程中，许多具体问题被精简为基本问题，仅对基本问题的关键概念进行解答才是满足最简单的要求。而对关键性的解说是理论体系的重要组成部分，对此概念进行深入阐释，就是对该理论体系进行深入认识。

3. 抽象

极致抽象的另一面体现出最简单化，在理论推论层面，从具体到一般的归纳是一个探索共性的过程，在这个过程中我们有必要为此设定各种理想化的条件和暂时忽略简化各种现实条件，并且实施简化的同时，我们应当明确概念的抽象程度高低和内涵的多少成反比，即最简单的也就是最抽象的。在我们的主动认知模式里，抽象概念不够直观，因此，相应的"简单"也显而易见。

4. 辩证

逻辑起点因抽象、简化内涵而简单，基本问题同理而简单。理论体系的演绎过程就是一个从逻辑起点开始，对基本问题及其在各种现实条件下或实践中遇到的具体问题进行逐层解答的过程，其中部分答案来自前期积累，另外部分可能就是源于预测、推断。所以在理论体系中，对逻辑起点和与其相关基本问题的解答是起点，对实践中具体问题的解答是终点，逻辑起点通过对从起点到终点遇到的相关问题进行解答，实现起点和终点的辩证统一。而且，逻辑起点和基本问题基本代表着问题群中的理论抽象的一端，具体问题和实际问题代表着实践现实的一端，两者的统一则代表了理论和实践的统一，这种统一不仅是认识发展的理想境界，而且是认识发展的必然趋势。

众多问题的解答依赖于对一个最具基础意义问题的诠释，这是一个不断探询基础知识点的循序渐进的过程。逻辑起点不是研究起点、研究对象，更非研究任务、目的和意义，其实质是对一个理论体系的所有基本问题进行回答时所不可避免的关键概念。在所有的研究中,基本问题一般是在不断探寻中才逐渐被发现的,理论研究的过程一般是"实践需求—研究起点—基本问题",这意味着主体对客体的认识一般是从解答特定关键问题开始的。

(二)理论内核的时代性

在目录学研究中,经历了图书、目录、书目等研究起点,但是那只是研究的入手点,而不是逻辑起点,目录学的逻辑起点肯定是涵盖目录学所有研究对象的初始、本源概念,并可从此着手,演绎出目录学理论体系的所有概念和关系。当然,每一门学科往往会有许多科学概念,但作为逻辑起点是有严格要求的,并不是其他任何一个概念都能担当,其概念必须满足这样一个条件:它是一个抽象性很强的,在该科学理论体系中处在中心地位,发挥着基础作用的概念,并且该学科的其他概念都能借助它加以阐释。

目录学是一个随着时代前进而不断发展着的科学。目录学的发展具有时代性,不同时期的目录学学科基点以当时环境为前提。目录学基点的认识和揭示还同目录学的成熟程度、目录学相关学科的发展水平乃至整个时代的科技水平、政治经济状况都有着联系。古代目录学是整理目录的科学,目录学的对象一般认为是文献或者是图书,目录学主要作为读书治学的门径和工具,它始终停留在对事物的描述、对经验的总结阶段,不具备完整的理论形态。中国古代目录学以分类目录为主体,对文献整理很重视,古代目录学的学科基点与古代目录工作实践单一、文献生产和保存技术落后分不开。文献整理是传统目录学的研究基点。铅字印刷技术使文献量激增,新的环境使目录学大部分知识、技能的适用环境发生变化,中国近代目录学因此踏上理论目录学征程,成为一门科学。但是近代目录学始终未超出"辨章学术,考镜源流"的体系,有近代目录学而无目录学的近代化,还是沿着古代基点,未超出"辨考"范围。现代目录学在1949年后开始学习苏联,直到20世纪70年代末80年代初,引入西方英美目录学成果,研究内容拓宽、实用性加强,逐渐形成研究的第二次高潮。当代目录学中,彭斐章等紧扣时代脉搏,提出"书目情报",突出了目录学的致用性和时代性[1]。

"书目情报"的提出,在于认为有必要深入挖掘文献之中的内容。在我国目录学发展的初始阶段,文献是目录学研究的基础,文献或文献信息被认为是目录工作的对象和基础以及读者的知识需求。但是作为记录知识的载体的文献,只是记录了知识的发现、生产、加工、存储、传播与利用等的过程,而文献中隐藏的知识才是核心的、最重要的,用户需求也已经不仅仅局限于文献的揭示。信息技术的发展带来了目录形态的变化,文献目录开始向信息目录、数字目录、网络目录发展[2]。信息和知识载体的扩展使目录工作不断增大,导致无法有效分离目录工作的知识和载体,无法有效定位载体中的知识单元和知识点。由于知识管理的兴起,目录工作渐渐朝知识目录和综合目录发展,某些方面解决了这个问题。

目录作为一种揭示和报道知识的工具,本质是对知识进行揭示和组织。在信息时代,

---

[1] 彭斐章, 等. 数字时代目录学的理论变革与发展研究. 武汉: 武汉大学出版社, 2009: 113-120.
[2] 王锰, 郑建明. 从目录学的致用性看当代目录学的发展. 图书馆杂志, 2013(12): 14-17, 41.

目录学的研究拥有了更加丰富的内涵、更宽阔的外延、更多新的研究领域和研究视角，目录学并没有过时。为了适应时代的发展，帮助人们快捷地获取所需的知识和信息，目录学不能仅仅是单纯的文献整理，需朝着科学化与整体化、普及化与实用化的方向发展[1]。谢拉提出从认知论的角度对目录学的知识体系进行统筹考虑，反映了把握现实需求、敢于探索未来趋势才是谢拉对于传统书目理论批判的精华。B. C. 布鲁克斯就曾这样评价过，要从历史的角度多方面分析和探索问题，寻求从基本观念和关系角度对本专业进行系统阐述、检验、证实和预示；要从广义的角度理解可行性书目理论，有勇于对技术进行变革的进取的精神[2]。

（三）数字时代的理论内核

随着数字时代的到来，信息技术的发展，科研、学习和生活所涉及的信息资源形式出现了变化，不仅限于传统文献资源，还包括数字信息资源，人们对数字信息资源的数量和质量都有了更高的要求。在信息环境下，我们要应时代之变，拓展目录学研究领域和范围，把信息资源比如数字信息资源和网络信息资源纳入研究范围，对其进行深入揭示、组织、利用，成为我们的任务和使命。

信息资源揭示是目录学研究的逻辑起点。信息资源揭示在范围上不仅是关于文献的信息，还包括各种数字信息资源，如书目、期刊论文、年鉴、学位论文等数据库资源，并使其信息有序化，同时在序化的基础上完成信息开发利用职能；信息资源揭示成果是集成性信息，不是单个信息的描述，而是许多信息集合的产物。信息所具有的可压缩性，使得我们可以在提取文献内容特征和外表特征信息的基础上，将其重组为有序化的信息集合体。目录实践活动把社会公众所需的信息从信息资源体系中经选择、采集、整序和加工，浓缩为有序化的信息产品，通过各种渠道、各种服务方式传递给公众吸收利用，对社会效用进行反馈，以调节揭示内容、传递形式和方法，适应公众获取使用信息的习惯，满足其各种信息需求。因此，信息资源揭示的本质是知识信息的整序与传递，是对目录信息进行整序，对文献进行浓缩、整序、加工、控制，控制信息流动，这也是信息科学实践基础之一。由信息资源揭示概念的内容和外延分析可知，它是最普遍、最简单和最基本的目录学概念，并贯穿于数字时代目录学理论体系之中。数字时代目录学理论体系的逻辑起点和核心概念是信息资源揭示[3]。

（四）理论内核具有的功能

1. 理论内核之解释功能

理论内核是数字时代目录学理论体系的核心。到了数字时代，目录学理论逐渐形成

---

[1] 陈传夫, 丁宁. 目录学变革的实践基础与功能延伸. 图书情报知识, 2008(6): 56-59.
[2] 高洋. 谢拉对传统书目理论的批判. 大学图书馆学报, 2010(3): 41-44, 26.
[3] 郑建明. 当代目录学. 南京: 南京大学出版社, 1994: 24.

了具体的内在逻辑和结构的理论内核，它可以利用这个理论内核，协调融合理论内核的知识元素与其他理论层次之间的关系，借此可以有效地解决以独立概念形式存在的各个层次知识元素发生交叉而出现矛盾的问题。传统目录学理论没有形成自己的理论内核，由于没有在结构和概念方面形成一个共识，或者按照一定的逻辑思维自圆其说，目录学研究中出现基础和应用理论方面自相矛盾的问题也是在意料之中。例如，过去在目录学理论体系的构建过程中，板块结构法是主要的方法，没有认清构建目录学的理论因素及其逻辑关系，在对各种理论要素的组织过程中选择不同的标准和方法，形成了各种各样的理论板块。这样形成的板块之间逻辑联系缺乏有机、整体的统一，造成了人们对目录学理论体系的认识缺乏整体性。在数字时代的目录学理论内核形成后，这些矛盾将被一一化解。传统目录学理论内部存在的种种矛盾为数字时代的目录学理论形成奠定了基础，数字时代的目录学理论正是为了解决这些矛盾而产生的。新的理论体系在消除传统目录学理论中矛盾的同时，将取代传统目录学，主导未来目录学理论的发展。

2. 理论内核之稳定功能

稳定功能是数字时代目录学理论内核需要发挥的第二个作用。信息资源揭示是数字时代目录学的坚实内核。当数字时代的目录学理论面临挑战时，应利用一个完整的"硬核"来迎战。在面对反常、面对变革的情况下，理论内核在反映目录学理论本质以及稳定目录学理论方面发挥了不可替代的作用，数字时代的目录学在迎战"反常"方面，能力非凡，可以极大地充当稳定数字时代的目录学理论体系的角色。在传统目录学时期，目录学未成系统，主要用于私人图书目录整理，受众面窄，因人而异，有思想而无体系。近现代目录学在中西方碰撞交流、西学东渐中，逐步走向大众，走向应用，逐步科学化，出现了从总体上认识目录学、探讨目录学理论体系的一些论断，诸如姚名达的"论、史、法"体系就是其中的杰出代表，但是他并不是没有认识到需要建立一个理论内核来系统整合传统目录学理论体系。直到当代，在目录学理论与实践齐头并进的背景下，目录学理论体系探讨逐渐系统而深入，出现了诸如彭斐章、陈传夫、柯平、王新才、陈耀盛等代表人物及代表观点。但是其探讨还是有一缺陷，即理论体系建设或者仍然依照"论、史、法"体系，或者是条块分割严重，对传统继承有余，而创新性不足，一直都没有形成一个相对被大多数人认可的体系。而在数字时代，目录学在理论和应用方面出现了新变化，需要我们去总结、归纳。科学研究纲领的引入，一方面借鉴西方科学的方法论，另一方面结合数字时代目录学发展实际，以理论内核为中心，提出三个层次的观点，并借助于理论研讨和实践检验，可充分揭示当前目录学理论和实践成果，稳定目录学研究。

3. 理论内核之预测功能

目录学理论内核还具有预测功能。理论内核作为一门科学的本质性概念，具有一定的前瞻性。以将信息资源揭示作为对目录学内核的本质把握为例，早期的目录信息载体集中在竹简、缣帛、纸张上，随着时代的发展和社会的变迁，载体形式也发生变化，无论是数字化还是电子化，信息资源蕴含的信息知识是不变的。在此项功能中，目录学内核还可以充当这样的角色，就是能够发挥制约甚至是纠正错误理论的作用。在当前环境下，有些目录学者将研究方向转向信息科学的相关领域，或唱衰目录学。殊不知，在信息环境、知识环境下，目录学也进行了学科拓展深化，并不是一成不变，目录学知识的组织原理、方法仍然应用在各领域、各方面，只不过是对象由文献变成了信息、信息资源、知识，其本质还是没有变，只是载体有所改变，而且，在处理方法上添加了一些符合当前环境的应用性、技术性因素，不能"只见树木，不见森林"，不能说以前研究目录、文献，现在研究信息资源，就算改行了。以上就是对数字时代目录学理论核心预测作用的解释，虽然数字时代目录学理论内核较之以往有变化，但是其根本作用是对以往经验的继承与发扬。

二、目录学基础理论

在数字时代的目录学理论体系中，我们可以直观地看到基础理论紧邻内核。在目录学理论内核还没有被提出和得到广泛认同的时候，研究者只能凭借自身的知识储备和认知范式来理解和解说目录学理论。数字时代的目录学理论已经意识到理论内核在充分、简单明了地揭示数字时代的目录学理论的本质方面意义重大。在实际研究中，基础理论就是对内核的概念进行阐释和发扬，使其具体化。拉卡托斯认为，因为有基础理论这层保护带，在理论内核接受考验中首当其冲，通过不断调整甚至是全部被替换，才最终强化了内核。所以，位于理论内核之外产生的保护带就是基础理论的范围。在目录学研究中，我们需要定义和解释理论内核概念，对内核概念进行深入剖析，否则无从建立理论内核。基础理论层次的角色就是阐释内核，这样才能稳固理论内核在数字时代的目录学理论体系中的核心地位。

基础理论包括以下内容：①目录学基本概念，如目、录、目录、书目、目录学、书目信息等；②目录学理论研究的基本问题，如理论基础、研究对象、学科性质、本质属性、目的功用、书目事业、书目史和目录学史、比较目录学等。这些内容形成了一个具有内在逻辑的、和谐的概念有机体。

三、目录学应用理论

目录学应用理论位于相对外围的层次。它与学术环境层次靠得比较近，可以说应用理论和学术环境的关系是密切的，但还是不能把应用理论等同于学术环境，应用理论与学术环境密切关联但又高于学术环境。在科研实践中，一些具体的与实践有关的理论、规律与方法都可以看成是目录学应用理论的研究范围。在实践中，应用理论能直接引导目录实践。所以说，应用理论是从目录实践中提取的，它可以直接指导实践，其主要目的是用科学的方法对目录工作实践中出现的普遍性问题、矛盾予以解决，从而为目录工作提供宏观指导。目录学经过长期的理论研究和实践总结，形成了一些理论：①文献著录理论，包括书目、索引、文摘、综述、编目、分类、知识组织、关联数据、本体、元数据等，具体体现为书目标准化、书目工作扩展、书目系统、网络资源的组织等；②文献检索理论,如网络信息资源检索、专科目录检索、引文理论、网络书目信息服务、书目信息产业化研究等。

四、目录学学术环境

站在宏观的背景上,目录学除了内核、基础与应用理论,还有与其发展共存的学术环境。所谓的学术环境,就是一些本原来自其他科学,已经被证实,并不属于目录学自身范畴的科学知识,它与目录学理论有着紧密的联系,且为学术共同体所接受。在科学大环境中,没有任何一门科学可以孤立存在。学术环境中蕴含的知识是目录学汲取营养的重要源泉,目录学的发展需要,也必然会借鉴其他社会科学如文史哲等,甚至数理化等理工学科的知识。以文化研究为例,目录学在科研实践的功能方面发挥着文化积累、传播、交流、导读、开发等功能,具体涉及目录学产生与发展有无文化动力?如果有,那是什么?目录学学科基本内容与文化的关系又是什么?目录学与其他学科有无文化渗透现象?目录学与其他学科是否会因为文化的存在而变成一个密切整体?在当前网络环境下,人们的文献需求、信息需求行为是否会受到影响?数字时代目录学的发展和网络文化又有着怎样的联系?等等。

在当前大数据、云环境背景下,目录学无论是在基础理论、应用理论还是书目工作实践方面,都不可避免地会与其他学科比如信息科学、计算机科学、语言科学、心理科学、社会科学等产生交叉、融合。在当前信息源大量、信息类型多样、用户突破时空限制的背景下,目录学的价值将更加明显。目录学研究者应注意从战略的和宏观的角度着手,继承与发扬历史,指导当前实践。在面对海量的信息资源,特别是时刻变动的网络信息,人们查找利用网络信息资源困难的背景下,新时代目录学应用研究的重要方向是根据时代要求,着重揭示和深度开发网络信息资源,从而为用户提供多种多样、简单易用的检索途径。在网络信息资源的控制中运用传统目录控制的原理、手段和方法,实现网络信息技术和目录学理论与实践的紧密结合,在现代信息技术和知识组织理论中融入传统目录方法。中国当代目录学的技术发展需要在吸收、借鉴传统目录优秀理论和方法的基础上,借鉴关联数据等新技术,对网络环境下大量的信息资源进行组织、整理和揭示。例如,各种目录数据库、网络目录、相关的搜索引擎等,与元数据、数据挖掘、在线翻译、控制词表、主题分析等方法技术相结合,促进目录学致用性与技术性的融合和衔接。目录学的致用性与现代目录技术的结合为新时代目录学的应用研究开拓了新领域和增长点。在当代,目录学仍然以致用性原则为基础,通过对网络环境下杂乱的信息资源的组织和整理,自觉地承担起有效揭示网络信息资源的重要职责,形成致用性与技术性的完美结合,既立足世界前沿,又弘扬传统的目录学体系,为用户提供更为便利和高质量的目录服务。

目录学体系中,理论内核充当的是识别目录学理论要素,并将其组织起来的角色。基础理论用定义、阐释和修正来给理论内核提供保护,是一种不可缺少的、需投入更多精力和时间的研究过程。可以说,基础理论的内核保护带是形成理论内核的必然条件。数字时代的目录学理论体系的内部三个部分是其核心要素,在学科环境下,三者紧密联系，构成了当代目录学研究的整体。三者之间不是孤立的，在研究与实践中不能忽视任何一个因素，否则研究是进行不下去的，而且三者之间的制约性决定了因素之间存在相互影响，不能相互脱离存在和发展，三者之间是相辅相成、协同发展的。当然，在研究过程中，我们可以对三者分别进行剖析，对各种因素分别进行研究，逐一阐释其功能、存在意义，然后再从整体上进行综合，以获得全面的深入的认识[1]。

然而，这些知识不能被贸然放入目录学理论中。因为在不加以选择的前提下，随便加入各种看似相关的知识，目录学理论会出现两种情况。一种就是体系很大，另一种就是理论发散过度。这样的后果是可以想到的，就是致使目录学理论界限异常模糊。在科研实践中，毫无重点和关键，最终导致目录学理论体系的分散化。事实上，没有一门科学可以吸纳和兼容全部知识。目录学在学科体系中占的比例并不大，如果要发展和突破，必须要有自己的一技之长，必须区别于其他学科的理论核心，形成目录学的广泛认同的符合自身特点的知识概念系统。理解到这一层，我们就能够认识到学术环境仅仅是目录学存在和发展的环境，在这个环境中，汲取营养，促进学科传承和借鉴。

数字时代，外部环境发生很大变化，继承与发展已有目录学成果需要根据现实要求，探索适应时代发展与要求的理论体系，着眼于数字化、时代性，探寻新时期的目录学理论领域，促进和丰富相关基础理论、应用理论与实践。当前环境下，出现了许多适应数字环境的数字信息资源、网络信息资源深度整合手段，对其进行梳理，并将其纳入目录学体系有着积极意义。目录学的发展历史表明，致用性是本质，对于其研究需要时刻关注实践的发展变化，以丰富目录学的整体理论框架。

在当前信息资源深度整合、利用背景下，信息资源的整合遇到了各种新问题，产生了各种新方法，如何解决这些问题，总结当前经验，这就需要从理论的高度进行宏观布局、整体研究，形成科学的理论，以指导实践。而目录学理论体系的构建正好可以满足当前需求，有效指导实践。

数字时代的目录学理论体系的建设并不能一蹴而就，在其研究过程中，探讨方法和形式可以多样化，可以相互切磋交流，但是这种探讨应该持之有据、言之有物，不能假、大、空[2]。所以作为一种理论体系，目录学应该是在某种科学方法论基础上发展出来的许多相关理论，可以用一个逻辑体系组织起来，并据此确定目录学的内涵与外延，同时确定不同的目录学的名词概念与目录学体系相配合，形成彼此密切相连的有机整体。

---

[1] 初浩楠, 程志伟. 高等教育管理学理论体系建构初探——以"学科"的特定标志为方向. 中南民族大学学报(人文社会科学版), 2004(1): 160-162.

[2] 朱滋生, 沙勇忠. 1990 年以来中国目录学研究综述(上). 图书馆杂志, 1995(5): 14-16.

第四章 当代目录学方法论

目录学研究"文献的描述、组织与揭示方法及其规律",是科学揭示与有效报道文献信息以解决巨量文献与人们对其特定需要之间矛盾的学科。在当代,信息环境发生巨大变革,目录学的研究理论及其实践也随着文献向网络数字信息资源的变迁以及人们对信息资源需求的变迁发生变化,然而,无论是数字时代还是网络时代,以及尽管书目自身的载体与形态及书目所揭示与报道文献信息资源的载体与形态都在发生着变化,目录学的学科内核没有改变,基本原理也没有改变。因此,当代目录学对传统目录学不是摒弃,而是继承和发展。社会信息化进程加快的当下,人们需求的个性化特征日趋明显,当代目录学所面临的日益增长的文献信息与人们特定需求之间的矛盾,由传统书目工作多针对学术或学科文献需求向各类"个性化"需求发展,包括日常信息需求等,当代目录学理论研究及书目工作如何满足个性化需求,突出书目工作的应用性,就成为目录学矛盾中的最主要方面[1]。

一般认为,目录学理论体系除了作为一门学科的基础理论之外,还包括从书目工作实践中总结提炼出来的丰富的应用理论。前者涉及研究对象、概念体系等;后者也称为具体理论,主要是指书目类型、编纂法、书目信息服务等,来源于书目信息实践活动的升华。基础理论是从整体和深层次上揭示学科所研究事物的发展规律,是一门学科的内核,也是一门学科之所以区别于其他学科的本质所在。一般而言,在相当长的一段时期内具有一定的稳定态势;相比之下,具体理论则是某项具体工作经验的提炼,或某个局部或个体角度的目录学所反映事物的一般性特征,因此就常常随着环境、时间的变化具有比较高程度的可变性。作为"致用之学",具体理论是对环境最为敏感、所受影响最大的部分,也是目录学最具张力的组成部分,因而成为目录学得以发展的关键[2]。

当代目录学是书目信息实践活动的概括和总结,是反映书目信息实践活动的发展变化规律的科学。书目信息实践是一种特定的人类社会活动现象,人们作为书目信息活动的主体,受社会环境与社会条件所制约,书目信息活动的外在社会制约性导致书目信息

---

[1] 彭斐章, 贺剑锋, 司莉. 试论 21 世纪中国目录学研究的基本特征. 图书馆杂志, 2001(5): 2-5, 28.
[2] 王锦贵. 对当代目录学客观定位的思考. 图书情报知识, 2005(3): 5-8.

社会职能具体形式和方式的多样性。

第一节　当代目录学方法机理

当代目录学区别于传统目录学，主要在于其所处环境的变化，网络与数字技术的发展深刻改变了人们所处的信息环境，人们迫切需要能够满足信息时代的全新服务模式和服务体系，主要体现在以下三个方面：①目录所揭示对象，即文献信息资源在载体与形态上发生剧变，数量的激增程度也是传统目录学所无法比拟的，此外，目录自身在其载体与形态上也发生从纸质到光盘版再到网络版的变迁，当代目录学方法需要解决目录揭示对象与目录自身变化带来的问题。②个人电脑、移动手持设备和因特网的广泛应用与普及，引发信息资源从产生到组织与利用的巨大变革，用户生产内容代表的"去中心化"，信息资源用户需求的个性化、多样性、精准化成为书目工作需要解决的新课题[1]，当代目录学方法需要加强用户对书目信息需求特征的分析研究，解决人们对书目信息和目录学知识的需求变化带来的问题。③现代信息技术的发展带来信息资源和信息用户需求的变化，对当代目录学的书目工作提出挑战，但运算技术、存储技术的发展，也为提升书目工作效率带来发展的机遇，当代目录学需要通过创新书目信息服务，高效解决目录学主要矛盾带来的新问题。

此三个方面的问题也是目录学主要矛盾两个方面以及矛盾自身在当代目录学发展中的具体体现，即文献信息的揭示与报道（目录）、人们对文献信息的特定需求（用户）、如何高效解决两者的矛盾，三者成为当代目录学理论体系重构的三个主体部分，我们可以称之为拉动当代目录学理论与实践发展的"三驾马车"。

一、文献信息的揭示与报道

文献信息的揭示与报道从以下三个方面展开：①书目信息揭示对象，即文献信息资源发展与变化的研究；②书目信息描述、组织与揭示方式发展与变化的研究；③实体文献揭示向信息乃至知识揭示发展与变化的研究。这些内容涉及书目信息揭示的对象以及书目信息自身，因而成为当代目录学理论体系中最主要的部分。

（一）单一载体文献向多载体多形态的转变

书目工作主要在于对文献内容特征与形式特征的揭示以完成著录与标引，生成的结果是文献的"替代物"，通过对"替代物"的操作，实现对文献的压缩和整序，帮助用户快速查找到所需文献，节省读者时间，提高文献获取效率，促进文献信息资源的利用[2]。传统文献是传统目录时期的主要工作对象。信息技术的发展改变了这种局面，除传统文献外，网络原生资源、数字文献资源、多媒体资源、事实型资源、数据资源的不断涌现，

---

[1] 刘晓英, 叶文青, 文庭孝. 构建知识地图——论现代目录学理论的发展与创新. 图书与情报, 2007(2): 9-12.
[2] 刘晓英, 叶文青, 文庭孝. 知识地图学——论现代目录学的本质. 情报理论与实践, 2007(3): 336-341.

使得传统目录学面临全新的课题。不仅仅是资源类型更加繁杂多样，资源的数量也在向海量级发展，量变引起质变，如何有效组织和揭示这些多样的海量资源是值得思考的问题。以网络多媒体信息资源为例，书目揭示的对象包括流媒体和音视频资源，此外也需要与之相关的信息系统平台，如流媒体服务平台、音视频服务系统、网络视频流传输控制系统、适应复杂文档类型和多媒体数据资源的管理系统，以及支持各种国际标准和国际主流的视频音频格式，各种课件点播的一站式服务平台等。

（二）书目组织与揭示方式的发展

通过对信息资源的著录与标引的揭示，继而对所生成的"替代物"进行序化，形成的二次文献，能够帮助查找、评价、获取原始信息资源。随着信息需求深层次化，传统目录学偏重对文献外形特征开展著录的做法已不再适应用户的要求，发展现代书目信息揭示方法与新型书目语言，是时代的要求[1]。

当前，信息资源载体类型由纸质转向数字，与此同时，信息资源之间的关系（也称为信息资源结构）则是由单一线性转向复杂多维，信息资源的组织形式也逐渐向多样化、深层次、细颗粒度发展，这些发展与变化使得原来的手工处理文献信息的手段不再适用，信息资源的自动收割、自动标引等技术的发展将解决信息资源激增与用户需求之间的矛盾。书目的功能也从文献揭示逐步延伸到信息资源发现。

无论是面向传统文献还是数字信息资源，通过书目组织与揭示实现的目录控制都是以"存储和检索出读者特定需求的信息资源为目的"，目的相同，但组织与揭示的对象不同，其方式也在发生着变化。主要体现在三个方面：其一在于对象存在形态的变化；其二在于不仅仅揭示传统文献和数字信息资源本身，还需要揭示这些资源之间的关系（信息资源结构）；其三在于组织和揭示的书目工作实践形成的是数字目录，数字目录与传统目录相比，也存在着形态的变化。

1. 组织与揭示对象形态的变化

传统文献所承载的往往是相对静态的信息，数字环境下，数字信息资源易修改，具有不稳定和动态性的特征；随着存储技术和数字压缩技术的发展，大量多媒体资源涌现，数字信息资源除了静态文本资源，还包括图像、音频、视频、网页等，其组织与揭示也具有与文本资源较大的差异性。

2. 组织与揭示对象之间关系的变化

传统文献之间大多以简单和明确的线性关系相关联，相比之下，数字资源往往以网络为承载，依托网络传播，信息资源作为网络上的各个节点，相互之间以 http 等网络协议实现链接。这种链接方式可在任意节点间形成路径（如在网页加上任意另一网页的URL），这种任意节点间构建的信息网络，其优点在于可以通过这样的多维结构实现各信

---

[1] 陈传夫, 丁宁. 目录学变革的实践基础与功能延伸. 图书情报知识, 2008(6): 56-59.

息节点间的自由切换，使用者可以从多角度链接到其希望获取的资源。但是其缺点也很明显，这种以节点间链接为主的信息网络缺少"书目控制"因素，再加上网络信息资源的个性化特征显著，权威性、客观性与可信度无法保证，同时网络信息资源具有不稳定的特征（体现在网页的丢失）；网络信息资源的海量化特征也使得其有序化难度加大。

3. 传统目录向数字目录的发展

数字环境下的对信息资源的组织与揭示形成的数字目录，其最大的优点在于具有较强的可扩展性以及与全文信息资源的可链接性。可扩展性体现在对于数字目录，类似关系型数据库，其一是可以不断扩展不同类型和属性的表，以及建立不同表的关键字段之间的关联，不断扩展书目体系的范围，其二是对于表中的记录，可以直接增、删、改，而无须像传统目录那样，需要重建新的目录才可以实现修订；可链接性是可以通过网络的超链接方式实现目录与信息资源全文之间的关联，便于直接获取。

针对传统文献而形成的传统目录，一般的书目组织与揭示方式是以分类、主题标引，编写文摘、索引等方式揭示文献形式和内容特征，辅以专业化的信息组织手段，如 MARC（machine-readable cataloging，机读目录）编目等，但因为信息资源和数字目录的形态以及信息资源结构特征的变化，仅仅依靠传统的书目组织与揭示方式已经无法适应于处理数字信息资源，亟须方式和手段上的新改进与突破。

随着科学研究的逐渐深入，基于传统科学发展所建立的学科分类体系也已不再适应，以传统学科命名的学科，一方面单一学科内部不断分化，另一方面不同学科间联系愈加密切，界限却愈加模糊。在这样的背景下，目录学"辨章学术，考镜源流"的传统也需要应对新型的错综复杂的学科关系。传统书目的编制往往是基于学科完成，如化学文摘（Chemical Abstracts, CA），早先就是针对化学学科这一特定领域内的文献，其所收录的包括化学及相关学科文献、物质和反应信息，编制书目并提供文献的导引服务。现今 CA 已经更名为 SciFinder，除化学外，还涵盖如生物、医药、工程、农学、物理等多学科的科技信息资料。

基于引文的书目编制与传统目录针对文献的形式和内容特征的揭示不同，其着眼点不在具体的文献，而是这些文献所附的参考文献，通过文献的参考文献将所有文献连接起来，形成以文献的引文共同"结"成的网。传统目录编制者殚精竭虑收集文献，通过客观著录与主观标引将这些文献归类汇总，从而实现"考镜源流，辨章学术"。与此不同，基于引文理论的目录，利用文献责任者在参考文献中列出的其他文献，并预设被参考的文献与该文献在内容上存在关联关系（或正面或负面），从而以此关联建立关系。特别是随着网络技术的发展，引文理论"如鱼得水"，这样的书目编制方式得到充分利用，以引文为"链接"，在数据库中实现以一篇篇文献为节点、通过参考文献建立节点间联系的网络，传统书目的检索大致可以获取某个主题的论文有哪些、某个研究者的研究成果有哪些，以及某些文献源有哪些文献等。基于引文理论的书目可以让研究者了解某篇论文有没有被别人引用过？从而知晓相关理论有没有得到进一步的证实？某项研究的最新进展和延伸？研究方法有没有得到改进？对于某个问题后来有没有勘误和修正说明？相关概念是如何提出来的？这个理论或概念有没有应用到新的领域中去？等等。这些问题的解决实现了文献检索的"越查越新、越查越旧"，这种通过文献相关性实现连接并梳理学科发展的方式，与目录学揭示学术脉络这一目的有共通之处。基于引文理论的书目也跨越了之前的书目组织方式中人为对学科的设定和划分，真正意义上从文献研究内容、从文献责任者视角建立文献间的联系，是学科研究交叉性的客观反映。事实上各学科之间本来就具有交叉，只不过引文理论让人们更清楚地认识到学科之间的关联程度，并从参考文献角度打破这种人为设定的界限。

（三）实体文献揭示向信息乃至知识揭示的转变

传统书目工作的对象是文献，在解决用户对文献的需求时，书目工作者想当然地认为用户的需求是文献本身，因此，组织与揭示既有技术上的缺陷，也存在观念上的不足。事实上，用户表面上是对文献实体的需求，实质上则是需要获取文献中所蕴含信息乃至知识，这是在用户获取文献后，通过对文献的阅读实现的。文献实体与文献中的知识单元是一种转换，即当人们无法定位文献中的知识单元时，以对知识单元载体的文献实体的管理来实现对知识的管理，开展文献实体的采集、组织、服务等工作。但不可否认的是，知识才是最本质和最核心的，也是用户真正需要的对象。因此，如何揭示和组织书目信息和知识是当代目录学需要大力开展研究的方向。我们在专业化标引小节中提到叙词表，叙词表在揭示和组织书目信息和知识方面具有一定的作用[1]。

二、用户对信息的特定需求

信息需求的变化是目录学变革的根本驱动力，在个性化的时代，中心化的、用户被动的信息传播模式正在被可定制、用户主动的信息传播模式替代，因此，面向学术性目录和大众目录学的发展，对人们利用书目行为的研究成为分析并获取人们对文献信息特定需求的突破口。

随着目录使用者信息需求主体意识的增强，对信息资源选择功能要求更高，信息需求的"时空观"更为开放，在信息需求变化的推动下，目录学的功能向注重信息选择与信息资源深度开发，也向学术性与大众化统一等方面延伸。传统书目的作用主要在于为学者提供学术参考，当代目录学的这一功用依然保留，对于科研、读书、治学依然起到不可或缺的指导作用；同时，随着信息化社会的发展，以及移动技术的进步，信息在人们日常生活中的地位日渐提升，书目工作在满足人们对于日常信息的需要方面充分体现了目录学功能的大众化指向[2]。

传统目录学需要延承,面向文献信息资源的书目工作依然是当代目录学的重要方向，但是，在纯学术的基础上，书目工作者通过各种角度，借助客观依据，判断图书的价值，开展如编制导读书目等有助于推动优秀文化的传播的相关工作，关注公众阅读与信息资

---

[1] 刘晓英, 叶文青, 文庭孝. 构建知识地图——论现代目录学理论的发展与创新. 图书与情报, 2007(2): 9-12.

[2] 张现龙. 论网络环境下目录学变革的实现. 档案, 2009(6): 11-13.

源公共获取问题，推进信息素养和人文素养教育。当代目录学实践还包括研究目录利用者和读者的阅读心理、兴趣、获取知识和信息的过程，以此为依据开发书目信息，从大量文献中挑选出用户需要的信息，以用户的书目信息需求为中心进行研究[1]。

以用户的书目信息需求为中心来研究目录学对当代目录学理论与实践的影响在于，目录编制的目的不仅仅是为整理文献，还需要保证利用者能够更好和更准确地通过书目获取其所需要的资料。或者说目录工作从为集中并整理文献而编制目录到编制目录为用户服务，最终达到为用户编制（个性化）目录的过程。

使用者通过书目查找，获取所需要书目信息的过程即信息检索。信息检索的过程是检索条件与书目库之间的匹配，为实现保证书目利用者获取其所需资料，需要在书目编制过程中考虑用户的需求，研究用户的检索行为，迎合其使用习惯，帮助用户提高书目信息的获取能力，提高检索效率。

书目编纂大致包括准备（选题）、分析（内容和形式特征的分析）、综合（款目的选择和组织以及编制辅助索引）、结束四个基本阶段。选题阶段包括编制大纲和调查文献，文献调查是否充分取决于对书目编制目的的理解，在选题和分析之初需要考虑到书目利用者对书目所包含内容的要求。书目编制的分析阶段，实质是对一次文献中的情报进行书目凝聚的过程，一般包括书目分析、书目著录、编制提要或文摘、标出分类号和主题词，最后编成书目记录。传统目录学大致到这里为止，而当前与信息检索密切相关的目录学理论和实践则有更进一步的发展。传统目录学仅关注组织与揭示对象的内容，当代目录学则在此基础上，将用户因素，包括用户需求和用户信息行为纳入书目编制的影响因素，即书目工作中结合对文献信息资源的描述和利用检索技术的发展提升检索效率，还需要在目录编制过程中考虑用户行为，从如何符合用户检索行为出发，为提高检索效率做预置的准备。概言之，与传统书目的编纂仅关注文献本身不同，现今书目还关注用户。

三、高效解决目录学的主要矛盾

文献信息揭示与报道与人们对文献信息特定需求的矛盾首先是来自文献信息激增，尽管随着网络技术、存储技术以及检索技术的发展，人们获取全文文献更为便捷，书目对于全文文献的指引功能有所削弱，但是，在当代目录学的理论与实践中，这对主要矛盾依然存在，只是其内涵有了相应的变化。变化之一在于尽管获取便捷，但文献信息激增带来的另一个问题是如何选择可获取的资源，如何确定与用户需求具有最高相关度的资源，这需要标引深度的加深和信息检索技术的进步；变化之二在于从之前对文献实体的获取到书目信息的获取，这也需要书目工作者在书目编撰时突破文献实体的限制，更多发掘书目信息服务能力。我们认为，提升书目信息的服务能力将从集成化与个性化两个角度分别实现并统一，从而推动现今目录学主要矛盾的高效解决。

---

[1] 陈传夫, 丁宁. 目录学变革的实践基础与功能延伸. 图书情报知识, 2008(6): 56-59.

（一）书目信息集成化

书目信息集成化是针对文献信息激增状况下的解决方案，是通过对多个文献信息源的集中揭示，为用户提供来自不同信息源的更为便捷地获取其所需要文献信息资源的途径。数字信息资源的特征不仅仅是数量的激增，还在于不同文献信息源的组织形式各不相同，体现为信息资源系统的异构性，这种数字信息资源呈现出的局部有序而整体无序的状态[1]，给用户获取所需形成障碍。因此，优化数字资源利用环境，通过数字资源整合，实现书目信息集成化，帮助用户方便快捷全面并有效地获取知识成为书目信息服务新的课题。

作为实现书目信息集成化的最主要方式，数字资源整合是面向多个相互独立的数字信息资源，根据用户需求与资源特点，实现对这些资源的或物理或逻辑层面集成化整合的解决方案，主要有内容的整合和功能的整合。功能整合是对各个独立资源检索功能结构和检索方式进行重组所形成的标准化查询规则[2]。内容整合包括物理或逻辑整合，逻辑整合是设置独立平台的查询界面，查询请求分发到各个独立信息资源，结果返回并进行合并与规格化处理后再返回用户的方式，也可称为"联邦检索"；物理整合则是建立一个元数据中心，采集并定时收割各独立信息资源的元数据，归一化和映射处理后，导入统一的元数据中心，用户直接检索这个元数据中心，获取书目信息。

随着信息资源共享日渐发展，以及虚拟馆藏概念的出现，信息资源获取的网络化使得地理位置的限定也不复存在，用户的信息需求已不仅仅局限在一个区域或一个国家，而是日益向全球化转变[3]。就目录本身，除传统的信息检索功能外，正在从单一的信息检索工具向综合的信息资源与服务体系转型。集成检索服务是信息资源内容与平台的集成，在同一个界面实现不同的多个二次文献数据库的检索服务，并能够实现数据去重；同时通过数据的集成，利用链接技术实现不同二次文献数据库之间的跨库检索。

（二）书目信息个性化

集成化是提供书目信息的全集给用户，给用户一个"理想的书目控制"的可能，同时提供统一的入口，以"总天下之书为一书"的理念，为用户省去从不同途径获取其所需文献书目信息所花费的时间。然而用户的需求毕竟是特定的，如果说集成化是矛盾解决的充分条件，在集成化之后，如何实现和满足用户的个性化需求则是矛盾得以解决的必要条件。

如何从书目信息集合中获取特定用户所需的个性化书目信息，除了我们在上文提及的用户研究等方面，还涉及书目信息检索。伴随着书目信息检索系统的建造与完善，人们开始注意如查全率、查准率以及检索策略等。查全与查准是通过对检索命中记录的个

---

[1] 杨九龙，熊伟. "微格式"申论. 图书馆杂志，2009(3): 59-63.
[2] 闫志红. 我国高校图书馆数字资源整合模式研究. 重庆：重庆大学，2008.
[3] 陈传夫，丁宁. 目录学变革的实践基础与功能延伸. 图书情报知识，2008(6): 56-59.

数来判断,如何为命中,归根结底是检索过程对相关性进行判断的问题。当信息检索从手工转向计算机,以及从专业人员转向最终用户,相关性成为衡量检索效率的重要指标。检索的目的为查找出相关的信息并屏蔽无关信息,相关性通过用户检索词和书目数据库标引词的吻合程度,实现用户需求与检索结果的匹配,大致包括体现书目信息的文献表征与查询表达式之间的相关性、书目记录与查询请求之间的相关性、用户查询到的信息与信息需求之间的相关性等。检索的最终目的是满足个体用户的信息需求,相关性的最终判断也只能由个体用户来进行,面向用户的信息检索相关性的实现得以可能,逐渐成为相关性研究的主流。

个性化书目信息服务能够实现,是因为从传统书目发展起来的二次文献数据库具有较多的可检索字段,可以利用丰富的检索手段,进行筛选和过滤,从而获得用户定制的书目信息集,达到书目信息个性化服务的目的。

总之,书目活动本质是一种信息通信工作,书目信息的产生、流通、消费是目录学理论体系的核心。书目因此也成为信息通信的媒介。当代目录学以书目信息流的整序、控制和传递为核心展开,以解决文献信息资源数量大而杂与用户需求广而专的矛盾为其根本任务。其基本方法是用书目系统代替和控制文献信息源,将杂乱无章的文献信息资源组织成有序状态,并通过各种途径将特定的书目信息流引向特定的需求者,提高交流传递的针对性、有效性。书目信息的整序方法在日趋发展,而随着计算机技术、现代通信技术及信息论、控制论原理在书目信息领域的广泛应用,书目信息流的整序、控制和传递理论也日渐丰富。当代目录学仍在不断吸收各种新技术和新方法,概念陈述、理论模型的构成及理论的解释与预见功能等方面日益完善和丰富,真正实现对书目信息实践的指导,从众多的实践结果中找到最本质、最普遍的联系。

按照论、法、史的框架,本书讨论的大抵属于"法"的范畴,即属于方法论体系。其他方面,"论"保持一定的稳定性,"史"的角度,由于时间跨度较短,仅对当代目录学讨论其发展史尚为时过早,但从时代划分来看,当代目录学如何从古典目录学、近代目录学中汲取营养,也是当代目录学理论体系中不可或缺的部分。

第二节 书目信息方法论

方法论是一套完整的实践引导体系,是指导实践的理论基础,也是人们在长期社会实践中总结和摸索出来、符合客观发展规律、符合人们对研究对象进行科学分析的社会实践步骤。

方法论的形成和产生建立在大量前人实践的基础之上,是人们逐渐总结出的具有规律性的并代表客观事物发展特征的理论,由于方法论来自实践并也实际应用于指导实践,所以在方法运用时,存在着选择的问题,即当面向特定的实践,采用何种方法更为适合,能够对相应的工作及业务的开展,以及结果的成功或效果的产生起到正面促进,甚至能达到事半功倍的作用。

就当代目录学而言，书目信息具有表达文献信息资源原始模型、序化信息资源、实现信息集成和信息交流的本质属性，因此，书目信息方法论体系就涉及书目信息的"描述、组织、服务、控制"，即书目信息描述方法、书目信息组织方法、书目信息服务方法和书目信息控制方法，以下通过一些具体的方法或技术进行阐释。

一、链接技术

索引等各类书目的编制在于通过专业人员的工作，为研究者筛选和组织相关学科的文献，并提供对这些文献全文的导引服务，通过导引实现帮助用户最终获取其所需要的全文。在纸质书目时期，这类书目工作由于地域等其他学术传播途径相关因素的限制，存在着诸多障碍。随着网络技术的迅猛发展，这些限制和障碍不复存在，人们可以便捷高效地实现各类书目到全文文献的导引服务。

相对纸质书目，网络版的数字书目一般被称为二次文献数据库或文摘索引数据库。目前，越来越多的二次文献数据库构建了"集成检索+分布式资源与服务"的文献服务模式，建立了从二次文献到馆藏电子或纸本一次文献，再到馆际互借与文献传递服务的"一站式""三级制"的文献保障体系[1]。

（一）标准全文链接

目前，大多二次文献数据库通过 CrossRef/DOI 框架或基于 OpenURL 协议提供全文链接服务，这种方式取代静态的统一资源定位符，可有效避免链接失效的问题。不同的二次文献数据库链接所达到的颗粒度不尽相同，有些只链接书目记录所在的期刊首页或相应的卷期，但越来越多的链接直接指向具体全文，大大提高了二次文献利用者获取全文的便捷程度。

（二）选择性服务的链接

虽然链接技术提供了实现获取全文的可能，但由于全文文献数据库供应商的许可权限问题，对于未获得使用权的全文，越来越多的二次文献数据库也提供一些选择性服务，包括特定其他图书馆的馆藏目录、图书馆联盟的联合目录、馆际互借网关、按篇付费服务等方面的链接等，即除了提供本机构馆藏的链接，还有对未购买全库的单篇购买，或通过与区域性或更大范围文献共享网关的对接，联机发出馆际互借服务申请或链接到文献传到服务网页等，这一切都是在检索结果页面，通过便捷的链接技术即可完成。

二、信息精选

所谓"信息精选"，就是根据特定的目的或要求，按照一定的标准与程序，对一定范围内的有关信息进行精心的评价与筛选，以确定核心信息区域的过程。为解决巨量的文

---

[1] 张群. 国外网络版二次文献数据库的现状与发展态势. 现代情报, 2006(11): 65-66.

献对人们利用信息造成阻碍这一问题，书目信息揭示的对象常常是由专业人员评价和筛选的有价值的信息源，即需要进行对信息源的精选过程。

目前主流的二次文献数据库的信息源主要是学术期刊。对于二次文献数据库来说，其对于来源期刊的遴选，必须按照国际、国内的编辑惯例进行，来源期刊首先应具备完整的文献书目信息，包括刊名和年卷期、论文题目和摘要、关键词和分类号、全面的作者信息，规范的参考文献，严格的出版周期，良好的学术声誉和社会影响力，以及其他重要的科学计量数据。二次文献数据库具体的收录标准应该是定性指标和定量指标的结合。对于来源期刊学术内容的定性分析，包括专业编辑委员会对期刊论文进行严格的学术评审，以及通过同行评议反映在该学科领域的最新研究成果和最新进展；同时，通过定量化的综合评估，对所有来源期刊进行经常性跟踪测评，评价指标包括总被引频次、影响因子、即年指标、基金论文比例、论文作者地区分布数等，以上指标测评的结果有助于客观地评价各类期刊。

学科收录范围和覆盖面也是建设一个高质量的二次文献数据库需要考虑的关键问题。必须要确认收录的学科范围是广泛的，还是专题的，并在此原则指导下遴选期刊。此外，还必须关注新兴学科及新的学科方向，这些新学科和高技术学科的期刊，从传统文献计量学的角度，很难进入核心期刊的区域，但是为了保证学科和知识的完整性以及学科发展的前沿性，需要做相应的倾斜。

从信息精选角度，二次文献数据库的来源期刊遴选收录标准应该注重精而不是广，目的就是使其不仅仅是导引服务，还是一种具有权威性的学科评价工具，目的在于帮助用户有选择、有重点地获取和利用优质信息资源，节省用户时间，同时提高自身增值服务的可信度。

三、专业化标引

有些二次文献数据库采用叙词表来标引文献。叙词表是由叙词组成的集合，叙词为以概念为基础的、经过规范化的、具有组配性能、显示词间语义关系和动态性的词和词组。它是描述文献资料主题的一种标识符号[1]。

作为二次文献数据库的标引工具，叙词表不仅仅是利用叙词实现主题的揭示，更重要的是其具有完善的参照系统，叙词的"narrower terms""broader terms""top terms"反映了叙词间的等级关系。每个叙词代表一个知识单元，叙词间的关系反映了这些知识单元不是相互孤立的，上下位类叙词将某一专业领域的知识在当前的表现"还原"为领域内知识的进化过程，体现为"知识进化树"的特征；叙词的"related terms"反映知识单元之间的结构性的特征，记录不属于上下位类但主题（知识内容）相关的叙词之间的联系，相关关系比上下位更为复杂，有交叉关系、因果关系、并列关系等，这种结构性联系和等级联系相结合，构成叙词表的知识框架。

叙词表中有些叙词有对叙词的使用和主题范围进行确定的"scope notes"，同时还有

---

[1] 钱鹏. Thesaurus 特性及其检索系统外应用的讨论——以 INSPEC 为例. 情报杂志, 2003(12): 74-75.

另一个相关的"history scope notes"是此前对叙词使用范围的描述，从某一仍在使用的叙词的"scope note"和"history scope notes"的比较，我们也可以从术语选定的角度看到叙词表对知识变迁的跟踪。对于删除的叙词，叙词表还提供对相关主题使用的其他叙词。这一方面体现了停用的叙词和正使用叙词之间的"参见"，还可以从两者之间的比较看到知识的变迁和延续。这些与目录学梳理学术发展殊途同归。

叙词表在二次文献数据库编制和检索中起到非常重要的作用，包括将不规范的主题词转化为规范的主题词；通过相关词后列出参考的相关叙词，可扩大检索范围；以及根据叙词表反映的叙词之间的隶属关系（如上位词、下位词、族首词等）和参照关系，在检索时选择上位词可扩检，提高查全率；选择下位词可缩检，提高专指度。

叙词表中的控制词是选择用来表达或描述文章主要概念的关键词或词组。控制词的标点符号、拼写和专有名词都被规范化处理，用标准化的词或词组可避免标引或检索时因漏写或错写造成漏检或错误的结果；使用控制词进行标引和检索可滤去一些与主题不相关的文献，增加记录相关性，可获取相关度更高但用自由词检索可能会遗漏的文献。

不同学科的知识体系往往都具有一定的独立性，提供专业性标引的叙词表大多只是针对一个特定学科或特定的学科群，如科学文摘（Information Service in Physics, Electro-Technology, Computer and Control, INSPEC）、工程索引（Engineering Index, EI）等。

四、书目信息增值服务

随着检索技术的发展，大量全文数据库系统投入开发与提供使用，将检索工具与原始文献有机结合融为一体，改变之前的"文检分离"状况。用户在使用这些全文数据库系统时通过检索查找到相关文献的文摘等信息，如需要，可以直接浏览全文，这样就不需要一个独立的二次文献数据库作为中介。因此，二次文献数据库除传统的信息检索的功能外，正在从单一的信息检索工具向综合的信息资源与服务体系转型，实现增值服务，主要包括以下几个方面。

（一）集成检索服务

平台的集成可实现在同一个界面对多个不同二次文献数据库的检索服务，并能够实现数据去重；集成检索服务常常利用如 CrossSearch 等技术，也称为跨库检索服务。

（二）分析服务

二次文献数据库具有较多的可检索字段，内容权威且连续性强，对其检索结果可进行多维度的分析。当前，大多二次文献数据库都具有强大的分析功能，可从著者、出版年、研究机构、文献类型、关键词等方面进行，并利用可视化技术，通过图表显示，分析结果直观了然，便于用户了解自己所检索结果的权威研究机构、核心作者和载文期刊等。二次文献数据库还进行文献计量分析的深度研究，并有衍生产品，如前文提到的 ESI、JCR（Journal Citation Reports, 期刊引用报告）、ISIHighlyCited.com 等专用工具。

（三）辅助科研服务

辅助科研服务具体包括根据科研的流程，提供查找相关主题的研究热点，了解学科顶尖科学家，了解相关学科研究领先机构等[1]；构建学术交流社区；管理参考文献；提供投稿指引和指南等，以及其他如定题通告（alert）、订阅（RSS）以及个性化服务等。实现全方位的、便捷、优质的书目信息服务。

在检索功能和检索效率不断提升的同时，对于在揭示书目信息方面如何实现拓展，陈光祚针对目录学研究对象提出的新观点给出实现书目信息增值服务的一个新方向，即目录学"是研究文献流的整序、测度和导向的科学"。基于此，我们可以从文献内容的类型方面对"文献流"进行更深入的理解，也就是说，书目所揭示的既不是特定类型，也不是特定学科的文献，而是将两者结合，面向用户的研究的需求，实现基于"工作流"（workflow）的所有文献书目信息的揭示。以医学资源为例，从工作流角度，包括如原始研究报道、原始临床观察[2]，并伴有分析和讨论，如卫生行业或生物医学科学方面的哲学、伦理道德、社会方面的分析和评论，以及围绕相关环节的统计汇编，方法或操作程序的评价，病例报告等。我们认为，二次文献数据库可以从书目信息完整性角度考虑，针对特定用户的信息需求，全面采集与之相关的所有信息资源，并按照用户工作流进行组织，这种书目信息服务能够更加贴近用户科研活动的需求，我们可以将这一类书目增值服务理解为"书目控制"的发展，也可将此看作另一角度对"集天下之书为一书"的实现。

第三节　书目信息描述方法

一、什么是书目信息描述

信息描述可以理解为"文献编目"概念的继承和发展。当书目工作对象由传统文献发展到网络上的数字信息资源时，信息描述作为一种既包括传统文献编目，也包括数字信息资源组织与整理的理论和技术，起到通过对各种信息资源（包括实体资源和网络资源）基本特征的描述生产出其"替代物"记录的作用，信息描述是信息机构开展信息资源组织工作中的重要组成部分[3]。

在针对印刷型文献和其他非印刷型实体文献（如磁带、缩微品等）的书目工作中，信息描述包括对文献内容的概括和揭示以及对文献形式特征进行的分析、选择和记录，前者的具体工作一般称为标引，是面向文献分类和主题的，后者一般称为著录，也有称为"描述性编目"或"实体描述"。原有的针对文献的标引和著录无论从效率还是功能上都已经无法实现有效地组织和揭示网络数字资源，需要从概念上扩展为"信息描述"以

---

[1] 王泽琪. 文摘索引型数据库和全文数据库检索系统的比较. 图书馆工作与研究, 2005(3): 48-51.
[2] 姜莉, 魏晓芬. 循证医学最佳二次文献及其检索. 图书馆学研究, 2003(1): 91-93.
[3] 文榕生. 依然是"文献组织管理". 山东图书馆学刊, 2009(2): 60-65.

及"信息标引",在方法和技术上进一步发展,利用技术手段实现深度标引和自动标引。

尽管在概念上有所扩展,但信息描述与著录、标引从根本上而言都同样是根据一定的规则和标准,对所需揭示对象的形式特征和内容特征进行分析并生成记录的过程。信息描述的结果,或者所生产的记录,是一条有关该信息资源的书目数据,一条书目数据记录包括若干个描述项,分别对应所描述对象的一组特征。

著录与标引向信息描述发展,是表达方式和概念术语的不同,其目的在于区分描述的对象。一般不提"信息著录"的概念,主要因为著录是针对实体资源。传统编目包含著录与标引,为实现传统编目与信息描述的对应,我们借用"著录"的概念,将信息描述分为著录与信息标引两个部分,以下分别分析具体方法。

二、书目信息描述的具体方法

(一)著录

上文已经阐释过"著录"的含义,著录活动中能否按照标准或规则对文献内容和形式特征开展分析和选择,是整个著录工作的关键,也是检验著录人员专业水平高低的指标。

著录的结果称为"款目",由文献的内容特征(包括分类号、主题词、内容附注等)和形式特征(包括题名、责任者、出版发行信息等)所组成。人们可以通过款目上的这些文献特征描述,识别、确认和选择文献,达到利用文献的目的。

使用计算机可读目录(MARC)格式编制文献目录时,著录的结果又称为"记录",由反映文献各项特征的各个字段及其子字段所组成。人们可以通过对 MARC 记录的阅读,全面了解文献的内容特征和形式特征,以决定是否获取该文献。

文献著录法实际上就是对实体信息资源进行描述的规则,也称为文献著录条例或文献著录规则。文献著录法是综合文献的普遍特征,并结合读者的检索需要而制定的著录准则,是图书馆等各种图书情报机构的编目操作过程,对文献著录过程起规范控制作用的依据,保证文献编目人员可以准确地选择和记录文献特征,使文献著录达到标准化。

不同类型的文献在其特征方面有着较多的共性,但也存在着一定的个性,因此,在制定文献著录法时,一般有总则和分则,总则描述对各类不同类型文献进行著录的原则,对于具体的各类型文献的著录是在遵循总则精神的基础上,结合某一具体文献类型的个性特征所制定出来的适用于该类型文献的著录规则,如《普通图书著录规则》《连续出版物著录规则》《非书资料著录规则》《古籍著录规则》《地图资料著录规则》等。对于网络信息资源,虽然目前还没有一个完全对应的分则,但如都柏林元数据等的应用,特别是其核心要素基础上的可扩展性,也可以解决大多数资源的著录问题。

(二)信息标引

标引与著录一样,需要依据一定的标准化规则开展相关的工作,主要有分类标引和主题标引。

分类标引是按信息资源内容的学科属性揭示和组织信息的方法。在传统文献编目工作中，分类标引也称为文献分类。具体讲就是依据所采用的文献分类法和分类规则（分类法可能在不同的图书情报机构中通用，如中图法，但分类规则，一般不同的图书情报机构或依照长期发展下来约定俗成的工作方法，或依照本机构特点制订适于本机构的工作规范），通过对文献所属学科的识别，赋予文献类别，从而对所有文献分门别类并系统组织与揭示的一种书目工作。按照文献分类方法建立的检索系统便于从学科角度集合信息，可进行族性检索，以保证系统地利用某一学科或专业的文献资料。

针对网络信息资源进行的分类标引，可以结合网络信息资源的特征编制新的分类标引工具，制定专门针对网络信息资源的分类规则，也可以对传统文献分类标引工具和规则进行适当修改，用来对网络信息资源进行分类标引。可以依据综合性分类表建立综合性网络信息分类体系，也可以依据专业分类表建立专业性的网络信息分类体系，或依据综合性分类表的某一专类建立专业性网络信息分类体系等。

主题标引是一种依据所采用的主题法和标引规则，直接用与信息资源内容主题对应的规范化语词作为概念标识，按字、词、词组等顺序进行排列和组织，同时，用参照系统等方法间接显示概念之间的相互关系，最终达到揭示文献主题内容这一目的的方法。利用主题法建立的检索系统，能以事物为中心集中相关信息或文献，揭示信息或文献中的新事物、新概念，而且标识直观、专指，便于检索者利用分散于不同学科中的有关某一特定事物或概念的信息或文献。主题标引的方法，按其揭示信息资源主题的规范程度分为标题法、单元词法、关键词法和叙词法等。

标题词是从自然语言中选出并经过规范化处理，用以表达事物概念的标识。标题法将词语间的组配关系固定，是一种先组式的主题标引方法。标题法用标题词表达概念，对多义词加以限定和注释，避免了一义多词和一词多义的现象。同时还使用参照系统（"见""参见"）揭示标题词之间的相关关系。

单元词是指能够用来描述文献所论及事物的最小和最基本的词汇单位。单元词法用不能再分解的概念单元来揭示文献或信息资源主题，并将这些单元词加以规范化。单元词法还通过若干的单元词组配表达文献或事物较为复杂的概念，是一种后组式规范化主题标引方法。单元词法在表达一些文献或信息资源的复杂概念时受到很大限制，几乎已经被叙词法代替。

关键词是文献作者或信息发表者使用的词，可以是题名、文摘、正文中所有具有实质意义的词，所以它是未经规范的自然语言。在所有主题标引方法中，只有关键词法是未经规范的自然语言，但由于它能够直接表达信息资源的主题概念，提供为读者所熟悉的检索途径，使用时不用查找词表而直接选用，因而被广泛地应用于各种检索系统中，网络中的搜索引擎也大都采用这种方法。但也正是由于它的自然语言特性，在使用过程中常常出现一词多义、一义多词，同一主题信息被分散在不同关键词下，容易造成错检或漏检。

叙词是从自然语言中选出并经过规范化的名词术语。叙词法是用具有单元概念的叙词的组配来揭示文献或信息资源的主题，它是一种后组式的规范标引方法。叙词法继承单元词法后组的灵活性，同时使用标题法的复合词和复合词组方法来表达事物概念，避免过度细分、重复组配的麻烦,是一种广为采用的主题标引方法。

主题标引在对信息资源进行主题分析时,需要对所得到的主题概念由自然语言表述方式转换为规范化的标引语言表述方式,一般存在转换主题概念时,需要使用到主题词表。

网络信息资源主题标引的方式有：利用传统主题词表组织网上信息资源；建立主题范畴系统组织信息（同时又通过标注分类号,使按主题法组织的信息保持与分类体系的联系）；主题代码系统和分类表兼用组织信息等。

三、网络信息资源描述

网络信息资源的信息描述,可以使用 ISBD 格式、MARC 格式,也可以使用上文提到的元数据描述方式（如都柏林元数据等）。

ISBD 格式在对信息资源的获取方式方面增加了可著录 URL 地址的入口,能实现对网络信息资源的描述。MARC 是书目记录的机读标准格式,为适应不同的著录对象,产生了 MARC 的不同版本。为描述和组织网络信息资源,通过对 MARC 格式进行修订,将可著录对象扩展到包括电脑文件、软件、数据库、在线系统及服务等；也增设如 856 电子文件地址与检索字段,可著录资源路径或可获取方式等信息[1]。

元数据越来越成为描述网络信息资源的主流方式。一般认为,元数据是"关于数据的数据",或者说是"关于信息的信息"。元数据算不上一个全新的概念。实际上,图书中的版权页说明、图书馆中的目录卡片等都是元数据,包括 MARC 数据。图书的元数据与 MARC 数据一样,都是用于描述图书的内容特征和形式特征相应信息的数据记录。元数据也是机器可读的,可以在出版社、图书馆、用户以及不同信息系统之间实现交换,通过它可以非常容易地确定该书是否能够满足用户需要。事实上,元数据在生活中极为常见。如要使用黄页电话簿查询电话号码,电话黄页上的信息就是元数据；当编辑一个文档时,文档元数据（如最后一次修改日期和修改者）被存储在字处理文档中。

元数据的广泛应用和迅速发展,主要是为应对来自信息资源形式的数字化、数字资源整体的网络化、网络资源处理的自动化的挑战。网络与数据技术推动数字信息资源的发布和交流,在克服时空障碍上大大超越印刷型文献信息,信息传送的快速、便捷,使信息处理也不再局限于一个组织机构的信息资源,元数据描述方式可以有效实现海量信息资源的方便、快捷、有效的发现与获取。

从记录元数据的 XML 文档来看,元数据通常更多是描述信息资源的形式特征,相比形式特征,数据内容特征方面要广泛复杂得多,如描述数据元素间必要或可能的关系。当描述数字信息资源尤其是一些复杂的信息资源时,元数据需要解释这些信息资源的内部或内容结构,让机器能理解,使得机器与人以及机器与机器（系统之间）能够相互自由而可靠地开展数据交换。

元数据之所以能成为组织、交流、处理信息资源的有力工具,就在于元数据的描述能力和解析能力。元数据的基本特性决定了元数据的功能,其主要功能有描述,即描述

---

[1] 于文艳. 试论传统信息组织向现代信息组织的转变. 图书馆学刊, 2005(4): 42-43.

信息对象的特征；区分，即区分所描述的一个个信息对象；组织，即利用元数据将所描述的信息对象集合组织成可用的信息资源，以便于人们利用。"便于人们利用"信息资源，是元数据开发和发展的根本原因，也是其根本目标。在不同的应用场合，其表现形式不同，在不同的发展阶段，其具体要求也不一样。

元数据的功能也可以细化。首先，从信息检索角度看，利用元数据来定位信息资源，元数据应能提供信息资源本身的位置方面的信息，如统一资源标识符（uniform resource identifier, URI）；其次，利用元数据来选择信息，元数据应支持用户在不必浏览信息对象本身的情况下，就能够基本了解该信息，从而决定对它的取舍；再次，从信息管理角度看，元数据应有利于信息资源的加工、存储、管理等，应反映权限管理、版权、所有权、使用权、防伪措施、电子水印、电子签名等；最后，从信息使用的角度看，元数据应能反映信息资源被使用或被评价的相关情况，提供数据转换方面的信息，以便用户处理和转换有用的数据等。由此可见，元数据是使信息充分发挥作用的重要条件。原始信息如果没有元数据，就很难有效地进行管理和使用。不难预见，元数据在社会信息化发展中将担当重要的角色。

因特网作为人类共有的巨大信息库，提供了丰富的数字信息资源，如各类电子文献、多媒体数据、软件以及各种数据库等。因特网不仅连接着各种各样的图书馆，而且里面包含的数据远比图书馆复杂得多。如果将因特网看作一个巨大的图书馆，那么，一个明显的问题就是它没有像一个图书馆里那样组织馆藏的元数据[1]。正如前面所指出的，图书馆中的书目数据库有元数据，记录的字段有如书名、著者、索书号、主题、出版者、出版年月等。对因特网上的海量资源均采用人工标引是不现实的[2]，可以采取自动标引的方式，自动标引需要建立一套所有网络信息资源共同遵循的统一的规则，即一套开放、可扩展、标准的数据信息资源描述规范，在此基础上，网络上的资源在创建之初就都依据这个规范，使用元数据标引网络信息资源，即在网络信息资源"内"符合规范要求的固定位置预置用来描述其自身信息的元数据，自动标引工具或搜索引擎识别这些元数据，通过对其采集，实现网络信息资源的快速且自动的分类、编目和索引，从而保证开放环境下对资源的准确辨识和选择，这样，因特网就成为一个超大的网络虚拟数字图书馆。

因特网作为超大的图书馆，不同行业、不同组织机构、不同的资源类型，对元数据的描述方式可能有所不同。为了实现资源共享，除了联网以外，最好先将其元数据统一起来。要在各种不同的计算机之间互相交换信息，就需要规范元数据，也就是说，无论采用何种元数据描述信息资源，怎样用这些不同格式的元数据来描述不同类型的资源，需要有个标准，用以规范各种元数据描述资源的方式，这有助于网络信息资源的组织、挖掘、检索和利用，这个标准是资源描述框架（resource description framework, RDF）。

资源描述框架是一种表示互联网资源信息的语言，是处理元数据的基础。为了使所表达的信息在应用软件之间交流时意义不发生变化，RDF 提供了一个通用框架。RDF 不

---

[1] 丁斌, 刘志镜, 武安波. 基于 XML/RDF 的制造型企业元数据描述和资源发现. 计算机应用研究, 2002(2): 38-41.
[2] 杨晓东. 基于本体的智能决策支持系统研究. 青岛: 山东科技大学, 2006.

仅是一个简单的元数据方案，而且是一个能对结构化的元数据进行编码、交换及再利用的体系框架。RDF强调因特网上资源信息的自动处理功能，能够提供因特网各应用系统之间的互操作性，使得各应用系统之间可以交换机器能理解的信息。它并不为每个内容供应者或资源描述组织规定语义，而是为这些组织机构提供根据需要定义元数据元素的能力。RDF能合并多个数据源成为一个集成的合成数据源。

第四节 书目信息组织方法

一、什么是书目信息组织

所谓信息组织，就是依据一定的规则和方法，将大量原本处于无序状态的信息资源（包括实体信息资源和网络信息资源）有序化，使之形成便于使用的信息系统。这样一个对信息资源整序的工作过程，如果针对的仅仅是传统印刷型文献和其他非印刷型文献（如磁带、缩微品等）实体信息资源，仍然可以称为"文献编目"；如果其对象除了实体信息资源还包括网络信息资源，就应当被称为"信息组织"。

信息组织是一个较为宽泛的概念，广义的信息组织包含信息的著录、标引、排序等全部过程，我们在上一节已做了描述，本节主要涉及书目信息描述之外的书目信息组织方法。

二、书目信息组织的具体方法

信息组织的目的在于将原本无序的信息资源有序化，其具体过程就是先通过对信息内容的标引和对信息特征的描述，再通过信息排序组成一个可供信息用户（读者）检索的信息资源系统。书目信息组织方法归纳起来主要有分类组织法、主题组织法、集成法等。

（一）分类组织法

信息分类组织是构建有序化信息系统最常用的方法，满足族性检索。人们最常用的查找事物的方式是按信息（事物）的名称直接查找或按照信息（事物）的类别逐次查找。分类是人们认识事物和区别客观事物的思维活动。当事物的特征、属性以分类的手段描述、记录、整理、存储起来后，分类查找得以实现。

信息分类可以是列举式、组配式、体系-组配式分类法等类型。分类组织法首先通过对信息资源知识内容的分析，依分析结果确定其在人类知识体系中所属的位置。文献分类法要满足分类检索和分类排架双重功能的需要，通常以采用等级体系结构为主。网络信息资源不存在信息载体排架的需求，其体系结构完全从检索功能的需要出发，如浏览性检索、逐层建立知识等级结构并辅助形成若干平行的类别和必要的辅助分类体系。

（二）主题组织法

主题组织法建立在自然语言的基础上，能够满足特性检索的需要，且与计算机信息检索技术的发展相适应。主题组织法可以分为标题法、单元词法、叙词法、关键词法等，主题组织为主题检索服务，主题检索是指利用与内容有关的属性获取相关信息资源的方式，解答特定的问题或满足特定的信息需求，与主题组织法类型对应，主题检索包括针对标题词、单元词、叙词、关键词的检索，有观点认为，针对分类号和被引文献的检索也属于主题检索，其理由在于分类是书目工作人员对于信息资源内容的识别，被引文献则是文献责任者对于与文献内容相关其他信息资源的罗列，两者均与内容特征相关。

主题组织法直接以事物的内容为中心，以直观的语词表达检索要求。这种书目信息组织以实现特性检索为主，族性检索辅之；以实现明确性的检索为主，模糊性的检索次之（检索课题比较明确，检索概念比较清晰）。自然语言或受控的自然语言表达主题概念，按字序排列主题概念，主要应用参照系统实现概念之间的关系。

（三）集成法

为使结构功能得到最优化，需要多种信息组织方法的集成。集成法包括分类主题一体化、信息组织方法的兼容、规范语言与自然语言混合系统（自然语言标引，只对检索过程控制的后控词表）等，以及信息组织工具兼容互换的模式。

三、网络信息资源组织

网络信息是指在网络中各种形式信息资源的集合。网络信息有静态和动态页面，有文本、图形、音频、视频等信息资源类型，也包括如学术信息、新闻信息、商务信息、社交网络信息（含用户生产内容等）。具体来说，网络信息资源组织的方式包括：文件方式、数据库方式、主题树方式、搜索引擎方式。

网络信息资源组织的要求是对所有相关的对象进行整合，把信息资源系统、信息组织工具、信息服务系统、用户系统这些本来就集聚在同一网络空间的对象按照开放的、计算机可识别处理的方式进行描述、交换和互操作[1]。网络信息资源具有海量、种类繁多、成分复杂的特征，体现在形式上的非线性、交互性和动态性。

传统的分类法对网络信息组织依然有一定作用。常用的导航工具实际上就是分级式分类表，通过扩大范围以提高查全率，缩小范围以提高查准率；此外，独立于特定语言的分类号可以用于多语种检索；不同的网络信息资源，如果遵循通用的分类表，可以比较容易地实现跨平台浏览和主题检索[2]。当然，传统分类法需要通过改造才可以应对网络信息组织的特殊要求。如需要实现机器识别等，需要充分利用新技术达到易用性，实现创造新型支持更大范围网络信息资源的分类法。面向海量资源的技术解决方案有自动

---

[1] 段绩伟. 数字图书馆信息交流模式研究. 情报杂志, 2004(9): 75-77.
[2] 李文生. 政务信息资源分类体系的有关问题探讨. 电子政务, 2007(5): 14-17.

分类、聚类、归类和类号的自动转换等。

叙词表对海量网络信息检索的辅助作用逐渐受到重视，特别是网络叙词表的互操作性及跨叙词表检索等。此外，主题网关是一种基于因特网的支持系统化资源发现的服务，其特征是提供一种知识结构，如叙词表和分类系统等方面的支持，基于因特网的信息资源，提供浏览和检索服务，此外，还可以建立多个主题网关的合作性框架，以便提供更大范围信息资源的检索服务和网关本身的共享（导航服务代理）。

语义网与本体是近年来发展起来的网络信息资源组织解决方案。因特网实际上是一个存储和共享图像、文本的媒介，无法对信息内容进行识别。通过对这些网络信息资源进行加工，使之成为计算机可以理解的原始信息的方式是构建语义网，其结果是计算机不仅理解每个网页的内容和其中蕴含的概念，还理解它们之间的逻辑关系。本体是网络信息资源组织逐渐成熟起来的研究方向，本体的本意是关于存在及其规律的学说，作为信息组织的语言工具，则表示一种概念化的规范。

第五节　书目信息揭示方法

一、什么是书目信息揭示

书目信息揭示是充分开发、组织整理并展示文献信息资源的书目信息的一种书目工作实践。具体过程包括通过科学地揭示和有效地报道有关文献的信息，利用书目、索引、文摘、文献综述以及其他的书目文献形式展示文献概貌、线索、脉络等。

揭示书目信息与我国目录学优良传统的"导读"一脉相承。充当用户利用文献信息资源的向导，指引用户合理利用各种书目文献，向用户宣传书目知识，告诉用户获取知识的途径。书目信息揭示工作还在于"授人以渔"，即通过指导用户学会利用各种书目，引导他们探究读书治学的门径，把握寻找知识的本领[1]。书目信息揭示使得图书馆等信息服务机构的工作不停留在简单的借借还还的水平，而向纵深方向发展。

二、书目信息揭示的具体方法

书目信息揭示通过进行书目信息源建设得以实现，是根据读者的书目信息需求，有计划、有目的、有主题地编制各种类型书目、索引、文摘、提要、述评、综合性或专题性综述等书目文献资料，按学科或主题开展如学科资源导航、学科知识服务平台等的建设的相关工作。馆藏文献目录是最基本的书目信息源。在馆藏目录的基础上，还可以通过交换、购买、租用等多种途径获得书目信息源，包括采购权威二次文献数据库、参考工具书等。

---

[1] 董丽娟. 江苏省高职院校图书馆书目情报服务的调查与分析. 新世纪图书馆, 2009(6): 51-54.

三、综述与述评的本质

随着科学现代化和学术信息化的发展，科技文献呈指数式剧增。出版的科学文献如此之多，以至于任何人都无法浏览本专业及相关专业的所有文献，更谈不上阅读与消化了。再加上学科发展进程中的每一次付出所获得的成功不一，发表学术论文质量的参差不齐，也削减了专业文献阅读与消化的兴趣与情趣。学科的分化以及学科间相互渗透、综合化，使得专业研究面大大扩展，专业文献涉及面广，科学文献内容的碎片化，综述、述评作为专业文献开发的信息成果可以弥补不足。

综述、述评对专业课题进行叙述、评价，对有关论文中的有价值论据进行综合并删去了无用的材料。一篇综述、述评可以替代专题领域的大部分一次文献，既可省去搜集、整理、阅读之劳苦，而当真正需要阅读有关文献时，综述、述评均有指示功能。综述、述评都是掌握专业学术领域文献及研究状况的迅速而有效的信息形式。

在我国对综述、述评的认识也经历了一个时代，20世纪50年代就曾经有翻译、介绍国外有关文献的书，如赵连城编译《关于作述评》和李艳君译《文摘性述评的编写方法》。综述、述评的理论研究涉及概念、范围、作用、结构、编写实践等。

（一）综述、述评的基本理论问题

综述的英文称谓有"review""summary""survey"等。综述是在对一定时间范围内的某一特定学科或专题文献进行充分搜集、整理、分析、综合的基础上所撰写的文章，观点罗列清晰，引文注明出处。

述评是通过对一定时间范围内某一特定学科或专题文献进行充分收集、整理、分析，宏观概括出该学科专题的发展水平、发展动向，评论中肯，观点鲜明，是对文献的信息的压缩，是基于一定时期全部（或大多数）信息的概括和评价撰写，价值体现在分析与评论。述评是有分析研究、压缩综合，更重见解观点、评论预测的一类文章，使用户能了解该学科专题的研究现状、动态及未来发展趋势，并提出编者的见解与观点。

综述是重述而轻评，重陈而轻议，力求全面、客观、真实地反映学术研究的本来面目，不以综述者的好恶对文献中观点、论据、结论随意取舍；述评则是在遵循客观性原则基础上，陈述文献的主要观点并加以评论，以指出自己的观点，重在评论而非资料取舍。

从定义要素中也可以看出，尽管综述、述评都是依据了某专题领域、某历史时期的文献群，以这些文献为基础，但前者采用列举式的描述方法，其加工、综合的成果是列举式表达，后者着重分析评论，其成果是分析评论的成果，主观引导性强。

综述、述评的特性包括：①综合性，即通过对特定时间、特定专题全部文献的综合，大量的文献分析，找出其间内在联系，客观再现该学科的学术发展动向；②客观性，综述者的思想、观点体现在对大量原始文献资料处理的取舍上，如问题的提出、重点的确定、观点的区分，当然这些要受到综述者的鉴别水平、认识能力的影响，对研究情况的叙述必须是客观的，对各家学术观点必须客观再现；③浓缩性，综述所依据的是一个文献群，将其所综合、叙述的该学科专题的原始文献系统地集中在一起，信息密集化程度很高，这也是综述的本质属性；④学术性，揭示一定时间范围内专题文献内容要点，以二次文献为检索线索，但却是经过了文献内容的识别与筛选、组织与分析，是文献信息评论与研究的高阶层产品，被称为三次文献，具有学术创作产品的属性。

综述、述评的功能如下：①集中报道功能，集中揭示一定时间范围内学科专题领域及其相关学科专题领域的文献状况；②参考借鉴功能，以其丰富的信息源提供参考借鉴；③过滤分析功能，对学科专题的文献进行选择，分析其学科价值；④系统揭示功能，信息源系统反映学科专题学术发展脉络与状况，便于掌握学科专题的发展历史、现状，了解其未来趋势，把握关键性问题。

综述的类型按照编写方式和传递信息的深浅程度，可分为如下两种类型：①文摘性综述，这种综述是从具有相同主题内容的文献群中，选取有参考价值的信息资料，按编写者的思路组织材料并加以撰述而形成的，其实质是忠实地描述原始文献的主要观点及其创造性的内容，很少有或基本上没有编写者自己的观点，这种综述有些像文摘，不过它不是一篇文献的摘要，而是从众多文献中提炼出来的精华，从信息的含量及价值来说，文摘性综述是要大大高于一般文摘的，它所反映的内容往往是现阶段关于某课题或专题研究的全部或绝大多数文献的主要观点和成果。②分析性综述，这也是综述的一种，称"述评"或"评述"。这种综述不仅包括上述"文摘性综述"的内容，还从一定的高度反映出编写者对该研究课题或专题及研究文献的全面分析和论证性的评价，并能揭示出该研究领域的水平及动向，具有引导的职能，分析性综述的作者往往是某课题或专题研究的专家或权威人士，因而，这种综述具有更高的学术性和权威性。

（二）综述、述评的意义及其认知

综述、述评是专题信息源，大量信息的集合及其系统化组织、深度化评析，提供专题文献信息的综合与组织，专题学术领域的发展热点、思想观点、评论评价和信息价值充斥其中，一篇综述或述评就是一个有价值的信息源。

综述、述评是文献整理方法，属于图书馆学、文献学、目录学学科方法，苏联目录学者米哈依洛夫在《科学交流与情报学》中提出综述是将原始文献提供的信息和见解用压缩与系统化的形式表达出来，而述评根据原始文献所含信息的逻辑分析与综合结果提出自己的见解，是学科方法。

综述、述评是科研初始阶段，是掌握相关专题领域发展的学科背景、研究态势、观点热点、重点要点、研究方向等；学会综述、述评是步入科研殿堂的第一步，而且是必不可少的，是科学研究的基础环节。

综述、述评是学术研究成果，有专门的学术刊物，一般学术刊物也有专栏。综述、述评具有学术成果的基本属性，一是新颖性，综述、述评的选题不仅新，而且热，也就是说是近期的新选题和热门选题；材料新，采集、组织的都是新鲜出炉的观点、资料；观点新，综述、述评尽管注重对学术观点、思想的把握与采集，但都是经过综述、述评者自己的经验、思维过滤，体现其思想。二是综合性，包括资料、数据的综合，阐述的旁征博引，处理分析的可视化，并非自己的简单堆砌，而是对材料数据的选择与综合。三是客观性，包括材料的引证准确，对发展态势及其趋势的前瞻性评价客观；注重第一手资料的采集与理解，引证内容的客观，方法科学，言之有据。

（三）综述、述评的写作

综述是一种特殊文献，它既不同于一般学术论文，也与二次文献诸如书目、文章、索引、题录等在编写方法及格式上有实质性的区别。不过，如果不看其内容，而仅从成文的外表上看，它似乎更像学术论文，其写作的过程、方法、格式等也与学术论文有许多相似之处。

1. 选题

与写论文一样，综述的选题也非常重要。选题的准确与否直接影响综述的学术价值与信息价值。综述的选题除要遵循一般论文选题写作的一些原则，如价值原则、新颖性原则、可行性原则等之外，还特别强调其实用性原则。

综述一般应以那些各学科、专业最热门的研究话题为题。因为只有这些热门话题，才能反映出当前的最新信息，实用性也较强。因而，综述的选题强调以热门话题为主。

文献综述选题范围广，题目可大可小，可根据自己的需要而定，初次撰写文献综述，所选题目宜小些，这样查阅文献的数量相对较少，撰写时易于归纳整理。

选题要根据决策和科研的实际需要，选择有助于经济建设、文化建设、学术发展的课题，而且，注意主客观可行性，选题不宜过宽或过窄，要以解决实际需要为宗旨，以揭示、反映一定学科专业或专题现状与发展为目的。选题过宽，将大伤劳精而无助于现实；选题过窄，无法充分揭示与反映现实。确定选题后，就制订选题计划、措施，给予经费、人力支持，以确保实施。

2. 搜集资料

相对于一般论文，综述的写作更强调在写作前占有大量的第一手资料，占有的第一手资料越多，浓缩、概括、传递的信息就越多，其信息价值、学术价值就越高。

无论综述还是述评，都是以一定时期专业文献为基础的，文献采集将直接影响到综述、述评的信息价值，影响其质量。采集文献是一项耗时费力的工作，详尽无遗就更困难。应有充分的认识，保持良好的状态，采集面要广，报刊文献及各种类型公开或内部文献均为采集对象，包括检索工具、检索系统。面对众多的文献，进行细致的鉴别，认真的取舍。选择要精，要找出真正适合需要的文献，能针对综述、述评课题或课题的重要方面，既有助于历史的考察，又有助于现状的分析。

3. 整理、研究资料

首先要对获得的大量第一手资料进行审查，以核实其正误和有无大的遗漏。再对其进行筛选，仅留下那些最切题和最能反映文献资料主题的部分。还要将留下的资料按拟写的综述中将要论及的问题进行归类，各类中再以提纲的形式归纳出不同的观点、见解等内容，同时，再次去掉与拟写综述的大小题目无关的资料。

整理文献，按科学的著录排序法处理文献，使这些文献及其中内容成为有序的、明晰的素材。整理过程从阅读开始，对文献的重点、观点及其论证依据进行细读、消化，并分解成一个个款目，将这些子款目进行标引和排序，使之既成为阅读的记录、素材的积累，也成为分析研究的基础。

分析文献，从排序好的素材中分析它们之间的内在关系、重要性，建立起符合综述要求的联系。彼此联系的排好序的素材，形成课题发展过程的轮廓。研究者经过分析，概括出课题发展过程的各组成部分及其特征。

材料组织法有：①列举法，也称罗列法，将材料、事例按一定顺序循序列举；②阶段法，按资料发布时间或主题发展沿革进行阐述；③重叠法，按照主题发展沿革主线，次之以资料发布时间进行描述；④层次法，以综述、述评的问题本质为目标，相关指标为内容，进行层次剖析、展开；⑤分析法，观点引导，评论有据，根据一定的逻辑思维进行推演；⑥综合法，上述两种及两种以上方法的混用。上述方法是独立的，但不是孤立的，彼此的联系和协同使材料组织法趋向科学、合理。

浓缩加工是撰写综述、述评最重要的一个环节，通过资料分析、分类归纳、突出重点、层层推进，便可使杂乱无章的资料变得脉络清晰、观点明确、论据充分。其学科、专题发展演变、研究学派、各派代表人物、代表作、主要观点等，清楚再现。同时，对于研究的重点、难点，甚至空白点，需要突破的要点、发展趋势，亦有展示。

提炼观点，综述者在广泛搜集、阅读、整理、研究第一手文献资料的基础上归纳，所表述的学说、观点、见解是属于那些原始文献作者的，但分析性综述则可在列举别家观点之后表述自己的见解。

4. 综述的写作格式

目前并无正式的规定，但纵观众多的综述文章，不难看出它已逐渐形成了某种约定俗成的格式。题目中一般直接指明"××问题讨论综述""××（工作、行业、部门等）综述"或"××会议研讨综述"等，使人一看即明其文章的性质。文章的开头一般都用几句简洁的话概括所要综述的问题，使读者大致了解此论题所涉及的范围或内容。正文部分一般用列小标题的方式将综述的问题一一罗列出来。每个小标题相当于围绕主题的一个小议题。小标题之下往往先举出关于此议题已形成的各家学说、各派观点，再列出解决问题的各种方式和见解。

在分析文献资料的同时，就开始了综述、组织的过程，并逐渐形成综述的框架。首先，拟订提纲，按提纲叙述，要求结构严谨，叙述条理，有张有弛。在上述过程中，同时依据文献进行评论，对现状或有争议的问题，提出自己的观点和看法。这也是述评较之于综述的特点所在。其次，详列引用文献，保证出处准确、清晰。

5. 参考文献

写作综述时，往往要引用或参考大量原始文献。根据《信息与文献 参考文献著录规则》（GB/T 7714—2015）的要求，对被引用原文或原义的原始文献，必须在所撰文章之后列出。综述作为引用或借用原始文献原义较多的一种特殊的写作体裁，更要注意这一点。

参考文献虽然放在文末，但却是文献综述的重要组成部分。因为它不仅表示对被引用文献作者的尊重及引用文献的依据，而且为读者深入探讨有关问题提供了文献查找线索。参考文献的编排应条目清楚，方便查找，同时确保内容准确无误。

6. 撰写要素

思维敏捷，抓住要点。综述、述评都能反映学科领域或专题研究的历史、现状及最新研究成果，前者提供了文献情况，后者在于揭示现状，为研究人员利用已有成果探求新的发展提供线索与依据。因此，综述、述评文献的思维敏捷，抓住要点，就成为其撰写要素之一。热点的把握，主要是凭借对所有材料的严谨、客观、细致全面的分析，而不是主观臆想。综述、述评文献抓住有关研究要点，揭示与评论，并探求未来新的发展方向。

选题明确，现实性强。编写综述、述评文献，服务对象应明确，这样才可以做到有针对性地选材、构思，以达到预期目的。综述、述评文献主要是针对某学科、专题领域或实际工作中一些引起理论界重视的重大问题，其时限、空间概念均很明确。如果时限过长，空间范围广，势必造成面对繁杂文献而无法驾驭，但也不能盲目限制时限与空间，以致不能反映该学科、专题领域的实质性动态。针对该学科、专题领域的热点，即目前学术界普遍关注的有争议的或在实际决策中有较大价值的问题，通过综述、述评文献，将其专题研究的最新成果、争议焦点、价值所在等问题全面地反馈给决策、科研人员，使他们及时了解掌握其态势。选题站到了学术领域的前沿，现实性才能很好地体现出来。

揭示文献，反映现状。首先，观点鲜明，引证充分；综述本意是"述而不作"，但综述者的思想观点体现在第一手资料的筛选、采集和整序、组织当中；述评强调观点导向，但也需要大量文献信息内容的概括与提炼，分析与佐证。其次，文献全面，出处清晰。每条文献出处明确，信息价值得到充分体现。

严谨客观，细致全面。述评文献多，而综述文献少，大量的是"概述""述评""述略""回顾与展望""现状和问题"等述评文献。述评的观点十分明确，但无引文，而综述的引文数量也很少。从主观上看，撰写综述、述评，文献资料采集多了，不便整理分析，不易掌握。于是出现了一些不读几篇文章，便着笔疾书起综述、述评文献的现象，是不难理解的，而真正困难的是怎样杜绝这类现象的发生，产生严谨的综述、述评风气，客观再现与评论课题实际情况。

7. 撰写方法

文献综述与"读书报告""文献复习""研究进展"等有相似的地方，它们都是从某一方面的专题研究论文或报告中归纳出来的。文献综述既不像"读书报告""文献复习"那样，单纯把一级文献客观地归纳报告，也不像"研究进展"那样只讲科学进程，其特点是"综述"："综"是要求对文献资料进行综合分析、归纳整理，使材料更精练明确、更有逻辑层次；"述"就是要求对综合整理后的文献进行比较专门的、全面的、深入的、系统的论述。

文献综述是作者对某一方面问题的历史背景、前人工作、争论焦点、研究现状和发展前景等内容进行评论的科学性论文。

文献综述的特点，使得它的写作既不同于读书笔记、读书报告，也不同于一般的科研论文。因此，在撰写文献综述时应注意以下几个问题：①搜集文献应尽量全，掌握全面、大量的文献资料是写好综述的前提，否则，随便搜集一点资料就动手撰写是不可能写出好的综述的，甚至写出的文章根本不能称为综述。②注意引用文献的代表性、可靠性和科学性，在搜集到的文献中可能出现观点雷同，不同文献在可靠性及科学性方面存在着差异，因此在引用文献时应注意选用代表性、可靠性和科学性较好的文献。③引用文献要忠实文献内容，由于文献综述有作者自己的评论分析，因此在撰写时应分清作者的观点和文献的内容，不能篡改文献的内容。④参考文献不能省略，有的科研论文可以将参考文献省略，但文献综述绝对不能省略，而且应是文中引用过的，能反映主题全貌的并且是作者直接阅读过的文献资料。总之，一篇好的文献综述，应有较完整的文献资料，有评论分析，并能准确地反映主题内容。

四、书目信息系统编纂法（二次文献数据库建设法）

一次文献是各学科科研人员通过研究并在学术交流体系中发布的研究成果，二次文献则是图书情报工作人员结合其专业知识投入智力劳动的产物。图书情报工作人员识别文献的外形与内容特征，通过信息描述方法以著录款目进行记录和呈现，再以编排方法编制，最终形成二次文献。书目、文摘、索引、文献指南、书目数据库等都是最为常见的二次文献，是其收录的大量一次文献的书目信息的浓缩和重组，将这些一次文献中承载的知识以著录款目的方式记录，并有序地揭示出来。随着编制技术的完善，信息技术及网络技术的发展，二次文献数据库建设成为现今书目信息工作中书目文献编纂的主要内容和形式。

除了识别一次文献知识以形成款目体现图书情报工作人员的智力投入，二次文献的编制过程也反映着图书情报工作人员从文献研究角度对一次文献的评价和筛选，哪些一次文献能够进入二次文献，哪些不能进入，图书情报工作人员通过客观合理的方法开展信息精选工作，包括文献计量学理论与方法的应用等。一次文献进入二次文献，从某种意义上也就是取得社会承认的过程[1]。

二次文献作为一种记录揭示报道载体信息的集合体，还承担着有序传递的控制功能。二次文献是将大量分散、零乱、无序的一次文献进行整理、浓缩、提炼，并按照一定的逻辑顺序和科学体系加以编排存储，使之系统化。二次文献是一次文献特征的汇集，通过它们可以方便地找到一次文献，并了解一次文献的内容，因而二次文献长久以来一直是有效开发一次文献的工具。随着数字技术和网络技术的发展，不但传统书目所揭示的文献信息资源发生变化，书目自身的载体也实现转变，如馆藏目录由卡片转向OPAC，联合目录也由纸质转向在线数据库，其性质也不仅仅是书目。

二次文献数据库是数字化的二次文献检索工具，其主要类型是文摘索引型数据库。它经历了脱机批处理检索、联机检索、光盘检索和网络检索几个阶段的发展，是文献信息检索的主要工具。二次文献数据库处理记录的原理是将题名、主题词、作者等文献内外特征进行组织，形成倒排索引用于检索，是典型的结构化的线性数据，模式简单，易于处理。统一的检索平台不但可以对二次文献进行整合，而且可以对其他信息机构的事实性数据库、图书馆的OPAC系统、电子书刊进行整合；综合运用布尔检索、截词检索和位置检索等检索技术；检索界面、检索过程、检索帮助、个性检索、结果输出等方面有了根本性改变，检索界面更加友好，用户无须牢记不同检索系统的各不相同的检索命令、字段代码以及逻辑算符、位置算符的检索规定，只需按照菜单检索窗口的提示或在线检索词列表的勾选，就能顺利完成检索；检索途径有主题、分类及除此之外的作者、号码等其他辅助途径，通过数据库设置的检索字段进行限制实现精确检索。

事实上，二次文献正是通过评价、筛选、整序、编写文摘、提供检索等手段和方法，通过著录法、编排法，对零散、混乱、无序的载体信息流进行加工处理，根据特定需求提供给用户，实现对无序信息交流进行有序控制。图书情报人员通过知识浓缩、信息精选、信息序化等智力的投入，使得二次文献与一次文献有了本质差别，这也是二次文献存在的意义。

随着计算机信息处理能力的提升，完全意义纯粹的索引数据库越来越少，纸质的索引虽然还保留相应的名称，但在内容上和实质上已经提供文摘服务，如工程索引、科学引文索引的网络版不仅仅是目次服务，记录款目还提供文摘服务。信息技术的利用，大大提升了由传统书目转向二次文献数据库的文献报道能力。但是，随着文献资源数字化的进程加快，存储技术和网络技术的发展，商业出版社开始推动其图书期刊的数字化出版，大量全文数据库也在开发和投入使用，彻底打破了"文检分离"，实现了检索工具（书目）与原始文献（全文）的融合。用户不再需要二次文献作中介。这向二次文献数据库的发展提出了挑战，使二次文献数据库面临数字环境带来的困境，二次文献数据库如何体现自己存在的价值，是值得关注的一个问题[2]。

---

[1] 陈耀盛. 二次文献本体的结构、功能与本质内涵. 四川图书馆学报, 1999(6): 25-31.
[2] 孙红卫. 数字时代二次文献的困境与发展趋势研究. 情报资料工作, 2009(5): 51-53.

第五章 当代目录学发展中的若干问题

中国目录学研究从总体上有知识积累、经验总结和理论建设几个阶段。在这几个阶段中，中国目录学研究不断深入、全面、系统，其经历了三个主要时期，其间分别在20世纪20~30年代和80年代有两次大的高潮[1]。

第一次高潮起于西学东渐、中西交流与碰撞，这个时期研究者们总结了传统目录学成就，并受西学影响，重新对目录学的对象、理论、方法进行探讨。第二次高潮则是对传统目录学、目录学史继承，对目录学基础理论总结，对书目信息等应用理论研究等的探索。在这两次高潮中，中国目录学中西结合，传统与现代结合，是其在当代的特色。然而，中国传统目录学在对待文献需求方面，因为读者主要为学者，文献整理往往表现为个人学术需要，且当时文献流通面窄，不能推广为全社会的普遍标准，大众文献需求没有形成，在文献整理相关研究中并不存在相关原理和方法论体系。

20世纪初，新文化运动走上舞台，主张彻底抛弃传统，全盘西化，这也引起了中国学术研究领域的改变，促使中国目录学走向科学。新图书馆运动开展，图书馆学教育发轫，中华图书馆协会建立，专门总结中国传统目录学和介绍西方目录学理论、方法的论著陆续出现。姚名达首创了论、史、法目录学结构体系，建立了近代目录学理论体系，传统目录学走向社会化、大众化。20世纪初至40~50年代这一时期，是中国目录学借鉴西方模式对其传统进行总结，形成研究的第一个高潮。

1949年后，对目录学的研究首先借鉴马克思主义的唯物论与辩证法等哲学方法论，指导实践，引入一些苏联有关研究成果。20世纪70年代末，对外开放背景下，转而介绍西方目录学的先进研究成果。侧重于应用性，对MARC、计量学、书目信息理论等的研究日盛。从80年代开始，读者书目信息需求出现多样与专指，分支学科的研究逐渐增多，出现专科文献目录学，如文学文献目录学、历史书籍目录学、科技文献目录学、医学文献目录学等分支交叉学科。1978年，武汉大学在目录学方向招收研究生，1979年，中国图书馆学会学术委员会设立目录学分委员会。1980年，全国目录学专题讨论会召开。这些促进了目录学领域研究队伍的组织化以及研究内容的科学化。到90年代，互联网发

---

[1] 贺修铭. 20世纪目录学研究的两次高潮及其比较. 图书馆, 1994(5): 14-17.

展迅速，书目控制论、文献计量学、信息计量学逐步深入，信息资源揭示与利用逐渐成为研究热点。数字化、网络化拉近了数字信息资源与目录学理论和实践之间的距离，中国目录学的担子更重：学界、业界不仅要更加科学、高效地揭示、报道数字信息资源，更要不断对数字信息资源进行组织、管理、开发与利用。这些都促进了数字时代中国目录学理论研究和实践工作的不断深入。彭斐章、谢灼华、乔好勤、朱天俊、王新才、柯平、程焕文等都对数字时代的目录学体系进行了系列探讨，主张构建信息知识环境下的当代目录学理论体系。

第一节 当代目录学基本理论研究的发展

在我国目录学的发展早期，目录学研究以文献为基础展开，把目录工作的对象和基础、读者的知识需求认为是文献或文献信息。然而文献作为记录知识的载体，只是记录知识发现、生产、加工、存储、传播与利用等知识活动过程与结果的物质载体、工具，蕴含在文献中的知识才是其中最核心、最重要的内容。

随着信息技术的应用，目录形态由文献目录向信息目录、数字目录、网络目录转变，这是目录工作的外延随着信息和知识载体的扩展而增大，但是随着读者规模的扩大和需求的提高，目录工作无法将知识与载体有效分离，无法定位载体中的知识单元和知识点时[1]，对于文献的揭示已不能满足用户需求。而知识管理的兴起，促使目录工作向知识目录和综合目录的发展，部分解决了此问题。

知识是图书馆活动和目录工作的基础和出发点，目录的本质是对知识进行揭示和组织，是一种揭示和报道知识的工具。在网络时代，目录学不仅没有过时，其研究内涵反而更加丰富，外延更加扩大，更多新的研究领域和研究视角频频出现。应时代的发展要求，目录学不应局限于单纯的文献整理，需朝着科学化与整体化、普及化与实用化的方向发展，以帮助人们快捷地获取所需的知识和信息[2]。

一、理论回顾

（一）著作方面

1982年，武汉大学、北京大学编写的《目录学概论》在概括和总结新中国成立30多年来目录学研究取得重要成果的基础上，对目录学领域的许多问题进行了新的探讨，并第一次将书目方法提到方法论的高度作为目录学的基本理论问题来研究。全书借鉴"论、史、法"的结构，分为目录学基本理论和方法技术两篇，从而形成"理论-方法"的体系，把目录学学科发展史划入目录学基础部分。1986年，彭斐章等著《目录学》创立了"基础理论-方法技术-组织管理"体系，将目录学理论基础、书目情报服务、现代

---

[1] 陈传夫, 丁宁. 目录学变革的实践基础与功能延伸. 图书情报知识, 2008(6): 56-59.
[2] 王子舟. 时代需求与目录学的发展. 图书情报知识, 1998(1): 7-10.

化技术、组织管理等内容纳入这个体系。这一时期还出版了其他目录学理论著作，如徐召勋的《学点目录学》、杨沛超的《目录学教程》、倪晓建的《书目工作概论》、郑建明的《当代目录学》等著作。

2004年武汉大学彭斐章主编的《目录学教程》关注数字时代目录学理论问题以及书目信息实践内容，基于书目信息组织与管理体制均已发生深刻变革的现实，重点探讨书目控制、书目信息组织与管理、书目文献资源开发利用、国外目录学发展、网络信息资源揭示与报道等内容。该著作召集了武汉大学、北京大学、中山大学、南京大学、南开大学等高校目录学教师共同写作，构建的理论体系既充分尊重吸收已有研究成果，又客观揭示学科发展现实；既彰显学科体系内容，又重点探寻学科领域方向。《目录学教程》成为网络数字时代目录学发展的里程碑，在图书馆学信息学领域产生了深远的影响。2017年进一步更新内容，与网络课程平台合作，出版了第二版。

（二）论文方面

彭斐章、谢灼华发表的《关于我国目录学研究的几个问题》，引发了目录学理论研究的探讨。乔好勤《当代目录学研究者的使命》认为时代的激烈变化、新技术革命的冲击、目录学体系本身缺少新突破、目录学教学体制和目录学内容被分化和瓦解等，给目录学界造成危机感，提出要建立有中国特色的目录学理论体系。曾令霞在《关于目录学学科建设若干问题的思考》一文中认为当代目录学处于理论体系的形成阶段，指出经验要素、理论要素、方法要素和结构要素四个方面相互作用构成了目录学的学科体系，而目录学理论体系则由理论目录学、应用目录学和专科目录学组成。王新才认为目录学是研究文献与读者间书目情报交流的科学，他以书目情报作为目录学的基点来探讨目录学的研究对象和内容，并在此基础上提出目录学研究微观、中观、宏观三个层次。微观层次是书目情报研究，包括方法理论、服务应用理论；中观层次，即关系理论，文献与读者间的关系构成目录学研究的主体；宏观层次是将目录学研究置于一个广阔的文化背景中，不仅要研究文献、书目情报、读者之间的各种关系，还应该研究文献与读者本身，特别是要研究文献中的学术、知识与书目情报的关系[1]。随着信息技术的普及和影响，目录学渗透到其他学科领域，广泛吸收各门学科的最新成果，传统的论、史、法结构动摇，新的体系开始形成[2]。柯平在《试论以信息理论为基础的现代目录学》一文中提出"信息理论"应成为目录学的理论基础，认为信息理论影响并渗透到目录学领域，正在改变着目录学的知识结构，以信息理论为基础的现代目录学必将向信息化方向发展。杨河源认为目录学研究的文献信息只是人类社会信息中的一部分，因此目录学的理论基础应是文献信息学，不能笼统地称为信息科学。肖希明遵循认识论原则和方法论原则，依据目录学理论对书目工作实践的影响和作用的直接程度，把目录学理论划分为目录学理论基础、目录学基础理论和目录学应用理论三个层次。程焕文则认为目录学这一名称过于狭小，

---

[1] 王新才. 试论目录学变革中的传统实现. 图书情报知识, 2008(6): 60-63, 79.
[2] 郑建明, 王迎春. 传承历史 探索发展——《中国目录学：理论、传统与发展》评荐. 图书情报知识, 2011(2): 99-101.

已无法与其对象的义域相对应,他从打破当代目录学程式的认识前提出发,站在世界书目控制的高度,提出了二次文献学的设想,并具体勾画了相应的学科体系[1]。韩松涛提出了目录学的双核心说,从具体工作的角度,将目录学分为两个核心内容:纯属于图书情报专业内容的目录学内容;与其他学科交叉而产生的目录学内容[2]。

二、学科理论研究的要点

尽管当前国内在目录学理论和实践方面已经有不少研究成果,但是从理论体系的视角出发,对目录学理论进行研究仍是一个有待探索、总结的领域。早前目录学研究者主要聚焦于目录学的方法、目录工作等微观层面,相关研究也多为经验性的介绍,缺乏理性的、系统的归纳,而宏观的角度并没突破论、史、法体系。随着数字时代的到来,尤其是大数据、云计算环境下,目录学范围大大扩展,数字信息资源、网络资源的组织、揭示、管理得到重视,催生了对数字时代目录学有关问题进行客观分析和研究的要求。本书希望对有关历史经验和现状进行理性审视,结合当前目录学研究与实践的发展趋势,试图对数字时代的目录学理论进行归纳和创新。

在目录学理论体系内容研究中,信息资源,尤其是网络信息资源如何纳入,信息资源如何整理,还没有完全展开系统讨论,目录学之外的其他学科也没有专门研究。因此,在信息环境下,我们要应时代之变,拓展目录学研究领域和范围,把信息资源比如数字信息资源和网络信息资源纳入研究范围,对其进行深入揭示、组织和利用。

数字信息资源揭示是目录学研究的理论内核。信息资源揭示在范围上不仅是关于文献的信息,还包括各种数字信息资源,如各种书目、期刊论文、年鉴、学位论文等数据库资源,并使其信息有序化,在序化的基础上完成信息开发利用职能;而且信息资源揭示的是集成性信息,不是单个信息。目录实践活动把社会公众所需的信息从信息资源体系中经选择、采集、整序和加工,浓缩为有序化的信息产品,并通过各种渠道、各种服务方式传递给公众吸收利用,对社会效用进行反馈,以调节产品目标、传递形式和方法,适应公众获取使用信息的习惯,满足公众的各种信息需求。社会公众通过咨询、检索、阅览等方式查找使用信息产品中的知识信息,以数字信息为中介,满足知识信息的需求。因此信息资源的本质是知识信息的整序与传递,信息资源揭示是最普遍、最简单的目录学概念,且是最基本的,它作为内核贯穿于当代目录学理论体系中。在数字时代的目录学理论体系的基础理论层次中,理论内核中的每个概念都要被打开,被详细地解释和定义,这样才能稳固理论内核在数字时代的目录学理论体系中的核心地位。应用理论是目录学理论体系的边缘,它是紧邻学术环境的一个理论层次。应用理论形成的基础是学术环境,但应用理论并不能等同于学术环境,而是对其抽象的结果。应用理论实践性很强,能引导目录实践活动。在目录学自身理论之外还有学术环境层次。目录学理论必定要涉及的科学知识,并不是孤立地存在于科学系统之中的,目录学的生存和发展需要其他科

---

[1] 程焕文. 论中国当代目录学的变革——关于建立二次文献学的初步构想. 图书与情报, 1991(4): 69-75.
[2] 韩松涛. 目录学基本理论探讨. 图书情报工作, 2006(9): 40-42.

学知识的支撑。

三、目录学的学科本质

传统目录学从"辨章学术，考镜源流"到指导读者治学，再到文献的揭示、组织与利用，都与时代相融合[1]。传统目录学的基本功能随着历史的演变而变化，从整理文献到揭示文献，从内容整序到治学门径，其思想直到现在都产生着重要的影响，成为目录学的精髓。在当今网络信息资源激增的背景下，知识记录载体经历了由传统纸质到电子化的变迁，纸质型的目录工具越来越少，书目数据电子化趋势加剧，书目数据传递、获取通过网络即可实现。但网络信息资源的开发利用与传统目录学所面对的"文献"仍有很多相通点，仍然离不开传统目录学，传统目录学依然是其坚强的基石[2]。

网络信息资源分散在因特网上，表现为数字化信息或数据库，信息量的激增使得查找与获取信息资源的及时性和高效性变得尤为重要，网络环境下目录组织工作的新形式如搜索引擎、网络资源目录、导航目录等是信息技术在书目工作中的应用。这些目录组织工具的本质在于工作原理、方式、信息排序等原理，是传统目录学所积淀的理论与方法的精髓[3]，所代表传统的认知并没有过时，新型技术形式和表现手段也没有必要去改变传统概念的核心内涵，只有这样，我们才能对目录学有一个有着历史传承和学科发展延续性、理论体系科学而规范的认知。即"科学地揭示和有效地报道文献信息"的书目工作本质并没有改变。

目录学具有很强的实践性，应用性被看成是目录学的根本特性[4,5]。目录学的深入与发展和现实联系密切，这就决定了其不可能仅仅作为一个单纯之知识体系，更不能在研究中，不假思索地就把本学科或是其他学科的东西如知识元素、相关概念，随随便便排列组合，就说这是一个新的理论。目录学实践性很强，其对目录学实践发挥着指引作用，在研究中要重视目录学实践中遇到的问题，仔细分析问题产生的原因，并将这些问题认真解决，使目录学真正发挥其致用性功能，将目录学的理论体系转化为指导实践的实用知识。

目录学理论本质上是应用性的理论，这一学科属性决定了目录学研究者要以目录学的实践作为目录学研究的方向。理论产生于实践并在实践中接受检验，这是认识论的基础，同时是人类认识发展的基本规律。在目录学理论研究过程中常常出现这样的情况：在对实践中遇到的问题进行思考时，建立了理论。目录实践活动中不断产生的新问题是必然的，这就需要用目录学理论进行指导，正是在不断解答实践问题的过程中，目录学理论得到了不断的丰富和发展。当前，目录学还有很多问题需要研究，比如传统目录学

---

[1] 彭斐章，付先华. 20世纪中国目录学研究的回眸与思考. 图书馆论坛，2004(6): 5-10, 57.

[2] 付先华. 当代中国目录学的新发展. 中国图书馆学报，2005, 31(5): 70-73, 81.

[3] 彭斐章，盛钊. 学科环境的变化与目录学变革路径. 图书情报知识，2008(6): 51-55.

[4] 肖希明. 关注现实问题：图书馆学研究永恒的方向——贺《中国图书馆学报》创刊50周年. 中国图书馆学报，2007(5): 35-37, 58.

[5] 张斌贤. 从"学科体系时代"到"问题取向时代"——试论我国教育科学研究发展的趋势. 教育科学，1997(1): 16-18.

深度研究的问题、科学技术革命给当代书目事业发展带来的挑战、问题和产生的矛盾。还有传统目录学理念、组织、管理、服务等应该如何变化？数字目录学研究是注重技术，还是努力促进科学与人文的融合？目录学研究与发展并不是僵化的，而是由一系列具体问题的解决来促进，虽然这些具体问题纷繁复杂，但其往往最能体现目录学的丰富和多样的特色。这样的一个过程，促进了目录学理论和目录实践融合，使人们能确切了解目录学内涵[1]。

目录学研究中，实践是数字时代目录学的基点，根据特定的逻辑规则，概念之间相互链接，并要在目录实践中接受水与火的考验。数字化时代，传统文献资源的揭示方式已不能满足读者对数字信息资源的深度需求。适应数字化时代的需求信息揭示方式亟须建立，随着计算机技术、互联网技术、通信技术的深入发展和大数据、云计算的广泛应用，能够实现对各种异构、异系统信息资源的有效揭示，对大规模大范围信息资源的采集、处理、传递、使用，以及对用户隐性知识需求的主动挖掘。云服务并不是对网络信息资源简单序化，其充分利用了传统目录学理论原理、方法等，是目录学与现代技术的有机结合。信息之社会化与社会之信息化相结合，不仅为全社会供应了大量的甚至是海量的信息资源，还大大提升了目录、目录工作的硬件设施和技术手段，极大地加速了目录工作的革新。如何总结数字时代出现的针对信息资源的新需求和服务，如何去挖掘信息资源的深层次联系，如何把信息资源相关问题纳入目录学体系中，从理论上对其进行合理定位，进而建立相关理论，指导当前实践，目录学传统基础理论和应用理论如何继承与发扬，这些都需要深入研究。需要用深入探讨目录学与相关科学、学科环境的关系，探讨目录学的内涵和外延，我们迫切需要根据技术进步和技术应用等外部环境的变化，研究和探讨数字时代背景下的目录学理论体系，发展新环境下的应用性理论，以促进数字时代目录学的创新与发展。

当代目录学需要解决的问题有很多，主要是信息技术发展带来的新挑战和新矛盾带来的新问题，包括上文提到的网络目录学、数字目录学，如何继承并呼应传统目录学；传统目录学的一些理念和方法，如何在信息技术迅速发展和网络环境形成的背景下得到继承和发扬，以及是否还有需要摒弃的方面；"数字人文"给人文社会科学带来技术视角的新思路，是否符合科学精神与人义精神的融合，给当代目录学以启示；在新环境和新情境的具体书目工作中，如何有效利用新技术提升工作效率；对以上这些丰富多样或非常个性化和不规则问题的识别和解决，将通过目录学研究的基本方式，即上文所提及的"问题研究模式"[1]不断完善目录学理论体系。

当前网络信息资源数量巨大，良莠不齐，人们查找利用网络信息资源困难，如何把传统的书目信息产品网络化，使其适应网络环境的需要，以及如何对网络信息资源进行有效揭示和深层开发，提供灵活多样的检索途径，这些都是当代目录学应用研究的重要课题。将目录控制的原理、手段、方法应用到网络信息资源的控制，将网络技术与目录学理论与实践紧密结合起来，将优秀的传统书目方法融合到现代信息技术和知识组织理

---

[1] 蔡艳艳, 赖辉荣. 关于我国图书馆学学科研究范式转换的思考. 图书馆建设, 2009(2): 1-3.

论中去，在吸收解题、互著、别裁等传统书目工作优秀方法的前提下，不断应用计算机技术、数据库技术和新检索技术，对庞大的信息进行组织整理。诸如各种书目数据库、网络目录、相关的搜索引擎等，与元数据、数据挖掘、在线翻译、叙述、控制词表、多重版本、主题分析等方法技术相结合，促进目录学致用性与技术性的融合与衔接。目录学的致用性与现代书目技术的结合为其发展开辟了广阔的天地。

目录学是致用之学，致用是目录学的本质和生命线。不管是传统目录学的深厚积淀，还是现代目录学的继承应用，目录学无处不在。随着新技术革命对目录工作的影响以及信息技术突飞猛进，人们更多地关注目录工作的标准化、目录服务、网络检索、知识组织等应用问题。目录学理论把传统目录学研究对象的二维空间"书目-文献"，扩充为三维空间"人-书目-文献-人"。

第二节 书目工作实践的演变

当代书目工作的首要任务就是在结构范畴下建立符合当代科学规范的书目知识体系。所谓结构范畴是反映客观事物的实体性，揭示客观事物的内容，即客观事物在内的各种成分或因素及其相互关系的范畴。进入21世纪以来，书目工作发生了巨大变化，这不仅表现在信息描述规则的演变、知识系统之间的互操作、数字资源的控制，也表现在新时期目录服务推陈出新以及OCLC的各种研究项目不断涌现。本节对于书目工作的未来进行了思考，并从书目工作实践的特点、信息描述规则的演变、OCLC书目工作建设、数字化学习指导与数字导读服务、书目工作未来发展方向与趋势几个方面来论述近二十年来书目工作的变化。

一、书目工作实践的特点

进入21世纪，书目工作已经发生了非常大的变化，开源软件的大力发展，开放存取的观念深入人心，大众的互动参与（维基百科、大众分类法）、编目规则的抽象与简化、相关标准的制定与统一、知识系统的互操作，这些都给书目工作提出新的课题。与此同时，学界的目录学研究进入了高峰期，彭斐章等认为"信息资源-知识"是新世纪目录学的研究主脉[1]，柯平提出了"数字目录学"这一概念[2]，司莉从知识组织系统的互操作方面来探索目录学的发展[3]，而王松林、谢琴芳、王绍平等学者则翻译和介绍了国外最新信息描述规则及其发展动态[4]。21世纪以来，目录学理论与实践的研究成果相当丰富，目录学的研究对象从注重印刷型文献资源转移到印刷型文献资源和数字资源并重，根据数字资源的新特点，结合传统的目录学理论，不断发展新的目录学理论；相关标准——

---

[1] 彭斐章，邹瑾. 数字环境下的书目控制研究. 图书馆论坛，2005(6): 10-15.
[2] 柯平. 数字目录学——当代目录学的发展方向. 图书情报知识，2005(3): 18-22.
[3] 司莉. 知识组织系统的互操作及其实现. 现代图书情报技术，2007(3): 29-34.
[4] 王松林，谢琴芳，王绍平，等. 《中国文献编目规则》与"原则声明"之比较. 中国图书馆学报，2007(1): 31-35.

书目记录的功能需求（Functional Requirements for Bibliographic Records, FRBR）、规范记录的功能需求（Functional Requirements for Authority Records, FRAR）、资源描述与检索（Resource Description and Access, RDA）以及虚拟国际规范文档（The Virtual International Authority File, VIAF）的制定"以用户为中心"，不断简化操作规程，规范操作行为；越来越多的新兴技术和理念不断涌现，如元数据、网格、语义网、智能推理、机器学习、大数据、人工智能、开源技术等技术对书目控制的理论与方法都提出新的更高的要求；知识系统间的互操作与映射取得显著效果；数字化学习指导与数字资源导读服务提升了目录学的服务层次；出版发行商、图书馆以及目录商业机构之间进行广泛的合作等。

随着网络技术、语义技术、大数据、人工智能、互联网+等技术的快速发展，书目工作的研究内容有了很大的拓展。书目知识描述规则与时俱进，推陈出新。国际图联于2011年出版描述标准《国际标准书目著录（统一版）》。2017年前后是一个重要时期，国际图联发布多个有影响力的文件，分别是书目信息概念模型《国际图联图书馆参考模型》（IFLA Library Reference Model, IFLA-LRM），《国际编目原则声明（2016版）》（Statement of International Cataloguing Principles（ICP）2016）、《FRBRoo的定义：面向对象的形式化的书目信息概念模型（2.4版）》[1]，这些文件诠释了书目工作的最新进展，应对了书目工作的最新变化，构建了书目工作的最新工作平台。

二、信息描述规则的演变

随着计算机技术、通信技术与网络技术的快速发展，数字资源增长十分迅速，如何描述与组织数字资源成为当今重要的任务。而原有的以MARC为主的描述形式尽管作出相应的改变，但在描述数字资源时存在很大的局限性。FRBR的出现给信息描述带来巨大冲击，AACR2、ISBD、MARC21、法兰克福原则等描述规则相应的功能组纷纷成立，对各自规则进行修订，以适应FRBR带来的变化。同时，随着大数据、语义网的快速发展，知识组织的模式、方法、机制、流程等内容发生较大变化。

（一）从AACR2到RDA

FRBR出版后，在讨论如何将AACR2融入FRBR时，美国图书馆协会编目委员会采用"bibliographic resource"替代AACR中"item"一词；同时，把第二部分改为内容版本，保留第一部分的版本叙述；为了适合在FRBR表达层创建标目，修改了第25章的统一题名[2]。

2004年，AACR委员会任命Tom Delsey为主任，负责起草AACR3，2004年AACR3第一部分正式发行，2005年其更名为RDA，取代AACR2，成为新的编目标准。RDA超越了过去的编目规则，它提供关于数字资源编目的指南，并更强调帮助用户查找、标识、

---

[1] 胡小菁. 国际编目标准现状与进展(2015-2017). 图书馆论坛, 2018(6): 124-131.
[2] 陈丽萍. 书目记录功能需求研究及其对资源组织的影响. 图书情报工作, 2004(12): 84-88.

选择和获得他们所需要的信息。RDA 还支持书目记录的聚类，显示作品及其创建者之间的关系。用户可以将 RDA 内容与许多编码方案（例如 MODS、MARC21 或都柏林核心元数据）一起使用。RDA 规则可以适用于特定的任务，并用于编目特定类型的资料。RDA 将允许用户联机添加自己的注释。RDA 侧重于需要描述资源的信息，而不是要说明如何显示该信息。RDA 最显著的特点是它建立在国际图联（IFLA）发展的两个概念模型——"书目记录的功能需求"（functional requirements for bibliographic records, FRBR）和"规范数据的功能需求"（functional requirements for authority data, FRAD）基础上，特别是与 FRBR 联系非常紧密。RDA 的各个具体编目对象与 FRBR 的三组实体以及 FRAD 的名称规范文档建立了交互式映射关系。每组编目实体规则都包括三种模型：核心要素模型、强化版关系模型、特殊资料模型。2009 年 7 月，RDA 网站上正式发布了 RDA 的四种映射方案，包括 FRBR to RDA、RDA to FRBR、FRAD to RDA、RDA to FRAD。

（二）ISBD 的修订、统一版与 RDA 的完善

FRBR 正式出版后，IFLA 编目委员会要求 ISBD 评估小组全面评估 ISBD，保证 ISBD 条款与 FRBR "基本级国家书目记录"数据要求的一致性。2004 年，Tom Delsey 完成了 ISBD 单元与 FRBR 属性和关系之间的映射。2006 年 7 月 IFLA 在其网站上发布了《ISBD 联合版》，致力于简化编目工作，提高编目准确度与效率。为了全面地揭示文献信息，《ISBD 联合版》把面向对象的新理念引进编目领域，同时各分则在需要时仍可使用[1]。

ISBD 经过多次修订与完善，以保证 ISBD 条款与 FRBR 中"基本级国家书目记录"的一致性。至 2011 年 7 月，ISBD 统一版正式出版。ISBD 统一版首次采用第 0 项即内容形式和媒介类型取代一般资料标识的做法，是统一版最具创新性和独立性的内容，不仅可以改变世界范围内一般资料标识著录不一致的情况，而且可以为制定基于 FRBR 的编目条例/规则奠定重要基础，如新制定的中国国家标准《资源描述》的正文结构就是以 ISBD 统一版为基础。此外，ISBD 统一版第 0 项中的内容形式和媒介类型与 DC 元数据中的类型和格式两个元素存在紧密关联，这充分表明 ISBD 统一版正不断向 FRBR 及 DC 靠拢和看齐。因而 ISBD 统一版的出版是国际编目发展史上的又一个重要里程碑[2]。

与此同时，2016 年 8 月，IFLA-LRM 正式发布。自 IFLA-LRM 正式发布以来，RDA 根据 IFLA-LRM 的相关内容加以补充、完善与修订，重新设计 RDA 的工具包网站，并对 RDA 内容进行重构。2017 年 3 月，中国国家图书馆在 IFLA-LRM 基础上开始应用 RDA 于外文资源编目中，对 RDA 进行深入研究，对其规则和内容进行阐述，并对其编目工作人员进行培训，RDA 在中国国家图书馆的应用意味着 RDA 的国际化进程进一步加速。

（三）ICP 编目原则的变化

ICP 是诞生于 21 世纪数字时代的编目原则。IFLA 于 2003 年 12 月在德国法兰克福

---

[1] 柯平，曾伟忠. 21 世纪国际图联(IFLA)文献信息编目创新的研究. 图书馆，2007(6): 17-21.
[2] 王景侠. 21 世纪图书馆资源编目体系研究. 数字图书馆论坛，2018(1): 17-23.

召开了第一次国际编目规则专家会议（IFLA Meeting of Experts on an International Cataloguing Code），并发表了《国际编目原则声明（草案）》。《国际编目原则声明（草案）》是对巴黎原则的修订和扩充，它由只涉及文字内容的作品扩展到包括各种文献类型，同时由只涉及款目的选择和形式扩展到包括书目记录与规范记录的各个方面。法兰克福原则共分7个部分，包括范围，实体、属性和关系，目录的功能，书目著录，检索点，规范记录，查找功能。法兰克福原则建立在"书目记录的功能需求"和"规范记录的功能需求与编号"的概念模型基础上。例如，"规范记录"体现了规范记录的功能要求和编号（Functional Requirements and Numbering of Authority Records, FRANAR）规则；"书目著录"对接于ISBD；"实体、属性和关系"与FRBR对应[1]。

国际图联一直致力于不断完善与修订《巴黎原则声明》，并于2009年正式公布"ICP（草案）"最终版。在语义网和大数据环境下，"ICP"考虑到广大用户的使用习惯以及外部技术条件出现了较大变化，新用户不断增加，数据的互操作和可访问性不断增强，开放获取的环境日益成熟，知识发现工具越来越多，这些变化要求"ICP"编目规则顺应潮流，与时俱进，不断完善自身的规则，以适应外部环境的变化。因此，在2016年修订的"ICP"总原则中，除了原有的通用性、准确性、便利性等原则外，还增加了三个新原则：分别是互操作性、开放性、可访问性原则[2]。这三个新原则是编目机构对编目的关联数据和日益增加的数字资源的有效及时的应对与举措。开放性、互操作性与可访问性原则无疑将书目知识记录的传统呈现方式转向现代呈现方式，从局部性平面结构呈现方式转变为全方位立体结构呈现方式；从单向输入/输出方式转变为双向互动方式。更重要的是，为用户对认识书目揭示与认知呈现了一个新的视角，打开了一扇新窗户，提供了一个新理念，将用户对书目知识的个体和表象的关注引向对书目内涵的本质思考。

（四）FRBRoo 与 PRESSoo 的延伸

为了适应图书馆界的新规则的变化，2000年，ICOM-CIDOC（国际博物馆协会与国际文献工作委员会）档案标准工作组在巴黎举行的第24届欧洲图书馆语义系统会议上，由Nicholas Crofts和Dan Matei提出面向对象的书目记录功能需求草案，该草案立即引起轰动。2003年，由Martin Doerr和Patrick LeBoeuf领导的FRBR/CIDOC CRM协调工作组提出用概念、工具、机制、附注来表达FRBR概念模型，即FRBRoo模型，以期取得图书馆、博物馆与档案馆对FRBR理解与运用得一致。之后，FRBRoo的提出引起许多学者的关注，《CIDOC概念参考模型的定义》（4.0版）于2004年发布[3]。FRBR与CIDOC CRM协调国际工作组对FRAD、FRSAR与FRBRoo进行了映射[4]。除此之外，FRBR的

---

[1] 胡小菁. ILFA的"国际编目条例"计划. 图书馆, 2005(5): 62-64.

[2] 王景侠. 21世纪图书馆资源编目体系研究. 数字图书馆论坛, 2018(1): 17-23.

[3] CIDOC CRM Special Interest Group. Definition of the CIDOC Conceptual Reference Model(version 4.0). http://www.cidoc-crm.org/Version/version-4.0 [2020-03-25].

[4] International Working Group on FRBR and CIDOC CRM Harmonisation. FRBR: object-oriented definition and mapping to FRBRer(version 1. 0). http://old.cidoc-crm.org/docs/frbr_oo/frbr_docs/FRBRoo_V1.0_2009_june_.pdf [2020-03-25].

出现还对 CONSER、MARC、OPAC 等带来巨大影响。

PRESSoo 是针对连续性资源创建的面向对象概念模型，PRESSoo 是 FRBRoo 的扩展，它基于 FRBRoo 模型建立概念和模型。PRESSoo 分别对 13 种连续性资源的情况建立了相应的模型，这些精细化的模型能够充分揭示连续性资源的信息，能适应连续性资源动态变化的特点，并且适合于使用计算机处理。PRESSoo 已由 ISSN 国际中心应用到 ROAD 项目[1]。

（五）Schema.org 的应用

Schema.org 是 Google、Yahoo 等几个互联网产业巨头共同制定的数字资源描述规范，以 RDF attribute（RDFa）形式在网页中融入网络资源的语义描述，并以网页形式发布语义数据，之后搜索引擎检索以智能化的方式进行相关检索与推送[2]。

基于 Schema.org 的书目资源描述扩展 SchemaBibEx 具有原生性、开放性、全局统一、经济性等特点，与下一代书目框架格式 BIBFRAME 是互补关系。SchemaBibEx 不是 MARC 书目格式的替代品，是图书馆书目数据与信息用户网络的双向的沟通桥梁。SchemaBibEx 作为以 Schema.org 为基础的书目数据格式，直接接触最终用户。SchemaBibEx 继承 Schema.org 原生网络属性，通过使用 URI 标识书目资源的一切实体、概念、实例、规范数据，直接与广泛的网络应用服务相整合，无障碍地接近最终信息用户，使书目资源真正成为原生网络资源[3]。

（六）FRBR 的关联化与语义化

关联化、语义化的书目信息组织是未来知识组织的目标和方向。关联化、语义化体现在描述规则的变化、对象间关系的关联和元数据集的建立等几个方面。目前，书目信息组织呈现多维组织、组织与描述一体化特点。在语义网技术标准中，书目知识的组织和描述是相互融合的，一个书目知识单元既是组织单元又是描述元素。在语义网中，通过对分面分类技术和多维分类技术的广泛使用，书目知识的组织与知识的描述差异越来越小，因此，没有必要进一步区分知识描述和知识组织。

在今后的知识组织方式中，以规范文档为主要形式的传统方式日渐衰退，而基于书目知识库的对象描述方式则取而代之。最关键的是，书目知识组织标准内嵌于网络技术标准中。在大数据和语义网的知识环境下，不同的标准相互交融、相互作用，共同形成了一个互相依赖、各具特色、层次分明、相互支撑的标准体系。例如美国 VIVO、ORCID 等系统，具有知识信息单元的规范和描述一体化功能，而美国国会图书馆的 BIBFRAME 计划的目标是与语义网技术保持一致，其知识框架以对 RDA 框图的延伸，有效融入 W3C 联盟的技术理念，建立基于大数据和语义网的知识组织标准体系[4]。

---

[1] 赵敏. PRESSoo 从 0.1 到 1.2 版的发展历程研究. 图书馆建设, 2017(3): 28-31.
[2] 刘炜, 夏翠娟. 书目数据新格式 BIBFRAME 及其应用. 大学图书馆学报, 2014(1): 5-13.
[3] 张雪松, 谈海蓉, 姚湘中. 网络书目资源描述规范 SchemaBibEx 及其应用. 图书馆杂志, 2016(5): 59-67.
[4] 宋文, 朱学军. 《资源描述》国家标准及对我国信息资源描述标准体系的思考. 数字图书馆论坛, 2016(12): 21-27.

同时，在 FRBR 化的过程中，对作品与内容表达识别、关系揭示和呈现、书目数据结构化和规范化等方面进行规范与提升，采取基于关联理念的编目方式，对作品和内容表达适当分层和合理记录，更多地关注资源之间的关系揭示和资源内容之间的关联性，建立规范文档以及便于计算机提取的实体关系和格式记录。图 5-1 为 FRBR 与各种信息描述规则的关系。

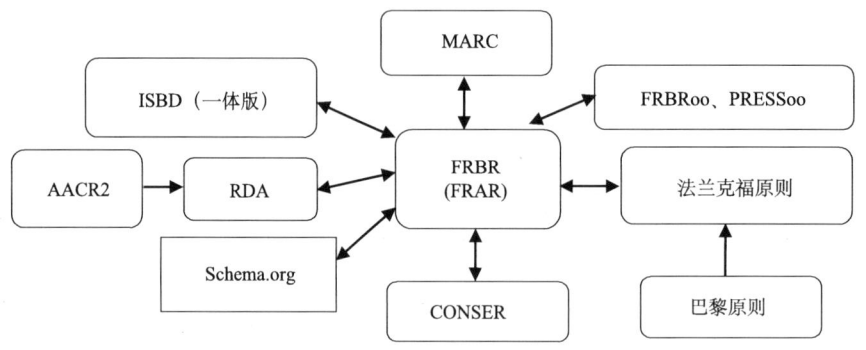

图 5-1　信息描述规则的关系图

面对大规模的多源异构书目数据、非结构化书目数据、关联书目数据、动态书目数据与实时书目数据，需要采取关联分析、可视化分析、发现和聚类、抽取与过滤、情感分析、文本挖掘、预测建模、聚类分析，结合人机互动分析和语义分析技术等方法揭示书目知识信息[1]。例如上海图书馆利用关联数据技术开放家谱资源和接口，利用"时间轴"和"地图"等可视化方式提供数据交互性展示。

三、OCLC 书目工作建设

OCLC 作为目录学领域的实践先锋，在信息编目、资源共享、开放存取、知识管理、在线学习以及图书馆管理软件的开发上都发挥着巨大作用。OCLC 是目录学甚至可以说是图书馆学领域的先行者和领导者，在资源共享的实践上作出许多有益的探索，如 WorldCat、美国研究图书馆集团（RLG）、FirstSearch 等。了解 OCLC 的研究项目可以让我们知道 OCLC 的过去与现在，以便更好地预测和判断未来。进入 21 世纪以来，OCLC 推出了许多研究项目，涉及内容管理、馆藏与用户分析、互操作、知识组织、系统服务架构等方面。

OCLC 研究项目从研究内容的角度可以分为三类：开源协议与架构项目（如 OAI、RDF、Z39.50、WikiD、XSLTProc、DSpace Harvesting）；知识挖掘项目（如世界地图、用户级别、全球多元文化的图书表达、馆藏比较评价、出版商名称服务）；规则改进项目（包括规则抽象，如 FRBR；规则简化，如 FAST；规则互操作，如术语服务）。开源协议与架构项目从技术上保证资源的相互连接、资源共享，知识挖掘项目从知识管理的角度

---

[1] 肖敏，李贵品. 大数据环境下图书馆开放数据服务研究. 四川图书馆学报, 2017(1): 23-26.

上来整理、挖掘、分析、信息资源,规则改进项目从理念上来对目录规则进行修订,以确保快速准确地描述与组织数字信息。这三类项目从技术到理念、从理念到实践相互补充,互为验证,确保项目的层次性、递进性,理论与实践相结合。在上述项目中,比较有影响力的有 OAI 系列项目、RDF 系列项目、Data Mining 系列项目、FRBR 系列项目、FAST、术语服务。其中 FAST（Faceted Application of Subject Terminology）主题术语的分面应用项目是对 LCSH 的简化。LCSH 相对于一般用户来讲,其语义规则过于复杂与专业,不利于用户的利用与互动。FAST 研究项目则是对 LCSH 语义规则与主题元数据进行简化与规范[1]。

术语服务是为人和计算机提供主题词表系统、规范文档、网络分类、分类表等知识的组织服务,建立人与计算机之间的智能交互,提高检索效率。

四、数字化学习指导与数字导读服务

新时期目录服务呈现多种态势:学科导航、信息检索、网络参考咨询、网络书评、联合目录等。近几年目录服务又有一些新的动向,出现了数字化学习指导、数字导读服务、信息素养培养等服务形式。三者是紧密联系的,通过数字化学习指导、数字导读服务等手段来提高读者的信息素养。同时,三者又是各自独立的,侧重点不同。

要解决数字资源急剧增长与学习时间相对减少的矛盾,最好的办法是提供读者自学的数字化平台。国外已有较多的数字化学习平台,目前国际上比较流行的网络教学平台有 WebCT、Blackboard、Angel、ATutor、eCollege、Eledge、Virtual-U 等多种[2]。OCLC 有两个教学平台:在线协作学习和信息服务(Collaborative Online Learning and Information Services, COLIS)和教学管理系统（Instructional Management Systems, IMS）。COLIS 是澳大利亚国家政府重点投资建设的一个示范和实验集成电子在线学习平台,分为前台系统和后台系统,前台系统是由信息资源门户和教学管理系统组成的,用户通过前台系统来获取学习对象元数据（learning object metadata, LOM）。后台系统是由学习对象机构库组成的,通过 OAI、SRU 服务器及 OAI 收割机来收割学习对象元数据。

IMS 全球学习联盟（IMS Global Learning Consortium）,是一个全球性的非营利性的会员制组织,至 2020 年,已有 500 多个成员组织参与,并发布了多个已广泛使用的标准,如内容包装、企业服务、问题与测试、学习资料、工具的互操作性、资源清单、词汇的定义学、学习设计。这些标准已被广泛用于世界各地的高等教育、K-12 教育、企业培训中。IMS 以发展及推广开放性规范（open specifications）为主要任务,这些规范主要功用为协调、促成有效的线上学习活动[3]。IMS 的学习资源应当具有可再用性（reusability）、

---

[1] Dean R J. FAST: Development of simplified headings for metadata. http://www.sba.unifi.it/ac/relazioni/dean_eng.pdf [2020-3-25].
[2] 李武, 姚红. 试析利用网络教学平台开展在线信息素质教育. 图书情报知识, 2004(6): 66-69.
[3] IMS Global Learning Consortium. About IMS Global Learning Consortium. http://www.imsglobal.org/background.html [2020-03-25].

可获取性（accessibility）、持久性（durability）、互通性（interoperability）、适应性（adaptability）、可提供性（affordability）、可管理性（manageability）等特点。

数字资源导读服务，也称为网络资源导读服务或虚拟导读服务，是以信息资源和文献资源为纽带，以互联网环境、传媒环境、社会环境、生活环境、学习环境等为基础，对用户进行教育、指导和辅导[1]。网络资源导读工作的内容和方法有很多，大体可概括为：网络导航、数字资源与摘要、电子书目与提要、著录与注释、文摘与索引、书评与指南、图形标识系统（路标、机构导标、网络资源导航、特殊标识等）、导读报刊资料、用户教育或授课、名人学者导读与咨询服务台、举办群体性的读书活动，研究读者的阅读心理、阅读规律和阅读需求等。搜索引擎、导航阅读、传统式的导读内容数字化等可视为网络资源导读的例证。将互联网上信息资源、馆藏文献、媒体信息资源及引文、摘要、主题智能化是集互联网上导读与传统导读于一体的新模式，是导读服务工作的深化与延伸[2]。

数字化学习指导、网络资源导读服务应与培养读者信息素养的实践能力结合在一起。通过开展形式多样的数字化学习指导和网络资源导读服务，来提高读者信息社会生存、发展能力，提高读者文化素养，培养知识信息的检索能力。美国大学与研究图书馆协会（The Association of College and Research Libraries, ACRL）在其网站上发布了高等教育信息素养能力标准：能够确定所需要信息的内容；能够有效和快速获取所需要的信息；能够正确评价信息资源；将选定的信息纳入自己的知识体系；结合具体的目标来有效利用信息；遵守获取信息的经济、法律与道德准则[3]。美国议会图书馆的 Kimmo Tuominen 提出了信息素养 2.0 的概念，认为在 Lib 2.0 和 Web 2.0 的环境下，我们需要重新界定信息素养，图书馆界应积极参与信息素养教育，在信息素养教育过程中让学习者知道如何过滤有害信息[4]。在图书馆信息素养年会 LILAC 网站上，公布了近几年的会议主题，2019 年的议题包括：信息素养教学，数据素养，健康信息素养，信息素养其他研究。2018 年的议题包括：信息检索，信息素养教学工具，网络新技术对图书馆的冲击，信息素养推广等。

五、书目工作未来发展方向与趋势

（一）构建理论与实践相契合的理论指导架构

书目工作是一门理论性与实用性很强的学科，我们需要思考今后书目工作更加有效地把理论与实践相结合，以书目工作的实质内容为切入点，以书目工作的形式结构转变方法，构建书目工作理论指导架构。在构建书目工作理论与实践相契合过程中，注重体

---

[1] 柯平，曾伟忠. 试论面向数字书目控制和数字资源控制的数字目录学. 图书情报知识, 2007(5): 34-41.

[2] 程结晶，彭斐章. 数字时代的目录学发展路径——网络资源导读服务. 情报资料工作, 2006(6): 91-95.

[3] American Library Association Institutional Repository. Information literacy competency standards for higher education. http://www.ala.org/ala/mgrps/divs/acrl/standards/informationliteracycompetency.cfm [2020-3-25].

[4] Tuominen K. Information literacy 2.0. http://www.ojs.tsv.fi/index.php/signum/article/download/3440/3190 [2020-3-25].

现用户的认知思维，既要体现"道"的层面上形而上的追求，又要兼顾"术"的层面上的形而下的考量。总体来讲，一方面，要弘扬我国古代书目的智慧结晶，以"辨章学术，考镜源流"为核心，强调用户自身的学术背景与学术源泉，注重用户的思维习惯与行为模式，从"语义和语用"层面对现代文献客体进行多元化的资源整序与文化创造，进而纠偏当前目录学知识组织的一般原理、方法与原则，编纂出切于实用的大型学术性学科书目。另一方面，不是对文献的简单梳理，而是通过多维路径实现书目考辨学术的目标，从学理层面总结考辨特点，揭示目录学的本质与学科内涵，应用于目录学的教学和研究实践之中，使目录学的教学与研究与时俱进，既富有时代特色，又具有自己独特的不可取代的学术特征，高标独秀，自立于学术之林[1]。

（二）注重书目工作与其他学科之间的交叉与渗透

书目工作逻辑起点的认识和揭示与书目工作自身的成熟程度、书目工作相关学科的发展水平乃至整个时代的科技、政治经济状况相关联[2]。目前，随着时代脚步的前进，目录学与文学、佛学、医学等学科也产生交叉融合。多学科领域的文献，除了在所属学科重点揭示外，亦可参照古典书目"互著"的模式，在不同学科和学术领域分别进行深入揭示。

大数据环境下，从多变、巨量、复杂、异构的数据中有效地整合出有价值的书目知识，是今后书目工作的重要研究课题和研究内容。总体来讲，提升术语归类的准确度、书目语义相似度分析、书目知识语义关系分析、书目知识的可视化等研究领域，包括加强中西方书目工作的衔接与融合，都将是书目工作在未来一段时间的发展方向。

第三节 泛信息素养教育模式构建及其实现策略

一、信息素养到泛信息素养的嬗变

信息素养最初的核心内容就是文献的检索与利用，包含文献信息源的选择与检索工具的使用，也被称为传统素养。随着社会信息化进程的推进，人们对于社会公众信息素养的理解与客观要求不断进化，对信息素养内涵的认识日益演变与丰富：①信息素养是人类素质的一部分，是社会公众需要终身学习的素质与能力；②信息素养是人类的一种基本能力，即对信息社会的适应能力；③信息素养是人类的一种综合能力，ACRL 于 2015 年颁布的《高等教育信息素养框架》（ACRL Information Literacy Framework for Higher Education）推出了"综合能力"：信息素养是包括发现信息、理解信息生产及价值、使用信息创造新知识和参与社群学习的综合能力的集合[3]。总体上说，信息素养是信息意识、

---

[1] 夏南强, 胥伟岚. 中国目录学的回归与重构. 图书情报工作, 2017, 61(14): 34-39.

[2] 王锰, 郑建明, 陈雅. 数字时代目录学理论体系的形式与内容分析. 图书情报知识, 2015(1): 41-46.

[3] American Library Association. Framework for information literacy for higher education. http://www.ala.org/acrl/standards/ilframework [2020-3-25].

信息知识、信息能力、信息道德四要素构成的一个不可分割的有机整体,信息意识是先导,信息知识是基础,信息能力是核心,信息道德是保证,并且突出情境的意义与价值[1]。

信息素养的社会化实施也越来越复杂,邹慧琴等认为,需要一种多媒介、多层次、多元化的创新培养模式,从而贯穿大学生高校学习的全过程[2]。张铄等则认为国内外高校信息素养培养模式包含四个层面,即信息意识和情感培养、信息文化品德修养培养、信息科学方法常识培养、信息技能培养[3]。近年的学术研究还涉及泛信息素养与元素养[4]、多元素养[5]的关系,元素养的培养涉及认知、情感、行为和元认知,多元素养基于元素养[6]。多元素养包括核心素养与拓展素养,但并非全面素养[7],强调跨学科、综合性。

当社会进入泛信息化的时代后,社会公众信息素养的内涵又有了新的变化。泛信息社会就是信息成为社会基本元素、信息行为成为社会主流交互行为,以信息资源为支撑,信息技术为条件,网络科学、数字化学习与创新、信息社会责任意识为特征的社会环境。移动终端、微博、微信、BBS、视频网络等新兴媒体的出现,使"泛媒介化""多媒体化"成为时尚术语。2003 年 6 月美国国家科学基金会发布的著名研究报告《知识在信息中迷失》提出了"泛在知识环境"(ubiquitous knowledge environment)新概念[8]。泛信息化构筑了泛信息环境,也被称为泛在信息社会(ubiquitous information society),时代催生了泛信息素养。

二、泛信息素养的基本认识

所谓泛,在《汉语大字典》中就是普遍、广泛之意,《辞海》《辞源》亦然,英文用的是 ubiquitous。按照黑格尔泛理论,或泛逻辑主义,凡是合乎理性的东西都是现实的。所谓泛信息,就是客观存在的事物或现象的载体、内容及形式的特征,泛信息包含了信息内涵的不确定性和目标的不聚合性,还包含信息需求的漂移性、载体多元化、传播媒介全媒体性及多渠道化、存在形式的多元化以及无处不在、无所不能、无人不需并且随时随地可寻的特性。

泛信息素养是一个新生的概念,其核心要义是以信息素养为基础,深度融合新时代发展所赋予人们必须具备的信息获取与利用、数据处理与分析、媒介应用与创新、装备操作与研发、网络生态与环境、科学技术与方法、行为感知与思维的相关知识、能力、意识、道德;强调适应数字社会和网络社会所需要的数据信息获取、处理、组织和利用

---

[1] 刘桂宾. 在情境中理解信息素养——《高等教育信息素养框架》探析. 大学图书馆学报, 2019, 37(4): 88-94.

[2] 邹慧琴, 诺子诺, 郑宇屹, 等. 高校信息素养培育模式研究综述——基于 Web of Science(2004–2017)数据挖掘. 西部素质教育, 2019, 5(20): 11-13, 17.

[3] 张铄, 王园春. 国内外高校图书馆信息素养培养模式比较研究. 图书馆学刊, 2017, 39(2): 13-17.

[4] 罗国锋, 陆瑶. 高校研究生元素养教育体系构建与实践研究. 图书馆学研究, 2017(19): 2-8.

[5] 周伟. 图书馆多元素养教育的兴起及思考. 图书馆工作与研究, 2019(6): 108-114.

[6] 杨鹤林. 元素养: 美国高等教育信息素养新标准前瞻. 大学图书馆学报, 2014, 32(3): 5-10.

[7] 邓胜利, 付少雄. 素养教育的新拓展: 从信息素养到多元素养. 图书馆杂志, 2018, 37(5): 21-30.

[8] University of Pittsburgh. Knowledge lost in information: report of the NSF workshop on research directions for digital libraries. http: //www. digitalpreservation. gov/news/2004/knowledge_lost_report200405. pdf [2020-3-25].

传媒通信技术采集、分析、传播和使用信息的能力以及利用网络全媒体信息基础设施和设备来实现个人发展和推进社会进步的能力；不仅注重信息主体的信息素养，更注重适应技术的发展与更新，努力适应多源多维数据信息的解读与批判能力，提升自身的信息行为科学性和信息道德信念的自觉性。泛信息素养是在信息泛化的时代，整合媒介素养、视觉素养、信息通信技术素养、数据素养、网络素养、科学素养、思想素养等领域精髓并与网络全媒体相结合的相关素养构筑的新型信息素养体系；其根本目标仍是为了信息的采集、整序、组织、分析与利用，内容要素覆盖各领域的内涵、目标、方法、实施，有助于实现各领域构成要素效率的最大化；主要领域涉及资源、技术、设施、网络、媒介、环境等方面，具体目标包括基础知识、信息能力、媒介应用、意识道德。基础知识目标以文献检索与利用的知识体系学习与实践为目标内涵；信息能力目标的核心构件包括领域、介质、传媒、技术、评价、利用方面的能力要求；媒介应用的目标内涵是信息系统、通信技术、传媒设备的熟悉与应用；意识道德则关乎人们的道德准则[1]。

（一）泛信息素养的社会意义

目前，对信息素养的解释是需要信息时有能力有效地发现、检索、评价和使用所需信息以解决问题。其超越了传统素养的概念内涵，反映当今人们对于信息素养的拓展性需求。信息化人才应具备的基本素质包括以下方面：信息素养、信息能力、媒体素养、计算机素养、网络素养。西方学者的"终身素养"（lifelong literacy）观，强调了信息素养包括计算机素养、数字化素养、信息技术素养、交流素养、网络素养、图书馆素养、媒体素养、多媒体素养等社会公众需要终身发展和保持的素养。上述的信息素养要素看上去是独立的个体，但并不零散，要素之间存在着紧密的逻辑关联。

当今社会信息主体即社会公众信息素养的构成要素，既包括能力、感知、行为、认知等的素质因素，也包括数据、媒介、技术、环境等的能力因素，成为构建泛信息素养的重要内容。信息采集、整序、组织与利用的过程中，必然需要数据采集、处理、分析，甚至再生产的技术能力，掌握信息传播的媒介应用与制作、通信方法技巧，社会公众通过定位观察、耳闻目睹的视觉感知，养成思考问题、解决问题的新型思维范式。

（二）泛信息素养的核心内容

信息素养、媒介素养、数据素养、视觉素养、传播素养、网络素养、认知素养等，是人类新时代核心素养的重要组成部分。本章以信息素养为基础，以数据素养为能力素养、媒介素养为传媒素养、网络素养为环境素养、视觉素养为感知素养、科学素养为行为素养、思想素养为认知素养，融合相关素养构成了"七位一体"的泛信息素养框架结构，如图5-2所示。

---

[1] Raseroka K. Libraries for lifelong literacy: IFLA presidential theme 2003-2005. IFLA Journal, 2003, 29(2): 109-112.

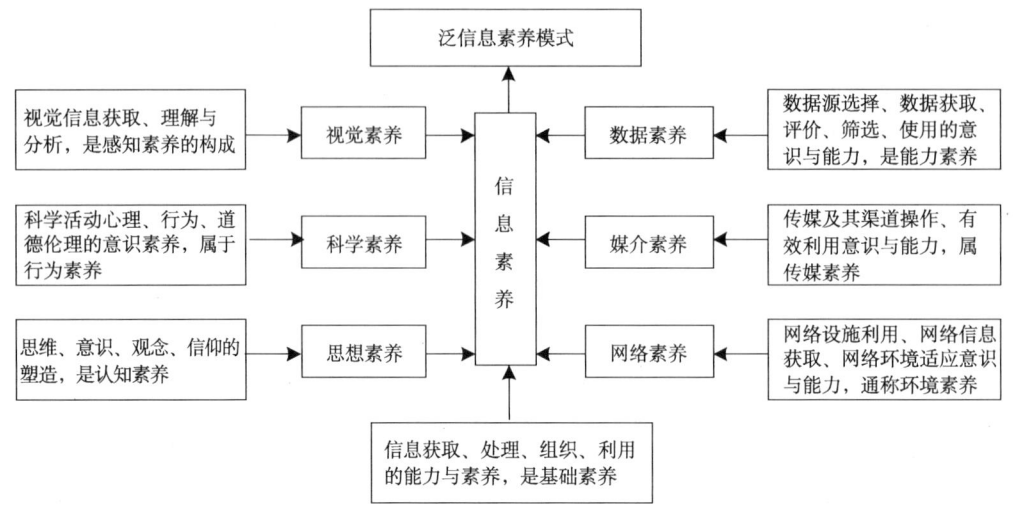

图 5-2　泛信息素养"七位一体"结构模式

"七位一体"的泛信息素养结构模块包含基础素养、能力素养、传媒素养、环境素养、感知素养、行为素养、认知素养，以信息为核心，贯穿信息利用、数据能力、媒介通信、网络环境、视觉感知、科学行为、思维认知的全过程，从而构建起泛信息素养结构模式多维度的有机整体，既充分重视信息素养理论根基，也适应社会时代新发展力求拓展信息素养的内容领域与方面。信息素养为基础素养，表现在获取、理解、评估、管理、处理等方面的技术能力，即信息获取、处理、理解、表达、系统操作能力与素养。数据素养为能力素养，是信息素养在大数据时代的延伸和发展，是一种能辩证、科学、正确地认识数据的价值并能在符合社会道德伦理的基础上加以操作和管理的能力[1]。媒介素养是传媒素养，是建立在媒介，尤其是大众媒介基础上正确使用和有效利用媒介的意识、方法和能力[2]，不仅包括利用一定的媒介知识和相应的方法、策略，还包括对媒介信息进行理性和批判性分析、思考，另外包括生产媒介信息、参与社会行动的能力[3]。全媒体传播能力是各种媒体包括传统媒体和新媒构成的跨媒介、跨情景、全方位多元体系及其综合能力，以网络社区、博客、微博、社交论坛、移动媒体为代表，获取信息、传播信息，同时使用信息、生产信息。视觉素养就是建立在视觉感知基础上的，对视觉信息进行学习、表达及其思考、批判的意识、知识、能力与道德，也是感知素养的主要构成。网络素养顾名思义就是网络构建与使用的素养，包括使用和创造信息的意识与能力、技能、评价方法、网络基础设施的使用、网络环境的了解与适应，包括网络信息辨别及筛选能力、网络道德规范、网络安全三个要素。科学素养，即为科学活动者所具备的行

---

[1] 杨晓菲. "互联网+"视角下的图书馆数据素养教育研究. 图书与情报, 2015(5): 41-43.
[2] 伍琼中. 泛媒体时代大学生媒介素养教育之路径探究. 柳州师专学报, 2014, 29(6): 101-103.
[3] 高焕. "泛媒介"时代的大学生信息素养教育路径分析——以媒介素养为例. 农业图书情报学刊, 2017, 29(1): 121-124.

为素养，包括伦理道德素养，信息道德、信息行为与心理素养。思想素养则是主观思维、信息意识、信息观念和信息信仰的素养，是认知素养。泛信息素养构筑了一套由思想、认知、行为以及听觉、视觉、理念、数据素养组成的理解、识别、控制、转换、传播与使用同时还能对信息进行加工再生产的能力与素养。

泛信息素养结构体系构建的核心是厘清信息时代网络全媒体的内涵、目标，梳理信息素养的构成要素，强调信息检索、组织、利用的基础素养为本体，扩展到数据采集、分析、利用与生产的能力素养，与利用媒介、通信技术的传媒素养密切关联。泛信息素养结构体系及其所涉及的相关素养内涵的逻辑关系是一个有机整体，掌握媒介应用和通信技术不仅解决了公众获取信息的操作问题，而且能够适应网络环境，培养信息主体的能力；人们通过视觉感官采集数据及对其有效与否的分析与判断，属于感知素养，这一分析与判断付诸实施关乎行为素养，对所获取数据的分析与研究取决于认知与思维素质。能力与素质是泛信息素养的精髓。

（三）泛信息素养的本质

如前所述，21世纪以来，信息素养的存在环境与内涵观念都产生了根本性的变化。信息获取来源及渠道分散多元，方式数字化、网络化，信息素养在界定信息的采集、整序、组织、分析与利用意识、知识、能力、道德时注重其环节、过程、技术、方法，而且更注重新的信息环境、技术进步及理念创新。

泛信息素养的内涵涉及信息资源、网络基础设施、设备终端和信息用户行为的社会复杂因素及其关联，包括信息利用的方法、过程、技术、策略、行为、能力、评价等因素，这是泛信息时代赋予社会公众的要求。泛信息素养对信息素养知识技能方面的要求是基本，但必须适应网络、大数据、人工智能等技术变革，深度融合信息社会、信息技术、信息人文，掌握与应用跨学科知识技能方法；以数据、信息为核心，贯穿信息利用、媒介通信、视觉感知、科学行为、思维认知的全过程及相关维度，凸显网络全媒体时代的社会特征，适应信息社会发展新形势下社会公众的信息需求，发挥信息采集、组织、分析、利用与生产的基本职能与社会职能，并融入个人、机构、社会的发展之中。

泛信息素养结构体系整合了信息素养、能力素养、传媒素养、环境素养、感知素养、行为素养、认知素养，从而构建起泛信息素养的有机整体，既充分重视信息素养理论根基，也适应社会时代新发展力求拓展素质与能力的内容领域与方向。泛信息素养赋予人们更多的信息内涵与责任，不仅包括信息技术能力的要求，还有信息职业能力、信息社会适应性，涉及信息安全防范、信息批判意识等，基于传统的道德准则延续发展的要求，丰富与完善数字人文、网络文明与规范的内容，构筑人们面对隐私泄露、网络诈骗和恶意攻击等严重危害个人安全的壁垒与保障。

三、泛信息素养教育模式构建

泛信息素养教育贯穿于信息专业教育与信息素养教育的全过程与各个环节，体现素养、能力、方法、设施的培养与应用，不断地循环往复，强化与完善，这是一个复杂的工程。教育主体多元，教育内容多维，教育方式变革，实施策略立体，成为泛信息素养教育模式构建的关键因素和重要维度。本书试图致力于泛信息素养教育涉及的教育主体、教育内容、教育方式、实施策略维度内涵要素的结构体系构建，详见图5-3泛信息素养四维教育模式，探讨泛信息素养四维教育模式内容构成及其实施机制。

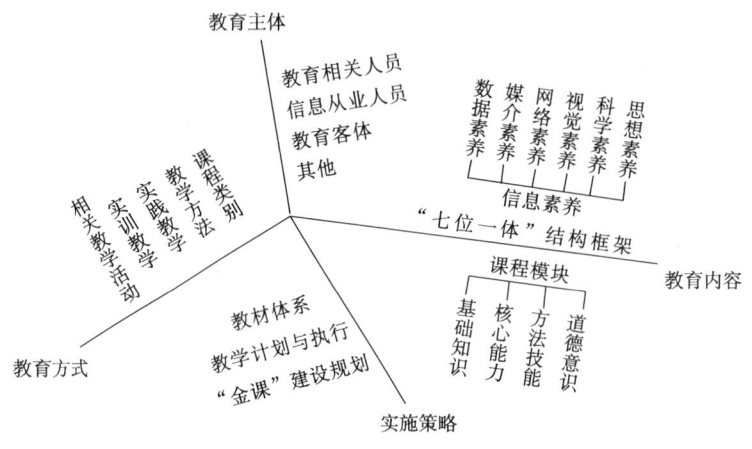

图5-3 泛信息素养四维教育模式

（一）教育主体

信息素养的教育主体大多是高校学生、信息专业相关工作者等与学科学术领域较为相关的人员[1]，教师、教学管理人员、社会专业培训人员如数据商、系统商、培训机构等专职培训人员。泛信息素养教育跨学科门类的知识特征使得信息、数据、媒介、通信、传媒、网络、心理、行为、法学、哲学等学科领域的学者、从业人员也成为教育主体。

泛信息素养构成要素的多元性，导致教育主体的多元性。概括起来说，泛信息素养教育主体包括：①教育工作者、教育管理者、教育运营者，如教师、实验师等；②信息、资源、设备、设施的生产者、拥有者、管理者、提供者、运营者，如版权、产权拥有者，生产制造者，工程师，营销人员，推广使用者等；③教育客体，如用户、学生、从业人员，泛信息素养教育的社会性，决定了泛信息素养专业教育的非唯一性，涉及泛信息素养教育的各个方面，用户、学生、从业人员本来作为教育客体，是泛信息素养教育的对象，但他们掌握了信息相关能力与素养，也就成为泛信息素养的教育主体，他们不仅学会了应用，具备了素养，而且成为泛信息素养的推广者、培训者、建设者和生产者；④其他，包括助教、技术支撑、实验助理、硬件操作、软件应用等。

---

[1] 黄如花, 钟雨祺, 熊婉盈. 国内外信息素养类MOOC的调查与分析. 图书与情报, 2014(6): 1-7.

（二）多维度立体教育内容体系

泛信息素养的构成内容涉及多维度、多领域、多方向的多元化体系，重构跨学科、跨领域的知识体系，涉及信息内容与形式、保存与传播、采集与处理、整序与组织、利用与开发，硬件、软件、系统、操作并重。

泛信息素养结构体系整合了基础素养、能力素养、传媒素养、环境素养、感知素养、行为素养、认知素养，凸显网络全媒体时代的社会特征，适应信息社会发展新形势下社会公众的信息需求及其实现策略，发挥信息采集、组织、分析、利用与生产的基本职能与社会职能；以信息为核心，贯穿信息利用、数据能力、媒介通信、网络环境、视觉感知、科学行为、思维认知的全过程，从而构建起泛信息素养的有机整体。泛信息素养体系结构既充分重视信息素养理论根基，也适应社会时代新发展力求拓展素质与能力的内容领域与方向，在信息素养理论体系构建中实现创新，从而丰富信息素养理论与方法，为泛信息素养理论构建进行有益的尝试。

教育内容体系具体体现在课程模块设计上，加强泛信息素养课程模块设计，迎合不同的学习需求，提升人才培养的个性化，新内容、新方法交叉、融合。本章试图进行系统化、条理化的构建，提出泛信息素养教育内容结构体系：基础知识模块、核心能力模块、方法技能模块、道德意识模块。基础知识模块：主要是信息基础理论知识信息素养基础理论，包括文献学、目录学、信息资源共享、信息描述、信息组织、信息检索、网络信息检索与利用等。泛信息素养的理论基础是信息素养理论，信息采集、整序、处理、分析、开发与利用的过程，是既有策略。信息素养理论成为图书馆学信息学学科体系的重要组成，建设信息化人才培养教育体系，是基础维度。核心能力模块：以数据处理与分析为核心，包括数据挖掘、数据清洗与筛选、数据整序与揭示、数据分析与评价、数据通信与传播、数据存储与安全等。方法技能模块：以技术方法与工具技能使用为重点，包括网络应用技术与系统、传媒通信技术与系统、信息行为与心理学、信息安全与保护，还有系统、设施、设备的应用与维护等。道德意识模块：涉及认识论、方法论等基础理论问题，包括科学学、信息哲学、信息伦理、信息法学、行为准则等。

（三）教育方式建设是保障

教育方式改革的核心应当是避免知识碎片化的蔓延，教学内容连贯与系统，教学手段可视、公开、激励，注重学科知识重点与学科脉络。

1. 教学手段现代化建设

传统的信息素养塑造是从文献检索课开始的。1984年，原国家教委下发文件《关于在高等学校开设文献检索与利用课的意见》，之后绝大多数本科院校开设了文献检索课程，后来逐渐扩大至讲座、竞赛、建模、新生入馆教育等。信息素养教育内容包括检索方法、技巧、策略、算法、路径。随着信息素养教育实践的不断推进，独立课程形式开始变化,《教育信息化 2.0 行动计划》提出微课程（微视频）、游戏化等形式。讲座、沙龙、知识竞赛等融入教学,还有嵌入式[1]、翻转课堂[2]、MOOC[3]等。

MOOC（massive open online course）,也称慕课,意指网络开放性课程[4],自由选择、规模不限、开放注册并具有开放式结构,将社交网络与获取的网络资源整合,由学科研究领域的领军人物开设并推进。MOOC 的基础是学习者的大量参与,这些学习者可根据自己的学习目标、背景知识和技能以及兴趣爱好自由选择课程并安排自己的学习进度,学习、交流与讨论。"翻转课堂"（the flipped classroom）又称"反转课堂""颠倒课堂",简单地说就是改变传统的"课上教师讲授、课后学生完成作业"[5]的教学方式,利用简短的教学视频在课下向学生传授新知识,课堂时间则用于开展协作学习、实践练习等各类学习活动。

网络教学平台上开放的 MOOC 课程有武汉大学黄如花主持的"信息检索"和中山大学潘燕桃主持的"信息素养通识教程"等目录学相关课程。课程建设团队系统制作知识点学习课件,提供丰富的阅读参考资料与实训教学案例,采用线上、线下教学,让学生自主学习,网上互动交流,在线答疑解惑,取得很好的教学改革成绩和社会影响,产生很好的教学示范与推广作用。

2. 实验教学与实训教学相并重

实验教学与实训教学是泛信息素养教育模式的重要实施策略,数据素养、媒介素养、视觉素养都需要以实验教学和实训教学为手段。建立泛信息素养教育实验室,硬件配置不仅有电脑,更重要的是课程管理专用服务器、软件构建的教学氛围和实验教学内容、设备构建的实训教学情境,执行实验教学计划,系统实训教学,培养动手能力。

动手能力和行动素养的培养固然是泛信息素养教育的重要环节,但不仅仅是操作那么简单。工具、方法、系统、设备的操作使用是泛信息素养的基础环节,信息收集的利用与再生产却是重要环节,不仅培养用户的信息采集能力,而且训练用户的信息利用与再生产能力。这就要求用户能够掌握工具、方法、系统、设备的操作使用,如使用网络系统、数据处理技术方法、媒介通信设备等,是个全能型的信息用户。

泛信息素养的培养是跨学科的、多维度的,表现在实验室建设的多元化,实训计划的多领域性。一课一方案,一个知识点一个计划,多平台多模式多应用多操作,采用嵌入式教学理念,与相关学科专业联合制订教学计划,建设实验室,配置实训教学设施,将学科专业科研技术人员及其科研过程纳入教学计划,既加强基础方法技能培养,更注重"实战"演练技法,塑造泛信息素养意识,提升泛信息能力。

---

[1] 谢守美, 赵文军. 嵌入式信息素养教育——信息素养教育的新途径. 情报资料工作, 2012(1): 108-111.
[2] 隆茜. "翻转课堂"应用于信息素养教育课程的实证研究. 大学图书馆学报, 2014, 32(6): 97-102, 96.
[3] 张丹. MOOC 环境下我国信息素养教育研究综述. 图书情报工作, 2016, 60(11): 143-148.
[4] 潘燕桃, 廖昀赟. 大学生信息素养教育的"慕课"化趋势. 大学图书馆学报, 2014, 32(4): 21-27.
[5] 朱伟丽. 基于翻转课堂的文检课教学设计. 图书馆杂志, 2013, 32(4): 87-90, 112.

3. 互动教学活动是重要补充

互动式教学活动包括竞赛、游戏等，尽管看起来是属于公共活动的形式，但现在也在辅助性地用于教学活动。1990年曾有过将游戏作为一种教育工具和馆藏资源的专项调研[1]。2005年12月芝加哥城市图书馆系统主办"游戏、学习与图书馆研讨会"，大力宣传游戏的教育作用及图书馆开展游戏服务的意义[2]，游戏是大众化的活动，但具有教育的功能，因此也是素养的体现。2009年3月美国图书馆协会发布游戏工具包——《馆员的游戏指南：在你的图书馆建立游戏的在线工具包》分享全美图书馆游戏服务的经验时，在每一个案例说明中都列有"素养联系"（literacy connections）一项，点明通过此游戏，用户可以提高哪些方面的素养。游戏是形式，不能本末倒置，成为内容的主要实现方式，网络游戏嵌入信息素养，让学习者在其中得到信息素养的培育，在学与玩的环节中穿插。

公共活动中的信息素养培养，如有奖参与和知识竞赛类活动都是信息素养培育的习惯做法，联合国教科文组织（UNISCO）"全民信息计划"（information for all program），国内高校比较流行的"信息素养大赛""信息检索技能大赛"等活动，以及结合教学实践，在泛信息素养标准研制[3]方面开展的一些有益尝试。

（四）实施策略

泛信息素养的塑造涉及多维度、多领域、多方向的多元化体系，泛信息素养教育，除了泛信息素养内容体系的构建及其教育模式设计，还包括实施环境与运行机制。泛信息素养教育内容涉及数理统计与分析、空间图谱构造和发散思维培养，技能从工具书、数据库，到综述、述评、引文分析、知识图谱、本体构建、语义建模，实践包括科技查新、学科服务、信息研究、媒体制作，培养受众正确理解信息内涵、辨别信息价值、获取信息源并有效利用信息、充分参与制作、发布信息，形成网络媒介评价与批判能力。

实质上说，上述观点涉及一个基础问题的认知，即专业信息素养与社会公众信息素养的关系认识与处理。前者是信息专业人员信息素养能力，主要在高校信息相关类学科专业的教学计划中，面向信息相关类学科专业学生；后者则涉及各类非信息专业的社会公众信息素养能力，主要在信息相关类学科专业和其他非信息相关类学科专业，面向信息相关类学科专业学生和非信息相关类学科专业学生、社会公众。培养目标与用人需求有一定差异，表现在具体的知识、能力、技术、方法上，但有一点是一致的，那就是信息信念与信息理念的塑造，需要加强确立目标、分段实施、有序运行的行动准则，确保执行计划的实施。

教材体系建设是泛信息素养教育的重要教学资源建设活动。教材、教学参考书系统化、体系化建设体现在：①教材成套编撰出版，包括社会信息化理论、泛信息素养理论、

---

[1] Coatney L R. A place for games and simulations in academic libraries: are they digestible?. Academic Libraries, 1990(11): 19.

[2] 韩宇，朱伟丽. 当信息素养教育遇到游戏. 大学图书馆学报, 2011, 29(3): 86-90.

[3] 马艳霞. 信息素养评价标准研究. 情报资料工作, 2010(3): 102-106.

数据素养、网络素养、传媒素养、信息意识与信息伦理等分册，充实课程体系；②传统纸质载体的出版和数字化形态发行并重，包括文本内容的配置和虚拟仿真教学的设计，知识传授与技能培养并重，系统软件应用与硬件设备操作并重，以配合实验教学与实训教学；③支持课堂教学，但也注重课外阅读与教学活动，提供知识竞赛、教学研讨、讲座沙龙的支持。

泛信息素养教育教学计划要成为信息专业人才培养和社会公众信息素养教育的行动准则，强调培养计划适应人才需求的多样性与个性化。应注重泛信息素养教学计划的多元化设计，分层次、领域、受众处理好信息学科专业教育与社会公众终身教育的关系，鼓励高校、各类教育机构、信息机构等适应地方、国家及国际化发展的信息素养培养特色形成与发展。

教育部的"六卓越一拔尖"计划 2.0 实施过程中，强调实施一流课程建设"金课建设"计划，具备高阶性、创新性、挑战性的特性，这些必然成为泛信息素养教育运行的标杆和准则。泛信息素养教育模式的多维度、内容的多领域、培养目标的多层次性要求泛信息素养教育必须采取线上线下混合式教学方式，加强虚拟仿真实验教学和网络传媒实训教学以及社会实践课程建设计划的设计与执行，这也是信息专业高等教育与社会公众终身教育教学改革与教育管理的新命题。

第六章 书目信息组织

书目信息组织，是根据用户对书目信息资源的需求，对书目信息进行筛选、整理、加工，使其有序化的一种组织活动。书目信息组织作为一个序化过程，可分为两个阶段，即序化阶段与优化阶段。书目信息的序化是按照一定的方法将无序的书目信息组织变为有序信息的过程；书目信息的优化则是在序化的基础上针对某种目的，依照结构功能优化原理对书目信息进行再序化的过程，是书目信息序化的继续和升华。书目信息组织是书目信息揭示的基础，可以赋予大量无序的信息以服务功能，使其成为对人类社会发展有益的书目信息资源。

第一节 书目信息组织概论

书目信息组织是由来已久的一种人类社会实践活动，吸收系统论、耗散结构理论和协同论等学科的方法与理论，使书目信息组织有了理论基础。书目信息组织将大量的、分散的、杂乱的书目信息组织成一个系统，建立起内在的关联性，书目信息系统的总体功能将大于各个书目信息单元的功能的总和，这样才能充分发挥书目信息资源的价值与作用。

书目信息组织方法是建立在语言学、逻辑学和知识分类基础上的，具体表现在：①书目信息组织的语言学基础主要体现在建立书目信息符号系统。通过建立书目信息符号系统，有序地组织书目信息，揭示出各个书目信息单元的个体特征，使各种书目信息单元对号入座，形成一个便于检索的序化信息集合。②书目信息组织采取了逻辑思维方法，通过逻辑判断、逻辑分析、优化来保证自身的有序性和合理性。③书目信息组织采取了知识分类方法，通过对书目信息的分类，来确保书目信息的层次性和系统性。

一、书目信息组织的理论基础

科学研究纲领理论、协同论、耗散结构理论是书目信息组织的理论基础。

作为高屋建瓴般针对相应科学领域的总结，科学理论并不是完全抽象的，而是实在、具体的，能够对我们的科学研究进行指导、对科学实验提供支持。诚然，目录学理论体系的建设理论与方法可能还涉及其他科学理论，但上文所提及的理论和方法对书目信息组织理论体系建设的指导作用相对显著，针对性也更强。

（一）科学研究纲领理论[1]

科学研究纲领理论是由拉卡托斯提出的。拉卡托斯认为科学研究纲领理论是这样一个系统，即具有严密内在结构的科学的理论系统。科学的理论系统整体来说各部分是有机联系的，它是一个具有连续性特点的纲领。科学研究纲领理论由科学研究纲领、启示法、科学发展模式三个部分构成。

1. 纲领

硬核（hard core）是纲领核心，表现了本质特征，决定了其发展的方向。各科学研究纲领彼此之所以有差异，很大原因是硬核的不同。坚韧性、不容反驳性和不许改变性是硬核的特点。基本假设、基本原理是其重要的组成部分。虽然研究纲领原理是一致的，但是各专业硬核因学科特点差别很大。然而硬核的要求却是一致的，硬核不能随随便便被质疑。当此研究纲领还是相对稳定的、符合实际的，那么硬核就能保持其坚韧、不容反驳和不许改变的特征，并能维持此理论在某一时间段内的稳定性。

硬核周围分布的就是保护带，包括各种辅助类假设，这些假设发挥了保障硬核的作用。如果反常出现，科学家往往会首先将否定的刀锋引到辅助类假设，而研究者会通过修改、替代辅助类假设来保障硬核。保护带由各种派生原理、不同的学术环境以及辅助假说构成。学科在发展的过程中，肯定会遇到各种问题，甚至会有人怀疑学科的存在是否必要，所以在这个时候保护带的重要性就显现出来，可以根据现实情况对各种假说等条件重新界定。

2. 启示法

拉卡托斯提出，科学研究纲领的发展和调整包括两种方法论原则。一个是反面启示法，另一个是正面启示法。在方法论上，反面启示法是反面性的禁止性规定，就其本质来说相当于一种禁令，阻止其他研究者把反驳的矛头指向硬核，并且各学者要把反驳意见控制在保护带的范围之内，使硬核不能被经验反驳。它应付理论的反例，实现纲领的发展和调整。当一个理论在发展中遇到反常案例，反面启示法只需对该理论的学术环境等进行优化，避免缺陷、弥补漏洞。正面启示法则是表现出理论科学的自主性，指导研究纲领中具体理论的产生。正面启示法通过设定问题，并对可能发生的情况进行假设、验证，其可以预见反常，并可以根据计划，采取有效措施把反常转化为例证。研究者借助精简、修改或完善等手段，来达到发展研究纲领的目的。当然，科学研究纲领在其发展的不同时期，会出现各种待解决的问题和未预见的反例，学者们在提出纲领的理论时，会根据各个时期的实际情况，预先推测将会遇到的问题、存在的漏洞，进而完善理论，

---

[1] 伊·拉卡托斯. 科学研究纲领方法论. 兰征译. 上海：上海译文出版社，1999：65-72.

引导理论研究方向[1]。

对于科学研究纲领来说，基础理论是其硬核，这说明的是基础理论对其的根本性、决定性作用，具体理论的辅助性假设则是其保护带，这说明的是具体理论对其的保护性、辅助性作用。可以看出，假设是科学研究的起点，一个完整成熟的理论系统是应该包括科学研究纲领中的各种假设的。对于之后的具体理论的研讨都可以沿着这个思路，对基础理论进行更好的阐述，从而达到保持其核心地位的目的。同时，科学研究纲领对具体理论的指导、优化作用也是非常显著的，正、反面启示法是硬核与保护带的重要部分。由于科恩范式具有一定的局限性，即对科学理论系统的具体内容未进行细致探讨，因此需要对其进行优化，升级成科学研究纲领。学者拉卡托斯在科学研究纲领理论方面取得了令人瞩目的成果，其对基础理论（硬核）与具体理论（保护带）之间存在的或发生的联系，对在科研中出现的大理论与小理论的相互关系都进行了卓有成效的研究。我们可以这样说，从认识论角度来讲，其是理性思维的产物。

3. 科学发展模式

拉卡托斯提出的新科学发展动态模式，与科恩范式存在很大不同，是经过思考，以科学研究纲领理论为基础发展起来的。拉卡托斯认为，纲领有两种观点，包括进化和退化。这需要我们考虑一个问题，如何对具体理论进行定性的判定，得出其是进化还是退化的结论？拉卡托斯的研究工作认为，经验事实是进行此判定的一个标准。如果在利用假设对纲领进行优化之后，经验内容在原有基础上实现了显著扩张，即能够更好地描述和阐释既定经验事实，则其表现出明显的进化特征，反之亦然。同时需要注意的是，进步性包括理论和经验事实两个方面。理论的进步，即像上文提到的通过对保护带的调整，其在理论上能更好地预言实际；经验上的进步，即此理论的预言，可以承受观察和实验的检验。所以说科学研究纲领在理论上和实践上都是进步[2]。拉卡托斯对于科恩的常规科学阶段仅有一个范式对整个科学领域进行垄断的见解不同意，他说科恩的观点不合实际。而且从科学的发展历史可以看到：对于具体的某一研究纲领来说，会有若干个研究纲领在其进化阶段处于其竞争对手的地位。例如在地质学科理论发展史上，火成说与水成说曾被不同学派的学者支持，并进行了长期的争论，即使是在人文社会科学，如心理学领域，也有行为说与认知说的观点[3]。可以说百花齐放式的纲领的竞争是科学发展的根本动力，竞争的激烈程度决定了科学发展的速度。而在竞争中，各个研究纲领之间可以相互借鉴，相互吸收，相互发扬，促进共同进步。

拉卡托斯认为，由于事物的动态发展的特点，不可能有研究纲领永远处于领先地位。随着竞争的不断深入，此前处于领先地位的研究纲领可能会失去领先优势，达到退化阶段；而此前处于落后地位的研究纲领则可能展现后发优势，逐步取得优势地位，达到进

---

[1] Lakatos I. 科学研究纲领方法论. 纪树立, 译. 世界科学译刊, 1980(9): 46-51.
[2] 郭本禹. 拉卡托斯的科学研究纲领理论与心理学史的方法论. 南京师大学报(社会科学版), 1997(3): 86-89.
[3] 叶翠兰. 浅谈科学研究纲领方法论思想. 广西民族学院学报(哲学社会科学版), 2005(S2): 106-108.

化阶段，因此进化和退化永远是相对的，是动态变化的，没有永恒的进化，也没有永恒的退化，进化和退化之间存在着相互转化、相互演变的特点，是由事物发展的内在规律决定的，无法避免。一个退化的研究纲领遭遇否定或证伪的原因主要不是实践的反常，而是因为客观上出现了一个相对能够更加反映客观变化的科学纲领，而科恩范式的贡献就在于推动了退化的研究纲领的淘汰和进化的研究纲领的上位。在拉卡托斯的理论里，其模式基本上涵盖了四个阶段：进化阶段、退化阶段、新旧交替、新进化阶段。科恩范式则与之不同，在科恩的理论里，科学发展需要靠感性。在这个过程中，他对科学理论的真理性、继承性、进步性视而不见。这种观点恰恰与拉卡托斯对立。

（二）协同论

1971年，德国物理学家赫尔曼·哈肯提议了协同的概念。为了寻求学术共鸣，促进交流，随后通过《协同学导论》《高等协同学》等从事具体而深入的探究。协同学到底是什么呢？有什么样的含义？协同论又叫协同学或协和学。它的研究方向和重点在于一个系统是如何实现从无序到有序的转变，并探讨出潜在的规律和特征。在具体的科研实践中，可以对一个大的系统进行分解，层层分析，逐一研究子系统之间的合作过程，最终从战略的角度，对其涉及的空间、时间与功能等详加研讨，以发挥协同的要义。但科学研究实践中，我们还会遇到这样的问题：就是即使系统之间是迥然相异的，各个系统间因为各种潜在的因子、潜在的规则还是有着各种意想不到的关系。这样的例子有很多。通常的社会现象当然也不例外。在日常工作中，各个单位相互配合、协作，各个部门之间为完成某一任务而进行关系的协调，各企业间在市场中相互竞争等。协同论反映了事物状态演变的普遍模式：旧结构—不稳定性—新结构，即通过随机力和决定力的博弈促进系统的新与旧的转变。因此，应用协同论方法，可以把已经取得的研究成果，拓展到其他学科，增进各学科间的相互促进作用，探讨其间变化的共同规律，寻求其间的协作机理。更加深入地讲，我们还要对系统变化的各种因素进行识别，发现其中的显性与隐性关联，实现各子系统整体发展的协同。协同论能为探索未知领域提供有效的手段，成为软科学研究的重要工具和方法。

协同论所研究的对象在目录学理论体系建设中存在，目录学的基础理论可以看作是实践的向导，应用理论更是指导实践的依据。在同一个理论下，有多种方法，而这个理论则是共同本质。基础理论和应用理论还会有着相互影响的作用，这种作用有可能是积极的促进，也有可能是制约。在这个过程中，各种关系是有一定结构和层次的，在层次和结构上保持有序。但仅此还是不行，在研究中还要通过其理论关联，发现隐藏在后面的本质性规律。再来看协同学应用，在应用研究中还会发现孤立知识元素就其本身而言没有很大的价值，要发挥其价值，一个方法就是通过整体协同，通过整合各个要素，发挥整体的功效，从而挖掘出深层的联系，也就是说协同可以帮我们找到理论的客观性质。因此，在理论建设中，我们应当借助协同学思想，建立探索理论各类关系的机制，解决理论复杂问题，更有效地开展指导实践和应用。

（三）耗散结构理论

耗散结构理论源于利用热力学和统计物理学的方法，研究耗散结构形成的条件、机理和规律。在科研实践中，即使是缘起于自然科学、自然现象，揭示复杂系统发展的自组织运动规律，其也可以根据实际情况、实际条件推广到其他学科，其理论、概念和方法不限于自然现象，我们当然也可以把它引入对社会现象的解释和探讨中。所以，其在提出后，被应用在自然科学领域如物理学、天文学、生物学等，社会科学领域如经济学、哲学等，充分显示了它的理论指导性和前瞻性。

在科学的理论体系研究与探讨中，不管是进行基础理论研究还是应用理论研究，不管是在理论上还是在实践上，可以说都会遇到各种各样的非平衡状态，即便如此，各理论依然是相对稳定的有序结构。为什么会出现这种情况？这种情况是如何发生的？要回答这些问题，需要我们对于这些有序结构存在和发展的一系列条件、机理进行分析、阐释，并进一步研究这些理论结构的自组织过程，探讨其背后的规律，用其来指导实践。在具体探索中，耗散结构一般要有开放性、非平衡性、可交换性、自组织性四个特点。开放性是指一个系统若有耗散结构，其一定能与外界进行某种质与量的交换。这就要求这个系统不能是孤立或封闭的，否则就不会出现耗散结构。非平衡性是指耗散结构是动态的、不太稳定的，如果是平衡态或近平衡态都不会把当前已经存在的有序，在量变与质变中，实现升华。可交换性是指非平衡状态的开放系统，可以借助于一定的规则与条件，与外界进行物质、能量的交换，在达到一定的程度或者是突破一定的界限时发生质变，从而促进一个新的相对稳定、有序的结构的产生。耗散结构自组织性则表现为其可以使系统具有柔韧性，具备抗拒外界干扰的能力，确保系统走向自我完善。因此，在目录学理论体系探讨中，我们可以把其当作一个耗散结构，我们需要研究耗散结构的各种特性怎样在目录学中展现，借助耗散结构理论怎样可以引导目录学理论体系的建立，目录学理论如何作用于实践并指导实践。

就像耗散结构所表现的特性，目录学理论体系不是一成不变的，是一个动态的、开放的非平衡系统，它需要和外界进行交流，随着内外部交换的频繁，产生新的知识、理论，产生了质变，形成了目录学理论体系的耗散结构。随着当前学术环境和技术环境的变化，目录学传统的体系将会不断扩充，不断调整，甚至会被新生知识取代，所以已有的知识体系也要随机而变，与时俱进，否则很快就会因不适应外部环境，逐渐衰退，出现无序状态。所以，如果要维持目录学理论体系对研究和实践的指导性和适应性，需要不断加强内外部的能量交换，引入新的知识元素，使理论体系处在有序与无序的循环转化提升过程中，充分发挥耗散结构理论的指导性，使目录学理论体系一直保持高级、有效的活动状态。

二、书目信息组织意义与作用

书目信息组织是书目信息揭示的基础，书目信息组织是基于书目信息本身的可鉴别、可判断、可记录、可标识、可浓缩、可集成、可存储、可转换、可传播、可交流的各种特征所进行的有目的的书目信息揭示活动的基础,也是书目信息管理活动的基础。在书目信息管理的实际工作中,人们为了有效地管理、控制、开发和利用书目信息,必须首先将没有组织或不加控制的无序书目信息按照一定的规则和要求进行有目的的收集、整理、选择、排序等一系列组织加工,以便将分散的、杂乱的信息整理成有序的书目信息存取系统,并采用多种方式向人们提供检索服务,发挥书目信息资源的效用。目前,所有书目信息管理机构和数据库开发商虽然从事不同业务范围的书目信息管理工作,但其理论基础是相同的,都需要对大量的书目信息源进行描述、标引、排序与存储等书目信息处理工作,并建立有序的书目信息存取系统。书目信息组织对于书目信息的揭示具有如下作用:①书目信息组织可以使大量的无序信息成为对人类社会发展有益的书目信息资源,而缺乏组织的书目信息则是一种信息"噪声",不能成为书目信息资源。②经过有序化组织的书目信息便于人们开发利用。书目信息资源的开发利用必须立足于科学的书目信息组织,书目信息组织是信息资源开发利用的基础工作,杂乱无章的书目信息只有通过选择、记录、标引、存储、排序才能成为具有书目信息服务功能,便于开发利用的书目信息存取系统。③书目信息组织有助于用户查询特定书目信息。书目信息组织的目的是便于查检特定书目信息,方便书目信息资源的开发利用,是书目信息揭示的基础。

第二节 书目信息组织模式

传统文献书目信息组织以目录、索引、文摘等书目控制手段揭示文献信息资源。数字书目信息资源结构呈现立体、多维式网状结构,采用信息链、信息节点的方式从多维角度来组织书目信息资源[1]。应当说,在网络环境下,书目信息组织的结构由线性结构向多维结构转变,其组织模式也发生了一定的变化,表现为多种组织模式,如链接模式、搜索引擎模式、门户指南模式、自组织模式等。

一、链接模式

(一)超文本

超文本是通过链路的方式把存储在许多节点上的书目信息连接起来,是一种新型的书目信息组织方式。链是指节点间多向连接关系,而节点是指书目信息单元。用户通过链把书目节点信息有机组合起来,形成一个多维立体的网络信息系统。超文本技术把视频、图像、动画、声音等多媒体信息嵌入系统中,让用户从不同角度浏览和查询书目信息。超文本具有非线性特征,以节点为单位,节点间采取超链接方式相连,使得书目信息链接表现出伸缩性强的特点,突破了原有线性组织的局限性。超文本技术的非顺序性浏览功能与大众的联想思维和跳跃思维相一致。

---

[1] 郭海明. 数字环境下图书馆信息服务的动力机制研究. 情报杂志, 2008(10): 141-143, 150.

超文本也存在一些不足。例如超文本可能会由于信息过多或主题分散而导致信息迷航的现象，也会存在书目信息有序化组织难度增加以及知识产权等问题，包括链接失效问题。因此，我们需要对超文本书目组织方式进行再次加工，以符合用户需求。

（二）社会网络分析

社会网络分析是利用中心度、密度、凝聚子群、连通度等网络属性，采取引用标引、网络链接等技术，分析某个主题领域或学科的核心研究者以及以核心研究者为中心的各个研究者，以及研究某个学科下核心主题或者多个学科的重要主题，共同形成一个发散性研究团体或研究网络，同时通过核心研究者团体的研究扩散到对学科的整体评价。社会网络分析在人文社科研究中是一种行之有效的研究范式。社会网络分析在引文分析、作者分析方面具有独特视角和重要意义，目前已是图书馆学和情报学中一种重要的研究方法。

社会网络分析涉及学术交流和检索行为等不同应用，通过社会网络链接寻求核心资源。典型的研究成果包括 Google 的网络链接排序、合著关系分析、书目信息关系分析等。Google 的 PageRank 算法以社会网络分析为核心理念。被链入较多的网页形成核心网页簇，通过链接而构建网页之间合理的信息结构，这种流行度的度量称为 PageRank。利用社会网络分析可以建立引文和著者数据库，核心点是论文的作者，两个作者的合著关系用一条边表示，把核心点和各条边连接起来就形成合著网络。社会网络分析广泛应用于书目信息主体和书目信息节点的链接网络分析。在社会网络分析方法论中，检索者的检索过程就是通过检索工具，把用户需求的书目知识节点与社会网络相链接的过程，以此建立用户需求与社会网络知识节点之间的链接关系[1]。

二、搜索引擎模式

书目信息组织的一种重要的模式是搜索引擎模式。搜索引擎是采用网络智能爬虫技术，对网络信息采取自动采集和标引，为用户提供书目信息资源的一种服务模式。搜索引擎涵盖多种关键技术，例如机器智能获取信息技术、书目信息自动排序技术以及信息的检索技术。搜索引擎以信息全文检索理论为基础，用机器程序爬虫来搜索相关书目信息，并建立索引数据库，用户发出指令后由计算机程序自动完成检索索引数据库并查找出相关文献，文献输出按照用户的常用需求排序[2]。例如百度搜索引擎由四部分组成：蜘蛛程序、监控程序、索引数字库、检索程序。百度搜索引擎采取了高性能的"网络蜘蛛"程序，用户只需要将信息需求发送到百度搜索即可，百度搜索引擎采用全文检索和自然语言标引和检索，利用高性能的调度算法把用户的需求发送到后台程序并将最终结果返回给用户。其检索的核心是关键字符的机械性匹配，参与匹配的只有字符的外在形式，而非表达的概念，割裂了用户查询和网页语名中原有的逻辑语义关系[3]。今后，基

---

[1] 裴雷, 马费成. 社会网络分析在情报学中的应用和发展. 图书馆论坛, 2006(6): 40-45.

[2] 潘卫东, 衡中青. 主题网关与搜索引擎的比较分析. 佛山科学技术学院学报(自然科学版), 2007(6): 14-16.

[3] 张帆. 信息组织学. 北京:科学出版社, 2005: 290.

于搜索引擎的书目信息组织的发展趋势将会是构建知识库，采用先进算法将传统的分类组织和主题组织有效地结合起来，把分类的等级体系与关键词有机结合起来，同时简化检索入口，分析用户行为，建立概念逻辑关系的参照系统，优化检索性能，更加准确地体现用户的需求。

三、门户指南模式

（一）学科信息门户

学科信息门户是指整合某学科领域的重要资源、服务与工具于一体，通过统一的检索入口来提供学科服务的网络平台。学科信息门户将无序的分布式信息资源通过有效的组织构建一个有序的信息发现系统，无缝链接信息资源和信息服务，并在此基础上提供个性化定制服务[1]。学科信息门户倾向选择使用结构简单的通用格式，如 DC 和 ROADS 模板。其中 DC 是用于建设学科信息门户最主要的元数据格式。DC 和 ROADS 标准的元数据格式具有互操作性，有利于各学科信息门户的元数据格式相互转换，对于今后学科信息门户的发展具有重要意义。目前学科信息门户用于组织资源分类的分类法有国际十进分类法（UDC）、杜威十进分类法（DDC）、美国国会图书馆图书分类法（LCC）和美国国家医学图书馆分类法（NLM）等。最典型的分类法是 UDC、DDC，因其方便转换成机读格式，目前大多数综合类学科门户采用 UDC、DDC 分类法。有些学科信息门户编制了 DDC 的对照表，以便与 DDC 无缝链接，如 Renardus 项目中的所有学科信息门户都编制了与 DDC 的对照表和索引表[2]。

为了提高检索效率与检索准确度，学科信息门户大都采用了分类法和主题词表，建立基于分类法的导航结构，尽量避免采用非受控词汇，从而保证标引与检索用语一致。

（二）网络书目信息资源指南

网络书目信息资源指南通过筛选、组织和评论网络书目信息资源，编制主题指南目录，提供书目信息检索服务。网络书目信息资源指南以超文本链接的方式，整理和组织不同学科、不同专业、不同行业分散的书目信息资源，建立各级书目信息的分级体系与分类体系，形成网络书目信息资源指南。用户利用网络书目信息资源指南既可以浏览目录树，也可以通过统一检索入口寻求资源。整体来讲，网络书目信息资源指南因其专业性强、主题突出、收录文献质量较高、规范度较高，深受用户的喜爱。

按照其收录的信息资源范围，网络书目信息资源指南可分为专题性资源指南和综合性资源指南，专题性资源指南收录了某一专业领域各个专题信息，综合性资源指南收录了各个行业、各个专业的信息资源[3]。网络书目信息资源指南的类目名称应与用户习惯

---

[1] 孔敬, 李广建. 学科信息门户：概念、结构与关键技术. 中国图书馆学报, 2005(5): 50-53, 90.
[2] 张芮, 张娴. 国外学科信息门户发展现状分析. 图书情报工作, 2006(2): 139-142.
[3] 马丽艳, 董一民. 网络信息资源指南评析. 现代情报, 2003(8): 64-67.

保持一致，类名应精练而不复杂。在类目设置方面，通过采用多重聚类技术和超文本技术，对"逻辑相关""形式相关"和"内容相关"的信息进行逻辑排列，使得书目信息资源更加合理，便于用户表达需求。类目注释通过精练的文字指明类目包含的内容或通过列举下位类的方式提示本类重点内容、隐蔽较深内容[1]。网络书目信息资源指南的不足在于提供的信息资源基本能够满足专题学术研究的需要，但每建立一个主题网关，就需要投入大量领域专家。目前已有的学科纷繁芜杂，而且新的学科不断出现，网络书目信息资源指南是按学科专题逐一建立起来的，这样做的本质是把原来搜索引擎做的事分解开来，逐一重做，有重复之嫌。

四、自组织模式

书目信息自组织模式指在众多的 Web 2.0 技术，特别是 WIKI、Blog 和 RSS 应用的技术支撑下，书目信息组织的内容与用户呈现开放性、互动性，用户不仅是书目信息的使用者，也是书目信息的开发者，书目信息组织系统通过自组织来达到系统平衡。维基百科就是典型的书目信息自组织系统。维基百科的信息组织模式与传统的印本文献信息不同。维基百科的信息组织模式是自组织的模式运作。允许网络用户广泛参与，任何用户都是参与者，既是资源提供者，也是被服务对象。用户在维基百科中具有多重定位，开辟了网络信息组织的新途径、新境界。维基百科降低了用户参与的门槛，采取了开放式的协作模式奉献自己的知识，体现了包容性和多元性。维基百科如同一块任何人都可以上去涂抹的黑板，是其不断演进的动力。与权威校正不同，维基百科提出了一种新的质量保障方式：只要有足够多的读者关注，所有的条目问题都会最终被发现并得到纠正，大家最终会将一个文档修改得更好，而不是更差。这种"真理越辩越明"的思想让维基百科拥有了其"修订版控制系统"（revision control system, RCS）来管理节点的内容，用户可以随时找回以前的数据并对比。版本控制使多人协作成为可能，既可以保护内容不丢失，又可以让任何信息被任何人修改和删除，由于系统会清除垃圾文字，最终剩下的就是最有意义的内容。同时，维基没有最终的正确条目，它永远都是在不断的丰富和完善中，参与的人越多就会越完善[2]。

另外一个书目信息自组织模式的典型案例是 LibraryThing。LibraryThing 基于 Z39.50 协议，通过搜索全球各大书目信息网站，用户可以添加自己的网上书架，并可对题名、作者、ISBN 编号、摘要等书目数据进行编辑。同时，用户可以对书目数据进行上传。LibraryThing 注重个人空间，用户可以建立工作小组或者个人空间，建立交互网络，进行分享、RSS 订阅、评分等。整体来讲，LibraryThing 是一个充满活力的书目信息应用系统[3]。

---

[1] 毕强, 杨文祥. 网络信息资源开发与利用. 北京: 科学出版社, 2002.
[2] 周庆山, 王京山. 维基百科信息自组织模式探析. 情报资料工作, 2007(2): 29-32.
[3] 吴江. OPAC 与豆瓣融合改进体现 FRBR 的编目模式研究. 图书情报工作, 2009(7): 43-46, 58.

第三节 书目信息组织方法

一、主题法在数字书目信息组织中的利用

所谓主题法是指以字顺为主要检索途径,以主题词为检索标识,利用参照系统等方式来揭示主题词之间关系的一种信息资源标引与检索方法。按照选词方式,主题法可以分为标题法、单元词法、叙词法、关键词法。按照其使用时是否进行控制,可分为受控主题法与非控主题法。按照其使用时组配的先后,可分为先组式主题法和后组式主题法。主题法的产生弥补了分类法在检索特定事物、特定主题方面的不足,利用词汇关系链来获取领域知识以提高检索效率。

主题法在数字书目信息组织中的使用主要表现为三种方式:①主题表组织方式。主题词表采用控制词表方式,利用同义词控制、同形异义词控制、词语之间的关系控制,针对反馈结果不断提高精确度。主题表组织方式的典型代表是美国《医学主题词表》和《国会图书馆标题法》。②广泛采用关键词法。关键词法具有标引不必查表,选词、标引速度快,成本低,不依赖专职标引人员,可由作者或机器自动标引,不存在人为性,及时应用最新词汇等优点。关键词检索应用广泛,关键词抽取具有自动化特点。网络搜索引擎大部分采用关键词法进行信息组织[1],使用"标引不控制+检索控制"模式则更加优化了关键词法的检索效能。③使用叙词法来组织数字书目信息。叙词法是一种后组式主题语言,把受控的自然语言进行概念组配。叙词法是情报检索语言中较为完善的语言之一。叙词法采用概念组配的原理,通过参照系统显示概念之间的关系,保证了语义的准确性,避免歧义,提高了检准率。同时,叙词之间可以灵活组配,对于复杂新颖的概念能充分表达,目前,叙词法被广泛应用于计算机检索系统和网络检索系统。根据标引和检索需要,叙词法广泛吸收多种检索语言的特点,用以构造叙词法的结构和方法体系,叙词法采用了完善的参照系统,同时还发展了多种形式的索引,包括范畴索引、词族索引、轮排索引,编制了各种类型的分类主题一体化词表。叙词法是受控主题语言的主流,我国目前使用最广泛的叙词表为《汉语主题词表》。目前叙词法在数字书目信息组织特别是在一些数据库中得到充分应用。如 INSPEC 数据库中的 Thesaurus 检索模式便采用了叙词法[2]。叙词法的不足之处在于:由于词汇控制严格,词表编制和管理的要求较高,需要花费较多的人力、物力;同时,书目信息的标引须在概念分析的基础上进行,增加了标引的难度。

目前,大多数网络信息资源分类体系成功改造了传统的分类法、主题法,通过吸收传统分类法的理论、技术和成果,增加入口词,完善分类表,建立网络信息资源分类体系。突出易用性,提高了网络信息资源系统的检索性能及检索效率。

---

[1] 孙风梅. 主题语言在网络信息组织中的应用. 图书馆工作与研究, 2008(2): 27-29.
[2] 储节旺, 郭春侠. 信息组织学. 北京: 清华大学出版社, 2007: 236-237.

二、分类法在数字书目信息组织中的利用

分类组织法是指按照事物的属性将信息分门别类，形成便于查检具有层次性与系统性的学科体系范畴。所谓"即类求书、因书究学"就是讲这个道理。它和以文献外表特征（如书名、著者等各种代码）为依据组织文献的方式相比，优势在于便于用户根据文献的学科内容鸟瞰全貌，进行族性检索。分类组织法符合认识事物的逻辑思维，对于分层次、聚类揭示组织文献内容具有重要意义。目前国际上著名的几种分类法如国际十进分类法（UDC）、杜威十进分类法（DDC）、美国国会图书馆图书分类法（LCC）等在现实中得到广泛应用。使用分类法进行书目信息组织是一种重要的模式。书目信息经过分类组织后，就能揭示信息的全貌及其内在的联系，提供分门别类查询信息的途径。现有的搜索引擎都具有"目录分类式"（或称主题指南、列表浏览）查询功能，即按逻辑层次对信息进行分门别类，以知识树的形式显示各个层级类目，在检索过程中，既提供列表浏览功能，又提供一站式检索功能。

传统分类法知识体系稳定，未能适应网上高度动态的书目信息资源；其线性体系中的编制注释、交替列类和参见系统具有一定的分类作用，但不能立体揭示网络信息资源。传统分类法中复分、仿分技术比较专业，用户并不关注分类专业知识，他们更关注的是如何检索出有效知识，以及检索的简易性和有效性。而传统分类法知识体系在适应网络技术环境与用户需求等方面存在较大差距。

社会分类法（folksonomy）是一种基于现代信息技术和互联网应用的分类法。其最大特点是让普通用户参与信息的组织与分类，包括标引（indexing）、标签（tagging）、书签（bookmarking）、注释（annotation）和描述（description）等步骤。社会大众既是信息的浏览者，也是信息的创造者。社会分类法是一种参与式架构的分类方式，具有大众性、用户赋予、用户生成、参与性、互动性、协同性、动态性、合作性、分布式、基于社区等特点[1]。在这个网络交互平台中，大众可以建立个性化的分类标准与分类体系，这种个性化的分类标准与分类体系采用了"开放性元数据标准"，具有开放性、自发性、可修改性等特点。社会分类法利用"自然语言社群聚类"而非采用传统的、严格的、机械式的分类法。社会分类法的最大特点是开放性，对关键字的选择没有限制，关键字完全由用户自己决定。

社会分类法将学科聚类演化为主题聚类，用更通俗的自然语言来描述元数据。社会分类法成员提交的标签被打上了用户个人烙印，系统利用统计方法从这些关键词中找到最适合的元数据，即采用使用频率最高的关键词作为其分类元数据。

社会分类法的缺点是：①检索效率低。社会分类法采用自然语言表达，缺少同义词控制，这是一种非受控词汇表达方式，用户信息需求有时无法准确表达，导致检索效果不佳。②无等级性。社会分类法无下位类与上位类之分，词与词之间没有上下级等级关系与控制关系，相互之间是平级系统，在深度揭示文献方面有所欠缺。③易受垃圾信息

---

[1] 陈洁，司莉. 社会分类法(Folksonomy)特点及其应用研究. 图书与情报, 2008(3): 27-30.

影响。系统会产生大量垃圾信息，影响检索效果。

三、分类主题一体化在数字书目信息组织中的利用

分类法和主题法在发展中相互融合。分类法采用字顺索引、按主题事物集中列类等主题法的技术和手段，对类名进行控制。主题法也通过设置副标题、倒置标题、参照系统等方式与分类法的技术和措施相融合。轮排索引、范畴索引与词族索引就是分类主题一体化的典型代表。分类主题一体化是两种书目信息组织方法的有机结合。分类法与主题法具有许多可结合之处[1]。分类语言与主题语言采用了共同的认识论——分类，为分类主题一体化方式建立了融合基础；表达的对象都是主题概念；进行基本相同的语言控制；标识含义大致相同或对应。

分类主题一体化方式展现了分类法描述数字信息的能力，大量充实入口词，调整引用次序，按一定的次序对不同主题概念进行组配，有效解决复合主题的转换问题。一方面注重交替类目、参见与注释类目之间的横向联系；利用层层链来实现纵向联系，实现了类目深度控制。另一方面应加强分面分析方法的应用。应当说，分类主题一体化组织满足了不同层次的用户需求，为用户提供了基于分类或主题的查询功能，以及基于分类主题一体化的信息查询功能。用户形式是书目信息组织的理想模式。分类主题一体化把分类表和叙词表有机结合起来，以完整的类等级体系的分类表作主表，并利用参照系统反映了概念之间的相互关系。应当说，分类主题一体化是书目信息组织的一种较为理想的方式。分类主题一体化词表大致可以分为三种类型：①分面叙词表，典型的一体化词表如《教育主题词表》《音像资料叙词表》等，由分类表、字顺叙词表、轮排索引及英汉对照索引组成。②分类主题词表，如《中国分类主题词表》等。③集成词表，实现分类语言与主题词语言之间的兼容及互换[2]。

四、本体在数字书目信息组织中的利用

传统的基于主题词或分类目录的检索方法由于难以表达概念的深层次语义及内在关系，导致大量无意义的检索结果出现。全新的信息环境和检索需求呼唤全新的信息组织方式、方法和技术，现代书目信息组织特别是网络信息组织也期待着变革与进步，主要包括：①准确表达概念内涵，消除歧义，避免一词多义、多词一义等现象；②深层次、多角度描述概念之间的语义关系，有利于信息揭示与表达；③本体自有属性有利于为计算机所理解和处理，有利于人机交互；④本体揭示信息体现了多维性、立体性，是对传统情报检索语言线性、一维思维的升级，能充分展现事物的复杂关系。本体的出现为上述问题提供了一种解决方案。斯坦福大学 Gruber 给出的本体定义被引用得最为广泛，他认为，本体是概念化的明确的规范说明。本体包括四方面的含义：①概念化；②形式化，精确的数学描述；③明确，概念之间关系的准确定义；④共享。本体的目标是捕获相关

---

[1] 梅伯平. 网络信息组织的分类主题一体化研究. 情报科学, 2003(4): 385-387, 394.

[2] 武琳. 网络环境下分类法主题法一体化的发展. 津图学刊, 2003(4): 58-61.

领域的知识，提供对该领域知识的共同理解，确定该领域内共同认可的词汇，并从不同层次的形式化模式上给出这些词汇（术语）和词汇之间相互关系的明确定义。本体对概念以及概念之间的关系进行了全面、精确的描述，并可实现一定程度的推理。

本体与叙词表的区别：①概念结构方面，本体概念之间关系是多维的、动态的，呈网络状；叙词表中的知识点是线性的、一维的。②开放性方面，本体是一个开放集成的体系，信息动态更新；叙词表相对稳定保守，结构单一。③术语表达方面，本体中的术语可以用自然语言来表达；叙词表中的术语用规范的控制词语表达。④概念间关系方面，本体概念间关系更加宽泛；叙词表中只包含"用、代、属、分、参、族"等语义关系。本体不仅仅是概念集、语料库，还可以是一个知识库[1]。传统书目信息组织所表达的语义都是隐含的，不能直接为机器所理解。而本体容易为计算机所接受和处理，概念与概念之间形成了一个多维的语义网络。本体的多维与网状的信息组织方式有利于深度描述和揭示信息关系，便于计算机的"理解和处理"，满足全新的信息环境和检索要求，提供智能服务。

五、语义网在数字书目信息组织中的利用

语义网是用能被机器理解和处理的方式链接起来的网络平台，语义网信息是基于计算机可读的语义信息。信息资源在语义层上的全方位互联，为知识智能应用创造了条件。

语义网采用 RDF、OWL 来描述与组织数字书目信息。资源定义框架（resource description framework，RDF），以 XML 语法为应用标准，建立了网络资源揭示模型与语法格式。一个 RDF 模型包括谓词（predicate）、主体（subject）、客体（object）三部分。OWL 建立在 XML/RDF 等已有标准基础上，描述 Web 文档和应用中内在的类和关系，其特点是对本体具有更强的描述和推理能力。

在语义网络中，书目信息可以用节点来表示，用弧（边）连接节点，弧表示书目信息节点之间的关系。这样语义网之间的关系就从词间关系上升到概念关系，突破了辨识对象的局限，可以在书目数据层面进行分析，并清楚表达书目对象间的关系。节点表示书目的性质、概念、状况或动作，带标记的弧（边）描述了书目间的关系。语义网的语义关联建立了多层语义互联和单一语义映射，实现语义层异构书目资源的互联和互操作，包括资源表示、逻辑、过程和并发等语义层协同；而单一语义映像，就是使书目资源在语义资源空间真正得到统一。书目信息的语义标注是基于本体标注方法，实现语义层面上的统一访问和全方位互通[2]。语义网书目知识组织系统主要分三层，从上到下依次为表示层、业务逻辑层和资源管理层。表示层是语义网的入口，负责与外部实体（如人或其他系统）通信。表示层提供了一个可视化的接口，把用户的请求发送到业务逻辑层。业务逻辑层对数据进行处理，包括语义映射、标引机制、语义查询推理、语义导航等。资源管理层包括所有语义网的数据资源，它能管理数据库、知识库、文件系统等重要的

---

[1] 宋涯含，延清. 基于本体的网络信息组织方法的理论研究. 图书馆论坛, 2007(4): 91-93.
[2] 梁敏. 语义网格在情报信息处理中的应用研究. 甘肃科技, 2009(10): 21-23.

资源[1]。利用语义网知识表示也会存在一些问题，首先，网络具有分布式和开放性的特征，缺乏一些集中的控制机制会使它的发展和组织结构缺乏一个非常严格一致的体系。如果以语义网表示书目知识，那么这个书目信息节点需要有足够的表达能力，并可以得到不同的知识库和规则集合。为满足通用性的要求，势必会导致描述对象无限制的膨胀。其次，网络的动态性也会给语义网书目知识表示带来问题，主要表现在内容的增减和链接不可预测性的改变[2]。

第四节 书目信息组织系统

一、书目信息组织系统概述

书目信息组织系统是对书目知识结构进行表达和有组织的阐述的各种语义工具（semantic tools）的统称，包括分类法、叙词表、语义网络、概念本体以及其他情报检索语言与标引语言。OCLC书目信息组织系统与知识网络服务平台是国内外两个最为著名的书目信息组织系统。

（一）OCLC书目信息组织系统

在国外，OCLC无疑是书目信息组织系统的典范。OCLC采用了主题术语的分面式应用词表（faceted application of subject terminology, FAST），FAST词表简单便捷，语法易懂。FAST包括主题、个人名称、团体名称、地理、形式、年代、文献名称和会议名称共八个方面。FAST建立受控词汇和词间关系体系，采用了先组式和后组式语法结构，同时建立分面。FAST词量小，标引能力强，具有很强的实用性，可以满足多途径计算机检索。FAST后组式概念组配包括限定组配、交叉组配和联结组配，通过控制词表规模，提高主题概念标引的专指性。

（二）知识网络服务平台

国内知识网络服务平台无疑是书目信息组织系统的典范。知识网络服务平台包括知识网络系统、知识网络中心、概念关系词典、各种知识链接、检索功能和集群服务，通过建立知识元与分类导航之间的交叉链接，构建交织纵横的知识网络系统，知识节点之间的链接包括参考文献、引证文献、同类文献等。而知识元链接则具体到某个知识单元，如关键词、作者名、机构名、期刊名等。知识网络服务平台注重多库联结，强调库与库之间的关联。①建立概念关系词典。通过概念关系词典来体现各学科专业术语、主题词等词汇所指含义，利用同义、上下位、缩略语、译名等词间关系，建立各学科专业词汇概念之间的层级关系。并在此基础上以图像和文本两种形式，建立智能检索和概念导航

---

[1] 陈谷川, 陈豫. 语义网知识组织系统的研究与构架. 现代图书情报技术, 2006(4): 24-28.
[2] 吴丹, 易辉. 知识库系统中语义网知识的表示. 电脑与信息技术, 2004(1): 9-11, 44.

功能,不断提升查全率和查准率,实现知识单元的网络链接服务。②构建网络知识中心。可由用户定制配置数据库,利用作者、机构等知识元链接,建立网络知识中心,实现数据库跨库检索。③建立知识元链接。知识元链接是建立在网络知识中心基础上,对关键词、作者名、机构名、期刊名等设置链接。知识元链接是实现知识网络检索功能的重要路径。引文链接包括引证文献和参考文献链接。引文链接功能,除了可以构建相关的知识网络外,还可用于个人、机构、论文、期刊等方面的计量与评价。相似文献链接即同类文献链接,基于相似检索技术,实时运算,提供内容相关的相似文献链接,可实现内容相似的文献间链接,还可实现跨学科关联,如不同主题,使用相似方法或技术的文献。另外,还可以对书目知识系统利用关联规则挖掘技术进行基于 Web 日志的分析。知识网络服务平台设置了读者推荐文献。读者推荐文献是读者自行推荐的文献,随着读者学习的不断深入,知识网络服务平台不断完善系统自学习和自组织功能,以适应读者学习的需求。

二、书目信息组织系统的互操作

互操作性是指系统之间的信息交互通畅,资源与技术的互操作性可以在不同的操作系统、不同的网络结构、不同的体系结构、不同的语种之间相互切换。系统间的互操作主要通过下述模式与方法加以实现:派生法、翻译方法、系列化分类表或词表、卫星词表法、直接映射、共现映射、中介词典、连接数据库、宏词汇[1]。

当前,数字图书馆、各种主题网关(学科信息门户)、搜索引擎等成为研究热点和建设重点,让不同的知识系统间互通有无,实现无缝链接,实现跨系统、跨语言的浏览与检索,从而实现互操作,上述内容是需要书目信息组织系统解决的重要问题。书目信息组织系统互操作性是指对多个不同体系结构、不同语种与语言、不同操作系统之间相互交换信息与相互操作的能力。书目信息组织系统互操作性本质上是异质实体的互通有无与相互操作,是异质实体资源的透明浏览、检索与获取能力。

OCLC 对不同系统互操作方面进行了相应的探索与研究。其中较有名的是 OCLC 术语服务。术语服务可以理解为涉及各种类型知识组织资源(包括规范文档、主题词表系统、网络分类、分类表等)的 Web 服务,其目标是为人和计算机获取和理解知识组织资源中的概念以及概念间的关系提供方便,帮助软件开发者研制工具以改进搜索引擎性能,提高检索效率。术语服务既可以作为一种社会标签资源,也可以提供检索术语和查询定位,便于跨系统之间的资源利用[2]。2007 年 12 月,Merrilee Proffitt 在大都市艺术博物馆会议上起草了"Terminologies Services Strawman",并提出了术语服务优化的概念,认为术语服务应支持元数据创作、检索优化、术语的管理与共享(包括地方术语的共享、地方术语与出版商术语的组合、建立特定项目的子术语等)、建立社会交流的术语服务(专

---

[1] 司莉. 知识组织系统的互操作及其实现. 现代图书情报技术, 2007(3): 29-34.

[2] OCLC. Terminology services. http://www.oclc.org/research/projects/termservices/default.htm [2020-3-25].

家联合编辑和注释地方术语服务、捕获终端用户的地方术语服务）、术语增值服务[1]。除了术语服务外，世界各地还建立了许多叙词表及分类法，比较著名的有美国国会图书馆叙词表、ERIC 叙词表、EUROVOC 叙词表、UNESCO 叙词表、UNICRI 叙词表、AGROVOC 叙词表等。著名的分类法有 DDC、LC、UDC 等。自 1994 年起，OCLC 开始建立各种叙词表之间的映射、分类法之间的映射、分类法与叙词表之间的映射，目前已建立 LCSH（国会图书馆标题词表）和 DDC 之间的映射。另外，OCLC 还建立了 GSAFD（个人作品主题检索指南）、ERIC Thesaurus（美国教育资源数据库叙词表）、LCC、LCSHac（国会图书馆儿童标题词表）、MeSH（医学标题词表）、NLMC（国家医学图书馆分类法）之间的相互映射[2]。

在欧洲，书目信息组织系统间的互操作项目也开展得如火如荼。Renardus 是一个有影响的互操作项目。Renardus 是在欧盟范围内开展的信息开发项目，是在一个分布式主题网关内，用户利用其开发的统一检索平台，实现跨库资源浏览和获取。2001 年 1 月，该项目组建立了 Renardus 与 DDC 之间的映射，把 Renardus 对象网关的分类法映射到 DDC 上，以 DDC 的等级方式表现，用都柏林核心元数据对信息进行揭示，用扇形图揭示所含类目，描述方式直接简单。同时，杜威十进分类表与 Renardus 分类表以交叉浏览的形式相互映射，两者之间互操作性强。2001 年，Renardus 还与 DC 建立了映射关系。另外，元数据之间的互操作也是书目信息组织系统关注的一个热点。元数据互操作是指异质元数据格式的描述与释读可以相互转换，达到信息资源的透明检索和利用的效果。元数据互操作主要从句法结构和语义内容着眼，采用不同的实现方法和技术。主要有两种方式，一种是一对一方式，这种模式下的互操作精确性较高，同时也存在一定缺陷，当元数据格式较多时，转换速度较慢。如 ADL to FGDC to MARC, DC to EAD, DC to IEEE LOM, DC/MARC/GILS, EAD to ISAD（G）, FGDC to MARC, ISAD（G）to EAD, MARC to DC, ONIX to MARC, USMARC to EAD, VRA 3.0 to MARC, DC to GILS, GILS to MARC, TEI Header to MARC 等[3]。另一种是协议方式，主题网关互操作的实现需要相关协议的一致性应用，与主题网关互操作最为相关的协议包括：LDAP, Whois++, Z39.50, OAI, OpenURL 等。

---

[1] OCLC. Terminologies services meeting: summary report. https://www.oclc.org/research/events/2007/09-12.html [2020-3-25].

[2] OCLC. Terminology services. http://www.oclc.org/research/projects/termservices/default.htm [2020-3-25].

[3] University of Texas Libraries. Crosswalks. https://guides.lib.utexas.edu/metadata-basics/crosswalks [2020-3-25].

第七章 数字文献资源的整合机制及其实现

数字文献资源建设过程中,根据不同类型数字文献资源的特征和应用,形成了众多依赖于不同软硬件环境的异构资源系统。每一类数字文献资源,或者每一种文献数据库,都有一个独立的系统支撑其使用和服务。当前,数字文献资源建设面临的最大困境是如何消除数字文献资源系统的分布与异构,如何整合与集成数量巨大、分散无序的数字资源,以解决"数字信息过载"和"数字信息孤岛"这两大难题[1]。美国未来学家奈斯比特在《大趋势》一书中所形容的"我们淹没在信息海洋中,但却因缺乏信息而饥渴",十分形象地描述了信息领域资源超载与信息需求不能满足两者之间存在的矛盾。

随着社会信息化进程的飞速发展,数字信息资源海量增长,而由于社会公众信息素养水平的整体提升,信息需求的数字化实现成为必须,但数字化文献资源在使用过程中并不是总能显示出与其相适应的强大威力和效能。人们在使用数字文献资源时往往没有感觉到很大便利,其中一个重要原因就是数字文献资源缺乏整合性,另一个原因是网络信息系统的异构,即不兼容性。从技术角度看,不同的数字文献资源系统有着不同的编码结构和表达方式,数据格式的不同导致描述和组织标准的差异;不同的数据库使用不同的检索软件,使得数据库检索界面也风格各异,具有差异性和复杂性。从某种意义上讲,数字文献资源量越大,给用户造成的负担也就越重。如果不对数字资源进行合理有效的整合,必然会使用户陷于无法获得门径而入的困惑境地,影响着数字文献资源的有效利用[2]。

第一节 数字文献资源整合的基本问题

一、概述

1996 年,英国图书馆学家 S. Sutton 提出了复合图书馆(hybrid library)的概念,强调信息资源的整合和检索的无缝性,这标志着文献资源整合的开端。

---

[1] 杜小勇, 马文峰. 数字资源集成系统体系结构研究. 情报资料工作, 2005(3): 42-45.
[2] 马文峰. 数字资源整合研究. 中国图书馆学报, 2002(4): 64-67.

数字文献资源整合的研究始于20世纪90年代末，伴随数字资源总量激增和用户对数字资源利用的新需求环境下而提出[1]，并相继出现一系列研究论文。1998年，S. Pinfield等在 *D-Lib Magazine* 上发表"Realizing the Hybrid Library"，提出了复合图书馆中的整合问题。

20世纪90年代后期，比利时根特大学的H. Sompel开始立项研究参考链接问题，提出基于Open URL框架的数字资源参考链接解决方案，开发了一款SFX链接服务器软件，成为SFX参考链接的始创者。2000年2月，美国Ex Libris公司取得了SFX参考链接软件的独占权。当前，国际上主流学术出版商的学术资源平台均采用SFX技术，实现了跨数据库、跨平台的无缝链接检索[2]。

2004年2月，第12届维多利亚图书馆自动化协会会议在墨尔本召开，以"打破边界：整合和可互操作性"为主题。上海图书馆原馆长吴建中发表了"发展无边界复合图书馆：上海经验"，提出2003年上海图书馆要在一个界面中将所有电子资源和服务进行整合，进而实现一次性检索[3]。

我国图书情报领域有关"整合检索"的研究始于2000年，陈昭珍教授在《电子图书馆整合检索之理论与实践》一书中基于当时的技术水平分析了数字资源整合需求与模式。黄学军和唐泰可提出基于Z39.50协议的书目整合检索的必要性及实现方法[4]。此后，"资源整合"的研究越来越受到关注，研究成果日益丰富，涉及资源整合工具、产品、系统等介绍，理论方面的研究包括数字资源整合概念、标准化等，技术方面的研究包括计算机、自动化、通信、数据库等[5]。

国内进行的数字资源整合系统工作多集中于电子期刊和数据库的整合，各整合系统均将电子期刊整合和数据库资源整合分为两个部分进行，并针对不同语种和类型的文献采取不同的检索入口。

二、数字资源整合概念

自20世纪90年代末以来，信息整合研究主要集中于两个方面，一是关于信息整合概念、内涵等理论方面的探讨，二是有关信息整合技术应用方面的研究[6]。信息集成内核是信息资源本身的集成，集成重点是将信息资源集成放在集成环境、技术集成和服务管理集成耦合起来的共享环境上[7]。

网络信息资源整合内容、方式发展很快。李枫林认为网络信息资源整合经过三个发展阶段，第一个阶段是物理层面的数据整合，第二个阶段是从逻辑上对物理分布的信息

---

[1] 黄晓斌, 夏明春. 数字资源整合研究的现状及发展方向. 情报理论与实践, 2005(1): 75-77, 112.
[2] 海胜利. 数字信息资源整合检索的技术基础. 图书馆工作与研究, 2004(2): 17-19.
[3] 黄晓斌, 夏明春. 数字资源整合研究的现状及发展方向. 情报理论与实践, 2005(1): 75-77, 112.
[4] 黄学军, 唐泰可. 书目整合检索Web网关的设计. 现代图书情报技术, 2000(2): 29-31.
[5] 李晓祎. 浅议信息资源整合. 科技信息, 2010(13): 167-168.
[6] 粟慧, 杨福康. 信息集成研究进展. 图书情报工作, 2004(7): 100-104.
[7] 霍忠文, 张捷. 信息集成服务发展战略. 情报理论与实践, 2001(1): 1-5.

资源加以整合，第三个阶段是以用户为导向的整合，在此基础上分析了用户导向的网络信息资源整合要求和问题[1]。

王梅等认为信息资源整合管理有四个层面，分别为资源整合、技术整合、信息处理过程整合以及信息与用户整合[2]。四个层面相互影响、相互作用、相互渗透，包含共同的整合管理理论和方法。

马文峰认为信息资源管理包括汇合式、组合式、重组式、一体化综合式四种模式。其中，汇合式是依托OPAC资源系统的模式；组合式是在汇合式基础上增加了去除重复信息的功能；重组式是在资源分解的基础上按逻辑关系重组为相互关联的立体化知识系统；一体化综合式是在OPAC资源整合系统与数字资源整合系统之间建立多维度的关联[3]。

数字资源整合是依据信息用户的需求，对各相对独立数字资源中的数据对象、功能结构及其互动关系进行揭示、融合、类聚、重组，使其重新结合为一个新的效能优化的数字资源体系的信息组织形式，它不仅仅是对数字资源本身的集中化整合，还包括对数字资源相关数据的整合[4]。数字资源整合与数字资源共享、数字资源集成和数字资源融合等概念密切相关[5]。

整合的概念源于印刷型文献信息的加工整理，包含两层含义：一是"聚合"，指应用信息技术将异构信息资源链接起来；二是"组成"，即将所集合的各种信息资源规范化并加以科学组织，以供用户高效使用[6]。

"information integration"一词的含义包括信息集成、整合、融合等，学者虽然用词有所差异，但指向基本相同。数字资源整合不是对已有信息资源的废弃、重建，也不是自下而上的分散建设，而是指使独立的数字资源实现无缝链接并进而成为新的整体的一种知识组织方法，是依据特定需求，将散乱分布、互相独立的数字对象类聚、融合和重组，进而形成一个新的、效能更高的有机整体[7]，同时在网络环境下保持这些信息系统之间的相对独立和原有特性，使它们之间形成最佳协作，实现信息资源共享。

三、数字资源整合要素

（一）数字信息资源及特点

数字信息资源指在互联网上以数字形态存在的各种文献信息集合，包括电子期刊、电子报纸、会议论文、专利信息、网络书目数据库、科技报告、标准信息等类型，即经过一定程度加工、整序的若干相对独立的多学科多类型数字资源系统，不包括网上无序

---

[1] 李枫林, 胡昌平. 面向用户的网络信息资源整合策略. 中国图书馆学报, 2004(5): 47-49.
[2] 王梅, 王桃珍, 鄢路青. 信息资源集成管理模式的探讨. 情报杂志, 2001(11): 2-4.
[3] 马文峰. 数字资源整合研究. 中国图书馆学报, 2002(4): 64-67.
[4] 王俭敏. 数字资源整合研究中的若干问题. 现代情报, 2005(9): 80-82.
[5] 肖文芳, 文庭孝. 大数据环境下数字资源整合变革研究. 高校图书馆工作, 2016(4): 27-31.
[6] 杜小勇, 马文峰. 数字资源集成系统体系结构研究. 情报资料工作, 2005(3): 42-45.
[7] 马文峰, 杜小勇. 数字资源整合方式研究. 图书情报工作, 2005(5): 67-71.

的和自身缺乏控制的数字资源[1]。相较于传统文献信息资源，数字信息资源无论是在数量、结构、分布、传播范围、类型还是处理手段方面均体现出诸多优越性。

（二）信息技术的发展状况

因特网是一个巨大而又复杂的异构数据环境，数据源之间大多是异构的，此外，这些数字资源与传统数据库也有不同，多为半结构化或非结构化数据且缺乏特定的模型描述。研究异构数据的集成和整合问题，需要对数据进行分析，了解其信息组织方式。

不同信息资源系统与平台的数字资源组织管理和存储都没有统一标准[2]，各种数字资源检索系统常采用自有分类规范，采用不同的数据存储格式和数据传输方式，与其他系统缺乏关联与统一，整体呈现一种无序状态[3]。

数字资源以何种方式呈现给用户，是系统展现在用户面前的窗口，这是信息系统所面临的挑战，即怎样设计一个友好、直观、方便用户使用的界面，并使其兼具人性化与智能化特性。资源的多样性使得不同资源的检索界面差别较大，对应的检索算符和选项也有所不同，给用户使用资源带来诸多不便，甚至降低了信息使用率。

（三）用户的信息需求在增加

互联网网民数量宏大，且网民上网时间在增长，网上购物人数在增多，这说明不但互联网正在快速发展，而且网上应用也在不断增强，互联网已成为多数网络用户查找资料的第一工具。

互联网资源丰富多样，为用户检索与利用信息提供了诸多便利。与此同时，用户对网络信息的需求日益呈现出多样化、个性化、动态化与专业化趋向。

四、数字资源整合的原则

信息资源整合不是一朝一夕能完成的事情，需要有长远的规划、目标，并要制定保证这些目标实现的原则和策略。

（一）以用户需求为根本原则

信息资源整合以面向用户为目标。一方面指信息资源整合的宗旨，另一方面强调以用户个性化的认知模式和检索习惯为依据[4]，整合结果应满足用户的特定需求。

在信息资源库的建设中，我们不应从数据资料出发来建设数据库系统，而应从应用需求、用户出发来组织资料，对用户应用需求的深刻理解以及用户信息，都是非常重要的资源。

---

[1] 马文峰. 数字资源整合研究. 中国图书馆学报, 2002(4): 64-67.
[2] 黄晓斌. 论网络文献的信息集成. 图书情报工作, 2003(1): 20-26.
[3] 王辉, 康美娟. 数字资源的整合探讨. 情报杂志, 2004(8): 128-129.
[4] 海胜利. 数字信息资源整合检索的技术基础. 图书馆工作与研究, 2004(2): 17-19.

（二）系统地开发特色信息资源

图书馆和情报机构等数字资源机构藏有许多与当地历史、文化及学科密切相关的特色资源，不仅具有极大的保存价值，而且对推动特色学科发展具有重要意义[1]。资源整合、开发过程中应注重特色原则，使其以数字化方式得以长久保存和实现资源共享。

在特色资源整合过程中应着重加强学科信息的横向与纵向整合。当前，由于无数据标准、投入收益不相匹配等固有弊端，一部分人对特色资源建设与整合存在观望心理。事实上，这样将会贻误良机，如果现在不对特色资源加以整合，为今后的数字图书馆融合抢占先机，未来可能会在数字化浪潮中无一席之地[2]。

（三）整体性和连续性原则

整体性和连续性原则是资源整合主管机构应遵循的主要原则。其中，整体性原则侧重于保持数字资源对象的学科完整性，反映各子系统数据对象之间的内在关系[3]。连续性原则，一方面指资金、政策上的延续性；另一方面指数字资源整合的发展性和动态性，通过连续、动态的整合过程确保数字资源的持续效用和长久生命力。整体性和连续性之间相互联系，不可割裂。

（四）可靠、优化原则

保证数字资源的权威、正确是信息资源整合的前提，可靠性和动态性相结合，随时随地更新现有的资源储备。对于整合过程而言，需要保证优化原则，即运用一定技术手段和方法对原有数字资源进行整理、提取，整合后的信息资源系统功能应大于各部分系统功能之和；在层次性上使数字资源得到合理组合，取得最好的组织结构和组织功能，便于用户筛选，加快系统的响应速度，提高检索效率和资源使用率。

（五）开放性原则

整合后的系统应该是一个开放的系统[4]。为确保不同系统和产品之间实现互操作性，在整合过程中应注重解决标准化问题，包括提供标准化的数据接口、网络接口、系统和应用软件接口等。整合后的数字资源系统应具备可扩展性与兼容性，应用软件应具有可移植性强、可维护性好等特征。

---

[1] 刘二灿. 基于共享的异构数字化资源整合. 情报杂志, 2004(1): 81-82, 84.

[2] 蔡璐. 试论数字资源的整合与保存. 图书馆, 2003(6): 43-45.

[3] 马文峰. 数字资源整合研究. 中国图书馆学报, 2002(4): 64-67.

[4] 孙正东, 伦宏. 论专业数字图书馆的信息集成与服务. 图书馆学刊, 2002(4): 17-19.

第二节 数字信息资源整合方式

关于数字信息资源的整合方式,一般涉及:①面向内容的数字资源整合,以学科为中心,也称为学科导航;②面向任务的数字整合,以特定任务或主题为中心,也称为主题导航;③面向对象的数字整合,以用户的个性信息需求为中心,以为用户提供简便的信息获取途径为目标对信息资源进行整合,也称为用户导航[1]。

要进行合理有效的数字资源整合,首先需要构建其体系结构。数字资源整合体系结构是指数字资源整合系统各要素相互影响、相互作用的构建方式。在此体系下,数字资源整合包括数据集成层、知识集成层和服务整合层三个层次[2]。其中,数据集成层是最底层结构,实现异构和分布数据语法层面的数据整合;知识集成层指按照特定知识组织结构对数字资源进行概念与语义描述,是基于语义的描述与组织;服务整合层指根据用户的个性化需求构建应用系统,进而提供智能化知识服务。这几种整合方式侧重点不同,解决问题的针对性不同,但通常在实践中,这几个层面会发生交叉和重合。

一、数据整合

数据整合系统可以通过数据仓库和虚拟数据库方式建立[3]。数据仓库(又称统一物理集成)一般是将信息从不同的信息源进行提取,通过格式转换、消除数据冲突、运算、综合、统计等转换成公共数据模型并整合至数据仓库中,一般下载到本地数据库提供用户查询与检索服务。该种方式可以实现较好的查询,但难以实现数据同步。虚拟数据库又称中间件方式,其实现原理是将用户查询细分为若干信息源的子查询并分别加以执行,最终查询结果是将返回的数据进行综合。该种方式可以保证用户获取到最新信息,但查询性能难以保证,需要合理制定查询执行计划并加以有效优化。

(一)数据仓库整合

数字资源环境是一个开放环境,其显著特征为分布、异构和自主。分布指在物理层面上,数字资源分布于世界各地;异构体现在技术角度,包括数据模型、数据结构、系统控制方式和计算机平台异构;自主则指各种数字资源由众多拥有自身技术支持和知识产权的开发商自主开发或提供服务。

数据整合的目的是解决多源异构数据资源的互联与共享,通过对异质、异类数据在物理层面上有机集合起来以提供统一表示与操作。理论上,数据整合可以提供数据挖掘的可能。

数据整合的方式是通过逆向工程将数据导出到通用数据库中,再利用定制的全文搜

---

[1] 肖文芳, 文庭孝. 大数据环境下数字资源整合变革研究. 高校图书馆工作, 2016(4): 27-31.
[2] 杜小勇, 马文峰. 数字资源集成系统体系结构研究. 情报资料工作, 2005(3): 42-45.
[3] 粟慧, 杨福康. 信息集成研究进展. 图书情报工作, 2004(7): 100-104.

索引擎进行服务，也就是数据整合过程中的物理整合，即数据仓库整合。数据仓库是近几年来出现的发展迅速的一种技术，相较于传统的关系型数据库，数据仓库从异构数据库系统中选择多个数据库，将一个单位的历史数据收集至一个统一的中央仓库中并建立统一的全局模式[1]。其实现过程为：对异构数据源中的数据进行抽取、分析、综合、转换、装载，建立消除分散、异构的统一性的数据仓库集合，通过统一数据接口支持用户的决策支持查询。其中，数据抽取、转换、加载是数据仓库建模的关键步骤，简称为ETL[2]。

随着数据以指数级速度增长，单一机构已无法满足日益庞大的存储开销。因此，数据整合网络化已是必然，通过网络共享实现分布式数字图书馆成为大势所趋。网络文献信息整合是指按照不同应用要求，从大量网络数据中提取有用数据进行整合，以提升数据应用质量。网络信息整合面临着诸多挑战，主要体现在以下方面[3]：

①因特网是一个复杂的异构数据环境，各数据源之间异构，站点间的信息组织也有所不同，同一界面上多媒体信息的提供方式和信息结构可供用户和设计者选择评判。②信息组织的非线性结构使得用户在信息查询过程中可以任意选择访问路径、页面和站点。因此，这种特殊性要求网站提升表现内容和表现工具的适切性，最大限度地展示页面信息特色，进而达到吸引用户的目的。③网络信息需要进行连接下载，这与用户期待用最短时间获取信息的目的背道而驰，要求网站信息应尽可能减少下载时间，提升用户获取信息的效率。网络信息资源整合要处理海量的网络数据源，在此环境下亟须建立高效的数据处理系统。一方面需设计一个用于表示各种数据的公共模型以实现统一处理；另一方面应考虑数据转换问题，即将数据转换为统一格式，以便集成系统能够继续处理。网络信息整合的技术要点在于建立统一的数据交换标准和接口，以保证异质数据库间的公开透明访问。数据交换包括两种技术模型，一是中间层模型，二是网络数据标准接口模型。网络文献信息集成有利于信息检索、数据挖掘、知识发现和共享。

（二）虚拟数据库整合

所谓虚拟数据库整合是在按各种分类原则进行标引的基础上，为用户提供统一的检索入口，即所谓的源整合。虚拟数据库整合是数字资源整合的主要模式，尤其在数字图书馆建设方面，而且已经较为成熟。从实践情况来看，又可以细分为四种子模式，即导航整合、OPAC系统整合、平台整合和知识整合[4]。

1. 导航整合

导航整合是数字化资源整合的雏形阶段，指将数字资源的检索入口整合在一起，主要提供按字母和主题检索的入口方式，建立数字资源导航库，供用户按照资源名、关键

---

[1] 黄晓斌. 论网络文献的信息集成. 图书情报工作, 2003(1): 20-26.
[2] 马文峰, 杜小勇. 数字资源整合方式研究. 图书情报工作, 2005(5): 67-71.
[3] 徐学文. 信息综合集成和因特网应用服务. 情报理论与实践, 2001(3): 214-216, 207.
[4] 黄晨. 资源整合模式及其实现研究. 大学图书馆学报, 2004(1): 25-28.

词等途径获取数字资源。体现在国内外很多大学图书馆的网页上，最大限度对馆藏资源进行整合，读者可以通过书、刊、数据库等入口锁定目标资源。

数字资源导航分为整体导航和部分导航，按照一定特征供用户浏览和检索，能够帮助用户全面了解数字资源。其中，整体导航以各种数字化资源为对象提供统一检索界面；而部分导航仅针对某种电子资源进行导航，通过对各独立数字资源系统中的数据对象、功能结构和互动关系的融合、类聚和重组，使之成为一个高效能的数字资源体系。

为了使数字资源导航系统实现预期功能，首先需要明晰有待揭示的内容。不同形式的数字资源需揭示的内容有所差异，如数字期刊导航系统需要揭示刊名、关键词、ISSN、该刊的 URL 等信息，数字资源内容揭示的详细程度决定了数字资源导航系统的功能。数字资源导航系统一般均具有字顺浏览、分类浏览、关键词检索等基本功能。这些功能结合超文本链接提供检索入口，有助于用户快速找到所需数字资源。

2. OPAC 系统整合

OPAC 系统整合介于导航整合和平台整合之间，在图书馆中得以广泛应用。如能将其整合至更多资源和服务中，图书馆现有数字资源的利用率将会极大提升[1]。

OPAC 系统是一个全方位的资源体系，包括书目数据以及全文、文摘、目次、音频等。OPAC 系统整合涉及横向和纵向整合，横向整合指通过 Z39.50 协议将不同平台的异构 OPAC 数据库加以整合，用户仅在一个界面即可检索到多个相关图书馆的资源；纵向整合指在界面中不仅可以检索到书目信息，还有电子期刊、电子图书、学位论文、光盘等多种数据库和多媒体资源，形成整体的、全方位的资源体系。

图书馆 Web OPAC 书目检索系统呈现数字资源包括两种方式：一是在 MARC 记录中添加 856 字段，录入访问地址和获取方式信息。856 字段能够为读者提供资源获取地点和方式，使读者找到馆藏或连接到服务器上。二是实现 OPAC 系统到自建资源库的链接。当前多数特色数字馆藏仍以数据库形式组织，但因缺乏简介、检索途径单一等弊端，自建资源无法得以充分利用，如能将其整合至图书馆 OPAC 系统中，将有效提升此类资源的利用率。

OPAC 系统整合仅是不同 OPAC 系统中不同数字馆藏数量的简单汇总，通过统一查询界面显示符合条件的各馆藏记录，需要用户对检索结果进行二次筛选。事实上，这个阶段的 OPAC 系统整合已具有了平台整合的特性。

3. 平台整合

平台整合是导航整合的进阶，它是检索界面的整合，建设一个实现信息资源整合的统一平台，在各信息服务提供商之间建立互通有无的信息服务网络，实现资源共享；在信息服务提供商与用户之间建立供求通道，使得用户能在资源共享基础上对信息进行充

---

[1] 周秀霞，侯延香. 图书馆数字化资源整合的现状透视. 图书馆杂志，2005(5)：27-31.

分利用[1]。平台整合后的界面通过代理角色接受用户的查询请求并转换为相应检索查询语言以获取信息，并不具备自己的资源数据库。由于其不需要重复储存大量数据，并能够查询到更新的数据，因此能够保证数据的新颖性，比较适用于集成数量多、更新变化快的 Web 信息源整合[2]。构建中间层和遵从相关检索协议，是实现平台整合的两种主要方式。基于异构数据库，借助中间件构建一个虚拟、逻辑的全局数据模式，用户的检索请求被提交至服务器端的一个 Agent 程序，该程序将用户请求转化为与不同数据库规定相匹配的检索格式，再发至各数据库；其后，再将各数据库返回的检索结果转化为统一格式发送至浏览器端供用户浏览。通过 Z39.50 等协议集成异构资源系统是目前数字图书馆整合馆藏 OPAC 书目数据库的常用方式，通过 Z39.50 客户端专用程序整合多个图书馆的公共查询系统，用户在一个界面上输入检索词即可实现书目信息的统一检索。这种方式避免了用户需要逐个登录数据库、输入检索条件的麻烦。

4. 知识整合

信息整合服务的目的是在整合信息的基础上加以分析得出咨询性信息，进而为用户提供综合的、决策性的咨询服务。这种更高层次的信息服务实质上是知识的整合，解决语义、语用信息的整合问题[3]。

数据整合更进一步的层面是知识挖掘，用户可以通过整合实现库与库、文献与文献间的关联。当前，在国内外高校数字图书馆广泛建设的学科信息门户是一种简单形态的知识整合。即将特定学科领域内重要的学术信息资源整合为一个整体，为用户提供便捷的学科信息检索查询服务。元数据的发展对于资源整合过程中的知识链接起着重要的作用，元数据标准虽然可以帮助发现所需资源，但由于内容描述元素非常有限，无法清晰揭示资源间复杂的关联，无法解决异构资源的语义异构问题，因此，基于本体的知识组织形式日益受到关注。所谓知识整合，即利用知识本体实现数字资源的概念/语义的组织，也就是根据既定的知识体系将数字资源分类、组织、标注，应用本体技术使相互独立的数字资源发生关联，使之形成有组织的知识网络，进而满足知识服务的需求[4]。知识整合是数字资源整合更为高级的发展阶段，有助于集合众多资源，使其成为规范有序的知识网络，实现用户知识检索与知识服务的目标。

图 7-1 为知识整合体系结构图，该体系以数据整合为基础，以知识本体为支撑，形成按一定知识体系组织的、规范有序的数字资源集合。

知识整合有以下显著特点：①专业性，面向特定的学科领域，具有专业特色。②集成性，将特定领域不同形式载体、不同资源类型、不同渠道的多种资源加以集成。③可靠性，对需要集成的资源进行严格的质量控制和规范化的语义描述。④知识性，依据一

---

[1] 李纲, 林翔. 基于供应链管理的信息服务模式探讨. 中国图书馆学报, 2002(6): 33-35.
[2] 李家清. 信息资源整合. 图书情报工作, 2005(8): 33-36.
[3] 毕强, 史海燕. 信息集成服务模式研究. 图书情报工作, 2004(9): 30-33.
[4] 马文峰, 杜小勇. 数字资源整合方式研究. 图书情报工作, 2005(5): 67-71.

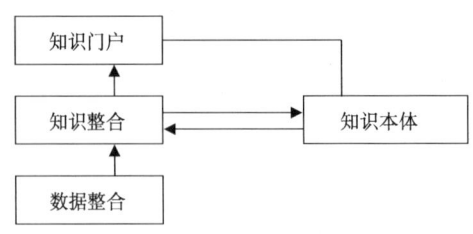

图 7-1　知识整合体系结构图[1]

定的知识组织体系对数字资源进行组织与标注，能够揭示知识之间的内在关联。⑤智能性，整合后的知识网络能够基于知识本体技术实现便捷化的知识导航和语义检索，为用户提供智能化服务。⑥网状结构，知识本体的各级概念间均相互关联，因而形成的概念关系网络多为网状结构。

本体和语义网的研究为信息资源的语义化处理提供了良好的借鉴和支持，其中，本体和语义网主要应用于用户需求建模、全局视图定义、资源模式定义以及资源模式与全局视图的匹配算法等方面[2]。知识本体是一种提取、处理领域内知识的工具，在针对各学科资源建立领域知识本体的基础上，通过进一步语义映射和互操作可以实现各领域资源之间的语义关联，形成完整、立体、规范化的知识地图。

5. 服务整合

服务整合是整合过程的最高目标，信息整合服务是信息服务发展的必然趋势。当前国内信息整合服务理论研究主要从共享视角展开，相关实践也基于共建共享的层次。信息整合服务的基本内涵是将动态的、面向主题的信息服务通过网络方式呈现给用户[3]，其前端是一体化界面，后端则是依托整体化的信息资源体系。在信息门户建设中，门户是平台，整合是手段，个性化信息服务则是资源整合服务的最终目标。服务整合建立在数据和知识整合的基础上，基于用户特定需求将不同的知识资源有机整合为一个整体并提供动态化的信息服务。其基本特征包括以下四点：①以用户为中心，对知识资源进行动态聚合和重组；②基于资源进行规范化组织，尤其建立在语义组织的基础上；③为用户提供一体化的检索界面和智能化的信息服务；④服务整合需要在网络环境下依托网络技术开展。服务整合中为读者提供的个性化服务主要包含两个层次。一类服务是用户定制型的，如个人书架、个人咨询服务，是在资源整合中为读者建立的个性化信息资源库或个人收藏夹，如个人书架中分类保存了读者喜好的资源、历史访问信息资源、定制、推送信息资源以及历史访问关键字等信息。另一类服务是应用数据挖掘等技术识别读者、资源以及历史访问信息之间的关联，鉴别读者兴趣模式等，依此开展个性化检索、信息推送与智能代理等服务。其中，信息推送是指将读者所需的相关信息主动提供给读者，

---

[1] 杜小勇, 马文峰. 数字资源集成系统体系结构研究. 情报资料工作, 2005(3): 42-45.
[2] 李春旺. Web 信息整合机制研究. 图书情报工作, 2005(10): 15-19.
[3] 毕强, 史海燕. 信息集成服务模式研究. 图书情报工作, 2004(9): 30-33.

是信息整合服务的高层次阶段。此过程主要依托网络环境和网络技术进行，依据信息来源差异，分为外部网络环境下和内部网络环境下的信息推送[1]。Portal，本意是大门，这里指信息门户，是目前最流行的互联网服务模式。有人把信息门户定义为"万维网上超市一样的服务"，也就是说把一系列常用的网站资源及服务，都链接到一个网页界面上去，免除用户上网的盲目性。为用户进行整合服务的方式是创建学者门户（scholars portal）[2]，学者门户就是通过统一的检索网关整合图书馆资源及服务的标准界面。该方案的优点是让用户可以方便地存取经过审核的学术内容。OCLC推出了帮助图书馆建立学者门户的工具"互联网直通车"（Web Express），并利用其将OCLC提供的各种服务与电子资源整合到一个更为方便的界面上来，极大地方便了用户对信息资源的利用。

二、数字资源整合方式比较

数字资源整合实施中的关键问题之一是整体规划问题。应当对这些资源整合方法、方式进行比较、分析，掌握每一种整合方式的优点、缺点，在此基础上确定整体规划。为深入了解各种整合方法的优点与弊端，需要对现有资源整合系统进行调研和对比，对整合技术的全面研究有利于抛开整合系统开发商或服务商提供的广告宣传，从而辨别并合理选择适用的资源整合系统。

（一）数据仓库整合的特点与难点

一般认为，基于数据仓库的物理整合属于积极的数据整合方式，因为数据整合在相关查询发生前就已经完成并保留在数据仓库中，其特点主要有以下几个方面[3]：

第一，集中式管理与存储。数据以物理形式集成于本地，并与操作型数据相互分离。集成之后，原本呈现分布状态的数据库仍可独立地提供检索服务。第二，查询响应迅速，维护成本高。基于数据仓库的整合系统需要不断维护一个与原信息源中的数据完全一致的副本，使得用户在查询时无须访问源数据，能够快速响应，但由此造成的运行与维护成本也相对较高。第三，数据更新不及时。用户访问方式是一种间接的访问方式，集成数据与操作型数据重复存储，当信息源变化时，存储仓库中的数据也需要进行相应修改，由此造成数据无法实现及时更新。第四，用户操作容易。基于数据仓库的整合使得任何网络用户均可方便地访问界面及相应应用程序，无须进行专门培训。第五，发挥科学知识的整体功能。数据仓库整合通过知识的有序化与关联使相关独立的学科领域形成相互渗透与作用的立体化、整体性的知识网络，有助于发挥科学知识的整体性作用。第六，形成更新的数字资源体系。数据仓库整合并非简单的库与库之间的链接和集合，而是在剔除劣质和冗余信息的基础上，对资源内容进行类聚和重组，进而形成一个操作更加便捷、功能更加高效的新数字资源体系。基于数据仓库的整合方式能够实现检索效率的有

---

[1] 陆永兵. 高校图书馆信息资源整合研究. 长春: 东北师范大学, 2006.
[2] Campbell J D. The case for a scholars portal to the Web: a white paper. Portal: Libraries & the Academy, 2001, 1(1): 15-21.
[3] 刘永贤, 吕辉, 刘浩, 等. 基于多数据库系统的现代制造系统信息集成. 东北大学学报, 2002(11): 1063-1065.

效提升，并针对用户提供个性化的信息推送服务。但就当前实践现状而言，数据仓库整合仍面临以下挑战[1]：

其一，提取数据困难。数据仓库整合首先需要从数据源中提取部分数据，不清晰了解源数据的基本结构给正确获取所需数据带来了困难。

其二，消除数据冲突。在提取数据后需要进行一系列的数据清洗，即如何剔除冗余数据与错误数据、如何保证数据的一致性成为当前亟待解决的难题。

其三，确保数据动态更新。存储仓库中的数据需要随着信息源的变化进行修改，数据难以实现动态更新，要求建立数据的主动更新和自动转换机制。

其四，构建元数据管理系统。需要建立一个易于比对、映射和进行语义转换的公共元数据核心集，为各个异构的元数据格式转换提供参考依据，构建元数据管理系统。

其五，降低建设与维护成本。由于基于数据仓库整合系统需要维护一个与原信息源中的数据完全一致的副本，因此建设和维护成本相对较高，且信息处理效率相对较低。因此，依托远程网络操作平台建立的 Web 数据仓库能够有效降低成本、提高信息处理效率。数据整合是深入到数据结构，通过统一的检索机制实现对多个数据库的检索，一定程度上解决了异构数据共享和互通的问题，基于数据仓库的资源整合是当前较具前景的数字资源整合方式，在剔除重复、无效信息的基础上实现数字资源的有机整合，为进一步实现知识挖掘与知识服务提供奠定了基础。但数据仓库方法对于用户而言是一种间接访问方式，在用户提出查询之前即将所有参与整合的数据源收集到一个中心仓库中，进而提供对于该中心仓库的查询。当 Web 信息源数据发生变化时，仓库中的数据需要随之修改，由此可能会带来一致性和可扩展性的问题[2]。

（二）虚拟数据库整合中应注意的问题

1. 数字资源导航系统建设应注意的问题

数字资源导航整合是最低层次的整合方式，存在着固有弊端。因导航系统仅能定位于资源的形式层，读者无法通过主题、作者等字段查询文献，同时，因有些数据未提供充分的 URL 信息，导航系统仅能进入数据库界面，由此造成了用户检索上的复杂和烦琐。因此，这种资源形式层上的整合必然是向资源内容层面整合的过渡阶段[3]，面临如下挑战：①导航系统的易用性问题。数字资源导航系统为用户进入各个数字资源平台进行检索提供了检索入口上的便利，在具体设计中，应尽量减少与主页的链接层次，同时，导航系统的学科分类类目设定应参考既有的学科分类标准体系，增加用户检索的便利性与规范性。②确保链接的有效性。有些数字资源（如数字期刊）的 URL 有时会因为馆藏调整、数据库增减以及刊名变动等原因而失效，相应的数据库服务器站点容易变更。因此，

---

[1] 陈莉. 数据挖掘与虚拟数据库. 四川师范大学学报（自然科学版），1998(6): 657-661.
[2] 刘云，刘东苏. 基于 Web 的数据仓库与数据挖掘技术. 情报理论与实践，2001(4): 289-290, 320.
[3] 刘峥. 数字资源整合的现状及其发展. 图书情报知识，2003(5): 40-41.

如何确保链接的有效性成为当前有待解决的问题。可以采用技术手段实现 URL 的有效性检测，但无法实现自动转向，导致导航系统的及时性和准确性不尽如人意。③数字资源详细介绍要规范，用户只有在仔细阅读完数字资源的详细说明后才能确定该资源是否符合自己需要，过于简单或烦琐，都会给用户带来不便。④导航系统不适用于所有用户。如根据对资源了解的深入程度将用户划分为偶然用户和资深用户，那么导航系统仅适合对资源情况缺乏深入了解的偶然用户，而不适合对专业资源了解深入的资深用户。

2. OPAC 系统整合

基于 OPAC 系统的整合建立在图书馆 OPAC 系统访问率高的基础上，能够有效提高数字资源的利用率。但该种整合方式并不充分，主要问题体现在[1]：

其一，要依赖图书馆 OPAC 系统功能的完备程度。OPAC 系统整合的实现需要高度依赖系统功能的完善程度，如支持 856 字段、修改书目记录功能等，否则将无法实现数字资源整合的目的。同时，资源整合的实现多需 OPAC 开发商的配合。

其二，给编目部门带来了巨大工作量。数字资源整合需要对图书馆内的书目进行著录，其中包括成百种电子期刊、随书光盘等，工作量巨大，从某种程度上来说为编目部门增加了负担。

其三，整合检索层次不高。OPAC 系统多遵循 Z39.50 协议，尽管能够在理论上实现全文检索，但在实际应用中则主要能够实现目录层次的检索，表明其可实现的整合检索功能主要为书目形式，无法直接提供特定文献的全文链接。

其四，数字资源的 MARC 著录不成熟。远没有传统文献的著录成熟，存在著录项目选取、内容揭示与表述方式、标识符号使用不一致和不规范的现象，这常会导致无效的整合。

3. 平台整合

中间层模式的平台整合当前已有成熟的应用案例，但也存在一些局限[2]。

其一，中间层需要将查询请求转换为适用于各分布存在的物理数据库的检索语言，并获取其检索结果，由此不可避免地造成检索效率的低下，用户响应时间相对较长。其二，在获取所有数据库的检索结果时，由于网络状况、系统空间等因素制约，检索结果的获取并不是一蹴而就的，而是分为多次。如此，无法实现对于检索结果的筛选和排序，导致用户面临的检索结果精准性有所降低。其三，因部分数据库受检索条件的制约，如检索语句加密、进行用户识别等，通过中间层的方式无法整合所有检索结果，部分平台对于整合后提供检索的数据库以及搜索引擎的数量有限定。其四，分布式检索系统是跨库整合检索系统的理想模式，但它需要更为广泛范围内的合作，并遵循必要的元数据标

---

[1] 黄晓斌, 夏明春. 数字资源整合方式的比较与选择. 情报科学, 2005(5): 690-695.

[2] 黄晨. 资源整合模式及其实现研究. 大学图书馆学报, 2004(1): 25-28.

准及互操作性检索协议[1]。

数据的平台整合方式在逻辑层面实现了数据整合，但仅为多个异构系统资源数据量的简单汇总与加和，资源间没有关联，也没有语义。图书馆的数字化资源平台整合水平比较能代表我国目前的数字资源整合情况，但当前各图书馆平台整合后可检索的资源数量和类型都非常有限。

4. 知识整合

要彻底地消除数字信息孤岛，必须由数据整合迈入知识整合。知识整合保证了数字信息整合中的语义一致性，有助于实现信息交互。当前，知识整合面临两个问题[2]：一是单独系统自身的知识表示和存储，即知识建模问题；二是知识模型间的映射转换和知识融合问题。

目前，在知识整合的过程中存在的问题主要有下面几种形式：第一，对知识组织体系研究不足。知识组织体系是对资源的知识内容与结构及其相互关系进行描述和组织的机制，传统的知识组织体系如分类法、主题法无论是在类目、结构还是在方式上，都已无法满足动态变化的数字资源组织与整合需求。第二，知识整合过程中的资源集成主要停留于信息组织层面，虽然在一定程度上解决了异构资源的融合和互通问题，但资源之间仍缺乏语义关联，未真正消除"数字信息孤岛"现象，距离知识层面的整合尚存在差距。

5. 服务整合

服务整合是面向用户的信息资源整合，相较于资源整合，用户参与程度更高，从整合前的用户系统设计到整合后的系统评估，用户参与贯穿整个整合过程。

面向用户的信息服务整合，具有以下几个方面的优势：第一，更好地满足用户的复杂需求，相较于系统设计人员，用户更加清楚自己的信息需求，用户参与情况下，设计人员将精力放在如何组织信息以实现用户需求上，从而能够加快设计过程。第二，节约开发成本，如果用户遵循了工具箱的适用规则，他们的设计可以进行得很顺利，有效节约开发成本。

服务整合几乎适用于所有系统，无须等待标准和数据开放，具有良好的实际操作性。然而，由于检索结果并非来源于各异构系统数据的直接访问，由此极易造成检索结果不稳定、不完整，难以实现过滤、归纳、查重、排序等操作，对于用户而言，检索结果的友好性大打折扣。

三、数字资源整合方式的选择

综上所述，资源整合的实践可以在数据整合、知识整合和服务整合各个层面进行，而且每种整合方式各有其特点。它们既是数字资源整合的不同发展阶段，也是三种逐次

---

[1] 黄晓斌, 夏明春. 数字资源整合方式的比较与选择. 情报科学, 2005(5): 690-695.

[2] 和延立, 杨海成, 何卫平, 等. 信息集成与知识集成. 计算机工程与应用, 2003(4): 38-41.

递进又互有交叉的资源整合方式。它们既可以相对独立地存在，也可以共同构成一个完整的数字资源整合体系。

不同的信息整合方式基于不同的用户需求。面向学科导航服务的整合方式主要目的是建立学科资源导航体系，帮助用户发现、选择、获取相关资料；面向分布式服务的信息整合在保持分布式组织模式不变的情形下，实现"一站式"检索目标；面向个性化服务的信息整合则强调资源整合的深度，注重提供有智力劳动价值的知识服务，几种整合方式共同构成完整的信息整合体系[1]。

目前国内外已经开发出一些数字资源的整合系统，在整合系统的选择和应用之前，图书馆需要进行系统调查和比较分析。数据整合、数字资源整合、知识整合与服务整合之间是递进的关系，其中，数据整合是基础，知识整合是发展的高级阶段，而基于本体的知识整合形式是数字资源整合的主流发展模式。服务整合以知识整合为基础，使面向用户的知识服务成为可能。

第三节 数字资源整合的技术研究

一、数字资源整合工具

工具在数字资源整合的过程中起着至关重要的作用。网络信息服务正朝着面向内容的信息集成服务模式发展，如何将分散建设的、不同信息资源与服务的各个信息网络系统置于网络环境中，实现资源有效利用与共享是信息资源共享技术迫切需要解决的问题。加之资源环境的复杂多样性，传统文献与数字文献并存，若想使其形成为一个有机整体，还需要整合技术手段。

数字资源与资源环境之间存在许多异质特征，包括软硬件系统冲突以及媒体格式差异等。因此，有必要寻求能够实现数字资源透明运行和高效共享的技术解决方案，互操作技术被视为一种理想途径。A. P. Sheth 指出互操作发生在系统层次（存在硬件和操作系统不兼容的问题）、语法层次（存在多种语言和数据表达问题）、结构层次（存在不同数据模型问题）和语义层次（存在不同术语在信息交换中的含义差别问题）四个不同层次上[2]。当前可以在不同层次上实现上述互操作性的技术有很多，包括中间件、XML、知识本体以及资源标准等[3]。

（一）Z39.50

Z39.50 是一种用于计算机间进行信息检索的通信协议标准，全称"信息检索应用服务定义与协议描述"，是图书馆界为了实现跨平台书目检索于 1984 年提出来的。Z39.50

---

[1] 李春旺. Web 信息整合机制研究. 图书情报工作, 2005(10): 15-19.

[2] Sheth A P. Changing focus on interoperability in information systems: from system, syntax, structure to semantics// Goodchild M, Egenhofer M, Fegeas R, et al. Interoperating Geographic Information Systems. Boston: Springer, 1998.

[3] 胡小勇, 祝智庭. 网络教育资源整合的技术观. 中国远程教育, 2002(10): 53-55, 77.

协议与 TCP/IP 协议是两种不同层次的协议，TCP/IP 协议是实现网络上计算机之间通信的协议，而 Z39.50 通信协议是数据库之间实现通信的协议之一。Z39.50 协议是一个 ANSI/NISO 标准，历经多次修改，包括排序、浏览、扩展服务、解释、分段、相似搜索、新记录语法等重要功能。无论采用何种技术和平台开发计算机书目检索系统，只要遵循该协议，读者均可对其进行统一检索。不同厂商的图书馆集成管理系统（Integrated Library System, ILS）的书目检索服务都遵循该协议[1]。

Z39.50 协议的主要内容是规定了客户端与服务器间进行信息检索时，所用的格式与信息处理过程。只要是客户端和服务器端发出的检索指令符合服务器的 Z39.50 标准，双方就可以在网络上透明地交互信息。Z39.50 协议包括两个部分，一部分是在客户端的信息检索访问程序中，另一部分是在服务器端接受其他客户机的访问。虽然 Z39.50 协议在大多数数据库检索系统的用户检索界面都趋于建立在浏览器下，实现了对后台数据库的动态实时访问以及异构数据库间的互操作，但是 Z39.50 协议实现的互操作有如下不足之处：①互操作的实体必须是使用统一标准定义的接口，Z39.50 协议很难实现。②标准的制订在技术上没有问题，但是实施起来却有相当大的困难，一些商业或社会原因限制了标准的使用。③随着协议的不断补充，Z39.50 已经变得越来越庞大，复杂性也越来越高，限制了它的应用普及。④Z39.50 采用 ASN.1（Abstract Syntax Notation One）格式来交换信息，而 ASN.1 语法比较难理解，由此限制了对 Z39.50 的开发利用。虽然 Z39.50 有一些不足之处，但它作为一个分布式环境下计算机系统之间进行通信的标准协议，实现异构书目信息组织系统之间的互操作，大大降低了异构书目信息组织系统之间检索的复杂性[2]。

Z39.50 一直被寄予很高的期望，学界和业界正在积极地对其加以扩展和完善，希望它能够在网络资源整合方面发挥重要作用，成为网络跨平台信息检索的标准[3]。但 Z39.50 协议是基于网络的客户机/服务器模式，在设计支持 Z39.50 协议的网络应用程序时，需要考虑传输层、会话层、表示层和应用层之间的相互联系机制，由此导致程序设计过程更加困难和复杂，这也是 Z39.50 到目前为止还没有被广泛使用的原因。

（二）中间件

为解决软件开发中复杂的分布与异构问题，中间件概念应运而生。中间件是介于系统软件和应用软件之间的中间产品软件，它基于分布式处理，独立于硬件产品和软件系统，需要二次开发。其作用是能实现硬件或系统间的互连与互操作。具备如下特征：①能够满足大量应用的需要；②在多种硬件和操作系统平台上运行；③分布式计算，在网络、硬件和操作系统之间提供透明操作；④具有标准协议和接口。中间件主要为系统级的不同异构资源系统提供可互操作的应用程序。异构系统之间进行数据交换的办法是采用一

---

[1] 傅丽君. 数字信息资源的整合研究. 科技资讯, 2005(22): 7-8.
[2] 申传斌. 基于数字图书馆的互操作机制研究. 现代图书情报技术, 2003(6): 19-22, 26.
[3] 王善平. 万维网资源整合工具——OpenURL. 上海交通大学学报, 2003(S1): 217-220.

种统一的信息交换格式。HTML 过于简单,造成如链路丢失后不能自纠正、动态内容需要下载的部件太多及可扩展性差等缺陷,替代 HTML 的是 eXtensible Markup Language,即扩展标识语言 XML[1]。由于 XML 具有自定义和扩展性强等优点,因此可以方便表示各种类型的数据。它可以作为异构数据库之间的中间件,解决数据的统一接口问题,促进不同数据库之间的信息交换和共享。它以一种开放的自我描述方式对信息模式进行定义、标记、解析、解释和交换,以一种独立运行程序的方法来共享数据,这样组成的数据对于应用程序和用户都是友好的,是可互操作、可即插即用的,从而保证灵活、方便地进行整个信息利用过程中涉及的各种复杂信息的组织和处理。目前有许多以 XML 为基础的元数据方案来解决互操作问题。XML 是数据与表达相分离的,对于 XML 数据的处理方式可以多种多样。各个行业用户可以建立自己的置标集合,建立行业内共同遵循的标记词汇集。XML 的数据是结构化的,对 XML 的处理异常强大,可以精确地找到所需信息。XML 有强大的数据描述能力,使得复杂数据的表达非常方便。XML 使数据可以进行自我描述。因此,运用 XML 不仅可以很好地兼容原有 Web 应用,而且可以更好地实现 Web 中的书目信息交换与共享,可以有效地解决异构书目信息组织系统之间的数据交互和共享的问题,成为解决书目信息组织系统互操作的一个有力途径。

(三)网络信息整合工具——Open URL

随着万维网上的信息资源及数据库日益增多,人们发现 URL 存在着种种缺陷,如 URL 在使用中只能定位一个网址上的一个文件,一旦网址或文件名改变,原来的 URL 就失效;对于文摘/索引数据库中的记录与全文数据库中的相应文章、引文数据库与被引文献数据库的链接等相关数据库之间直接建立链接非常困难。Open URL 协议是为了克服以上种种缺陷而设计出的解决方案。

Open URL 作为一种协议,规定了统一的信息服务提供者之间传递对象的元数据格式,形成一种开放的、上下文相关的链接框架结构,它克服了传统的 URL 抽象与物理地址密切相关的缺点。仅需一个简单程序即可解析出数字对象的元数据,整合不同来源、不同通信协议的信息源及相关服务,实现不同类型、格式、位置的信息资源的无缝链接[2]。

Open URL 启动后,得到许多国际知名图书馆系统开发者、数据库供应商、信息服务组织和信息研究机构的关注。美国国家信息标准组织 NISO(National Information Standards Organization)2001 年成立了一个特别委员会,其任务是研究和公开 Open URL 的国家标准。Open URL 是一种大有前途的网络资源整合工具,它完美继承了万维网技术简单、功能强大的特点,能够将多种多样的、散乱分布的数据库资源有效集成,有效提升了资源利用效率,使万维网开启了资源整合的新篇章。

---

[1] 海胜利. 数字信息资源整合检索的技术基础. 图书馆工作与研究, 2004(2): 17-19.

[2] 林绮屏. OpenURL 与数字资源整合. 科技情报开发与经济, 2004(7): 214-215.

（四）SFX 工具

当前数字资源类型众多，例如电子数据库，分别属于不同的信息供应商，其检索平台各有差异，因此需要用户花费时间掌握多种检索方式，在此情况下，如果能为用户提供一种"一步到位"的学术信息导航与发现工具，则可以大大提升用户的检索效率。因此，SFX（又称上下文敏感参考文献链接解决方案）应运而生。该系统实质上是一个基于开放的统一资源定位器标准的上下文相关的参考链接系统，其主要功能是解析这些 Open URL 或通过 Open URL 提供的标识从其他资源处获得元数据[1]。

SFX 能够解决电子数据库独立运作的问题，将数据库进行有效整合，使其充分发挥自身价值[2]。SFX 使各类复杂的数据和信息之间的关联变成简单的链接，可以使不同来源、不同类型、不同格式的数字资源实现完全融合和无缝链接。包括二次文献到全文的链接、文摘到文摘的链接以及全文到全文的链接等，真正意义上实现数字资源的完全融合[3]。可以在北京师范大学图书馆观摩到该系统实例。由于 SFX 依据统一 Open URL 规范直接对数据库进行操作，因此可以实现所有符合 Open URL 规范数据的完全整合，无须考虑数据所在位置。SFX 系统以及其他与之类似的链接技术如 360Link 等已经实现了对绝大多数数据资源的整合。

（五）基于 RDF 的异构信息语义整合

RDF 是 W3C 制定的用来描述资源及其之间关系的语言规范。RDF 提供一个数据模型实现对数据源的快速集成，用标准机制去交换数据和处理不同的数据语义，支持对 Web 信息源和服务以及智能应用的集成和统一的访问。RDF 通常用于表示其他 Web 资源如 XML 文件的元数据，虽然常被称作一种语言，但其本质上是一种数据模型。主要包含三项要素，即资源、描述及框架，RDF 是对象-属性-值的三元组，对不同资源进行语义化的描述[4]。其中资源是指所有 RDF 表达式中描述的事物，属性是指对资源的具体方面、特性或相互关系等的描述，一个有属性及值的特定资源称为 RDF 陈述。RDF 作为元数据标准，其目标在于定义一种资源描述机制，将万维网变成一个机器可理解的知识库。它允许对数据进行标注并形成一种 Web 兼容格式，在一个详细的目标模型基础上描述概念和关系。

（六）本体论

本体原指哲学领域中的"事物的存在"，而知识本体在技术学科中的含义则是指术语学上的核心词汇、概念及其之间的关系和应用情境等。因此，知识本体可认为是"知识

---

[1] 李爱国, 汪社教. 学术信息资源整合工具——SFX 及其启示. 现代图书情报技术, 2003(1): 48-50.
[2] 李富玲, 卢振波. SFX——信息资源整合新工具. 现代图书情报技术, 2002(6): 69-71.
[3] 黄传慧, 李娟. 我国图书馆数字资源整合研究. 图书与情报, 2009(4): 66-69, 82.
[4] 刘柏嵩, 高济. 基于 RDF 的异构信息语义集成研究. 情报学报, 2002(6): 691-695.

的种子"，具有最强的语义特性，有助于实现资源的语义互换和领域应用。本质上讲，知识本体对语义导航的支持主要体现在通过一系列类、关系、函数、公理、实例等知识表示要素支持语义知识的表示和推理，从而规范信息源和用户语义模型的构建，使同一概念在用户的语义模型和信息源的描述中保持一致，有助于改善自动分类、聚类、索引效果，以及根据概念间的语义关联建立导航结构[1]。例如，利用知识本体可以实现对各种学科资源进行归类和分级；为教育资源间的关系和应用提供线索；实现知识跨领域、跨数据库间的语义互换等。简单地说，知识本体即描述概念及概念之间的关系，知识本体的实质即概念及其间的关系，是反映概念及概念之间关系的知识系统。

由于本体针对特定领域的知识处理而发展，以特定领域的知识资源作背景，通过某领域的形式本体论可将该领域的知识组织起来，构成基于本体论的知识研究系统，因而在知识组织与知识处理中具有特别的学术意义和广泛的应用价值[2]。本体技术广泛应用于知识工程、信息检索、知识管理、目录系统、数据库等系统的中心词汇控制表中，并成为上述系统的核心组成部分。

知识本体在数字资源整合过程中的作用主要有以下几点：第一，提供了领域知识的规范化描述和理解，使得知识可共享，并进行重用或复用。领域本体描述了学科中的概念、概念属性、概念间的关系以及属性和关系的约束。通过某一领域的本体即可有效组织该领域资源。第二，能够使不同领域的知识体系化、结构化和形式化，有助于数字资源的整体化和一体化实现。当前数字资源整合多基于微观层面，如 OPAC 系统、数据库系统、网络资源等不同类型的整合，这些微观系统的资源组织都是依据某一单纯的元数据方案，难以体现资源间复杂而多重的内在联系。

（七）Web Service 和 Grid 计算

Web Service 和 Grid 计算是实现服务整合的方法和技术框架，当前其理念逐渐被广泛接受。

Web Service 是一种分布式计算技术，通过 XML 语言和标准网络协议实现，并支持计算机之间通过网络进行交互。Web Service 有很强的整合能力，它通过界面描述 WSDL 和协同描述协议 SOAP，完全屏蔽了不同平台之间的差异。使用 Web Service 技术可以使得相互连接的软件在网络上实现自由连接，重用软件模块，共享更多计算资源将成为现实。

Grid 计算指通过高速网络整合大量计算机系统，显著增强数据处理能力，其精髓就是共享和协作，而这与数字资源整合的目标是一致的，网格根据一定的标准协议实现网络上的计算资源、数据资源、知识资源的有机整合，虽然呈现给用户的仅是一个简单接口，但其背后有巨大集成系统的支撑，有助于分散在各地的用户更加高效地使用分散资源。

由此，Web Service 和 Grid 计算都是为了解决互联网上巨大的资源共享和互操作而

---

[1] 金燕, 李敏, 张玉峰. 基于 Ontology 的语义导航研究. 现代图书情报技术, 2005(5): 37-40.

[2] 洪海娟, 池晓波, 万跃华. 国际图书情报领域本体研究的知识图谱分析. 情报杂志, 2013, 32(4): 102-107.

从不同角度提出的解决方案，最终目标一致，因此在发展中必然会殊途同归。

二、数字信息系统整合

整合就是将分散的部分形成一个有机整体。信息系统的整合目的不仅在于集成现有分散的信息子系统或多种软硬件产品及技术，还在于组织、整合、调整或重组相关组织及人员，使之形成协调的整体信息系统，进而提供全方位的信息支持。信息资源整合系统是一个集资源整合与服务于一体的信息资源管理与服务体系，应当运用知识组织的原理和技术将不同渠道、类型、学科、形式的知识和信息进行整合，并根据信息资源的逻辑关系将其组织成一个立体化、网状化和互关联的知识体系，从而实现信息资源的有效组织和共享。信息系统整合有 3 个主要特征：①目标统一，即建立统一的信息系统；②以原有系统或已有技术为基础进行整合协调；③多种意义上的整合。总之，信息系统集成是一种思想方法，以信息集成为目的，以功能集成为结构，以平台集成为技术基础，以人的集成作为根本保障。整合的信息系统将为组织的各级决策者提供及时、准确、一致和适用的信息地图。各类信息整合系统的研制、开发是集成研究中最为活跃的部分，其中最值得一提的是基于知识管理的信息整合系统研究。知识管理是一个过程，个人通过这一过程学习新知识和获得新经验，并将这些新知识和新经验表达出来，进行共享，以用来促进、培养、增强个人的知识和机构组织的价值[1]。国外在 1986～1989 年相继发表了大量探讨如何管理知识的学术文章，相关会议探讨和业界实践也陆续展开[2]。

知识管理是对各种知识进行收集、加工、组织、传播并创造性使用的行为，基于知识管理的信息资源集成，有助于将信息中的知识因子按知识体系的关联性和整体性组织成立体网状、相互联系的知识资源系统，从而达到知识的集成、共享，以实现知识创新的目标[3]。

ISI Web of Knowledge 是 ISI 凭借其独特的引文机制和 WWW 链接技术有效集成自身出版的一系列数据库，通过与其他出版公司的数据库、图书馆 OPAC 以及日益增多的网络信息资源建立相互链接，从而构建的一个强大的基于知识管理的学术信息资源体系。

清华同方在 TPI 信息资源建设与管理系统中提供了异构统一检索平台（union search platform,USP），其主要特点有：①智能化的页面分析系统；②个性化的结果显示；③支持二次检索；④具有先返回先显示的快速显示特性；⑤检索结果有多种显示方式；⑥支持完全由用户配置的数据库分类检索功能。USP 由 3 个部分组成：用户注册及引擎配置模块、统一检索模块、检索结果显示模块。目前支持的网络数据库有 30 多种，且仍在不断增加。用户可以根据实际需求选择需要统一检索的数据库，目前该平台已经在中国人

---

[1] 吴慰慈. 从信息资源管理到知识管理. 图书馆论坛, 2002, 22(5): 12-13, 41.

[2] Wiig K M. Knowledge management: an introduction and perspective. Journal of Knowledge Management, 1997, 1(1): 6-14.

[3] 范爱红, 姜爱蓉. 基于知识管理的学术信息资源整合体系——对 ISI Web of Knowledge 的评介. 现代图书情报技术, 2001(6): 43-46.

民大学图书馆、天津大学图书馆、清华大学图书馆中应用[1]。

三、技术在数字资源整合中的重要性

数字资源整合技术并非仅涉及计算机界的研究课题，也涉及图书情报界，如文献自动标引、多语种自动识别和信息智能导航等技术。所以，数字资源知识组织必须依托多媒体技术、数据库技术、网络技术等。

加强对各类数据库结构和技术的研究可有效地组织以数据库形式存在的知识资源。例如，我们可以从全文数据库中提取表达知识内容的知识单元，形成相互关联的"网络知识数据库"，并与各种数据库的全文形成链接，为用户获取知识提供便利途径。对网络信息资源的组织管理，基于对网络信息资源描述方式的认识，采用 HTML、XML、MARC、都柏林核心元数据集等新型的知识组织方式。

总之，基于 XML、RDF、本体的新一代计算机技术为数字信息资源的整合检索提供了有益的技术支持，代表了数字图书馆的发展方向，为图书情报机构的实际信息工作提供了参考与借鉴。

四、信息资源整合的发展趋势

（一）整合与协作齐头并进

在信息资源整合中，有必要制定总体和长期规划。信息资源整合单位之间应注重协调发展，大力开展合作，避免重复建设现象。信息资源组织系统应尽量利用数据商整合的平台和数据资源，并采用规范的标准框架体系。如中国人民大学经济学学科数字图书馆的数字资源整合参考了国家图书馆的元数据方案，制定了中文元数据标准，后台采用 XML 表述，为数字资源整合提供了良好的借鉴思路[2]。

（二）数字资源要素结构性优化

在信息资源组织中应注重实现各种数字资源的结构性优化。如在信息资源类型上，要实现从目录、文摘等到全文的无缝链接；在信息资源载体上，应实现从文本到图片、音频、视频及网络资源的检索。

（三）集成化主动信息服务

在数字资源整合的基础上，集成化的主动信息服务建设势在必行。其中，主动信息服务包括自定义检索服务、主动信息发布服务、信息推送服务、智能检索代理服务等，有助于不断提升信息服务水平。

---

[1] 王平, 姜爱蓉. 国内外数字信息资源整合管理系统的对比研究与思考. 上海交通大学学报, 2003(S1): 164-170.
[2] 刘峥. 数字资源整合的现状及其发展. 图书情报知识, 2003(5): 40-41.

（四）搭建信息资源管理平台

针对我国信息资源分散、信息共享效率低下的现状，应加强研制数字资源整合软件，搭建通用的信息资源管理平台。具体而言，具有实力的软件公司在国家相关机构的协调、组织下，应加强核心技术研发，研制出先进的数字资源整合软件，搭建可以链接各类门户、数据库的通用平台，促进资源整合与共享效率的提升[1]。

（五）数字资源整合的实施研究

从整体的角度分析各种数字资源整合实施方法。数字资源整合不仅仅是技术问题，还涉及知识产权等问题，需要社会各界的合作，如数据库产业界、资源服务提供商、图书情报部门及相关政府部门等的合作。如何建立与国际标准接轨并符合数字资源特点的标准将是今后的一个研究方向。

数字资源整合发展将进一步强化服务理念，在此过程中需要注重现代信息技术的应用以及行业标准的建立与完善。这些均是数字资源建设的重要组成部分，需要引起持续关注和充分重视[2]。

---

[1] 李希明, 梁蜀忠, 苏春萍. 浅谈信息孤岛的消除对策. 情报杂志, 2003(3): 61-62.

[2] 蔡璐. 试论数字资源的整合与保存. 图书馆, 2003(6): 43-45.

第八章 网络信息资源书目控制

在网络和数字时代，人们的工作、学习和生活比任何时候都更加依赖网络信息资源。一方面，信息资源变得日益重要，信息以及信息资源成为继物质、能源之后的第三大社会支柱，成为促进社会发展的"催化剂"和重要的推动力量[1]。信息资源与创新能力、知识共同构成了当代国际经济竞争的新要素。不管是组织还是个人都竞相获取和占有丰富的信息资源，信息资源的开发和利用成为衡量国家信息化水平的标志。另一方面，信息资源的急剧增长使得身居信息海洋的用户无所适从，对信息资源的获取反而变得效率低下，信息饥渴和信息焦虑同时存在。

目录学是一门智慧之学，但本质上目录学是一门致用之学。目录学的致用性要求在新的形势下充分展示它对信息及知识的描述、概括、揭示和检索功能，从而方便人们对信息及知识的开发、利用，发挥出更大的社会效益和经济效益。如何科学地解决数字时代信息资源的生产、聚集、组织、传播、开发和利用等方式方法的问题，是21世纪我国目录学研究面临的重要问题[2]。对网络信息进行书目控制，是根据网络信息的属性和特点，运用各种技术和方法，进行网络信息的有序性、系统化加工和整理，以便有效存储、传播、检索和利用信息，从而更好地满足用户的信息需求。目录学学科的发展以及网络信息资源管理的实践都要求我们对数字时代网络信息资源书目控制进行研究。

第一节 书目控制理论

一、书目控制理论的内涵

关于书目控制理论的起源，H. H. Wellisch认为，书目控制至少可以追溯到16世纪文艺复兴时期，西欧目录学之父C. Gessner在其1545年出版的《世界书目》(*Bibliotheca Universalis*)中，首次尝试列出所有作者和时代的作品[3]。曾任国际图联世界书目控制办

---

[1] 邱均平. 论信息资源与社会发展的关系. 图书情报工作, 1997(2): 10-15.

[2] 柯平, 曾伟忠. 试论面向数字书目控制和数字资源控制的数字目录学. 图书情报知识, 2007(5): 34-41.

[3] Wellisch H H. The cybernetics of bibliographic control: toward a theory of document retrieval systems. Journal of the American Society for Information Science, 1980, 31(1): 41-50.

事处负责人的 D. Anderson 则认为书目控制是随着 15 世纪铅活字印刷术问世而产生的[1]。尽管书目控制的相关实践活动早有开展,但直到 1949 年,M. E. Egan 和 J. H. Shera 合著的论文"Prolegomena to bibliographic control"中,"书目控制"(bibliographic control)这一术语才首次被引入图书馆学,文章没有正式对"书目控制"进行定义,但是描述了其运作目标,即引导人的智能以最经济高效的方式从所有信息中提取出任务相关信息。

《美国图书馆协会图书馆学与情报学术语汇编》(*ALA Glossary of Library and Information Science*)释义书目控制包括完善出版物书目记录,书目著录标准化,通过图书馆联盟、网络与其他合作方式提供物理检索,通过联合目录、主题目录与书目服务中心提供书目检索等一系列书目活动[2]。《图书馆学情报学词典》(*Dictionary for Library and Information Science*)解释书目控制这一术语是相对广义的,包含了创建、组织、管理和维护书目记录文件的所有活动,包括书目著录标准化和主题检索,创建和维护目录、联合目录和检索工具,提供馆藏物理检索等。书目控制本身并不是目的,它是一项促进访问信息的手段[3]。R. Snyman 将书目控制概括为识别和定位信息资源的机制,并指出国家书目控制是世界书目控制的前提,建立书目记录是表明出版物的存在性与可供访问的基础[4]。书目控制也被比喻成由书目和书目数据库构成的精细网络[5]。

理想的书目控制是关于文献完整记录的书目控制,这种思想涉及"人类交流的记录"和"系统编目"两个重要概念,前者规定书目控制的范围,后者是为了保证尽可能地把各种书写的知识记录形式毫无遗漏地编目和控制。如同图书馆有"藏与用",书目控制也一样,包括通过书目控制实现对文献信息资源的全记录与能够通过书目控制推动文献信息资源的利用两层含义。但事实上,作为致用之学的目录学,从实用角度考虑,更多不是从记录而是从利用的角度实施文献信息的控制。理想的书目控制的目标在于完整地保存人类创造的一切知识,"完整记录"的书目控制是难以比拟的宏大工程,这从根本上说是不可能实现的,与其将书目控制当作不可实现的远大理想,不如将其视为达到现实目标的过程与手段。自有文字、文献、图书馆以来,特别是发展到近现代,人类对于学术与文化记录的保存,从很大程度上看,也是为了传递和利用。因此,强调利用与检索的书目控制比理想的强调记录与保存的书目控制更具意义[6]。因此,书目控制论本质上也是文献检索系统的一种理论。

---

[1] Anderson D. Bibliographic control. 2nd ed. London: Clive Bingley, 1981: 1.

[2] Levine-Clark M, Carter T M. ALA Glossary of Library and Information Science. 4th ed. Chicago: American Library Association, 2013: 28.

[3] Reitz J M. ODLIS: online dictionary of library and information science. https: //www. abc-clio. com/ODLIS/odlis_b. aspx [2020-03-25].

[4] Snyman R . Bibliographic control —Is the current training still relevant?. International Cataloguing and Bibliographic Control, 2001, 30(1): 13-15.

[5] Lor P J. Bibliographic standards in context: current challenges in bibliographic control//Coetzee H S. Seminar on bibliographic standards for promotion of co-operation. Pretoria: University of Pretoria, 1996: 1-23.

[6] 柯平. 关于书目控制经济问题的探讨. 情报科学, 1998(4): 273-279.

二、书目控制理论发展

在文献信息资源向多载体、多形态发展以及数量级向海量发展的当前，理想的书目控制在变得更不可能，而另一方面，信息检索技术在不断推动面向利用的书目控制向书目信息的控制发展。日益增长的网络信息资源已经渗透进组织机构和个人日常生活中，为了应对网络信息资源的激增，《国际标准书目著录（计算机文档）》（International Standard Bibliographic Description for Computer Files, ISBD（CF））被修改并重新命名为《国际标准书目著录（电子资源）》（International Standard Bibliographic Description for Electronic Resources, ISBD（ER）），《英美编目条例》第二版（Anglo-American Cataloguing Rules 2nd Edition, AACR2）2002年修订本中，第九章也由"计算机文件"更名为"电子资源"[1]。

美国国会图书馆发布的《书目控制未来报告》重新定义了"书目控制"。以往"书目控制"常被解释为和"编目"含义相同，而当今网络化信息环境下，书目控制不再局限于图书馆目录，而是包括了各种形式广泛的信息资源。对形式各异的资源通过不同的过程进行描述和管理，并分别提供给用户访问的情况并不少见。例如，收录情况、引文链接、流通销售数据都是书目控制领域中有价值的信息；评论或评级等用户贡献数据可以帮助其他用户识别可能感兴趣的资源；任何电子数据的收集，从图书馆目录到作品全文，都可以通过自动化工具进行挖掘。为了组织和利用各种来源的数据，书目控制应当被视为分布式的活动，而非集中式的活动。将书目控制的定义扩展到包含所有图书馆资料、多样化用户群体和多重寻求信息的场所，可以更好地为用户服务[2]。

随着信息技术的发展，书目控制开启了新的篇章，不再局限于纸本图书，各种不同载体的信息资源都被纳入了理论研究与实践的范围。书目控制理论的内涵伴随着社会的发展而不断丰富并深化，为探索书目控制理论与实践、实现书目控制的最终目标创造了坚实的根基。

三、数字资源的控制

目录学是时代的产物，它来源于时代的需要，又服务于时代的需求。认识目录学的时代性，把握其时代精神，并自觉地将目录学与时代精神联系起来，使目录学反映时代的要求，形成时代的内容与风貌，这是目录学的命脉所系[3]。沿着这条路，目录学将不断走向现代化。数字时代信息资源的揭示、开发与利用问题是当今我国目录学面临的首要问题之一。

信息的社会化和社会的信息化，为社会提供了丰富的信息资源，尤其是网络信息异

---

[1] Howarth L C. Metadata and bibliographic control: soul-mates or two solitudes?. Cataloging & Classification Quarterly, 2005, 40(3/4): 37-56.

[2] Library of Congress. On the record: report of the library of congress working group on the future of bibliographic control. http://www.loc.gov/bibliographic-future/news/lcwg-ontherecord-jan08-final.pdf [2020-03-25].

[3] 卿家康. 目录学的时代性与当代中国目录学的特征. 图书情报知识, 1995(2): 2-6.

军突起，迫切要求实现对网络信息的组织与利用，同时人们深层次的信息需求也大大增加。这就要求建立在文献基础上的书目与书目工作，必须实现自动化、数字化。随着目录工作自动化和网络化的实现，其文献信息的处理能力和服务能力大大增强，也促使目录学理论从更宽的视野展望全局，继而寻求理论的突破和创新[1]。信息社会的到来，促成了现代信息环境的形成。信息化社会的大环境，促进了书目情报工作的变革，为当代目录学研究提供了新的视角和思路，使得目录学以一种创新思维方式来研究目录学与整个科学的融合，探求目录工作实现数字化、网络化的途径[2]。现代信息环境的主要内容就在于：围绕信息的充分利用，应用各种现代信息技术和相关技术而开展的信息资源的开发与交流[3]。

网络信息资源以超级链接的方式将文字、图像、语言和视频信息链接为超文本和超媒体系统，具有开放性、通用性、交互性强等特点，信息内容特征的抽取更加复杂，检索方式及资源存取格式更具多样性[4]，对信息资源的维护和存取提出了更高的要求。于是科学地揭示与有效地报道网络信息资源成为网络时代目录学的主要任务[5]，对网络文献的组织与开发必将成为目录学研究中的重中之重[6]。与此同时，数字化技术带来信息资源的生产、聚集、组织、传播、再生产、开发和利用等方式方法的变革，为目录学的发展带来机遇，也为目录学研究开拓了广阔的前景。目录学研究正进入数字时代[7]。

书目控制是对知识系统进行组织、分配、调整、控制、改善的一种方式，其作用是通过对知识系统的控制与改善，不断地提高知识组织的效率，加强知识交流的力度，促进文献信息资源共建与共享。数字资源控制论是书目控制论的延伸。数字资源控制对数字与网络知识资源进行分析与调节，以适应数字化资源建设的需要。数字书目控制包括数字资源的收集控制、存储控制、分类与标签控制、一站式检索控制以及智能化服务控制。

国际图联书目控制部和美国国会图书馆书目控制未来工作组是当前国际知名的数字资源控制组织，其中国际图联书目控制部中的书目工作组在国家书目宣传和推广方面，对于世界书目控制工作具有重大影响力。在国际图联书目工作组的主页上，从2004年起，每两年一次对外界公布书目组的工作目标，至2020年，已经发布了14份报告[8]。

2007年11月30日，美国国会图书馆发布了《书目控制未来报告》(*Report on the Future of Bibliographic Control*)草案，报告认为在今天的环境下应重新定义书目控制，书目控

---

[1] 王京山. 中国当代目录学的回顾与前瞻. 图书馆学研究, 2003(12): 6-11.
[2] 付先华. 当代中国目录学的新发展. 中国图书馆学报, 2005, 31(5): 70-73, 81.
[3] 李丹. 从现代信息环境看书目情报的基点作用. 图书馆理论与实践, 2003(6): 49-51.
[4] 刘青. 数字时代的目录学研究及其发展趋势. 图书馆理论与实践, 2007(2): 45-47.
[5] 曾明. 网络时代的目录学研究. 情报探索, 2005(3): 5-6.
[6] 彭斐章. 目录学教程. 北京: 高等教育出版社, 2004: 284.
[7] 彭斐章. 书目情报需求与服务组织. 武汉: 武汉大学出版社, 2000: 前言·3.
[8] IFLA. Bibliography section action plans. https://www.ifla.org/publications/bibliography-section-strategic-plan [2020-03-25].

制不能仅限于图书馆目录,其含义应更为广泛。《书目控制未来报告》分析了数字信息资源快速增长的现状与原因,认为未来的书目控制是基于数字化、网络化联合编目与控制,用户参与程度越来越高,个性化定制与服务比重越来越大[1]。

第二节　国外书目控制理论研究的态势

书目控制理论是目录学重要的分支学科,是利用控制论的原理对文献信息系统进行模拟、调节和控制的过程与方法。书目是知识的导航和浓缩,对书目控制的研究可以促进书目数据交流,从而实现世界范围的文献资源共享。近年来,国际上对书目控制的研究因电子资源的空前爆发而迅速发展。

一、近十年国外书目控制研究主题

国内目前关于书目控制的研究成果已经较为丰富,包括基本理论研究、世界书目控制研究、国家书目控制研究、书目控制实践研究、各学科和各类型文献书目控制研究,以及网络环境下的书目控制研究。近年来,伴随着现代信息技术的广泛应用,物联网、云计算、移动互联等新兴技术的快速发展,新技术环境下的书目控制研究迈入新的阶段。国外关于书目控制的研究有了新的突破,集中在以下四个领域:区域性书目控制发展状况研究、各类文献书目控制研究、书目控制标准化研究和书目控制综合性研究。

(一)区域性书目控制发展状况研究

近年来区域性的书目控制研究主要集中在发展中国家,内容包括历史回顾、经验总结、问题分析和策略建议等,亦有针对发达国家书目控制现状及其不足的分析讨论。Ramjaun总结了毛里求斯国家书目控制面临的挑战,包括缺乏印刷商的合作、新书报道和宣传有限、预算不足阻碍海外资料收购、国家书目中缺少视听及电子资源、经费短缺致使书目编纂与印刷出版间存在时间差、出版业迅速发展使国家书目难以实现全面覆盖和书目控制培训不足等。同时提出应对措施,包括密切追踪新书情况、与利益攸关方建立伙伴关系、加强获取海外印刷出版物、更新现行法律法规条例、推出电子版本国家书目以提供及时便捷访问、加强工作人员技能培训和严格执行法定呈缴制度等。国家书目中心应确保配备最新的工具和技术、更多高度专业化的人员以及充足的财政资源,以应对当前和未来的挑战。国家图书馆承担着编纂和出版国家书目的主要责任,印刷商、出版商、书商、作者和其他利益攸关方也应当提供支持,以尽可能确保国家书目的全面性、及时性和易获取性[2]。

---

[1] Library of Congress. On the record: report of the library of congress working group on the future of bibliographic control. http://www.loc.gov/bibliographic-future/news/lcwg-ontherecord-jan08-final.pdf [2020-03-25].

[2] Ramjaun I. National bibliographic control in Mauritius: issues and challenges. Information Development, 2009, 25(4): 296-303.

E. F. Ejedafiru 和 B. A. Akporhonor 介绍了尼日利亚书目控制存在的问题。本土语言的多样性、阅读习惯的缺失、文化水平不高以及优秀作家的缺乏，妨碍了出版业面向大众市场的发展进程；图书馆数量不足、阅读意识缺乏、教育课程和教材变化频繁、编辑短缺、货币贬值、电力供应不稳定、政权交替阻滞了尼日利亚图书出版业革新；国家书目是实现世界书目控制的基础，图书出版业欠发达给国家书目的编制造成了困难；历届政府更加重视国防、社会和福利等紧迫问题，图书馆界因此缺乏足够的经济支持；政权交替使作为国家书目编制和储存机构的尼日利亚国家图书馆无力实现书目控制。此外，意识形态对国家书目的编纂存在一定影响；尼日利亚历史和文化的演变、地理特征、民族多样性和语言复杂性也是造成分类和编目问题的特殊原因[1]。由于严格的书目控制的缺乏、非专业的格式排版和较低的印刷量，尼日利亚高校科研过程中产生的灰色文献在获取、组织、管理与使用上存在困难，K. O. Towolawi 以贝尔斯科技大学（Bells University of Technology, BUT）为例，分享了该校图书馆针对学校内部生产的灰色文献在获取和管理方面的经验[2]。J. O. Akidi 和 C. A. Okezie 调查了信息和通信技术在尼日利亚国家图书馆分类编目中的应用。结果表明，编目人员的计算机网络技能程度较高，而将信息通信技术的知识与技能应用于分类编目实践的程度则较低，主要困难在于资金、基础设施、电力供应、网络设施、带宽、供应商技术支持、文化传承、员工培训等方面。作者指出将信息和通信技术应用于信息资源分类编目可以有效提升书目控制，并针对上述阻碍因素提供了多条建议[3]。

P. N. Rath 介绍了印度系统书目（systematic bibliography，通过书写、印刷或以其他方式产生的人类文明记录的清单，包括图书、期刊、图片、影片、地图、记录、手稿和其他传播媒介[4]）的发展，指出各个知识领域的进步和发展促进了书目的编制，书目的出现与社会的智力进步密切相关。印度印刷书籍的出版直到 19 世纪上半叶才开始变得普及，因此在 19 世纪以前，印度尚未试图对出版文献进行书目控制。1958 年出版的《印度国家书目》（Indian National Bibliography, INB）标志着书目的编制在印度成为常态。印度书目编纂工作被认为受以下四点因素的积极影响：19 世纪塞兰坡传道出版社（Serampore Mission Press）建立后出版了大量的通俗文学作品；William Bentinck 和 Warren Hastings 等总督希望通过当地出版社了解印度人的心态；传教士希望翻译和出版宗教文章，以使基督教福音书更容易为印度人民所接受，并由此产生出版物的流动；1867 年颁布了《书报出版及登记法》（Press and Registration of Books Act, 1867 年第 25 法案），这是印度政府首次对出版物进行控制，是印度书目控制史上具有划时代意义的一年。作者

---

[1] Ejedafiru E F, Akporhonor B A. Enabling and disabling bibliographic control in Nigeria. International Journal of Library and Information Science, 2013, 5(4): 85-89.

[2] Towolawi K O. Management and acquisition of grey literature in academic libraries: a case study of Bells University of Technology, Nigeria. Chinese librarianship, 2018(2): 44-54.

[3] Akidi J O, Okezie C A. Application of ICT to cataloguing and classification for effective bibliographic control in the National Library of Nigeria: issues and challenges. Library philosophy and practice, 2018, article ID 2173, 21 pages.

[4] Shores L. Basic reference sources. Chicago: American Library Association, 1954: 11-12.

指出，即使在计算机时代，书目仍然是查找文献的重要工具，特别是在社会科学和人文学科中[1]。

由于资金缺乏和编制人员有限，目前意大利国家书目（Bibliografia Nazionale Italiana, BNI）的出版物覆盖率仅略高于 15%[2]，未能满足国家书目服务国际大会（International Conference on National Bibliographic Services, ICNBS）建议的作为国家书目在完整性和覆盖面上的基本标准。F. Nepori 和 F. Sabba 认为，意大利国家书目应当在国家和国际层面上承担意大利出版物调查统计的责任，国家书目时效性、覆盖面和共享方面的长期耽延反映出缺乏对国家文化遗产的重视。灵活地遵守书目标准有利于提高时效性，更重要的是呼吁意大利文化遗产、活动与旅游部（Ministry of Heritage and Cultural Activities and Tourism, MiBACT）为国家书目提供经费支持[3]。

区域性的书目控制发展状况研究对象以发展中国家为主，学者围绕国家书目控制发展的当前状况结合回溯性研究，试图通过分析现象、总结原因与提出建议，最终促进该国书目控制发展。由于经济和技术不发达，图书馆事业基础薄弱，发展中国家存在诸多限制书目控制发展的因素。即便在经济建设与文化事业发达的国家，亦存在局限性。对信息资源的开发与利用程度在某种程度上可以衡量国家的经济发展水平。同时，信息技术的进步和互联网的发展为书目服务创造了机会，也给书目控制带来了机遇和挑战。国家书目控制是世界书目控制的前提，建立书目记录是表明出版物的存在性与可供访问的基础[4]。图书馆本质上是一项公益性的事业，自身不能产生经济效益，国家书目中心的建设、书目控制机制的运行必须依靠政府经费支持。各国和地区应在此基础上，借力于科学技术的发展，充分开发各类书目控制工具和相关支持性服务，培养专业化的人员队伍，建立良好的图书馆事业基础，加强业内合作，从而实现有效的国家书目控制乃至世界书目控制。

（二）各类文献书目控制研究

随着书目控制研究的逐渐成熟和新型文献资源的发展，近年来国外学者开始关注特定类型文献资源的书目控制。M. W. Ndungu 对肯尼亚学位论文书目控制进行调研，分析了肯尼亚学位论文书目控制所面临的挑战。文章采用描述性调查的方法，以采访和问卷形式，调查了肯尼亚境内的四所大学和两项计划，包括两所公立大学（University of Nairobi, Kenyatta University）和两所私立大学（Catholic University of Eastern Africa,

---

[1] Rath P N. Evolution of systematic bibliographies in India, 1849-1993. Library & Information History, 2018, 34(3): 160-175.

[2] Bellingeri L, Giunti M C. BNI aperta e in cooperazione: come e perché. Italian Journal of Library, Archives and Information Science, 2017, 8(1): 67-76.

[3] Nepori F, Sabba F. Bibliography, national bibliography, and national union catalog in Italy. Cataloging & Classification Quarterly, 2019, 57(2): 73-87.

[4] Snyman R. Bibliographic control—Is the current training still relevant?. International Cataloguing and Bibliographic Control, 2001, 30(1): 13-15.

Daystar University），非洲学位论文数据库项目（Database of African Theses and Dissertations, DATAD）和肯尼亚信息保护协会（Kenya Information Preservation Society, KIPS）学位论文联合目录项目（Union List of Theses and Dissertations Project, ULTDP）。研究发现：图书馆获取学位论文副本存在延迟，书目记录不能达到应有的最新水平；图书馆没有确保学位论文副本获取的机制，由于学位论文的缺失造成书目记录不完整，难以真实反映各所高校学位论文的情况；学位论文存入过程中高校部门间缺乏有效协调；在肯尼亚高校中，电子学位论文还是一个相对较新的概念，所调查高校中对学位论文电子版的存入要求尚不明确，电子学位论文的缺乏导致编目过程中摘要内容依靠手动录入，增加了处理时间和成本；由于复杂的学位论文编目过程缺乏专业馆员的监督，书目记录一致性和统一性不足，编目过程速度减缓和书目记录质量下降。这些问题导致学位论文难以获取，不能得到充分利用，并且可能存在重复研究和剽窃的风险。作者建议充分利用信息通信技术提供的机会发展电子学位论文，落实提交电子学位论文所需的必要基础设施和政策，以促进学位论文的访问。针对肯尼亚学位论文书目控制面临的问题，作者指出，需要建立对学位论文的书目控制机制来促进访问：高校应当针对学位论文制定清晰的政策，以及实施政策的机制；同时应当推进学位论文元数据标准化以实现书目记录的统一；机构层面的书目工作需要上升到国家层面上，国家科学技术与创新委员会（National Commission for Science, Technology and Innovation, NACOSTI）或国家文献中心可以承担起学位论文书目控制的责任[1]。

R. P. Holley 指出，由于电子书和按需印刷的普及，自出版图书的成本与门槛大幅降低，同时，由于亚马逊等公司通过支付版税和向作者提供支持，美国的自出版图书已经占据了每年出版图书总量的半数以上。自出版作品在许多方面与传统出版的作品难以区分，但其大多数情况下不会进入出版或书目控制网络，因而成为世界书目控制的新挑战[2]。

R. K. Barry 以美国国会图书馆为例，探讨了蒙古语分布区以外地区图书馆对于蒙古语这样一门小语种资料的书目控制存在的特殊挑战。由于蒙古语使用了不同的字母表，蒙古语资料中的人名、书名等信息因使用不同的字母表而存在拼写差异，给书目数据检索造成了困难。同时，西方图书馆编目通常使用拉丁字母转写书目信息，例如北美最常用的是由美国图书馆协会和国会图书馆开发的 ALA-LC 转写表，然而某些情况下的蒙古语单个字母会被映射到拉丁字母表中的多个字母，给编目造成了困难[3]。

D. Daniel 针对从传统印刷出版物到如今新生数字媒体环境下非英文少数族裔报纸在资源建设、书目控制和保存中的困难，评估了非英文少数族裔报纸的数字化现状和在线可获得性。根据国家数字报纸计划（National Digital Newspaper Program, NDNP），一些少数族裔报纸已经实现数字化，美国报纸目录（U. S. Newspaper Directory）列出了自 1690

---

[1] Ndungu M W. Bibliographic control of theses and dissertations in Kenya. Library Review, 2017, 66(6/7): 523-534.

[2] Holley R P. Self-Publishing: a new challenge for universal bibliographic control. http: //library. ifla.org/818/ [2020-03-35].

[3] Barry R K. Bibliographic control of Mongolian language material at the Library of Congress. Mongolian Studies, 2013, 35: 7-28.

年以来在美国出版的多个族裔和多种语言的数字版本和印刷版本的报纸。美国纪事网站（Chronicling America，由 NDNP 制作提供历史报纸信息和精选的数字化报纸页面的网站）允许用户浏览通过 NDNP 数字化的所有报纸，并提供语言和族裔搜索选项需求。然而，NDNP 关于非英文报纸的进展缓慢，数字化的非英文报纸只占总数的 6%。此外，州级数字馆藏项目的界面通常不允许用户按语言或种族进行浏览或搜索。除 NDNP 外，在少数民族组织、公共图书馆、高校图书馆、历史学会和其他利益攸关方的努力下，许多外文少数族裔报纸在过去 20 年里也已上线，部分报纸已全部数字化，成为独立的馆藏。由于数字化的优先次序是由资助机构、商业公司、专业图书馆员和主流机构档案馆员所决定，而非出版商或读者，同时，每一次决策通常建立在之前由相同主导声音做出的决定之上，因此，非英文报纸数字化可能依旧步履维艰。作者指出，数字时代，访问数字化的非英文报纸仍存在困难，并呼吁关注当前印刷版本和数字版本少数族裔报纸的收集需求[1]。

20 世纪国外对各种类型文献书目控制的研究主要集中于连续出版物、报纸等传统形式文献资源。近年来，数字环境催生了大量电子文献资源，传播媒体的多元化和传播模式的交互性使数字形式文献资源成为书目控制的新挑战。书目工作的物质基础发生改变，书目控制的研究对象随之拓展到数字出版物或传统文献的数字版本，通过建立电子资源书目控制手段，实现对用户特定需求的信息资源的存储和检索。此外，由于书目控制发展良久，主要领域研究业已成熟，有学者开始将研究对象转向小语种文献、少数族裔报纸等领域，弥补书目控制在非大众研究领域的空白。

（三）书目控制标准化研究

书目工作标准化为书目控制的科学管理奠定了基础，是适应数字化、网络化形势下书目控制的重要条件，是实现最优化路径、达成最理想效果的必要条件，是保证书目控制延续性和生命力的关键保障。Han 指出，新的资源发现和检索系统的性能在很大程度上取决于系统中编目记录的质量以及每个图书馆控制书目记录的方法，讨论了图书馆在实现新的资源发现和检索服务过程中遇到的值得思考的问题。包括：难以强制创建即使是最低级别的编目记录，导致编目系统中记录的不一致性和不完整性；编目记录的内容与新系统提供最佳发现服务所需内容之间存在差异；增加编目元数据粒度级别，将书籍或期刊整体级别的描述细化到文章或篇章级别，提高资源在更深层次上的可发现性；图书馆需要考虑是否需要将用户生成的元数据和添加的内容集成到编目记录中；以及由于 MARC 不是描述文章或篇章级别信息和用户生成元数据的理想格式，图书馆应当思考是否继续使用 MARC 进行书目著录[2]。

McIlwaine 指出，与书目著录的其他元素相比，主题控制更难达成广泛共识。每一种分类法都试图实现适用于所有情况的目标，然而最多只能满足大多数情况下的需求。

---

[1] Daniel D. Elusive stories: collecting and preserving the foreign-language ethnic press in the United States. Serials Review, 2019, 45(1/2): 7-25.

[2] Han M J. New discovery services and library bibliographic control. Library Trends, 2012, 61(1): 162-172.

目前，杜威十进分类法是使用最广泛的分类法，仍无法适用于所有情况，尤其是适应信息检索网络化的发展需要更为困难。作者回溯了国际十进分类法的发展历史及其与杜威十进制分类法、布立斯分类法等其他分类法的关系，指出目前使用的主流分类方法或多或少受到了其他分类方法的影响，从历史经验来看，分类法之间的联合与兼容势在必行，现有的各种分类法之间应当寻求合作的机会，通过达成协议，发挥各自的特点，进一步完善，彼此受益[1]。

Riva 和 Oliver 回顾了资源描述与检索（Resource Description and Access, RDA）与书目记录的功能需求（functional requirements for bibliographic records, FRBR）和规范数据的功能需求（functional requirements for authority data, FRAD）之间的一致性和差异性，涵盖用户任务、实体、属性和关系等。RDA 是以 FRBR 和 FRAD 概念模型为基础编制的，在实现 FRBR 和 FRAD 中所归纳的用户任务的基础上，根据实际情况和发展趋势有所调整，与 AACR2 相比，更加适用于数字环境。针对 RDA 的理论和模型分析，将推动编目领域持续创新发展[2]。

Hoffman 从功能性角度进行展望，提出书目控制可能会扩展和创建新的工作领域，例如使用 RDA 向用户展示更多资源间的关系，或是扩展规范控制工作，以及对图书馆目录、数据库和数字馆藏中可利用或可索引的所有图书馆资源执行规范控制[3]。

UNIMARC 和元数据专家 M. Willer 肯定了世界书目控制的概念依然是有效的[4]，Dunsire 等讨论了语义网络环境下世界书目控制的未来。资源描述框架（resource description framework, RDF）是语义网技术的基础，是支持各种元数据应用的建模标准，通过建立语义映射，形成关联网络，存储遗留元数据和新创建语句，从而帮助实现更加丰富的书目生态圈。由于技术的推动，图书馆正处在巨大的变革时期，深入研究语义网的分布式架构和推理能力，有利于建立全球范围的书目信息控制和交换系统，实现世界书目控制[5]。

Leong 提出，资源的描述和发现通常借助于两种方式，即书目控制和元数据。海量的数字网络信息资源给书目控制和元数据应用带来了前所未有的困难。在数字网络环境中，新知识的产生、受控词表的衰落和自然语言的兴起、传统目录体系的数字化和网络化、电子出版和互联网对知识组织提出了更高的要求，成为主题检索服务面临的挑战。元数据方案下，自动化机制的支持减少了耗费的时间和人力资源，且能够更好地发挥计

---

[1] McIlwaine I C. Universal bibliographic control and the quest for a universally acceptable subject arrangement. Cataloging & Classification Quarterly, 2010, 48(1): 36-47.

[2] Riva P, Oliver C. Evaluation of RDA as an implementation of FRBR and FRAD. Cataloging & Classification Quarterly, 2012, 50(5/7): 564-586.

[3] Hoffman G L. Could the functional future of bibliographic control change cataloging work? An exploration using Abbott. Journal of Library Metadata, 2012, 12(2/3): 111-126.

[4] Willer M, Plassard M F. An interview with Mirna Willer. Cataloging & Classification Quarterly, 2019, 57(7/8): 453-462.

[5] Dunsire G, Hillmann D, Phipps J. Reconsidering universal bibliographic control in light of the semantic web. Journal of Library Metadata, 2012, 12(2/3): 164-176.

算机的作用；使用书目控制方法的目录体系则表现出标准化和一致性，通常具有较高的质量。研究表明，元数据方案和书目控制之间具有相似性与趋同性，可以通过优势互补以适应新知识在传统和数字资源中的快速发展[1]。

随着信息技术的发展，资源类型愈加丰富。科学技术推动了信息组织环境的变化，信息组织方法向自动化方向发展，合作运行机制不断涌现，跨区域的书目共享愈加频繁。计算机技术的应用改变了书目工作的生产方式，自动分类、自动标引成为书目工作的常态，书目控制的标准化、科学化和规范化是提升书目质量水平的保证[2]。面对网络环境和信息技术对传统书目控制工作的冲击，标准化研究逐渐成为新时期书目控制的重要内容。对文献著录、分类标引、元数据等方面标准化的研究，能够促进世界范围书目著录标准化，扩展各类资源可支持性和技术环境运行稳定性，突破语言屏障和载体限制，跨越时间和空间局限，增强全球书目信息的互换性，减少书目工作的重复和浪费，提升文献交流效率，实现各国书目信息无缝连接和世界文献资源共建共享，促进信息资源的国际交流。

（四）书目控制综合性研究

2008年，美国国会图书馆正式发布了《书目控制未来报告》（*On the Record: Report of the Library of Congress Working Group on the Future of Bibliographic Control*），工作组提出了五点建议：通过加强合作和增加书目记录共享，提高书目生产和维护的效率；将工作重点转向高价值活动，加强藏而不露的稀有、特色资源的揭示；认识到万维网既是技术平台，也是传递标准的平台，使技术面向未来；促进将评价性的信息和其他用户提供的信息纳入资源描述，使行业面向未来；加强图书馆和信息科学职业建设[3]。

随后，书目控制成本/价值评估工作组成立，以处理《书目控制未来报告》5.1.1.1条所提到的为书目控制的成本、效益和价值制定标准。E. Stalberg 和 C. Cronin 概述了该工作组制定和明确编目业务成本及价值的评估指标工作成果，包括关于价值的七个操作型定义：检索成功率、使用情况、呈现内容的可理解性、书目数据在开放网络上运行的能力和在书目供应链中的互操作性、支持 FRBR 用户任务的能力、生产率和时效性、支持图书馆行政和管理目标的能力[4]。

L. V. Shemberko 和 A. V. Shershova 对俄罗斯科学院社会科学信息研究所（Institute of Scientific Information on Social Sciences, INION）数据库中的文献书目控制进行了研究，认为现代软件和技术工具在对书目记录、参考文献和引文进行分析和控制方面具有潜力，

---

[1] Leong J H. The convergence of metadata and bibliographic control? Trends and patterns in addressing the current issues and challenges of providing subject access. Knowledge Organization, 2010, 37(1): 29-42.

[2] 柯平, 刘旭青, 彭亮. 新中国书目事业70年. 图书馆杂志, 2019, 38(10): 16-23.

[3] Library of Congress. On the record: report of the library of congress working group on the future of bibliographic control. http://www.loc.gov/bibliographic-future/news/lcwg-ontherecord-jan08-final.pdf [2020-03-35].

[4] Stalberg E, Cronin C. Assessing the cost and value of bibliographic control. Library Resources & Technical Services, 2011, 55(3): 124-137.

并提出了四点建议：一是开发用于科学研究信息和分析支持的新工具，以提高分析的有效性；二是开发协调科学信息、研究和信息分析活动的基础设施和系统，建立有效交流科学信息的机制；三是在人文社会科学领域引入新的信息和通信技术；四是整合和协调以社会经济和人文方向跨学科研究为主的科学信息、研究和信息分析活动[1]。

Kiczek 梳理了美国国会图书馆参考咨询馆员 Thomas Mann 关于图书馆目录、编目、书目控制和相关问题的观点。Mann 认为研究型图书馆传统方法和工具，特别是联机公共目录、专业编目、美国国会图书馆标题表和先组式主题词串具有持久价值。针对有关图书馆目录存在必要性的质疑，Mann 认为，尽管互联网关键字搜索在合理使用时非常有价值，但不应被当作传统目录和编目的替代品，图书馆目录有其区别于互联网关键词检索以外的功能与优势。此外，Mann 高度赞扬专业编目人员提供的智力劳动，认为编目工作应由专业人员完成，而不应将专业的和人类智力的工作交给流水线捷径。印刷书籍在数字时代依然具有重要地位，书籍是深入表达思想的理想媒介，相比任何其他传播信息和知识的载体，书籍对学术研究、教育和知识文明都至关重要[2]。

Ruschoff 回顾性地总结了两次有关数字资源书目控制会议对美国国会图书馆合作编目计划（Program for Cooperative Cataloging, PCC）发展方向的影响，以积极应对数字出版物爆炸式增长给书目控制带来的挑战。作者肯定了合作编目计划的贡献，包括减少各图书馆间冗余的书目控制工作、提供培训机会、制定记录标准等，同时强调了针对数字网络资源书目控制相关方跨行业协作的重要性[3]。

书目控制并非一个静止的概念，将随着社会的进步不断发展，技术的进步会带来更多、更广泛的控制文献的手段[4]。网络改变了传统的信息资源环境，催生了对网络信息资源环境下的书目控制的研究。对书目工作系统的技术、流程、效益、发展等多方面进行综合性分析，调整系统结构，调节实践过程，可以进一步优化数字环境下的书目控制工作，提升书目控制工作链整体水平。利用控制手段，减少书目控制过程中的重复和浪费，改善人类知识的管理和传播流程，促进文献信息的检索和利用，在提升用户信息能力的同时，将会实现书目工作的最终目标——信息资源共享与利用。

二、数字环境下书目控制研究新的增长点

目前，书目工作从信息化步入数字化的新阶段，书目事业发展面临着新技术环境带

---

[1] Shemberko L V, Shershova A V. Normative and technological problems of bibliographic control over information resources on social sciences and humanities. Scientific and Technical Information Processing, 2018, 45(1): 55-62.

[2] Kiczek S A. Thomas Mann's contributions to current library debates on cataloging and bibliographic control. Cataloging & Classification Quarterly, 2010, 48(5): 450-471.

[3] Ruschoff C M. Confronting the digital environment: assessing the challenges to bibliographic control of electronic resources, Cataloging & Classification Quarterly, 2020, 58(3-4): 275-284.

[4] 刘炜, 林海青, 夏翠娟. 数字人文研究的图书馆学方法：书目控制与文献循证. 大学图书馆学报, 2018, 36(5): 116-123.

来的机遇和挑战[1]。信息科学技术促进了目录学知识结构的更新，开辟了新的学科增长点[2]。从近年来国外书目控制的研究主题和内容来看，受信息技术发展的影响，大多研究基于网络信息资源环境背景。书目控制研究具有重要的理论和实践意义，作为一种理论，在指导书目工作的同时，深化了目录学理论的发展；作为一种实践，书目控制是实现信息有序化的有效手段，推动了信息资源的共享与利用。

（一）大数据时代目录学理论的拓展

传统环境下，书目工作的处理对象是以整体形态呈现的文献，因而形成了"辨章学术，考镜源流"的传统目录学。随着现代信息技术的快速发展和在信息处理中的广泛应用，信息资源的数字化、网络化程度越来越高，海量复杂、种类繁多的网络信息所具有的开放性、交互性、多元性、动态性和碎片性等特征对书目控制提出了更高的要求，研究数字资源的分类与检索成为信息时代书目控制的新课题。数字环境扩展了书目工作的范围，书目控制研究从文献整体深入到知识单元，从实体文献拓展到数字资源。数字化环境呈现出技术智能化、服务网络化、行为个性化的特征，信息向载体数字化、检索自动化、传输网络化、服务人性化的方向发展，目录学应用领域随之拓展，研究范围随之扩大，涌现出新的分支学科，并且促进了图书馆学理论的进一步升华。

书目工作是作为"致用之学"的目录学的实践基础，书目控制贯穿于书目工作的全过程，是目录学的重要研究领域，也是目录学理论与实践的契合点。目录是有序容纳人类所有智力成果的地图，现代目录学就是研究书目控制的方法、理论和历史的学科[3]，合理解决网络时代信息资源的揭示、控制、开发及利用等问题，是现代目录学在延续经典的同时探索创新的新使命[4]，也是目录学与新信息环境融合的必要举措。对书目控制的研究将会在一定程度上促进目录学理论的发展。随着新一代信息技术的涌现，互联网渗透到人们工作、学习与生活的各个方面，人们的信息需求向全球化、多元化、数字化方向发展。信息技术为目录学开辟了更加广阔的发展空间，技术环境的变化丰富了网络信息资源类型，对网络书目文献资源展开有效的揭示与报道迫在眉睫[2]。作为一门能够科学揭示与有效报道文献信息、解决巨量文献与人们对其特定需要之间矛盾的学科，顺应时代需求，对信息资源进行控制，从而解决其海量增长与用户信息需求之间的矛盾，是目录学在网络环境下发展的必然趋势。

（二）数字信息资源结构化的手段

信息化社会，数字资源呈指数爆炸式增长，信息的分布愈加无序化，加剧了信息的提供与使用之间的矛盾。信息资源总量的增加意味着在碎片化的信息中寻找高质量信息

---

[1] 柯平, 刘旭青, 彭亮. 新中国书目事业 70 年. 图书馆杂志, 2019, 38(10): 16-23.
[2] 柯平, 刘旭青. 中国目录学七十年：发展回溯与评析. 中国图书馆学报, 2019, 45(5): 101-111.
[3] 黄俊贵. 书目控制论的思辨：从世界到中国. 中国图书馆学报, 1995(5): 56-63.
[4] 夏南强, 胥伟岚. 中国目录学的回归与重构. 图书情报工作, 2017, 61(14): 34-39.

变得更加困难,网络信息资源的无限性和质量良莠不齐使用户检索和利用信息资源变得不易。作为一门能够科学揭示与有效报道文献信息的学科,对无序网络信息资源进行整理和揭示已经成为中国目录学研究的新任务[1]。

处于混沌无序状态的网络信息资源由于缺乏组织与管理,与实现信息的有序利用产生了冲突。对网络信息资源进行书目控制,用书目控制的方法和手段来解决这一冲突,从而实现信息有序化是书目控制的本质目的。书目控制为提高信息有序化程度提供了一种手段,其成果以智力产出的形式出现,帮助解决信息资源多样性与用户需求特定性间的冲突。书目控制实施的对象本质上是信息,虽然数字信息环境改变了传统的文献信息源,但是无论是在传统的纸质文献环境,还是在数字信息环境,书目控制都是信息组织的重要方式,信息资源的采集、描述、检索和传播等过程均为书目控制的环节。书目控制通过对信息资源进行系统化的重构,实现信息熵值降低和有序度提高,实现无序信息的组织、揭示与利用。

(三)图书馆精准服务与个性化服务的基础

书目控制的实用价值是解决文献急剧增长与特定需求之间的矛盾,实现文献资源共享[2]。网络信息资源出现以前,书目控制的研究与实践对象主要针对纸本文献。网络信息资源出现以后,书目控制产生了相应的扩展,延伸到从庞杂繁复的信息海洋中发现、筛选、组织和整理出用户需要的信息资源,对减少用户查找信息所需要的时间、提升信息资源的利用效率、促进网络信息资源健康发展具有重要的实践意义,帮助实现最大范围的信息资源共享。

书目控制是为了有效地控制文献资源,方便用户检索和使用,信息资源共享与利用需要以书目控制的成果为基础。从关于一切文献完整记录的视角上理解,书目控制可以促进人类知识的管理与传播;从标准文献信息系统的视角上认识,书目控制可以促进文献信息的检索与利用;从关于书目数据发展和维护全部活动的视角上分析,书目控制可以促进信息机构对于信息资源的管理。书目控制最直观的成效是通过基于具体文献的微观控制和基于整个文献流的宏观控制,提高文献资源的利用效率,使文献在最大程度上满足用户的特定需要。

数字时代,用户的信息需求和信息行为融入了多元化和个性化的特征元素,为用户提供更丰富、更友好、更智慧的服务成为图书馆创新和发展的契机。大数据、云计算和人工智能等技术的发展,为图书馆精准服务提供了支持。丰富的数字资源是实现跨越时间与空间制约、广泛互联互通的根本,是满足用户个性化需求的保障,也是实现方便快捷、精准高效的智慧服务的基础。建立迎合数字环境的书目数据库,有利于化解信息资源爆炸式增长与用户需求之间的矛盾,解决信息社会数字资源的组织与利用问题,发挥目录学在网络时代的读书治学功能。

---

[1] 彭斐章, 付先华. 20世纪中国目录学研究的回眸与思考. 图书馆论坛, 2004(6): 5-10, 57.

[2] 王岩. 书目控制的含义及实用性研究. 中国图书馆学报, 1992(4): 68-71, 92.

三、数字环境下书目控制研究展望

(一)现状分析

经济技术的进步促进了科学文化的发展,人类面临着呈几何级数增长的文献资源与有限的阅读时间之间的矛盾,以及扩张膨胀的信息资源与接受能力之间的矛盾。人类社会的发展带来了更复杂的组织知识、汇编智力的工具[1]。人类在对知识进行控制和分类的不断探索过程中,发现书目控制是报道文献信息和囊括人类知识的有效手段,因此,书目控制成为信息发展的必然要求。

全国图书馆联合编目中心发布的报告显示,当前我国编目领域的关联数据应用正面临实践推广的最后阶段,编目工作将由平面化的书目记录向关联化、知识化的数据集合转变,书目信息数据化成为可预见的未来发展方向;目前编目工作存在重视程度下降、专业人员不足、编目质量下滑的问题,编目理念有待转变;2018年7月至2019年6月期间,向全国图书馆联合编目中心反馈的数据问题包括编码信息块、著录信息块和主题分析块问题,以及重复数据等问题;中国国家图书馆于2017年年底成为RDA理事会亚洲地区国家机构代表,面临着从旁观者到建设者角色转变的挑战[2]。RDA实施过程中存在概念不理解、无工具套件、中文编目RDA应用差异等问题[3]。

目前,我国国家书目在各类型文献和历代出版文献两个维度存在完整性问题。有呈缴制度保障的出版物已基本收入国家书目;盲文读物、学术论文报告等类型的文献缴送状况不佳,影响了国家书目的覆盖度;数字出版物,尤其是网络出版物因缺乏呈缴制度保障,尚且不能纳入国家书目。此外,尽管中国国家书目通过网络发布,却未能实现检索共享;国家书目之间、国家书目与外部数据之间的关系揭示程度较低,无法直接开展数据共享和关联[4]。

随着信息技术尤其是网络技术突飞猛进的发展,数字信息资源数量激增,文献的数字化使信息检索变得复杂和过载[5]。网络在成为种类繁多、覆盖面广的信息资源库的同时,其内容数量庞大、形式多样、繁杂无序、动态变化、质量良莠不齐等特性给用户有效利用信息资源带来了困难。传统环境下,书目控制被广泛应用于文献资源的整序。网络环境下,以数字信息资源为控制对象以便于读者检索和利用成为新的议题。计算机的普及与应用缓解了巨量文献录入与检索的压力,同时文献的有效揭示面临着挑战。

---

[1] Smiraglia R P. The elements of knowledge organization. Cham: Springer International Publishing, 2014: 33.
[2] 全国图书馆联合编目中心. 资料下载. http://olcc.nlc.cn/page/document.html [2020-02-24].
[3] 钟彬. RDA本地编目的易难辩析. 图书情报工作, 2017, 61(S1): 11-12, 25.
[4] 毛雅君. 中国国家书目工作回顾及思考. 图书馆学研究, 2017(14): 45-49.
[5] Borovik M A, Shemberko L V. The challenges of information retrieval in social sciences and humanities and ways to overcome information barriers. Scientific and Technical Information Processing, 2016, 43(2): 99-105.

（二）发展建议

1. 构建合理的呈缴本制度执行机制

国家书目是实现世界书目控制的基础，因此，应当在时间和空间维度上扩展国家书目收录范围，丰富收录类型。出版物呈缴制度的建立是全面掌握文献信息、编制国家书目的前提，自 2018 年开始施行的《中华人民共和国公共图书馆法》第 26 条要求"出版单位应当按照国家有关规定向国家图书馆和所在地省级公共图书馆交存正式出版物"，作为关于呈缴的最高法律规定，为我国完善呈缴本制度提供了依据。目前我国呈缴本制度执行落实情况仍不理想，需逐步完善补偿、惩罚与监督等制度，构建合理的呈缴本制度执行机制。尤其需要重视对各类型资源，特别是网络出版物等信息环境下新型资源的呈缴制度保障。同时，设立协调管理机构、建立有效的合作机制、制定系统的书目工作规划，是书目控制工作良好运行的保障。

2. 推动互联网环境下信息资源共建共享

书目控制的最终目的是促进人类知识的管理和传播，为人类提供更高效的信息检索与利用服务。数字化、网络化的新环境为目录学翻开了将传统的书目工作方法与先进的信息技术相结合的新篇章[1]，技术应用层面上的进步使书目数据资源共建共享成为可能[2]。书目数据资源共建共享可以在降低编目成本的同时，避免书目数据资源重复建设。共建共享的同时应强化责任意识，重视数据维护，提高数据质量；推动建立数据之间的关联关系，实现书目数据多层次应用，通过数据互联和资源整合，完成资源揭示关联化，提升资源的知识导向性和服务性；制定开发规划，加强与互联网和软件公司的跨行业合作，鼓励网络建设和软件开发，利用信息技术深化书目数据库在网络环境下的建设、发展和维护各种书目数据系统，实现文献系统记录、书目数据交换和文献信息资源的有效利用，为用户提供更多更有效的查询途径，从而适应大范围内资源共享的需求、推动互联网环境下信息资源共建共享、实现信息资源有序利用。

3. 推进书目控制标准化

互联网的广泛渗透和新型文献资源的出现使得编目工作产生了相应的变化，文化交流的日益频繁对深化书目信息的国际交流提出了更高的要求。书目控制工作应当面向用户的实际需求，树立全新的编目理念，满足文献编目数据化的发展方向，体现时代性和智能性。同时适用于传统和网络环境下的应用，可以在世界范围内使用且易于操作的编目规则将是在信息资源指数增长的情况下提高编目效率、实现传统和数字资源描述与检索的需要，也是为所有类型的文献资源提供有效书目控制、尽可能在全球范围内共享书

---

[1] 柯平，刘旭青. 改革开放 40 年我国目录学研究的成就、问题与思考. 情报资料工作, 2019, 40(5): 17-22.

[2] 柯平，刘旭青. 中国目录学七十年：发展回溯与评析. 中国图书馆学报, 2019, 45(5): 101-111.

目记录、加强文献信息资源交流与共享的基础。业内应进一步推动书目控制规范化，形成完善的编目规则和编修机制，寻求书目数据完整性、及时性和权威性与灵活遵守书目标准之间的平衡，解决书目数据完整性、准确性与可共享性问题；力求保持技术先进性，增强世界书目信息互换性，减少书目工作的重复和浪费，实现迅速准确地报道与检索文献，推动书目控制工作在理论、技术和实际应用等多方面的发展；加强数据质量的管理监督，注意问题的收集与反馈，保证书目数据动态更新与完善；同时，加大编目培训力度，建立稳定的编目队伍，培养系统化的编目知识、相关的计算机技术和对标准规范的深刻理解，保障书目数据标准化。

第三节　网络信息资源的书目控制

一、书目信息控制与网络信息资源管理

计算机通信技术和信息网络的普及，极大地推动了人类社会信息化和信息社会化的进程，巨大的不断增长着的知识和信息量与读者特定知识和信息需求之间的矛盾是网络环境下的基本矛盾。此种情况下，网络信息资源组织面临的最大困境是如何消除数字资源系统的分布与异构，如何集成与整合数量巨大、分散无序的数字信息，以解决"数字信息过载"和"数字信息孤岛"这两大难题[1]。书目控制作为一种组织、揭示和描述信息资源的手段和工具，在网络环境下依然具有强大生命力，将其应用于网络信息资源管理具备现实意义。

（一）网络信息资源的可控性

对网络信息资源的控制，也就是人们根据网络信息本身的属性和特点，运用各种技术和方法，对其进行加工、整理，使之有序化、系统化，方便人们有效地存储、传播、检索和利用信息的过程[2]。现实中通常从两个方面着手，一是不断改进网络信息组织工具的性能，使其智能化；二是利用传统的书目控制方法对网络信息进行组织[3]。对于前者张洪元建议将知识组织与计算机技术有效地结合在现代书目工作之中，从而既能体现知识组织这一书目工作的精华，又能充分运用计算机技术来进行书目工作，以实现知识组织智能化，更好地发挥现代技术条件下书目及书目工作的作用，开创出书目工作的新时代，促进目录学在当代的发展[4]。

（二）网络信息资源书目控制的可能性

对信息进行控制并不是信息社会、数字时代独有的手段，自从有信息生产出来，人

---

[1] 杜小勇, 马文峰. 数字资源集成系统体系结构研究. 情报资料工作, 2005(3): 42-45.
[2] 陈学清. 信息控制在网络信息资源中的应用. 情报科学, 2006, 24(4): 558-560, 602.
[3] 曹文娟. 书目控制方法在网络信息组织中的应用. 图书情报工作, 2003(11): 69-73.
[4] 张洪元. 知识组织智能化与目录学在当代的发展. 大学图书情报学刊, 2001(2): 3-4, 7.

类便对其进行控制。正是由于网络信息资源具有可控性,人们才可以将书目控制理论应用于网络信息资源的组织、开发利用过程中。应用目录学原理控制和开发信息资源,是当代目录学研究的新方向。书目控制理论在网络环境下依然具有用武之地,只不过需要明确的是,21世纪目录学定位在"信息资源-知识"这一层面上,对网络信息资源实施的控制都将是针对数字化网络信息资源的控制,因此它具有新的内涵,也将面临现代化技术和满足个性化信息需求的各种挑战。网络信息资源的书目控制的新内涵体现在:首先,它所控制的是网络信息资源,要对网络信息资源加以描述;其次,网络信息资源比印刷型文献资源更加复杂多样,不但具有广泛性、无序性、分散性,而且具有多媒体特征,即集图文、声像、视听等为一体,所以对它进行书目控制更加困难;再次,网络信息的发展以现代信息技术的发展为依托,具有更新快、传播广泛、不易控制的特点,它与用户利用之间的矛盾更加尖锐;最后,网络资源书目控制对于现代信息技术具有较大的依赖性,不仅在控制对象上体现出网络信息技术的特征,而且在控制方法上更需要信息技术的支持。无论如何,它都将致力于信息资源的组织和开发,以服务于用户的信息需求[1]。

对网络信息资源进行书目控制可理解为以因特网资源为控制对象、以书目系统为控制手段、以存储和检出所需的特定信息资源为目的的一种控制行为[2]。如在因特网上,是用域名来管理各类用户的,并为其提供静态的、与域名相联系的IP地址。IP地址和域名是由因特网的网络信息中心分配并标识的一个唯一的实体,表示其节点位置,即网址。网络工作者可通过网址这一切入点用目录控制法实现对各网站的信息动态管理、信息内容揭示及网站查询与著名网址的链接等,从而真正实现网络资源的共享[3]。为了解决网络信息资源定位不稳的问题,来自InterCat项目和OCLC研究办公室的人员研究出了一个方案,即永久通用资源地址(persistent universal resource locator, PURL)。利用这个机制,生成不变的PURL并与根据需要能够被改变的URL结合起来。这个过程由PURL服务器管理,登记的用户能够制作一个PURL,并建立和维护PURL与URL之间的联系[4]。网络信息目录控制是目录工作发展的新阶段,是当代目录学研究最重要、最现实的问题。当代目录学要联系实际,要讲实用,非研究网络信息目录控制不可。网络信息的搜索,网络目录和索引的建立、检索和利用,同样可看成是网络信息的目录控制,是目录工作的新阶段[5]。

二、书目控制理论在网络信息资源组织中的发展和应用

网络信息资源组织为网络信息资源提供有序化的结构,使之形成一个有机化的整体,

---

[1] 沈芸芸. Metadata与网络信息资源的书目控制. 中国图书馆学报, 2000, 26(6): 58-61.

[2] 彭斐章, 付先华. 20世纪中国目录学研究的回眸与思考. 图书馆论坛, 2004(6): 5-10, 57.

[3] 罗敏. 网络信息资源的书目控制管理. 中国信息导报, 2007(6): 42-45.

[4] Jul E. Cataloging internet resources: survey and prospectus. Bulletin of the American Society for Information Science, 1997, 24(1): 7-8.

[5] 李锦兰. "网络信息资源管理与目录学"学术沙龙综述. 图书馆论坛, 2001, 21(6): 104-105.

以便于对网络信息资源的存取和利用[1]。网络环境下对书目控制的研究集中在数字信息资源的控制，数字资源书目控制的成果最终以数字化书目工具及服务的形式出现。数字资源书目控制正是借助了这些全新的形式将读者服务和资源共享真正带入了数字时代。

2000 年 11 月美国国会图书馆召开以"书目控制和网络"为主题的会议，发布了"网络资源的书目控制：国会图书馆行动计划" 6 个行动目标[2]。这 6 个目标是阶段式、多领域的，又是相互促进和协调进行的，因此是实现数字化网络资源书目控制切实可行的目标体系，是实现数字资源书目控制的有力保障。

2002 年在首都图书馆召开的目录学专业委员会座谈会上，网络信息资源组织与书目控制成为目录学研究者们的重要话题，大家认为这一课题是目录学新的生长点。符绍宏指出网上的 Web bibliography、网络资源导航、Web of Webs 就是目录学的方法。吴华认为当代目录学研究的主要问题是网络信息资源的书目控制，提出建模拟实验室的想法。柯平认为在网络环境下，书目控制的研究早已从图书的书目控制发展到文献的书目控制，加强网络信息资源的书目控制是书目控制的重点与方向。提出网络信息资源的书目控制有三个层次：第一层次是一般网络资源的书目控制，通过搜索引擎、网络资源导航等解决；第二层次是网络出版物的书目控制，通过网络目录、网络文献评价系统等途径解决；第三层次是网络知识与学术资源的书目控制，通过网络知识提炼与加工、知识挖掘等技术与智能的综合方案解决[3]。

刘春年提出书目控制法在网络信息资源管理中的应用主要体现在如下方面：收集各类网站的网址，并按照一定的编目条例进行稽核和著录；按照一定的编排方法对各类网址进行编排，形成著名网站的链接管理；按照某种正字法则对每一网站的著录事项、自然语言进行记录，以利于网络信息内容的揭示与开发；按照某种标引方法对每一网站的更新信息及网站自身的存亡信息进行标引，以便用户方便地获得最新网站信息资源[4]。

彭斐章认为，数字信息资源书目控制包括选择控制、描述控制、检索控制和规范控制[5]。数字资源的描述控制，属于数字资源微观控制的范畴。它是通过对资源形式特征的揭示来实现的，也是对每个资源进行记录、描述、排列，每一条记录就是关于某一个数字资源的载体特征及内容的信息记录，再将所有记录按一定的规则严格编排起来。著录控制主要是针对文献形式的书目控制而言的，描述控制则面向所有类型的信息资源。数字资源的描述控制，其实质就是对数字资源进行书目著录。

（一）网络目录

网络目录是目录学在网络时代发展的产物，是计算机技术在目录工作中的应用。20

---

[1] 刘嘉. 网络信息资源的组织：从信息组织到知识组织. 北京：北京图书馆出版社, 2002: 41.
[2] 彭斐章, 邹瑾. 数字环境下的书目控制研究. 图书馆论坛, 2005(6): 10-15.
[3] 柯平. 中国目录学的新观察. 高校图书馆工作, 2004(3): 7-14, 69.
[4] 刘春年. 书目控制法在网络信息资源管理中的应用. 情报杂志, 2001(7): 36-37.
[5] 彭斐章, 邹瑾. 数字环境下的书目控制研究. 图书馆论坛, 2005(6): 10-15.

世纪 90 年代以来，网络信息资源得到了空前的开发和利用，由于整个网络系统基本上是一个自由开放的庞大虚拟空间，冗余信息大量出现，给查找信息带来了极大难度和困扰，人们呼唤有效的工具来管理这些日益膨胀的信息，于是各具特色的搜索引擎、网络资源目录（网络目录）应运而生。网络资源目录是由网络开发者将网络资源收集后，以某种分类进行组织整理，并和检索方法集成在一起的信息查询方式。网络目录主要用于描述信息资源或数据对象、描述万维网网页和其他因特网资源，其目的在于识别资源、评价资源、追踪资源在使用过程中的变化，实现简单、高效的网络数据化管理，实现信息资源的有效发现[1]。

（二）元数据

元数据是关于数据的数据，或关于数据的结构化的数据。它是专门用来描述数据的特征和属性的，也是描述、组织、发现因特网信息资源的工具[2]。一个元数据款目构成一个信息资源的基本数据，是检索系统的基本构成单元，它可以代表信息资源用来组织目录、索引、数据库、搜索引擎等检索系统。元数据是一种新的用于描述网络信息资源（数字化信息）结构的标准，以解决海量网络信息资源的组织和管理问题。就其内涵而言，元数据早已存在，早期的 MARC 就是机读目录时代的元数据，只是没有使用"元数据"这个名称而已[3]。在信息资源主导类型已由印刷型转变为数字型的现实背景下，元数据的研究更是一个十分具有现实意义的课题。元数据的产生源于传统文献著录法以及对 MARC 的继承[4]。元数据的类型大致可分为：以详细记录为目的的元数据——MARC，以发现为目的的元数据——DC（都柏林核心集），以网络查询为目的的元数据——搜索引擎[5]。其实，数字环境下的元数据开发与利用的发展已形成了元数据体系，除了我们经常提起的 MARC21、DC、RDF，还有网络内容选择平台（Platform for Internet Content Selection, PICS）、元内容框架（Metadata Content Framework, MCF）等。

（三）FRBR

1990 年，IFLA 负责国际书目控制的机构在瑞典斯德哥尔摩召开书目记录研讨会，会议探讨了建立国家和世界性的"基本的"或"核心的"书目记录标准的解决方案，书目记录功能需求（FRBR）便是其中一个。1997 年，国际图联编目专业常设委员会与国际图联世界书目控制核心项目（UBCIM）合作，开始了"书目记录的功能要求研究"项目，描绘书目记录的各种功能，并提出了各国国家书目机构的书目记录基本要求[6]。1998 年该方案正式公布。FRBR 借鉴 E-R 模型，把图书馆编目所涉及的实体分为三组四层：

---

[1] 程结晶. 网络信息资源经济与目录学创新研究. 武汉: 武汉大学, 2007: 80.
[2] 周宁. 信息组织. 2 版. 武汉: 武汉大学出版社, 2004: 221.
[3] 郭海明. 网络信息资源组织方式探析. 情报资料工作, 2003(3): 50-52.
[4] 庞孝梅. 基于网络信息资源组织管理的 DC 和 MARC 比较研究. 大学图书情报学刊, 2006, 24(1): 54-56.
[5] 徐险峰. 网络信息资源组织的方式与方法. 图书馆学刊, 2006, 28(4): 100-102.
[6] 尚海永. IFLA-FRBR 书目记录的功能需求分析. 大学图书情报学刊, 2007, 25(2): 52-54, 28.

第一组实体包含书目记录中描述或指定的知识作品或艺术创作，包括作品（work）、表现方式（expression）、实现方式（manifestation）和单件（item）；第二组实体是指对知识及艺术创作负责的个人（person）和团体（corporate body）；第三组实体代表同著作有关的概念（concept）、对象（object）、事件（event）和地点（place）。FRBR 每一组实体都有自己的属性，实体之间相互区别又相互联系。每一部分即实体、属性、关系都与编目对象连接，形成一个网状的多层次描述资源的框架。根据这三组实体，FRBR 确立了目录使用者的四项任务，即发现实体、识别实体、选择实体和获取实体，相应的书目记录就必须具备发现、识别、选择、获取四项功能[1]。FRBR 完全突破了传统编目著录思维模式，它先确定目录的职能，然后再围绕目录职能的实现来确定编目的对象，以作品为核心来创建目录，再从分析著录所涉及的实体即编目对象入手，探讨实体所具有的属性——实体之间的联系，并将用户任务的确定与实体联系起来，从而揭示出书目记录的功能需求[2]。形成了一个聚合各种相关文献的立体网络结构，创建了网络环境下编目理论研究及实践应用的一种新模式[3]。我们可以根据 FRBR 的思想和概念框架来改造网络书目控制的结构，探索描述书目记录之间的联系，并将这种联系显示给用户[4]。

（四）CORC

合作联机资源目录（Cooperative Online Resource Catalog, CORC）是 OCLC 研究室在 1998 年向 OCLC 研究咨询委员会提出构想，并于 2000 年正式推出的一个产品。它主要针对网络电子信息资源，利用元数据为其创建记录，提供编目服务，它是将传统的图书馆实践与原则即文献信息的选择、描述、标引、利用运用于网络信息存取的一次尝试，也是联机联合目录向网络信息领域的扩展[5]，以求为网络信息资源的有序组织、适度控制和高效检索提供便利的条件。具体而言，CORC 对网络的价值体现在快速而灵活的记录生成、点击即可完成的规范控制、创新和灵活的工作流程、主题指南的动态生成、更加容易的链接检查、以使用者所选的格式输出记录、切合个人需求的集成选择、持续的数据编辑功能、快速使用网上杜威的主题分类号等方面[6]。上海图书馆为中文网络信息资源编目做了开创性的工作，其借鉴 CORC 计划，开发了中文在线资源联合编目系统，其内容是建立一个以 DC 标准为核心，为网上中文电子资源进行著录的基于因特网的联机编目平台[7]。

其实，任何针对网络信息资源进行组织和管理的手段和方法均是网络信息资源管理的环节，其最终目的依然着眼于提供一个有序化的网络信息空间。网络目录、元数据、

---

[1] 郭卫宁. FRBR 与 OPAC 发展. 图书馆杂志, 2005(9): 49-54.
[2] 吴江. FRBR 在网络书目控制的实现构想. 数字图书馆论坛, 2007(4): 37-40.
[3] 赵光林, 田乐胜. FRBR 对相关编目规则的影响. 图书与情报, 2006(2): 90-93.
[4] 黄艳芬. 基于 FRBR 的网络信息资源组织研究. 图书馆, 2009(4): 31-33.
[5] 王绍平. 合作编目——网络资源书目控制的必由之路. 图书馆杂志, 2000(4): 10-12.
[6] 刘嘉. 网络信息资源的组织：从信息组织到知识组织. 北京：北京图书馆出版社, 2002: 132-134.
[7] 程结晶. 网络信息资源经济与目录学创新研究. 武汉：武汉大学, 2007.

FRBR 以及联合编目的实践使书目控制实践不断走向现代化、数字化，也更加具有现实意义。应用书目控制方法对网络信息资源的选择、描述、检索、规范控制是资源整合的有效途径和方式，其结果将大大提高信息资源开发利用的程度，提高人们掌握、控制和利用信息资源的能力，满足用户的信息需求。同时，通过控制这一环节，也为实现更大范围、更深层次意义上的资源共享和信息资源服务奠定了基石。

尽管图书馆界和计算机都在努力实现信息资源控制的目标，但是依然任重而道远，值得我们关注和期盼的是，美国国会图书馆依然在探索书目控制的未来。2007 年 11 月 30 日，美国国会图书馆发布了《书目控制未来报告》草案，报告指出，书目控制未来将是合作性的、分散的、世界性的和基于万维网的[1]。2011 年，美国国会图书馆启动书目框架（BIBFRAME）研究计划，它的目的是开发一种"适应未来需求"的书目数据格式，即 BIBFRAME，逐步取代 MARC，使书目数据在万维网上被方便地发布和共享，该格式应用了关联数据技术，能够对图书馆及相似机构的各类馆藏资源进行描述和编码[2]。2012 年，美国国会图书馆在 Library.Link 发布。同时，大英图书馆（The British Library, BL）于 2011 年 7 月开始将图书和连续出版物数据发布为关联数据，在 2017 年又新增 CIP 数据。BL 发布关联数据，一方面是为响应英国政府的开放数据政策，另一方面是为探索关联书目数据应用的可能性。BL 在复用 BIBO、DC、EVENT 等本体词表基础上自定义本地词表，并设计了适用于所发布 3 种类型文献的大英图书馆数据模型，链接到外部的数据集有 ISNI、VIAF、LCSH、GeoNames 等[3]。在我国，上海图书馆于 2017 年启动关联书目数据发布项目，初步以上海联编中心的 150 万余种普通图书为例，探索关联书目数据的发布流程、数据建模（包括本体模型与词表、本体与 CNMARC 的映射）、内容组织和技术实现方案[4]。

我们期盼书目控制在数字时代可以发挥更大的效用，同时也相信，随着书目控制理论研究的深入、信息技术的创新和改进，书目控制将会发挥出其组织信息资源的功效，从而节省用户的时间、精力，帮助他们获取更加有价值的信息。

三、网络信息资源书目控制的发展契机

信息构建是近年来国内外信息科学与计算机等领域共同关注的前沿课题，是数字领域的新兴学科和实践活动。信息构建起源于网站的构建，然而信息构建不仅仅是一个优化网络信息空间的技术和方法，更是一种管理、经营信息的理念。信息构建是一门组织信息和界面的艺术和科学，涉及组织系统、标识系统、导航系统和搜索系统的设计，目的是帮助人们在网络和 Web 环境中更成功地发现和管理信息，有效地解决用户的信息需

---

[1] 顾犇. 关于《书目控制未来报告》草案. 国家图书馆学刊, 2008(1): 76-78.
[2] 刘炜, 张春景, 夏翠娟. 万维网时代的规范控制. 中国图书馆学报, 2015, 41(3): 22-33.
[3] Deliot C. Publishing the British National Bibliography as linked open data. Catalogue & Index, 2014(174): 13-18.
[4] 夏翠娟, 许磊. 中文关联书目数据发布方案研究. 数字图书馆论坛, 2018(1): 8-16.

求[1]。这与书目控制描述、揭示信息，组织和管理网络信息的理论和方法产生了交集，不妨将信息构建应用于书目控制的研究中，便于实现可理解的有效信息组织和可获取的有效信息揭示，这对提高和改进书目控制的效果、满足用户的信息需求具有方法论和革新意念的实践意义。

（一）信息构建核心理念

信息构建的核心内容包括"使信息可访问"和"使信息可理解"的由浅入深的两个层面，也就是信息的组织、表达和阐释。

1. 使信息可访问

"使信息可访问"指帮助用户实现对信息个体的访问，满足用户的信息获取需求，包括将原始数据加工成信息，为信息集合构建稳定的框架体系，形成有效的信息查检系统。其目的是帮助用户在需要信息时能够借助正确的路径获取信息，即在恰当的时间得到恰当的信息。其对应的实质性问题就是信息的组织。例如，如果没有图书分类法，图书馆的书只是杂乱堆放在一起，那么读者想找一本书就如同大海捞针。相反，借助各种分类体系，图书馆将各种书籍整齐排放在书架上，读者按照相应的索书号很快就可以找到自己想要的书籍。这就是对书籍的成功"访问"[2]。在可操作层面，"化复杂为明晰"是"使信息可访问"的一个重要原则。面对庞大的网络信息资源，为海量的信息提供一个简单而明晰的组织框架，使其能够为用户访问、易于被用户访问，是十分必要且重要的。网络信息资源在载体、形态、内容、传播等方面的多样和复杂，对其进行组织和序化的形式和方式呈现多样化的状态，使得"使信息可访问"具有更加重要的意义。而通常我们所理解的有序只是"使信息可访问"的一个必要前提，"访问"才是真正的目的。

2. 使信息可理解

"使信息可理解"中的"理解"可以解释为对文本原意的合法性恢复或逼近。然而，对于普遍意义的信息构建来讲，这是相对片面的。由于信息构建的最终目的是用户借助信息路径通向知识，因此，"使信息可理解"的主要目的是帮助信息接收者理解信息文本，并在此基础上成功建构意义[3]。

事实上，按照当前流行的后现代理论，"理解信息"不仅相当困难，而且在信息传递者和接收者之间的"完整的信息理解"几乎是不可能的。信息可理解必须着眼于理解本身的客观性和理解者的主观创造性。首先，理解具有客观性。从传统阐释学和哲学阐释学的角度，理解的客观性包含两层含义：第一层含义是指理解必须以书写文本生发的信息为依据来展开理解者的思路，理解始终围绕着理解对象的意义而旋转；第二层含义是

---

[1] 张新民, 梁战平. 论知识管理和信息构建. 情报理论与实践, 2003, 26(5): 400-405.
[2] 荣毅虹, 梁战平. 论信息构建的三个基本问题. 中国图书馆学报, 2004(6): 5-8, 12.
[3] 荣毅虹, 田也壮. 论信息的可理解. 情报学报, 2006, 25(4): 393-398.

指理解必须真实地再现书写文本的原意。原意是作者寄托在文本文字中的意图。读者只有联系文本中的语言文字结构和作者的立场、观点以及所处的时代条件，才能确定这种意图。其次，理解主体是能动的。理解是一种认知活动。在阅读信息文本过程中，文本理解行为受到理解者自我意识、已有背景知识和经验的影响与制约[1]。同时，理解者还具有主观创造能力。在对文本信息的理解认知基础之上，理解者结合自己原有的知识结构和经验可以创造意义。一旦理解者对文本的原意恢复或逼近产生偏差，理解者所创造出来的信息就会出现偏差甚至错误。因此，信息可理解还必须同时关心信息接收者如何与信息文本实现互动，创造意义。因此，使信息可理解就不只是对文本原意的一种恢复和逼近，还应该包括信息接收者据此展开思路，形成寓于本身知识结构中的意义[2]。

现在，借助现代信息技术的力量，我们不仅能够更加高效地处理信息，还能更加灵活地组织信息。信息构建主要研究信息的有效组织和表达，并应用于网络化、数字化的信息空间结构的设计和实施。但它绝不仅仅是一个单纯的技术问题，而是关于如何对信息进行组织、表达和阐释的科学和艺术，其所追求的使信息可理解和使信息可访问目标都有待于我们"一念之间"的改变，"着眼于思考人们如何引用信息，而不是如何使用机器"[3]。

（二）网络信息资源组织

尽管网络信息资源的组织始终追求用户需求的满足和信息组织的有序性，以促进网络资源利用的有序和高效，但是我们还是无法确保在众多信息面前，在庞大的信息空间面前，用户和读者可以如愿获得他们想要、所需的信息。这是因为，信息组织者更多地把控制资源，使之有序作为我们利用信息的手段和途径，提供信息时让用户按照我们的"意志"去使用信息，然而事实上我们并非用户自身，彼此目的和手段的差异终将导致用户无法找到自己所需信息的现象。在这种情况下，我们认为传统的从管理资源角度进行的信息组织方式有待优化。

一般而言，从整个信息资源的管理角度出发，我们的网络信息资源的书目控制又有两个着力点，一方面整理序化整个信息流，便于信息资源的搜集和检索考虑，通常是以资源为中心，以管理资源为目的，进行书目控制，常见的做法是使用网络目录、数据库和各种资源导航等。这种书目控制虽然可以对信息资源进行全局方面的序化，并比较有效地优化信息资源使用空间，但其最大的缺陷在于只是追求信息资源的序化和布局合理，并无法保证它们可以方便用户访问和理解甚至应用（因为有序并不等同于理解）。另一方面，从用户角度出发，从便于用户利用信息资源，满足其信息需求出发，这种理念以用户为中心，以利用资源为目的，进行书目控制，常见的做法是从技术和用户感受上进行信息资源的提供，追求友好的用户界面和便于识别与掌握的技术和标识。这种书目控制

---

[1] 荣毅虹, 田也壮. 论信息的可理解. 情报学报, 2006, 25(4): 393-398.

[2] 荣毅虹, 梁战平. 论信息构建的三个基本问题. 中国图书馆学报, 2004(6): 5-8, 12.

[3] 万里鹏, 郑建明. 超越传统: 信息构建与图书馆服务再造. 中国图书馆学报, 2006, 32(5): 40-43, 51.

方法由于注意到了用户的信息需求，因此可以提高用户满意程度，但是只能在小范围内甚至局部保证信息资源的可获取和可利用，且无法实现整个信息流的有序控制，实现了局部有序，不可能达到全局有序和信息空间的优化。也就相当于信息系统局部的设计很好，但是系统之间无法实现联结和沟通，这样的信息书目控制也不是理想的书目控制。

以资源为中心和以用户为中心的书目控制过程，实现了有效的信息组织和信息利用，保证了信息组织的可访问和可获取（图 8-1）。

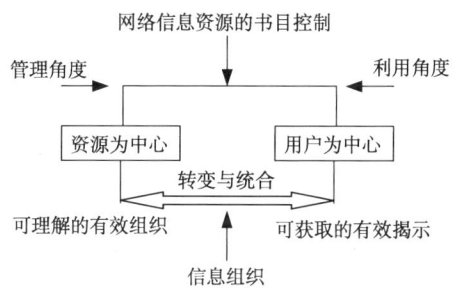

图 8-1 网络信息资源书目控制两个中心

（三）操作层面的思考

前面我们提到对网络信息资源进行书目控制是以网络资源为控制对象、以书目系统作为控制手段、以存储和检索出所需的特定信息资源为目的的一种控制行为。包括选择控制、描述控制、检索控制和规范控制四个方面，这里操作层面的思考依然基于此。

信息环境下，网络信息资源急速增加，对其进行全部描述是不可能的，也是没有必要的，因此，选择高质量的、有价值的信息资源便成为对网络资源进行书目控制的首要任务。选择控制属于书目宏观控制的范畴，它的重点是对冗余信息和不稳定信息资源的控制。它参照和参考网络信息资源的评价标准，选用那些稳定的、权威的、可靠的信息资源，将低质量、无用的垃圾资源筛选掉，对重复交叉的资源进行选择提炼，保证同样内容的资源只选用一次，而同一相关的内容资源也只选高质量的。

描述控制属于书目微观控制的范畴，通过对文献形式特征的揭示来实现，其重点是对每一种具体的书目信息进行记录、描述、排列，每一条记录就是关于某一书目信息的载体特征及内容的信息记录，所有记录按照一定的规则严格编排，形成书目数据库[1]。对网络信息资源进行描述控制，主要做法有两种：一是在机读目录 MARC 格式中，为电子信息资源定位与存取增设 856 字段，该字段包括主机名称、存取号、路径、电子文件名称、统一资源名称等 27 个子字段，涵盖了通过网络存取或检索数据资源所必需的相关信息。此外，还对 MARC 格式中的一些相关字段及其子字段进行调整，以满足网络信息资源处理的需要。二是采用元数据对网络信息资源进行编目，既避免搜索引擎自动搜索、

---

[1] 张静. 论因特网信息资源的书目控制. 情报杂志, 2003(1): 69-71.

描述过于简单的弊端，又避免 MARC 格式过分专业和复杂的弊病，甚至作者、出版者或其他信息提供者都可以自行完成，相当于网络环境下的在版编目，极大地提高了网络信息资源的描述速度和效率，顺应了网络信息资源飞速发展的需求[1]。

检索控制与描述控制一样属于书目微观控制的范畴，它通过对信息内容特征的揭示来实现，重点是在对信息资源进行形式特征描述的基础上，对信息资源内容进行分类标引和主题标引，目的是在信息资源与用户之间建立一种特定的对应关系，并通过特定的语言来交流，满足用户对特定信息资源的需求[2]。网络环境下，分类主题一体化已成为信息资源内容标引的必然趋势，而且现代信息技术手段更多地作用于主题标引和分类标引，使得对信息资源内容特征的揭示更加具有直观性、便捷性，更有利于提高用户的检索效率。

规范控制又称权威控制，它与描述和检索控制密切相关，一般用来指与保持标目的唯一性、系统性有关的一系列活动。其重点是通过确定标目范围、统一标目形式及建立参照关系来实现目录的揭示与集中和查询功能，目的是给使用者提供更多更有效的查询途径，适应大范围内书目资源共享的需求。网络信息环境下，由于信息发布存在主观随意性、及时性和无限制性，新的词汇大量增加，一些口头语言、流行语言充斥其中。一方面这些词汇呈现出"新""热""不规范"的特点；另一方面，同义词大量并存，造成同一主题的资源分散多处、词与词之间关系不明确，词汇的模糊性和不确定性给标引和检索带来麻烦。因此，对网络信息资源的规范控制是不容忽视的[3]。这就不仅要规范网络信息资源的名称，建立多途径的检索入口，使用户无论使用哪种名称来检索资源，在规范文档中都能够实现自动搜索和转换，而且要注意规范的维护和更新，保持维护的动态性，顺应网络信息资源增长迅速的发展态势，提高查全率和查准率，最终实现信息资源共享。

网络信息资源的书目控制从选择、描述、检索和规范控制四个方面来操作，但如果从信息构建的角度出发，可以概括为增强信息可用性、改善用户体验、保证用户有效地访问信息、满足用户需求、实现网络信息资源的共知共享等（图8-2）。

信息构建强调化复杂为明晰和使信息可理解，于是选择控制所采取的一切手段都着眼于去粗取精、去伪存真，优化信息空间，排除信息污染和信息冗余。描述控制必须能够从形式上确保具有明确的标识和详尽的表达与描述，提高信息访问的效用，进行可获取的有效组织、可理解的有效揭示、可理解的有效表达以及可获取的有效揭示与阐释。进行检索控制时，从主题和类别对信息资源的内容进行表达、揭示和关联，在理解内容的基础上，不仅使信息变得可访问，还要提高访问的效果，以便高效率地获取信息，消除信息焦虑。而规范控制作为一种资源描述、检索系统设计的规范手段和方式，必须联系网络信息资源的多样性、动态性以及不稳定性，从增强用户信息获取的易用和可用性

---

[1] 罗敏. 网络信息资源的书目控制管理. 中国信息导报, 2007(6): 42-45.
[2] 彭斐章, 付先华. 20世纪中国目录学研究的回眸与思考. 图书馆论坛, 2004(6): 5-10, 57.
[3] 武利红. 网络信息资源书目控制研究. 武汉: 武汉大学, 2009.

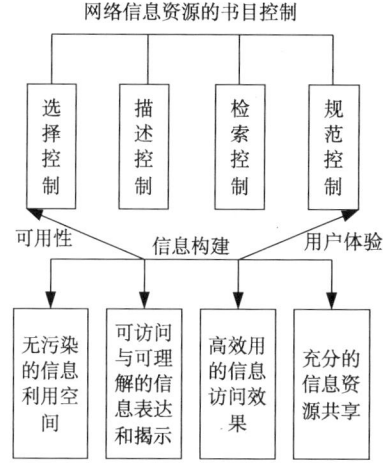

图 8-2 网络信息资源书目控制四个操作内容

出发,规范信息资源空间的描述和检索,使其组织有序和结构完善;从改善用户体验出发,以人为本,面向用户,所采取的技术实现手段和方法能够切实考虑到用户的认知、专业和需求特征以及使用信息的习惯和倾向,在使用户满意的同时进一步促进网络信息资源的充分共享,降低用户使用信息的成本、深化信息资源的开发利用的程度和效果。

(四)网络信息资源书目控制的意义

书目控制作为控制网络信息资源的一种方法与手段,立足于为用户组织和整合信息,提供便于用户利用信息的空间和界面甚至服务。

1. 构建有利于网络信息组织利用的环境,更好地满足信息用户需求

万维网信息生态是一个集用户(user)、内容(content)和背景(context)于一体的集合,其中背景是信息赖以存在的环境,内容则可以是散布在其中的各种信息,而用户正是这些信息的使用者和生产者、传播者。信息空间是众多信息的存在状态与运动过程的集合在不同时间阶段所呈现的一种带有动态性的展现形态[1]。它是信息存在和发生的地点,也是信息获取和利用的地方。经历这个过程正好提供给用户一个由各种信息集合组成的,也是由传输与接受者、传输与接受环境共同构成的,便于信息查找和利用的优化了的信息空间。化复杂为明晰,使信息可访问,这些无疑都有利于为用户创造一个便于组织和利用网络信息资源的环境,在这样经过优化的信息空间中,减轻人们的认知负担,缓解人们在复杂而且庞大的信息空间中所产生的心理迷惑,摆脱利用的困境,同时增强人们的信息感知和信息捕捉能力,促进信息的接收和利用。

---

[1] 林平忠. 图书馆网络信息的构建原则与方法. 中国图书馆学报, 2004, 30(6): 9-12.

2. 实现信息可理解的组织，提高网络信息资源利用效率

信息的逻辑归根到底是人的逻辑，不管信息的独立性与所及范围是多么大，只有人才能最终决定信息的全部意义以及为什么信息是重要的。从这个意义上看，信息资源的管理者自身对信息和知识的分析和组织固然重要，但其根本的着眼点，还是帮助用户捕获、分析、应用信息以及知识。信息构建的"使信息可理解"理念，不仅仅是组织信息的基本考虑，还是开发和利用信息的终极目的。故而，在网络信息资源的书目控制实施过程中，任何措施和手段都将服务和服从于信息可理解的组织、开发和呈现，形成有利于信息利用的信息系统，帮助用户选择和理解信息。在实现用户信息需求的同时提高整个网络信息资源的整序水平，促进信息资源利用。

3. 提高信息的可获得性和易用性，促成利用信息的愉快体验

美国图书馆协会年度报告指出，具备信息素质的人，是能够敏锐地觉察信息需求，并能够进行相应的信息检索、评估以及有效利用所需信息的人。通常而言，信息素质包含信息意识、信息能力和信息道德等方面。在纷繁复杂的信息海洋中，提高用户自觉利用信息的意识和能力是信息素质教育要达到的目标，然而仅仅是依靠图书馆实施的信息素质教育和培训并不能够达到理想的目标，还需要从理念和技术上改进用户利用信息的习惯、意识和方法。网络信息资源的书目控制有的放矢，致力于提高信息的可获得性，增强易用性，提高用户的可获知能力，解决用户在检索和使用信息中出现的信息焦虑和信息饥渴问题，转而寻求信息利用的从容和高效用，为用户提供积极的用户体验的同时提升了用户的信息素养。

4. 纠正用户过度依赖手段和方式的观念，消除技术魔弹

魔弹理论是信息技术应用中普遍存在的一种倾向，即认为利益就在技术之中，投入技术就会魔幻般地产生利益。然而20世纪80年代以来，信息技术应用虽然成倍地提高了信息处理的效率，但其功效主要表现在内部事务上。至于用户服务，却没有发生根本改变。图书馆信息技术应用的实践再一次验证了达文波特对"魔弹"理论的批判，即技术的出现，就其本身而言，只是加强了现行行为，更彻底的改变，则需要有基本的行为规范、态度、价值取向以及管理目标等方面的相应调整[1]。Web 2.0 强调以用户为核心的关键原则，要求信息服务由以前的单向信息传递转变为双向的互动交流，从精英控制转向平民交流。与此同时，用户也期待对信息内容具有更好的控制力[2]。这种控制不仅要体现在对技术的更广泛和更深层次的应用，在组织和检索信息的过程中面向用户，还要体现在从理念和意识上改变用户过去使用和查找信息的习惯和理念，要让他们明白信息的交流和使用可以有更加丰富和多样化的方式。如今信息构建已经开始了 2.0 的构建过

---

[1] 万里鹏，郑建明. 超越传统：信息构建与图书馆服务再造. 中国图书馆学报, 2006, 32(5): 40-43, 51.
[2] 刘记，袁琳，叶晓峰，等. Web2.0环境下的信息构建研究(Ⅰ)——信息构建发展的新阶段. 图书情报知识, 2007(3): 58-63.

程，涌现出许多新理念、新视角和新内涵，但是其本质上依然是一种帮助人们成功发现和利用信息的科学和艺术，尤其是信息构建的核心思想所带来的冲击是我们重视信息构建的重要原因所在。如果在网络信息资源的书目控制中应用信息构建，时刻想到用户需求，促进信息可访问和信息可理解，必将在组织信息、描述信息和检索信息等方面改善信息呈现的方式，帮助人们正确地对待技术、使用技术以及开发技术。

5. 促进数字信息的无障碍获取和交流，实现信息资源共享

1994年，国际图联和联合国教科文组织在《公共图书馆宣言》中指出：每一个人都有平等享受公共图书馆服务的权利，而不受年龄、种族、性别、宗教信仰、国籍、语言或社会地位的限制。对因故不能享用常规服务和资料的用户，例如少数民族用户、残疾用户、医院病人或监狱囚犯，必须向其提供特殊服务和资料[1]。这是每个图书馆和图书馆馆员必须铭记的"用户平等"原则和"信息无障碍"宗旨。信息社会的到来，促进了社会的进步，但也造成了信息鸿沟，极其庞大的信息空间中，还形成了无数的"信息孤岛"，信息鸿沟和信息孤岛的存在，给信息的开发和利用造成极大的阻碍。

对于特定用户的真实需求而言，"信息爆炸"并不是有用信息的急剧增加，而是大量无用信息的剧增，许多信息不仅不能消除用户原已存在的"不确定性"，反而使这种"不确定性"扩大化，甚至导致本已清晰的认识趋于模糊[2]。实现信息的平等和无障碍交流不仅是图书馆的宗旨，更是网络环境下社会面对的一个重要的现实问题，关系到人类社会的可持续发展。利用信息构建，从用户需求出发，构建信息利用的路径，帮助用户接近信息，促进信息的开发利用和有效组织，实现信息的无障碍获取和交流，消除信息使用中的各种障碍，最终都将有利于信息社会的健康快步发展，顺利实现信息资源的知识共享。因此，书目控制需要建立自动化的信息筛选和淘汰机制，对网络上存在的巨量信息实行"消肿"，尽可能地剔除无用信息和信息垃圾，构建与用户的真实需求和信息智力平台最为接近的资源。利用用户已经熟悉的信息内容即人们通常所说的"积存信息"去创建用户的"有效信息利用空间"，创制新的信息产品，挖掘并表述新的信息内容，提供新的服务手段和技术。按照信息组织规则和人们查找、利用信息的习惯加工整合已经过滤、精炼过的信息，用科学的方法和人造的序化框架体系把复杂的信息清晰地表述出来，向人们提供可以理解的并能够消除其某方面不确定性的有用信息和信息产品，将原来分散的、相对无序的网上众多信息单元分别抽象出能够表征其内容特点的特征信息并纳入事先由人工搭建的"信息逻辑空间"中，用人造的有序化的特定空间工具来揭示和表现信息单元之间存在的有序性。

（五）网络信息资源书目控制的应用和发展空间

FRBR、元数据、联合编目以及网络目录可以被看作是对网络信息资源进行书目控

---

[1] 王知津，贺婷婷. 构建信息无障碍体系是提升图书馆核心竞争力的有效途径. 图书馆建设, 2005(6): 41-44.
[2] 林平忠. 图书馆网络信息的构建原则与方法. 中国图书馆学报, 2004, 30(6): 9-12.

制的基础元素和基本形式。将它们进行组合和开发才能实现网络信息资源的组织、描述和规范，以便更好地展示给用户。网络技术的发展和应用，毫无疑问在为传统书目控制形式和服务带来挑战的同时，也给书目控制开拓了前所未有的空间。尽管利用技术可以丰富书目控制的形式和方法，但是作为用户而言，他们所感受到的只是书目控制的使用经历和使用效果。从信息资源整合的角度来看，整合的目标也在于便于用户获取信息。所以网络信息资源的书目控制的应用最终将诉诸联合目录、资源导航、搜索引擎等形式。

刘炜提出，搜索引擎是网络信息不严格意义上的最大"控制"者，虽然目前它只具备少量的规范控制功能，但语义万维网技术正在使搜索引擎能够索引知识，Google 的知识图谱（Knowledge Graph）、Wolfram Alpha 等都预示着这个发展方向，认为未来的书目控制将只能存在于某些特定的、有规范控制需求的领域，例如科学研究、工程管理、社会运行、产业经济、教育媒体等，这些领域需要通过付出额外的人力和其他成本来获取一定的有序性[1]。同时，在数字人文研究背景下，刘炜分析了数字人文的方法理论基础和主要支撑技术，认为方法和数据是数字人文的两个支柱，其中，书目控制是重要的方法基础[2]。

近十多年来，基于大数据背景下的书目情报开发与服务、信息素养与目录学、数字目录学、数字导读书目等成为目录学未来研究的生长点[3]。网络信息资源书目控制应进一步借鉴元数据、关联数据以及检索语言等书目控制方法，对大规模异构、跨系统、多模态数字资源开展深层揭示、规范整序，进而实现从书目整理到书目信息、知识、数字资源科学的深度揭示和有效导航。

第四节　网络信息资源书目控制优化路径

网络技术的发展和应用，对传统书目控制形式和服务带来挑战的同时，也开拓了书目控制创新和发展的空间。网络信息资源书目控制应借助已经涌现出的技术和手段，加强对网络信息资源进行组织、描述和规范，丰富书目控制的形式和方法。

一、应用信息构建，注重面向用户的信息资源的选择

面向用户的信息资源的选择，要求其面向用户，乃是信息构建目标的要求。信息资源的选择是信息组织和信息控制的必要环节，无论是传统的文献信息的选择，还是网络环境下的信息资源的选择，都无法越过这一阶段而直接进入下一环节中。只是在信息构建理念的影响之下，我们明确地强调信息资源的选择必须是面向用户的。在信息构建领域，"以用户为中心"并非一个新出现的概念。在信息构建 1.0 时期，"以用户为中心"表示一个面向用户的信息构建过程，要求信息建筑师在规划、设计、开发与维护的整个

---

[1] 刘炜, 张春景, 夏翠娟. 万维网时代的规范控制. 中国图书馆学报, 2015, 41(3): 22-33.
[2] 刘炜, 林海青, 夏翠娟. 数字人文研究的图书馆学方法: 书目控制与文献循证. 大学图书馆学报, 2018(5): 116-123.
[3] 胥伟岚, 夏南强. 近十年我国目录学研究述评. 图书馆, 2017(1): 28-33.

过程中时时刻刻都要考虑用户的理解、用户的兴趣、用户的习惯、用户的期望、用户的评价等方面，使用户能找到可理解的信息，也就是所谓信息构建的"面向用户原则"。在信息构建 2.0 时期，"以用户为中心"不仅强调信息构建过程要面向用户，而且强调将用户作为信息构建组织的中心，并强化用户的社会性和主动性，这是 Web 2.0 时代才具有的特征和发展趋势[1]。当然也许会有人提出，面向用户在 Web 2.0 时代已经是必然的要求，而不单单是信息构建的研究发现。事实上的确是这样，用户因素的体现已经很显著了，它并不影响信息构建 2.0 理论的发展，它们完全可以相互促进和影响，共同推动面向用户的技术和理念的完善。书目控制面对的网络信息资源是一个非常广阔的空间，其中资源纷呈、形态多样、繁简混杂，通过选择控制对信息利用空间进行优化是十分必然的。然而问题就在于选择信息资源的出发点和原则。在检索系统和导航系统的设计中，对用户而言，哪些是必需的、哪些是多余的，涉及选择的标准问题。其实，如果考虑到用户需求的多样化因素，那么信息资源选择具体便涉及用户的兴趣、爱好、知识素养等因素。无论是信息构建 2.0 抑或是 Web 2.0 时代，都要求信息资源的选择应当是有益于用户的。因此，书目控制也需要面向用户。

既然面向用户，则应该了解用户的需求，这样才能选择和挖掘那些对用户而言具有关键意义的信息。在此我们不妨从用户兴趣着手。一般意义上讲，用户的信息需求是多方面呈现的，但是用户兴趣指导、指引、作用于用户信息需求，可以将其作为用户的潜在需求来研究，从而了解用户的真实需求。由于用户在使用信息资源的过程中，不可避免地要进行搜索、浏览甚至是评价，其中用户的访问行为，如用户访问的停留时间、拖动滚动条的时间、前进、后退以及标记书签等行为，都可显示用户的兴趣，是用户信息需求的反映。对某些网页或信息的评价也可以看出用户的兴趣，同样便于获取用户的需求信息。例如，GroupLens 系统就是通过向新用户提供一个信息列表，要求用户对其中的信息进行评价，进而获得用户兴趣信息[2]。这说明用户信息需求的确定一方面可以通过交互方式，另一方面可以通过挖掘用户访问行为来了解。基于用户兴趣度的网络信息过滤研究方面的成果可以借鉴（图 8-3）。

该模型主要是针对网页文本信息资源的过滤研究，对于用户需求而言仅仅是其中的一个侧面反映，其主要思想建立在用户的兴趣代表着用户的需求这一基础上。但事实上也存在这样的情况，那就是用户在浏览一定的网页之后，发现并不是自己需要或者感兴趣的内容，于是放弃了浏览或者查询。因此跟踪用户偶尔的访问行为并不足以确定用户的兴趣与需求，还必须考察用户浏览页面之后的态度和后继行为，因此这个信息过滤和挖掘过程应当是一个连续性的、相关的特定时期和阶段的考察。尽管如此，基于用户兴趣、观察用户访问行为有助于明确用户的信息需求，依然是选择信息资源的参考依据。

---

[1] 刘记, 袁琳, 叶晓峰, 等. Web2.0 环境下的信息构建研究(Ⅰ)——信息构建发展的新阶段. 图书情报知识, 2007(3): 58-63.

[2] Konata J. A, Miller B N, Maltz D, et al. Grouplens: Applying collaborative filtering to Usenet news. Communications of the ACM, 1997, 40(3): 77-87.

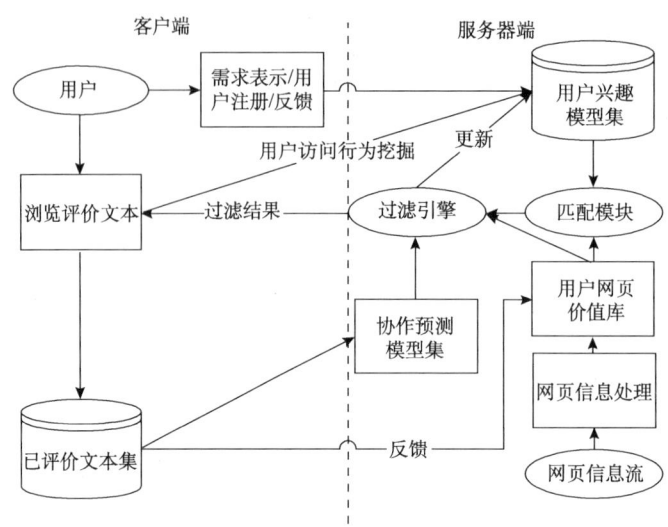

图 8-3　基于用户兴趣度的网络信息过滤模型[1]

二、优化展示方法和手段，强化可理解的信息组织和表达

　　网络信息资源与传统信息资源的一个比较显著的差别就在于网络信息资源无论形式还是内容都比较复杂，且表达和呈现信息的方式也有所改变。如何有效地、比较合理地组织信息，准确地表达信息就成了网络信息组织和揭示的主要方面。网络信息资源的书目控制直接面临的问题就是对网络信息资源进行内容和形式方面的描述，以便形成有效的记录，服务于信息资源整合系统。通常来说，不同检索和导航系统对信息资源的组织和描述是不同的。如 CALIS 联合目录 OPAC 检索主要侧重于图书馆学情报学视角，它表达和呈现信息的方式是一种"专业"视角，检索方式和检索途径以及检索词都是专业术语，呈现给用户的是馆藏、载体类型以及文本记录格式等信息。而当当图书则采用非常简单的检索途径，以一种图文并茂的方式呈现图书的基本信息如封面、内容简介、目录等。尽管在加工深度上可能不够专业，但是由于其呈现信息比较丰富和形象以及比较清晰，所以查找起来比较轻松。又比如导航服务中，导航标识有的位于查找资料栏目下，有的位于信息检索子菜单中，有的导航标识不够明显，清华大学以"推荐学术站点"标识，相反的北京大学医学部就以"医海导航"标识，武汉大学、南京大学都以"学科导航"呈现，上海交通大学以"网络导航"表示，不同的表达方式使用户产生了不同的理解方式。在接下来的资源描述中，有的仅是在资源名称上附加网址，有的则是将信息资源进一步分类，并对这些不同主题的资源予以说明。有的导航没有路径和帮助，用户浏览之后除非关闭页面，否则只能层层后退才可以回到导航首页，而有的导航便使用了路径方法，显示用户当前所处位置，并且采用"返回首页""导航首页""相关参照"以及放置主题列表按钮等方式进行跳转。这些细节反映出各自组织和表达信息方式的优劣，

---

[1] 王翠平. 基于用户兴趣度的网络信息过滤模型研究. 济南: 山东师范大学, 2007.

是其改进和完善的基础。

网络信息资源书目控制必然注重信息资源的组织和表达，以保证书目控制所揭示的信息对用户而言是明晰化的，也是易于理解和访问的。这就要求书目控制中应该注意应用一定技巧和追求一定的技术手段，例如可视化手段的应用。信息可视化是利用计算机支撑的、交互的、对抽象数据的可视表示，来增强人们对这些抽象信息的认知的方法与技术[1]。其作为一种新的信息展示手段，有助于减轻用户的认知负担，是促进信息理解的有效手段。信息可视化技术不仅可以增强单个页面的可理解性，即通过图符、图表的方式揭示信息的本质属性，对信息进行可视化的组织编排，加深人们对信息含义的理解，而且能以可视化的方式揭示整个网站的结构，优化网站的信息导航，从而达到优化整个网站信息空间的目的。

应该强调的是，导航设计中信息的外在呈现形式，不仅包括导航信息的呈现形式，还包括信息内容的呈现形式，否则导航中信息的揭示和表达必然是不够充分的。下面是一些导航技巧：①抓住能传达主要出处的字眼作为超链接，这样可以有效控制超链接的字串长度，避免字串过长或过短，而不利于浏览者的阅读或点取。②如果使用图形导航按钮或图像导航图，那么同时也应该采用文本链接，以保证让浏览者看得更明白。③要为图形导航按钮提供替换文本，因为有的浏览者为了节省时间有可能会取消图形显示，这时替换文本就显得非常重要了。④超文本的颜色应该与单纯叙述文本的颜色有所区别。⑤不要在短小的网页中提供太多的超链接。适当、有效地使用超链接，是一个优良的导航系统不可或缺的条件之一，滥用超链接，会损害网页文章的流畅性与可读性。⑥暂时不提供超链接到尚未完成的网页[2]。

随着技术手段的应用，信息导航和信息可视化的手段和技能会越来越成熟，网络信息资源书目控制的应用将日益深入，但是挑战依然存在，我们要始终关注的事情是如何构建上下文背景、改善灵活性和帮助用户找到他们需要的信息。无论采用何种技术和手段，都是为了更加充分和系统地组织和表达信息，以便于用户感知和理解信息的结构，从而可以高效、快速地发现信息、找到信息和利用信息。

三、以用户为中心的界面设计，增强信息可用性，提高用户体验

对网络信息的书目控制而言，操作层面上通过选择、描述、检索和规范控制实现。网络信息资源书目控制要建立在网页的组织和揭示之上，整合这些资源，融合于信息资源的组织、检索、导航等系统中，并依赖一定的界面予以呈现和形成。为了同时满足一般用户和特殊用户的需求，一个设计优良（友好）的界面是非常重要的[3]。界面的设计效果也将影响到书目控制资源的实现效果。界面是书目控制成果的直接表达和反映，是

---

[1] 周宁, 张玉峰, 张李义. 信息可视化与知识检索. 北京: 科学出版社, 2005: 1.

[2] 陶青. 基于信息构建(IA)的Web2.0网站研究. 上海: 华东师范大学, 2007.

[3] Mátrai R, Kosztyán Z T, Sik-Lányi C. Navigation methods of special needs users in multimedia systems. Computers in Human Behavior, 2007(9): 1-16.

用户体验过程必备的要求。基于信息构建的网络信息资源书目控制可以从用户体验的角度来评价和识别书目控制资源的可用性和易用性。好的界面设计可以相对地带来积极、愉快的用户体验，这是因为一方面外观会比较显著地影响用户对内容价值的判断，为了获得用户的信任和留住用户，必须重视外观的设计；另一方面，外观作为外在因素，能对用户的信息理解和信息吸收的内在因素起到促进作用，通过这些因素来提高信息的展示和表现能力，促进信息的理解[1]。因此，信息界面设计是非常重要的。可见，对信息界面的设计，不仅仅是为了提供较好的用户体验，最终是为了提高信息的可用性。

ISO 标准（ISO 9241-11）给出的可用性定义是：产品在特定使用环境下，为特定用户用于特定用途时所具有的有效性、效率和用户主观满意，即用户能否使用产品完成其任务、效率如何、主观感受怎样[2]。也可以这样理解，可用性是在特定的使用环境下，一个站点可以被一组用户有效、高效和满意地实现某个目标所能达到的程度。在这个定义中，可用性是一个相对的概念，首先，它是和用户相关的，对应不同的用户群体，相同的网页，其可用性也是不同的。其次，可用性是和任务相关的，讨论可用性时应该限制在执行特定的任务背景中。最后，可用性是和效率相关的[3]。可用性好的站点，用户可以快速地完成特定任务，而不会受到太多阻碍。通过对可用性定义的分析可以发现，最终决定页面是否可用以及可用性程度高低的是用户，要使页面更加可用，关键就在于理解用户，用户是信息界面设计的主导因素。因此设计时要尽最大努力提高网页的可用性，使网页不但具有吸引人的外观，还具有符合浏览者认知规律和行为习惯的信息组织方式和合理的信息结构，以达到充分展示形象、广泛吸引用户、快速传达信息的目的。

以用户为中心的界面设计可以从心理学和可用性考虑，基于心理学的界面设计是以用户为中心，应用心理学的知识研究用户的知觉、思维、行动、情绪及价值观念[4]，从而有效地设计信息，侧重于用户主观体验的改进和完善。而基于可用性的界面设计则是从客观角度，充分考虑用户、环境和任务之间的交互和影响，从用户使用的平等性、广泛性，信息的简单性、直观性、可易识别性以及用户出错的包容性等方面进行设计，追求信息表达和揭示的有效性和有用性。以用户为中心的界面设计将用户体验设计和可用性设计结合起来，从用户的心理特性和用户所处的环境与任务出发，考虑用户的内心感受、思想行为、主观反应、价值观念和需求等变量因素的影响，注重信息的易用、好用、可视性以及用户的满意（图8-4）。在此种思想指导下，整合信息资源，对信息资源进行组织、揭示和表达等设计活动。

---

[1] 曹宁. 基于信息构建的数字图书馆评价体系研究. 长春: 东北师范大学, 2006: 9.
[2] 曾令敏. 用户界面的设计与可用性研究. 上海: 东华大学, 2007.
[3] 吴丹, 刘国余. 网页可用性及其原则的理解. 计算机时代, 2004(1): 10-11.
[4] 吴晓莉. 基于心理学的用户中心设计研究. 西安: 陕西科技大学, 2006.

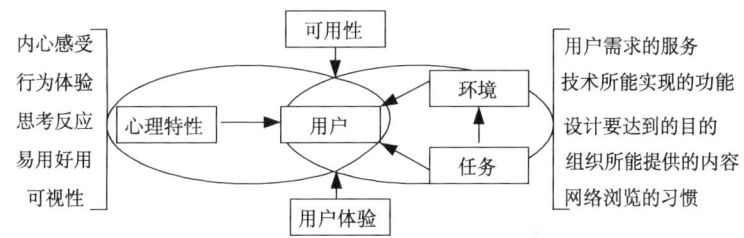

图 8-4　以用户为中心的界面设计

四、资源展示中的易用性和可用性平衡

这一优化思路是基于综合视角的考虑。网络信息资源的书目控制涉及选择、描述、检索和规范控制，在借鉴信息构建"化复杂为明晰"和"使信息可理解"的方法和理念时，需处理好规范标准的统一化处理与用户访问和信息理解的个性化特征的关系。网络信息资源的书目控制是实现信息资源共享理想的一种方式，标准化和规范手段是促进资源共享的措施，也是必然。而信息构建从一开始就提出"有序不等同于理解"，对传统的信息组织带来理念的冲击。它强调用户，无论是"化复杂为明晰"，还是"使信息可理解"，都隐含着对用户个性化需求的关注和满足。书目控制是对现有书目控制手段和理念的改进和完善，它通过二者的结合使书目控制的效果更加有效，也是 Web 2.0 时代对用户需求的一种响应。因此从某种意义上，书目控制体现的是信息的易用性，而信息构建更强调信息的可用性（当然信息构建也提出便于访问等理念，但是"可理解"是最核心的目标），为此，书目控制中应关注资源展示的易用性和可用性的转化和平衡问题，其中，易用性近似于"便于获取"，可用性近似于"利用情况"（图 8-5）。此图共分 4 个象限区域，第一象限信息得到高获取和高利用，此为最理想的情况。第二象限中信息便于获取但是利用情况较差，可能需要将它们移出主要信息范畴。第三象限为低获取、低利用的信息区域，或等待以新的方式进行调整，或就此荒废而去除。第四象限为低获取但高利用区域，信息获取性能有待加强。同时，此象限区域图还可以用来解释设计者期望与用户期望的关系。由于用户的偏好总是不断变化的，因此网页设计者需要不断地考察用户访问信息的行为，及时地予以调整。

其实，仔细观察后，可以发现其中存在的易用性与可用性的转化关系，用来解释易用性与可用性的平衡问题。图 8-6 为平衡转化推动策略，受用户需求和利用驱动，此模式中获取性能的调整取决于信息利用情况，而这个利用情况是通过用户的信息偏好映射出来的。第一象限为高获取、高利用信息区域，如果信息利用性下降便进入第二象限，此时设计者需要相应地减少信息的获取性，使之进入第三象限以便调整。设计者可以将保持在此区域中的信息移出页面，或者通过改变其利用情况转而进入第四象限，然后通过改进信息的获取性进而重新回归到第一象限那样的理想状态下。图 8-7 为平衡转化拉动策略，受信息设计、获取驱动，此模式中信息获取状态的改善是基于信息利用情况。处于第三象限中的信息通过提高和强化其获取性能而进入第二象限区域，此时可以增加信息的吸引力和增强利用性从而转入第一象限。有时设计者需要均衡界面或者将信息细化和分割，以便保持获取和利用的均衡，这样就从第一象限进入第四象限。随后第四象限中的信息可能由于失去利用价值而被推入第三象限以便消除[1]。可见，易用性和可用性之间存在着一种互动的关联，其转化和循环需要在资源展示与控制中加以调节和平衡，以便充分发挥信息资源的效用。

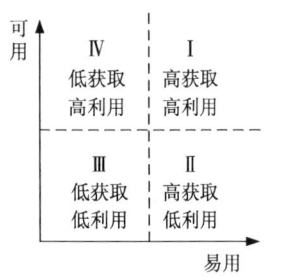 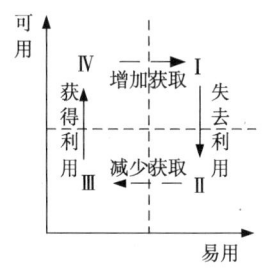 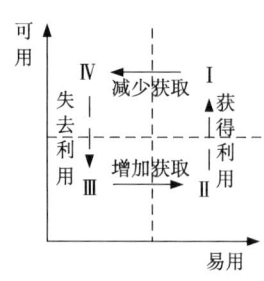

图 8-5　易用性与可用性象限图　　图 8-6　平衡转化推动策略　　图 8-7　平衡转化拉动策略

以上只是从获取和利用两个因素进行研究，其实书目控制是为了实现信息资源共享而进行的控制，其目标和信息构建一样是满足用户的需求，只不过信息构建的目标更加明确，也具有较强的操作性，注意到了用户"个体"与"群体"的不同，可以在群体意识下实现个性化的信息理解和构建。从这个意义上说，网络信息资源的书目控制和信息构建都有易用性和可用性的体现，只是显著程度不同而已。对于获取的易用性，万维网论坛给出了提高易访问性（易用性）的建议，如提供等价的可以替换的听觉和视觉内容；不要仅仅依赖于颜色；恰当使用标记和样式单；澄清自然语言的使用；让用户控制对时间敏感的内容的改变；确保嵌入式的用户界面易于直接访问；进行与设备无关的设计；提供背景和方向信息；提供清晰的导航机制；确保文档是清晰和简洁的等[2]。可用性是资源展示的重要目标，它不是一个单一、程式化的概念，J. Nielsen 在《可用性工程》一书中提出产品可用性有着丰富的内涵，具有可学习性、效率、可记忆性、出错少（可靠性）、满意度等属性[3]。此外 T. A. Powell 在《Web 设计大全》中提出了提高可用性的十四项原则[4]。需要补充的是，限于水平和能力，我们这里只是针对信息，而且是从基本的方面谈起，没有从这些标准、原则和属性出发一一讨论。

---

[1] Yen B P C. The design and evaluation of accessibility on web navigation. Decision Support Systems, 2007, 42: 2219-2235.

[2] Powell T A. Web 设计大全. 詹剑锋, 刘宏友, 韩艳蜂, 译. 北京: 机械工业出版社, 2001: 52-53.

[3] Nielsen J. 可用性工程. 刘正捷, 等译. 北京: 机械工业出版社, 2004: 17.

[4] Powell T A. Web 设计大全. 詹剑锋, 刘宏友, 韩艳蜂, 译. 北京: 机械工业出版社, 2001: 56.

第九章 书目信息服务

书目信息服务是指图书馆利用书目、索引、文摘等工具,为读者和用户提供文献信息,以节省他们的时间和精力,提高文献查找的速度和效率。随着信息技术的飞速发展,读者书目信息需求开始呈现多元化,图书馆正在步入全新的读者服务新时代,书目信息服务的内容也由以传递书目文献为主转变为以挖掘组织文献信息和网络信息资源为主,提供包括传统文献在内的所有书目信息资源,满足人们的知识信息需求。

第一节 数字环境下的书目信息服务

一、数字环境下书目信息服务的变化

计算机技术和远程通信技术的迅速发展,极大地推动了人类社会信息化和信息社会化进程。书目信息服务正是运用科学的揭示与有效的报道信息来解决不断增长着的信息量与人们对信息特定需求之间的矛盾。它主要通过对书目信息资源进行搜集、鉴别、加工和组织,形成具有特定参考利用价值的有序化书目信息资源,为各类用户的学习利用提供服务,以满足不同年龄、不同层次、不同职业、不同文化背景的用户对知识信息的需求,并且随着书目信息服务的范围不断扩大、服务手段的变化、服务深度的提高、从事书目信息服务工作人员素质的提高等,不断提高其书目信息服务水平,满足学习型社会的需求。

互联网提升了人作为书目信息用户的主体意识。互联网所体现出来的开放性、交互性、虚拟性特征改变了人类实践的主体、客体、手段及结果,并为人的个性发展提供了更为广阔的舞台。读者的个体性的书目信息需求由于受其年龄、职业特点、文化素养和知识结构等因素的影响呈离散状态,这体现了读者书目信息需求的多样性。同时,现阶段信息网络还处在一个混乱无序的状态,还没有形成一个有序的书目信息的空间,书目信息质量良莠不齐。读者不仅注重对相关信息、信息线索、文献书目信息或信息参考数据的获取,而且更加注重获取那些隐含在文献中的有关某一主题的书目知识单元的信息,注重获取那些经过严格筛选的和深度加工的信息精品。传统的书目信息活动是对具体的

以物理形态存在的各种载体上文献的效用信息进行组织处理，书目信息服务也是以具体地提供书目、索引、文摘等文献形式为主。在网络环境下，人们不再看重书目信息载体的差别，而是注重书目信息的情报价值。书目信息服务的内容由文献的传递服务转向信息导航服务，书目信息服务领域也由传统的一定馆藏内查询等常规服务项目向网上互动式的、广域的新领域拓展，呈现出全方位、开放性与综合化、社会化、网络化、集成化、高效化的特点。

二、数字环境下书目信息服务的特点

在数字环境下，书目信息服务呈现如下特点。

（一）服务内容数字化

网络环境下，书目信息资源载体已由传统的印刷型文献迅速向以数字化技术为主要特征的"联机/网络型"、多媒体、光盘型等文献转移。书目信息源的范围也将从一馆馆藏这一有限的物理实体扩展为全球图书馆以及互联网上的所有信息资源。传统书目信息服务以馆藏单一印刷型文献为服务内容的现象将不复存在，而代之以具有突破时空限制、智能化、轻便化等特点的全球数字书目信息资源，从而使书目信息服务工作向信息数字化方向发展。

（二）服务基础网络化

计算机网络是一种实现数据共享的有效工具。而网络环境下的书目信息服务正是以各类计算机网络作为其服务的基础设施。除国际互联网以外，目前我国各地区和各系统都相继建立了一些文献资源共享协作网，如中国高等教育文献保障系统（CALIS）广域网下的高校数字文献信息共享服务系统。该系统已形成了以高校图书馆为中心的相对完善和系统的全国性资源共享资源网络。正是因为有了这些各行业、各系统乃至全国性的综合信息协作网和其在国际互联网上的运行，才有了网络环境下的书目信息服务[1]。

（三）服务途径和方式的多样化

服务途径和方式的多样化体现在书目信息检索工具选择性、检索途径多样性、服务方式灵活性等方面。

1. 检索工具选择性

传统的书目信息服务的工具以书目、索引、文摘、文献指南、综述、书目之书目等二次及三次文献为主。在数字环境下，人们逐渐将目录学在印刷型文献方面的知识与经验应用到数字资源的组织工作中，出现了书目信息资源目录、搜索引擎、数字图书馆、

---

[1] 纪晓平, 纪晓琳. 网络环境下书目信息服务的特点及方式. 情报科学, 2002(1): 57-59.

虚拟图书馆、元搜索引擎等检索工具。这些检索工具都具有布尔逻辑检索、截词检索、相邻检索、字段检索、概念检索等功能，与传统的书目检索工具相比具有更多的检索入口。

2. 检索途径多样性

网络环境直接改变着书目信息服务的方法和途径，书目信息检索服务由过去的对文献线索的检索发展到数值检索、事实检索、全文检索、超文本检索、多媒体检索，由相关性检索发展到直接性检索。而网络环境下的书目信息检索途径除了传统的作者、分类、关键词等入口外，还能提供整刊、篇名、摘要、基金、关联、全文等检索功能，能更好地满足用户的需求。

3. 服务方式灵活性

传统的书目信息服务以手工或单机状态下的咨询服务、定题服务、文献检索等服务为主要方式。在数字环境下，书目信息服务可利用网上专家咨询系统不受时空限制进行交互式信息咨询服务；利用 Web 获取书目信息；借助 OPAC 查询各图书馆的书目文献信息并提供馆际互借；利用分时共享的服务器同时向多个用户提供检索、查新服务；也可以通过 RSS、BBS、FTP 和电子论坛向用户提供新书通报、书目资料推荐、专题文献述评、最新书目与进行中的研究服务；还可利用电子邮件与用户建立广泛的联系与交流，随时了解用户的信息需求，变被动服务为主动服务，提高用户信息需求的满意度[1]。

三、数字环境下书目信息服务的新要求

（一）以用户为中心，注重书目信息服务个性化发展

现代图书馆在网络信息环境下，为了满足读者个性化和多样化的信息需求，必须提供差别信息服务。当然，传统的文献服务也并非不存在差别，但那种差别是建立在读者群体基础上的，而现代图书馆的书目信息服务差别是建立在不同的读者个体上，是建立在直接性、多样性和个性化基础上，即根据读者各种不同的个性化信息需求，实行个性化定制服务。从读者信息需求发展的趋势来看，要求图书馆的信息服务必须做到"广、快、精、准、特"，这充分体现了网络时代读者信息需求的价值取向。目前，网络环境下的个性化信息服务较为成功的模式有信息导航服务、信息推送服务、智能代理服务、信息传播服务以及各种中介信息服务等。在这种情况下，图书馆要获得读者服务的良好效果，就必须彻底树立起"以人为本"的个性化信息服务观念，针对读者个性化的信息需求，深入开发文献信息资源，使图书馆的读者服务从以文献为单元深入到以信息为单元。同时，随着现代科学发展的高度分化，学科分支越来越细，研究的课题也向专深的方向发展。因此，用户对书目信息需求的针对性也越来越强。书目信息服务者应根据用户的水平层次，按需服务，有的放矢，处处为用户着想，定期将书目信息提供给用户，实现

---

[1] 李丹. 论网络环境下的书目情报服务策略. 情报资料工作, 2003(2): 37-40.

个性化服务[1]。

（二）建立能够组织大量咨询问题和解答问题的知识库

比如建立 FAQ 和案例库。FAQ 就常见问题进行解答服务，总结长期的工作实践经验，将用户经常会问到或者最有可能问到的问题及其答案编制成网页，并放在图书馆 Web 站点显著位置，利于用户查询。案例库服务就是把图书馆以往回答过用户的问题及其答案做成数据库，以供其他用户浏览或检索。不过在我国大多数图书馆，无论是 FAQ 还是案例库，都只有浏览功能而没有检索功能，不能为用户提供迅速查检服务，这是亟待改进的地方。

（三）重视对多媒体信息组织和揭示的研究

在网络信息资源中，关于图像、音频、视频信息的组织和揭示的研究发展比较缓慢。而随着计算机、多媒体技术的发展，各种非文本的信息也与传统的文本信息一样可以方便地通过计算机存取和使用。近年来出现的基于内容的检索可以解决这个问题。这种方法是根据描述所需图像内容的提问检索出所需要的图像，是用与图像内容有关的文字对图像进行说明与注释。用于检索的特征主要有颜色、纹理、草图、形状等。它区别于传统的检索手段，融合了图像理解技术，从而可以提供更有效的检索手段，目前已成为图像检索的主流发展趋势。

第二节 书目信息服务的模式

一、基于目录提供的导航模式

基于目录提供的导航模式是指书目信息系统只提供书目信息的出处、来源、收藏位置和链接，或者是对书目信息进行一些简单介绍，提供一些内容评价，并不提供全文文献的一种书目信息服务模式，如中国高校人文社会科学文献中心（China Academic Social Sciences and Humanities Library, CASHL）、国家科技图书文献中心（National Science and Technology Library, NSTL）等。CASHL 与 NSTL 文献传递服务体系最突出的特点是采取集中模式和直接面向最终用户提供无中介文献传递服务。作为虚体性质的管理中心，资源与服务均依托成员单位现有的馆舍、馆藏和人力资源基础，提供文献的目录，用户在文献检索的基础上可直接查询和传递所需原文，文献提供单位根据用户的书目信息请求在一定的时间内给用户提供电子文献或复印资料。为了提高文献的传递效率，CASHL 与 NSTL 特别注重书目数据的质量和加工周期。CASHL 的书目数据主要从中国高等教育文献保障系统（CALIS）西文现刊书目库中进行集中抓取。这种方式速度快、质量高、成本低廉。NSTL 由成员单位将本单位已到馆的馆藏文献手工加工成二次文献，并定期

---

[1] 吴冰芝. 我国书目情报服务现状及发展趋势. 现代情报, 2005(1): 43-45.

提供给中心，再由中心将书目数据上传至网络[1]。

最典型的基于目录提供的导航模式是 OPAC。对图书馆书目信息资源的检索和获取可以通过 OPAC 实现，因此 OPAC 也被称为书目信息资源发现平台或者前端，是图书馆资源体系与读者发生互动的主要阵地。OPAC 的功能不断完善，除实现书目检索，还可以通过检索技术，对书目的保存、流通和其他重要记录进行分析，实现按重要程度的排序；将同一著作的不同版本、不同载体形式以及相关的著作集中揭示；通过对众多评论或者流通记录等的分析，实现向用户的推荐。OPAC 在书目信息服务方面呈现的更多内容与特点，主要表现在以下几个方面。

（一）书目信息的位置与链接显示

OPAC 最重要的功能是显示文献的位置或链接，能够显示馆藏地的平面图及各个藏书区的大致索书号范围。OPAC 系统显示检索结果时，除了显示图书的馆藏地和索书号，同时能图形化显示图书所在的具体书架，无疑会给读者获取图书带来极大的方便。江苏汇文公司的 OPAC 系统的扩展功能可以在检索结果中显示馆藏位置链接效果图，图形化显示图书馆藏位置，包含两部分内容：一是馆藏地的平面图，标记着当前馆藏地内的所有书架；二是突出显示索取图书所在的那一节书架[2]。

（二）书目信息的分面浏览与导航

分面浏览与导航成为 Web 2.0 环境下新一代 OPAC 的标志。通过对书目数据的深入挖掘，在检索结果页面提供与搜索词相关的检索限定，供用户进一步缩小其检索范围[3]。在检索命中较多的情况下，系统分析检索结果的语种、主题、文献类型等，提供相应的导航栏，由用户选择作进一步限定检索，符合用户逐步修正检索提问的习惯。如日本国立情报学研究所的联合目录 Webcat Plus、美国研究图书馆集团（RLG）网络版联合目录 RedLightGreen、北卡罗来纳州立大学图书馆联机目录、美国 TLC 公司的 AquaBrowser 都有这种功能。新加坡国家图书馆局联机目录的 OPAC 检索系统，采用图示法导航，根据输入的检索词，图示与之相关的其他检索词，用户可以在检索过程中逐个加入相关词。检索结果显示各检索词在记录中出现的频率，通过简单的点击即可调整各检索词的优先级，改变检索结果顺序，达到最适应用户需求的检索结果。

（三）书目信息检索结果排序与推荐

检索结果依相关性输出是 OPAC 系统新扩展的功能之一。美国布法罗大学图书馆 OPAC 系统为用户提供了可选择的排序方法，除了常见的作者、题名、出版年、主题、索书号、语种、馆藏地、文献类型等各种排序选择外，还可以按"点击数"排序。包括

---

[1] 李军凯. 从 CASHL 和 NSTL 看我国文献传递服务的模式和发展趋势. 大学图书馆学报, 2004(6): 33-37.
[2] 阚洪海, 宋云龙. OPAC 查询结果中图形化显示馆藏位置的研究. 现代图书情报技术, 2008(5): 81-84.
[3] 王灵, 龙朝阳. Web 2.0 时代 OPAC 的实践与思考. 情报资料工作, 2009(1): 44-47.

还可以依流通数据按"最热门"排序等,很多 OPAC 系统也增加了类似亚马逊网上书店的推荐功能。这些都是对用户使用数据的深入挖掘,是新型 OPAC 的显著特点。

(四)与用户互动

在 Web 2.0 环境下,参照亚马逊网上书店、LibraryThing 个人联机图书目录等的服务模式,OPAC 在向用户开放方面进行了很多尝试,包括可以与 OPAC 进行互动等。很多 OPAC 都具有用户登录查询自己的借阅、续借、预约情况等基本功能,进一步扩展,可以增加"我的 OPAC"功能,将自己看过、想看的图书存放在自己的虚拟 OPAC 中。对于检中文献,除了可以保存成文件、发送电子邮件,或者保存在"我的 OPAC"中,还可以选择通过电子邮件等方式向朋友推荐。OPAC 还可以提供参与功能,如在书目记录中增加评论、给文献评级;如果认为书目记录有误,可以直接加注说明;如果觉得已有的关键词与主题等不足以揭示文献内容,可以添加"标签"。用户参与互动的内容还可加以挖掘,使它成为进一步揭示文献内容、向用户推荐的辅助[1],包括与用户在社交网络个人账户的关联等。OPAC 2.0 的新功能,包括多个检索点、二次检索;信息自动聚类、外部相关资源整合、图书推荐、提供全方位信息展示平台;用户参与书目建设;RSS 订阅、用户评价、分类浏览、热门借阅、热门检索词提示;可以检索利用国内的超星和方正、各大图书馆、CALIS 联合目录的书目数据;还可以利用国外的 WorldCat、LibraryThing、Google、Amazon 等书目数据[2]。

(五)书目数据显示 FRBR 化

在 Web 2.0 时代,OPAC 的信息组织方式也发生了很大的变化,很多新的理念开始在 OPAC 中得到应用,其中最显著的是检索结果的 FRBR 化显示和分面浏览与导航。检索结果的 FRBR 化显示是根据国际图联的《书目记录的功能需求》(FRBR)所提出的书目记录实体概念,按作品而非出版物显示书目记录。通过 FRBR 化显示,可以很容易地集中同一作品的不同版本以及高产作者的所有作品。美国研究图书馆集团(RLG)网络版联合目录 RedLightGreen 通过将 FRBR 的"作品—内容表达—载体表现—个别资料"四级实体简化为二级"作品—版本(载体表现)",最早将书目数据显示 FRBR 化。OCLC 的 Open WorldCat 也具有这一功能[3]。

应当说,OPAC 的功能日益强大,也越来越合理,但我们也应看到,OPAC 也存在一些不足:检索功能不够人性化、对浏览类目的设置过于单一死板,一般只有按中图法 22 个大类设置的主题目录,缺乏对用户知识结构差异性的考虑。在检索策略上缺少符合用户思维习惯的关键词检索、自然语言检索以及模糊检索功能。此外,还缺乏检索结果的修饰功能,用户无法在检索结果中进行二次检索或相关检索,也无法利用排序等方式

---

[1] 胡小菁. 论新一代 OPAC 的理念与实践. 中国图书馆学报, 2006(5): 67-70, 75.

[2] 吴江. OPAC 与豆瓣融合改进体现 FRBR 的编目模式研究. 图书情报工作, 2009(7): 43-46, 58.

[3] 王灵, 龙朝阳. Web 2.0 时代 OPAC 的实践与思考. 情报资料工作, 2009(1): 44-47.

对检索结果进行筛选。OPAC 所揭示的书目信息也应该和存在于互联网空间中的更为丰富的信息联系起来。亚马逊书店的"A9"检索把检索词放到 Google 中去。数字图书馆的 OPAC 应该将检索因特网资源的功能整合进来,书目记录中也应该包括对相关外部资源的链接,而链接的资源是经过专业人员筛选组织的、价值含量更高的信息。以 OCLC 为代表的越来越多的国外图书馆已经开始和亚马逊网站合作,将它们的 OPAC 书目记录与亚马逊书店中对应的书目记录链接,用户通过链接可以查看到该书籍在亚马逊书店中的信息。美国的 Hennepin 图书馆甚至还对亚马逊书店的书评进行筛选,只在书目记录中显示 3 条亚马逊的书评,用户则可以通过另外的链接到亚马逊书店去查看更多信息[1]。同时,OPAC 书目数据库应当重视对文献内容信息的深度揭示。首先要提高文摘和提要的质量。例如亚马逊的图书内容摘要大都由作者本人或专业编辑撰写,质量很高。而我国数字图书馆书目记录中包含的摘要都过于简单,信息价值量很低。其次要建立书评数据库。数字图书馆如果能将各种文献资源及主要媒体中的书评汇集在一起,建立一个书评数据库,并与书目数据库相连,那么在当今出版物良莠不齐的情况下,无疑为读者选好书、读好书提供了极大的方便。

二、基于内容提供的书目信息整合模式

基于内容提供的书目信息整合模式是指把各个相对独立的书目信息资源结合为一个新的有机整体,是对大量的、无序的、来源不同的书目信息资源按照一定的原则及标准,通过整理、分类及合并等工作,完成各种书目信息资源的透明无缝连接,它实际上是书目信息资源的二次开发,是书目信息的增值服务。由于书目信息资源具有学科的广泛性、类型的多样性、数量的快速增长性及发布方式的特殊性,读者在检索文献时有一种大海捞针、无从下手的感觉,因此将书目信息资源加以整合,把各种文献以一种集成的方式奉献给读者,已然成为以服务主导型为根本的图书馆的首要任务。这种服务模式的典型代表是一站式书目信息服务模式。

(一)一站式书目信息服务模式

一站式书目信息服务模式是通过对书目信息资源作最完整、最大限度的整合,集信息重组、信息集成、信息中介、信息定制服务模式于一体,利用计算机及网络为读者提供文献信息服务的系统,使读者能够在一个入口、一个检索界面,经过一次检索就获得全方位的电子资源和全面的相关信息的一体化集成式服务,达到简化检索界面、去除重复操作、节约读者时间、提高检索效率的目的,其功能是帮助用户同时在多个数据库中检索,并同时得到多个数据库的结果,避免了需要逐个登录数据库、输入检索条件的麻烦,大大提高了用户对书目信息资源获取的效率。一站式书目信息服务可分为两个层次:①裸书目信息整合与利用。裸书目信息整合与利用是指对书目信息服务系统中的裸数据进行整合与利用。在统一用户查询界面与信息反馈的形式下,共享多个网络资源的索引

---

[1] 邢明旻. 亚马逊网络书店的图书揭示功能对数字图书馆 OPAC 的启示. 图书馆杂志, 2008(1): 23-27, 39.

技术和检索技术。充分利用各书目信息系统的检索功能，在较短的时间内获得相对全面、准确的裸书目信息。②分布式异构书目信息整合。即通过分布式异构书目系统的检索，可检索本地和远程书目信息资源，可检索多种类型的书目信息资源，可检索不同平台、不同结构的书目信息资源，可实现对书目信息的多方位链接，如文摘、全文、OPAC、网络资源链接等。

一站式书目信息服务系统在书目信息服务方面具有如下特点。

1. 检索界面一体化

读者在统一入口和检索界面处，可以检索电子期刊、电子图书和中外文数据库的电子资源。如读者没有特别指定文献类型时，则会根据主题同时提供满足要求的数据库、期刊及图书三种文献类型的信息，并可直接浏览。

2. 检索途径多样化

读者可按题名、ISSN、ISBN 检索，按出版商浏览其收录的所有期刊，更可以分别浏览被不同索引收录的书目信息，检索某一主题下书目信息，提供模糊检索、精确检索以及多条件的逻辑组合。

3. 显示信息丰富化

除了包括简单的来源、题名、标准号、收藏范围外，还应含有其他的详尽说明。另外，不同类型的文献所显示的书目信息应各具特点。如期刊列出被四大索引收录的情况，电子图书列出作者、出版社，数据库列出是否全文等。

4. 服务人性化

满足读者的特殊检索需求，可以按主题或出版商检索列出书目信息，有利于读者快速获得本学科具有代表性的前沿信息及相关学术著作的发表情况。

5. 文献类型及语种多样化

检索的文献类型丰富多样，可以检索中外文献和不同载体的文献[1]。

（二）搜索引擎模式

搜索引擎是网络信息资源组织和整合的重要方式，也是书目信息资源服务的重要方面。搜索引擎实际是因特网上的一类网站，这类网站与一般的网站不同，其主要工作是自动搜寻 Web 服务器的信息，将信息进行分类，建立索引，然后把索引的内容存放到数据库中，便于以查询和利用的方式提交给用户。按照信息搜集方法和服务提供方式的不同，可分为：①目录式搜索引擎，其类似网络信息资源目录。②关键词搜索引擎，它是

---

[1] 白永革, 彭佳. 提供一站式服务的电子资源整合系统的设计与实现. 大学图书馆学报, 2005(1): 34-37.

由一个被称为蜘蛛（Spider）的机器人程序以某种策略自动地在网络中搜集和发现信息，由索引器为搜集到的信息建立索引，由检索器根据用户的查询输入检索索引库，并将查询结果返回给用户。优点是信息量大，更新及时，不需人工干预；缺点是返回信息和无关信息多，用户必须从结果中筛选，负担重。③元搜索引擎，其没有自己的数据库，而是将用户的查询请求同时向多个搜索引擎递交，将返回的结果进行重复排除、重新排序等处理后，作为自己的结果返回给用户。优点是返回结果信息量大；缺点是不能够充分使用原搜索引擎的功能，用户需要做更多的筛选[1]。

搜索引擎与 OPAC 相比较，在书目信息服务方面具有不同的特点。OPAC 一般只能提供基于文献单元与实现形式上的检索，无法深入到内容层面；各书目记录之间关联性不强，无法很好地揭示各检索结果之间的关系；缺乏用户体验的途径。检索方式：通过分类号和索书号检索是 OPAC 系统所特有的方式，只能检索本馆电子图书期刊或本馆馆藏纸质书。而以 Google 为代表的搜索引擎可以对图书的目录和全文进行深度检索，这种检索方式能够达到深入、准确、全面的检索效果。OPAC 提供的是针对专门检索项的检索，相比较而言，搜索引擎提供的是"傻瓜式"的智能检索框，表现在以下几个方面：①书目信息内容与全文显示。图书馆 OPAC 的书目信息比较简单，一般只提供书名、责任者、出版项、索书号和流通、馆藏信息等图书的外部特征，而基本上不提供图书的内容信息。Google 图书搜索除了提供上述图书的外部信息外基本上都有图书封面图片，还提供内容方面的信息包括目录、版权页、前言页，同时提供对授权图书显示书中的几页完整内容，对于受版权保护的图书提供包括检索词的前后 5 页的图书内容，对于不受版权保护的图书还提供了全文。除此之外，Google 图书搜索还提供图书目录信息、热门引用章节、书评、网页引用等图书内容相关信息。用户在查找图书资料时关注的是图书的内容而不是外在特征，一般不了解确切的书目信息和规范的主题词，按书目检索容易失败，故全文检索较之书目检索更受到用户的青睐。②检索结果显示。目前，图书馆 OPAC 系统的检索结果多数是基于固定字段的匹配按顺序排列，相关性排序能力差，部分 OPAC 系统所提供的相关性排序不是基于全文或目录，而是基于书目记录里的题名和主题的相关性进行的，查询结果可以按照检索项进行排序。搜索引擎的检索结果或按相关性排序或有多种排序可选择，Google 检索结果都缺省为按照相关性排序，可以根据个人爱好设置每页显示输出结果、显示范围（所有图书、国学图书、有限预览与全文浏览、仅全文浏览）、显示方式（列表视图、封面视图）。③增加书目链接，整合多种信息资源，提供一站式服务。这样可以节省读者进出不同数据库的时间，加快沟通的速度，可以交换多种媒体的内容。图书馆可以在书目检索的页面上添加超链接，将多种检索方式组合放在同一页面上，方便读者随时改变检索方式；可以借鉴搜索引擎的做法，整合网上资源，利用超链接连接其他图书馆 OPAC 上相关图书的信息；同时利用超链接也可以连接网络上已有的电子信息资源，如与网上书店、网上出版社合作，利用其相关的图书信息。例如，岭南大学联机公共目录就采用这种做法，在其检索页面上有一个超链接连接到亚马

---

[1] 陈永选, 郑乐丹. 图书馆数字信息资源整合模式探究. 四川图书馆学报, 2008(2): 18-20.

逊网上书店，读者在检索时可以方便地进入亚马逊网上书店查看有关的图书信息。

图书馆应当与搜索引擎合作，将 OPAC 的书目记录交付给搜索引擎，方便用户从搜索引擎上获取。2006 年 5 月 23 日，百度与北京大学图书馆签订了独家战略合作框架协议。根据该协议，北京大学图书馆将图书编目数据授权给百度，使用户可以通过百度检索北京大学图书馆的馆藏书目。OCLC 的 Open WorldCat 计划将其书目数据送给 Google 和 Yahoo，也是利用 Google 和 Yahoo 的用户流量，使习惯于利用搜索引擎检索书目信息的用户变成潜在的图书馆用户，提高图书馆的利用效率。技术力量较弱的图书馆，可以考虑与 Google、读秀、百度等图书搜索引擎合作，向网络开放自己的书目记录[1]。

三、基于服务提供的书目利用模式

服务是书目利用的出发点和落脚点，服务关系到图书馆与用户等各方面的权益，是当前书目信息建设中的焦点和核心问题。书目信息服务导向是一种渗透于书目信息服务日常活动、业务和规程的理念与氛围。这种理念与氛围要求无论是书目信息服务项目的规划设计、服务方式的选择，还是服务项目的运行机制和管理机制，都要从是否能有效、可靠、可持续地提供服务和保障用户所需的角度出发，并由用户来审查评价其信息需求的满足程度和使用效益，从而使图书馆与用户建立合作、双赢的关系。应当说，书目信息利用的核心是服务，通过服务促进资源建设，实现可持续发展。我们应变资源主导型建设为服务主导型建设。基于服务提供的书目利用模式是指通过整合书目信息资源，融入先进理念，引进先进技术，实现较大范围内的书目信息资源的共建、共享，来满足用户不断增长的需求的一种服务模式。美国的 OCLC 无疑是基于服务提供的书目利用模式的典范。

（一）OCLC 模式

美国的 OCLC 联机图书馆中心是当今世界上影响最大的数字化信息服务提供者之一，全球已有 112 个国家和地区的 57000 多所图书馆在利用它的数字化信息资源产品与服务，WorldCat 拥有超过 1 亿条独一无二的书目记录和超过 10 亿条的馆藏记录，是世界上最大的书目和馆藏信息数据库。OCLC 一直致力于促进信息资源的广泛共享和利用，其服务发展是面向社会用户甚至全球用户的。当用户对信息的需求已经超越单一图书馆和地区，甚至超越国家的限制转向全球信息需求时，OCLC 又致力于与全球图书馆合作，积极介入全球信息网络建设，发展成为世界上最大的图书馆服务网络。OCLC 为在全球范围内推广其服务，采取了很多举措，如图书馆可以使用 CONTENTdm 软件工具对馆藏图像进行扫描、公布、编目以及提供"WorldCat"给大家使用；全球的 Web 用户可以输入检索词检索整个世界书目数据库"WorldCat"，尤其是它所推行的 Open WorldCat 先导计划，已使 OCLC 吸引了更多 Web 用户的"眼球"，最终发展为基于 Web 的全球数字化信息服务提供者。OCLC 同时也提供了多元化的信息服务，其主页"服务索引"（index of

---

[1] 赵兴官, 翁畅平. 图书馆 OPAC 与 Google 图书搜索引擎的比较及其启示. 情报探索, 2009(12): 86-88.

services）中列出的信息服务形式达 50 种之多。其中主要的数字化信息服务项目有编目与元数据服务、OCLC 第一检索服务、网上图书馆和馆际互借服务等。OCLC 不仅为读者提供服务，也为图书馆的建设提供服务，注重合作和共享，不断加强图书馆与其他行业的交流，不断开拓新领域，无论是在理论方面，还是在实践方面，都有许多东西值得我们借鉴与思考。

1. 建立完备的书目数据库，提供书目数据服务

书目数据库是扩展资源共知共享的基础。OCLC 的 WorldCat 处于 OCLC 服务的核心，它已成为世界上利用率最高的书目数据产品，由成员机构共同创建和维护，包括了大量的书目数据、馆藏信息和其他形式的元数据，是同类数据库中最大、最全面的一个。新的 WorldCat 支持 MARC、都柏林核心、IFLA 的全球图书馆合作系统以及统一编码等，为查询与主题相关的多种语言文献和多种类型信息提供了基础。书目数据服务的主要任务之一就是向用户提供导航服务，帮助用户迅速、准确地了解和获取各种信息来源。WorldCat 统一编目数据采用了最新的编目标准，可以把非英语的资料很容易地添加到馆藏当中来，从而可为不同文化背景的用户提供服务。特别是 Open WorldCat 计划的推行，更加促进了全球范围内资源的共知共享。早在 2004 年 10 月，OCLC 就宣布与 Google 合作，将其 WorldCat 的 500 多万条书目记录公开给 Google，使用户可以在 Google 上直接检索到这些书目数据。现在，最新的 Yahoo 工具栏、Google 工具栏以及 Firefox 的搜索引擎都已集成了 OCLC 的 WorldCat，Web 用户可以很方便地检索 OCLC 成员图书馆的资源，利用关键词等简单的方法就可发现 OCLC 的馆藏内容和在线服务[1]。

2. 提供联合编目与元数据服务

OCLC 编目与元数据服务（cataloging and metadata）所依托的是 WorldCat 的强大力量。WorldCat 提供了全球众多图书馆的元数据检索服务，图书馆员可以利用它开展编目、资源共享和其他关键性的服务工作，可使成员图书馆减少服务成本并提高服务效率，可以处理、管理和共享信息资源，可以方便用户搜索并获取这些信息资源。OCLC 编目标准与国际编目标准一致，如采用 MARC 21、AACR2、LC、DDC、美国国会图书馆规范文档、美国主题标目以及《医学主题词表》等[2]。

3. 提供检索服务

目前的 OCLC 第一检索服务（OCLC FirstSearch Service）是一个通过 Web 访问的，与 Z39.50 协议兼容的联机检索与参考服务系统。这是 OCLC 于 1992 年开始推出的，1999 年 OCLC 又在原来的 FirstSearch 基础上推出了以 Web 为基础的新 FirstSearch。目前新 FirstSearch 实现了和 OCLC 联机电子出版物数据库（ECO）的完全整合，增加了联合编

---

[1] 周永红, 刘昆雄, 周朴雄. OCLC 数字化信息服务发展经验分析. 情报杂志, 2008(1): 136-138, 141.

[2] OCLC. Products and services. https://www.oclc.org/en/services.html [2020-03-25].

目数据库 WorldCat 的馆藏信息，实现了各库间的联机全文共享[1]。

4. 加强书目信息技术的合作共建

OCLC 作为图书馆界的代表，不但与博物馆进行合作，也与出版商、搜索引擎等商业机构进行合作，以一种开放的胸怀进行跨系统、跨语言国际合作与共享。OCLC 开展了许多合作项目，例如 OCLC 研究部门发布了一种软件包，旨在帮助博物馆之间交换对象描述信息并共享数据。OCLC 代表合作伙伴美国研究图书馆集团（RLG）和其艺术博物馆伙伴建立信息构建和行为模型，从而使博物馆可以定期交换数据[2]。

OCLC 与 SUNY Geneseo 的 IDS 资源共享合作项目、Atlas 系统进行合作，基于馆藏数据和许可证管理工具开发出一套针对所有格式的连续出版物的资源共享的整合解决方案。这个方案致力于把 IDS 项目的文章许可信息有效性服务（Article Licensing Information Availability Service, ALIAS）从无中介的文章服务升级为为全球一万多家图书馆提供服务。

OCLC 与 EBSCO, R. R. Bowker, H. W. Wilson, 美国经济学会（American Economic Association），美国心理学会（American Psychological Association），美国神学图书馆协会（American Theological Library Association），美国现代语言协会（Modern Language Association），美国国家医学图书馆（The National Library of Medicine），哈佛大学（Harvard University），J. Paul Getty Trust 等个人和机构在全球范围内开展合作以确保图书馆用户能够通过 OCLC WorldCat 全球图书馆网络，找到并使用本地图书馆、区域图书馆的已获得授权的资源。

OCLC 自 2008 年 1 月开始进行一项试验计划，探索从出版商和上游经销商那里捕获元数据并增强 WorldCat 中元数据的可行性和有效性。这种方法通过提高和传播在多重环境和系统下起作用的数据为图书馆和出版商提供增值服务，多家公共图书馆、学术图书馆、出版商和经销商都参与了这项试验计划。

（二）CALIS 模式

中国高等教育文献保障系统（CALIS）是经国务院批准的我国高等教育"211 工程""九五""十五"总体规划中三个公共服务体系之一。在书目信息服务方面，CALIS 提供了一种基于服务提供的书目利用模式，即在教育部的领导下，把国家的投资、现代图书馆理念、先进的技术手段、高校丰富的文献资源和人力资源整合起来，建设以中国高等教育数字图书馆为核心的教育文献联合保障体系，实现信息资源共建、共知、共享，以发挥最大的社会效益和经济效益，为中国的高等教育服务。CALIS 的建设是以书目建设为中心来展开的，如建立联合目录数据库、联机合作编目系统、统一检索平台、虚拟参

---

[1] OCLC. FirstSearch. https://www.oclc.org/en/firstsearch.html [2020-03-25].

[2] OCLC. OCLC releases software suite to help museums exchange data. https://librarytechnology.org/news/pr.pl?id=13997 [2020-03-25].

考咨询系统统一检索平台、资源调度系统、馆际互借与文献传递、公共目录检索系统、CCC西文期刊篇名目次、文献传递服务网、中文资源导航、西文数据库导航。同时，CALIS把建设项目分为多个子项目，如引进数据库子项目、高校学位论文库子项目、专题特色数据库子项目、重点学科导航库子项目、虚拟参考咨询子项目、教学参考信息子项目、资源评估子项目、标准规范建设。

从1998年开始建设以来，CALIS管理中心引进和共建了一系列国内外文献数据库，包括大量的二次文献库和全文数据库；采用独立开发与引用消化相结合的道路，主持开发联机合作编目系统、文献传递与馆际互借系统、统一检索平台、资源注册与调度系统，形成了较为完整的CALIS书目文献信息服务网络。它以系统化、数字化的学术信息资源为基础，以先进的数字图书馆技术为手段，建立包括文献获取环境、参考咨询环境、教学辅助环境、科研环境、培训环境和个性化服务环境在内的六大数字服务环境，打造智能化、慧识化的数字文献资源生态环境，为高等院校教学、科研和重点学科建设提供高效率、全方位的文献信息保障与服务，成为中国高校文献资源共建共享、相互协同的"作战平台"[1]。

第三节　书目信息标准化

20世纪70年代，是国际文献工作标准化迅猛发展的时期，国际标准化组织（ISO）和联合国教科文组织（UNESCO）的各个分支机构的活动十分活跃，陆续制定、颁布了一大批文献工作国际标准，这些标准的贯彻实施使文献工作标准化产生了世界范围的广泛而深远的影响。《国际标准书目著录（ISBD）》从分则到为统一各类型文献著录而制定的总则，经过不断的修改与完善逐步走向成熟，并成为公认的世界性文献著录标准。全世界大多数国家和地区采用ISBD作为本国的文献著录标准，甚至于在西方编目史上有过重大影响、并作出重大贡献的《英美编目条例》也根据ISBD的要求，为适应世界文献著录标准化的发展方向，对其著录部分做了突破性的修改，力求使文献的描述规则接近ISBD。

一、书目信息工作标准化含义

书目信息工作标准化是在书目信息的各个环节中制定标准并且贯彻实施，从而使书目信息服务走向规模化、统一化和系统化。目前，文献载体多样、形式复杂、规格各异；文献工作部门性质有别、任务不同、各有侧重；多种分类法、著录规则并行，信息加工整理的结果差距甚大，有必要作出科学的、合理的、各方面共同遵守的统一的规定。同时，书目实践作为一个复杂的系统，它是由若干相对独立的子系统构成的。子系统和子系统相互依存、相互制约，它们之间的协调程度，影响着整个系统的功能。书目信息服

---

[1] 中国出版传媒网.CALIS新战略：建好"作战平台"促进图书馆信息化建设.http://www.cbbr.com.cn/article/125824.html [2020-03-25].

务更是重复性的工作，在文献生成过程中重复投入生产；在信息整理中，同一种文献会有许多部门同时或相继收藏、著录、标引；在文献流通中某一种文献在一定的时空范围内被众多的用户反复应用，需要标准化的规则程序。

文献著录规则包括文献著录总则及体现总则精神与原则的各分则，其中分则有普通图书、连续出版物、非书资料、档案资料，还有机读的著录格式。文献著录标准，从总则到分则，自成体系。总则是制定适用于各类型文献著录规则的依据。已经颁布的文献著录标准，及时地填补了我国文献著录标准化方面的空白。而且，这些标准的制定是在吸收国外文献著录标准、保持我国的文献著录传统的基础上制定的，既符合当前国际文献工作的发展趋势，为我国跻身于世界性书目信息资源共享之行列打下基础，又能尽可能地满足我国的实际需要。具体地说，文献著录规则面向两大需要：

一是国际性书目信息资源交换及书目工作自动化的需要，体现在著录标准采用了ISBD的著录项目与著录格式、著录用标识符上，有助于克服不同语种和信息源在进行资源共享时可能出现的语言障碍，便于由手工著录转换为机读目录。

二是健全我国文献报道体系的需要。长期以来，我国编目工作现状是分散的手工操作，各个馆各自为政，在著录项目、著录格式、著录用语上缺乏统一规定，极大地影响了目录的检索功能。文献著录标准以著录项目齐全、著录顺序的合理安排，健全了我国文献报道体系，强化了目录的检索功能。

二、文献著录系列标准

文献著录标准化涉及书目著录、文摘索引、主题词表、出版物格式和文献载体等多个方面。国际图联制定了一系列的标准和规则，目的在于提高各国书目信息的互换性和易识性，促进书目信息的国际交流。我国全国文献工作标准化技术委员会也制定和颁布了一系列的情报与文献工作标准。这些标准主要包括文献著录与编目标准、分类与标引标准、文献数据库标准、文献生产与代码标准、信息处理与交换标准以及数字化信息组织标准等。

（一）文献著录与编目标准

包括国际标准书目著录（ISBD）总则及各类型出版物，如专著、连续出版物、地图资料、非书资料、乐谱、古籍、分析著录、计算机文件以及电子资源等。

为解决与欧洲大陆的图书馆书目著录传统的差别，美国图书馆协会推出《英美编目条例》（AACR），第二版是综合性著录条例，不仅仅适用于普通图书，也适用于连续出版物及各类型文献，为英语文献编目提供了标准化工具，也为各国编目规则制定树立了典范，推动了世界编目标准化。

我国也制定了《文献著录总则》《普通图书著录规则》《连续出版物著录规则》《非书资料著录规则》《档案著录规则》《地图资料著录规则》《古籍著录规则》《检索期刊条目著录规则》《信息与文献 参考文献著录规则》等著录规则。

由于文献著录国家标准系列仅限于对文献实体的客观描述，因此需要在此基础上解决款目规范化问题，在中国图书馆学会的支持与推动下，全国文献工作标准化技术委员会完成了《中国文献编目规则》的组织编写工作，对14种文献类型进行了客观著录原则与方法的统一。

另外，全国文献工作标准化技术委员会在文献著录的基础上，为编制书目款目而选择标目及其规范形式，并提供标目的参照关系，进行目录的规范控制。对责任者标目和题名标目的范围与数量、标目名称与确定方法、标目参照的种类与格式等都作出了规定。

在西文文献编目方面，基于英美编目体系，以及与国际接轨的要求，主要参照了AACR2，也适当考虑了我国的西文编目工作实际，制定《西文文献著录条例》，对一般图书的描述特别是款目标目的选择和著录做了系统的规定，被我国各类文献机构广泛采用。

《文字条目通用排序规则》作为文献信息目录排序标准，规定了所有信息数据类文字条目的排序方法和排序规则，适用于各种用汉字和非汉字记录的名称、字词、目录、编号、代码、数字、年代等需要有序排列的印刷、电子显示信息和数据排序。

除此以外，还有图书在版编目数据标准的颁布和实施。

（二）分类与标引标准

统一图书分类法，实现分类标准化是文献分类工作的目标。我国颁布《学科分类与代码》，并推荐《中国图书馆分类法》作为国家标准分类法。全国文献工作标准化技术委员会和《中国图书馆分类法》编委会共同讨论定稿的《文献分类标引规则》对各种类型的文献分类标引做了专门的规定。

国内外在进行文献分类标引时，多采用三种方法：①使用一种或两种国际上通用的分类法进行标引；②使用本国的一种通用的分类法（或本国的国家标准分类法），同时附加一种国际上通用的分类法进行分类标引；③使用本专业的分类法进行分类标引。国际上通用的分类法最有影响的是杜威十进分类法、美国国会图书馆分类法、国际十进分类法等。

文献主题标引是使用主题检索语言，通过文献的分析而选用确切的检索标识（类号、标题词、叙词、关键词、人名、地名等），用以反映该文献内容的过程。主题标引分为受控标引与非控标引。而文献的主题标引标准有两类：一类是不用规范词表的关键词标引法或自由词标引法；另一类是用规范的语言进行的主题标引，主要分为先组式的主题标引法和后组式的主题标引法。

（三）文献数据库标准

文献数据库标准化主要依赖于通用数据交换格式、文献信息数据库执行格式标准、数据单元和信息系统间的应用协议标准。

为了达到文献信息开发利用与资源共享的最终目的，必须解决不同类型格式的数据库的数据交换问题，国内外专家学者致力于国际通用数据交换格式标准的研究与制定。

国际上被广泛承认和接受的文献数据库执行格式标准是国际机读目录格式（UNIMARC），我国使用并参照国际机读目录格式手册，编制中国机读目录格式。

数据单元和信息系统间的应用协议标准，国际上采用的信息系统间的应用协议标准主要有三类：书目数据元指南标准、信息系统的应用服务和应用协议类标准、计算机在文献工作中的应用开放式系统互联（OSI）标准。

（四）文献生产与代码标准

涉及图书、连续出版物、二次文献和其他文献的生产标准。

文献识别代码标准主要有国际标准书号（ISBN）、国际标准连续出版物号（ISSN）、统一刊名缩写代码（CODEN）等，以及我国的中国标准书号、中国标准刊号、文献类型与文献载体代码、文献保密等级代码等。

（五）信息处理与交换标准

包括字符集与字符转写标准。

（六）数字化信息组织标准

除了现有各标准不断推出关于电子文献（包括网络信息资源）书目控制各方面的国际标准草案外，国际标准化组织（ISO）还成立了元数据工作组，负责元数据的标准与规范的制定，工作范围包括元数据要素、分类设计、元数据管理与交流等。

三、我国书目信息标准化

随着计算机技术的应用和信息自动化的发展，有关信息的搜集、加工、存储、检索、研究和传播，以及数据库建立的技术标准和规范的制定，显得越来越重要和迫切。这项工作原先由全国文献工作标准化技术委员会负责，1979年以来，该委员会负责组织文献工作的标准化，标志着我国文献工作标准化进入了新的发展阶段，为我国文献工作标准化事业的发展提供了领导上、组织上的保障。下设分委员会包括缩微工作、文字音译、专业术语、目录著录、出版物格式等。全国文献工作标准化技术委员会及其各分委员会承担起研究国际文献工作的动态与成果，建立对口性业务联系，提出国内有关标准草案，并对已付诸实施的标准进行推广，检验其在实际应用中的生命力，并根据需要不断地进行修改、完善，起草制定了一批批文献工作的国家标准和文化行业标准，在文献的生产、加工、揭示、储存等各个环节中发挥了一定的作用。但是一方面文献工作标准化还不能完全适应我国信息工作的需要，另一方面已经制定颁布的文献标准和规范并没有得到广泛的推广使用。

全国图书馆标准化技术委员会成立于2008年10月，委员会编号SAC/TC389，简称图标委。图标委主要负责图书馆管理、服务，图书馆古籍善本的收藏、定级、维修、保护，图书馆环境等领域的标准化工作，与国际标准化组织信息与文献工作技术委员会

（ISO/TC46）相关联。图标委主管部门是国家标准化管理委员会，业务指导单位为文化和旅游部，图标委秘书处承担单位为国家图书馆。其成立代表我国图书馆行业标准化工作进入了一个新的发展阶段，为解决困扰我国图书馆行业发展的标准规范各自为政、馆藏资源共建共享难以实现以及标准规范研制工作的重复立项等实际问题制造一个良好的契机，也意味着图书馆行业标准化发展乃至整个文化行业的标准化体系构建迈出了坚实的一步。图标委第一届委员会由来自全国各级各类图书馆、高等院校、相关科研院所及图书馆相关企业的 38 名专家组成。根据国家标准化管理委员会标委办综合函〔2015〕85 号文件批复，图标委第二届委员会于 2015 年 5 月 20 日正式成立，该届委员会由来自全国各级各类图书馆、高等院校、政府组织、行业协会和学会的 41 名专家组成。

四、书目信息代码标准模式构建

书目信息代码使不同来源的信息可以互换转换，充当书目数据与机读形式数据的转换媒介，促进书目信息的传播。

（一）概论

代码及数据表达的标准，其建立过程一般有两个步骤：建立表达的规则，使用这些规则。建立规则包括建立标准表达条例，编制用以指定（编码）和传递原始信息（译解代码）所必要的预置词表，制定和维护有关使用条例及预置表达值的标准程序，建立必要的维护机构，制定数据表达计划和程序。使用规则就是指在使用标准条例基础上，标识和选择一组字形，据此指定其表达值，将要选择的信息域与标准调整表匹配。

代码及数据表达的目的有：节约空间，减少传播的时间和费用，汇聚信息内容，提高数据库检索的效率，保证所传播数据的完整性，提高数据输入的有效性和标准性，还要达到统一的理解度和数据解译的一致性。

代码可以分为"无意义代码"和"意义代码"。

无意义代码是指那些单独存在时没有任何意义的代码，可以分为顺序数字代码和随机数字代码两种基本类型。如 ISSN、ISBN，数字的顺序排列或随机排列，每组数据表达一部特定的图书，分散后即无任何特别的意义。

意义代码用以提供编码调整汇集短语的统一标识。基本性能有：逻辑性——代码基于一致的、定义完好的算法；排序性——代码款目预置顺序的确定；记忆性——代码获得及代码信息本身的提示。意义代码又有编写及原本转换计划两种类型。编写，作为一种表达技术，可以通过两种途径：截除——去掉后面的字母；缩短——省略中间的字母，如各种缩略语字典。原本转换计划是"通过一种不同的原本及书写系统取代另一种语言的原本及书写系统的操作"，如《中文书刊名称汉语拼音拼写法》《中国各民族名称的罗马字母拼写法和代码》《中文罗马字母拼写法》等要通过两种技术手段来达到这种转换：转录——转换基于源语言的音位和调整位；直译——转换基于源文本的字符。编写与原本转换是数据表达的两种类型。

（二）书目信息领域的代码表达

美国国家标准委员会（American National Standard Institute, ANSI）于 1977 年发布《由文献著录团体使用的识别代码的扩展》（ANSI Z39.33—1977）（目前已作废），我国全国文献工作标准化技术委员会于 1983 年发布《文献著录总则》（GB 3792.1—1983，现用 GB/T 3792.1—2009 代替），与众不同的是它们本身是产生（制定）各种文献标准的标准，除了针对代码本身的形式和内容之外主要管理代码、颁布标准代码、强调对代码的必要指定，通过必要的代码图书及其他检索性、宣传性资料的出版行使职责。

国际和国家级标准制定机构在书目信息领域制定了大量的标准及准则，其中有些是用代码及数据表达法制定的标准，而相当部分是数据表达的标准，多维语言代码、出版频率代码、书目记录标识代码，地理、政治、社团实体代码等。

1. 书目输入的标识代码

数据元是可以识别和定义的数据基本单位，数据元实际上就是目录中的数据字段，书目输入过程中所输入的代码的基本部分，构成著录项目的各个部分，数据元在机读目录中能被单独地识别，且能通过计算机程序单独地存取和控制。

各标识代码的数据元是有所不同的，一般有十位标识代码、八位标识代码、术语性代码、索书号等几种。

十位标识代码如国际标准书号（ISBN）就是由十位标识符构成的标识代码；八位标识代码如国际标准连续出版物号（ISSN）；术语性代码如《情报与文献工作词汇基本术语》；索书号不表示书目实体，而是作为一种专门的替代手法。

2. 书目著录用标识代码

我国的文献著录标准参照《国际标准书目著录》（ISBD）系列制定，有《文献著录总则》《连续出版物著录规则》等。文献著录标准系列也列入了少数民族语言文献著录标准，如《蒙古文文献编目规则》。另外，还有《文献主题标引规则》《文摘编写规则》《文献分类标引规则》《索引编制规则》等。

全国图书馆标准化技术委员会成立以来，制定和颁布的国家标准有《中国机读书目格式》；文化行业标准有《古籍元数据规范》《电子图书元数据规范》《电子连续性资源元数据规范》《学位论文元数据规范》，还有《期刊论文元数据规范》《网络资源元数据规范》《音频资源元数据规范》《视频资源元数据规范》《图像元数据规范》《图书馆数字资源长期保存元数据规范》《管理元数据规范》等。

3. 机读信息代码等信息存储手段的标准

我国已经制定了《文献书目信息交换用数学字符编码字符集》《文献目录信息交换用磁带格式》《书目信息交换用拉丁字母代码字符扩充集》《信息交换用汉字编码字符集辅助集》。

全国图书馆标准化技术委员会主持编制与颁布的国家标准有《图书馆古籍定级规范》《图书馆机读规范格式》《图书馆馆藏资源数字化加工规范》（文本资源、视频资源、图像资源等）、《信息与文献 图书馆射频识别（RFID）》（数据元素及实施通用指南、RFID 数据元素、RFID 标签数据编码方案）、《中国少数民族文字古籍定级》、《汉文古籍特藏藏品定级》（简帛古籍、敦煌遗书、佛教古籍、碑帖拓本、古地图等）；文化行业标准有《数字对象唯一标识符规范》《文本数据加工规范》《图像数据加工规范》《音频数据加工规范》《视频数据加工标准与工作规范》《图书馆数字资源统计规范》《汉文古籍文本数据规范》等。

还有检索语言及其编制原则的标准。检索语言包括主题词表（叙词表）或标题表和分类法。分类法有《国际十进分类法》（UDC）和《中国图书馆分类法》等，主题词表有《汉语主题词表》等。

4. 原本转换标准（又称书目语言转换标准）

原本转换是一个一般性术语，而人们或许更为熟悉的术语是"直译""音译"——用一种字符组表达另一种字符组的特殊处理过程。

学术界对罗马字符组和非罗马字符组发展的主要态度是鼓励并参加 ISO 所希望的活动。汉语拼音之所以能够成为实现中外书目信息交流的最佳桥梁，是因为它更接近 ISO 的字符组罗马化计划。它既能表达中文书目信息，又能表达同是拉丁语系的其他文种信息，而且便于计算机输入输出。用汉语拼音表达，便于按拼音字母顺序排列，也与我国的文化相吻合，减少国家和国际范围内实践的区别。在我国，学术界处理罗马数据与非罗马数据的兴趣在提高，标准字符组转换代码屡有建立，如《中文罗马字母拼写法》《中文书刊名称汉语拼音拼写法》《中国各民族名称的罗马字母拼写法和代码》《语种名称代码》等。

（三）书目及相关数据标准的模式

综上所述，代码及书目数据表达、储存、操作、通信方面的标准一直只是在相当零散地发展，而缺乏一种从整体上要求一致的认识。具体地说，在我国书目信息领域里，书目信息领域所注重的仍是书目文献著录标准的发展与完善，还没有标准发展规划以指导和协调标准的发展。我们有必要建立一个规划或模式，作为书目数据及有关代码表达、储存、通信标准的基础，即将有关书目信息服务各个环节的标准制定建立在总体模式基础上，形成统一的、完善的体系。

事实上，已经有人进行了这方面的工作，比如有这样一个模式，它将各种标准分成模式的两个组成部分，一个是关于信息和处理，一个是关于处理后信息可能产生的转换。此后，还不断地有模式出现，而且模式设计的趋势是体现两个或多个模式逐渐发展的概念。本书提出书目及相关数据标准模式，是一种等级标准体，涵盖信息数据表达、加工、处理、储存、传播等各方面的标准。

1. 书目及相关数据表达、储存和通信的标准模式

模式的提出基于这样一种设想，即数据是以一种或多种信息形式表达、储存和通信的，而一条款目被定义为一字符串（包含内容字符和控制字符）。每条字符串的构成部分包括起始字符或字符串、末尾字符或字符串，用于约定数据的表达。信息其余部分由结构元、数据元标识符、数据元素值、编排形式组成，信息媒介以及储存也由模式概括，各数据元的等级组织构成模式[1]。这个模式包括了数据处理、信息传播等过程，在此基础上建立的标准体系，构建了从数据处理到信息传播整个过程的全面标准化体系。

该模式由 7 个等级组成，编号从 0 至 6。从 0 至 6 各个等级，与信息内容和结构关系逐渐减弱，而与人类感知的观念渐而密切。

等级 0（信息范围）：确定信息处理的范围，在一条计算机操作信息中，它的范围通常可称为"协议数据"（protocol data），"协议"确定了精确度，限制了范围。如印刷型信息，其范围就是由一些"协议"构成——标题页、报头栏、索引、跋（编后记）等。《文献著录总则》（GB 3792.1—1983）、《检索期刊编辑总则》（GB 3468—1983）所规定范围包括名词术语、文献名称、封面、目次页、书脊、分册、开本、版权页、文摘页、文献条目、著录项目、文献标引、索引、注释和参考文献、封底等。《文献著录总则》是产生（制定）各种文献著录标准的标准，除了针对代码本身的形式和内容，还有主要职能管理代码，颁布标准代码，强调对代码的必要指定。

等级 1（数据结构）：与信息结构有关。印刷型数据，结构元包括章、节、页码、段落、句子等，有些元素是标号的（见等级 2），其他则是隐含的形式。机读数据如《文献目录信息交换用磁带格式》（GB 2901—1982）、《术语与辞书条目的记录交换用磁带格式》（GB/T 13726—1992），结构元素包括区域、领域、亚领域等。任何信息，其结构元素都可以独立地确定，用结构来表达个别数据元或数据元素值。

等级 2（数据元标识符）：用于数据元的标识。在等级 1 数据结构中，数据元可能通过标号及各种命名的使用明确地标记，MARC 为书目数据交流提供了稳定的字符。国内外对文献著录标识的确定符均比较重视，另外还涉及术语性标识符的规定，用于使国家的国际标准化术语词汇的建立方法程序标准化，国内有《情报与文献工作词汇基本术语》（GB 4894—1985）、《汉语信息处理词汇 基本术语》（GB 12200.1—1990）。

等级 3（数据元素值）：提供一个数据元可能有的特定价值，尤其是标准应限制每个特定元素值的范围和排列并提供"值种类"及"值控制"的评价方法，如《文献保密等级代码与标识》（GB/T 7156—2003）。

等级 4（编排形式）：主要是处理信息传递所具有的形式及形态，具体说是揭示信息为人类感知的手法。印刷型信息编排形式的规定多散见在各种文献著录标准中，如《期刊编排格式》（GB/T 3179—2009）、《辞书编纂符号》（GB/T 11617—1989）。

等级 5（媒介）：提供信息记录、传播或编排的媒介标准，如媒介尺寸标准、材料标

---

[1] 郑建明. 关于建立书目情报代码标准模式的思考. 图书馆理论与实践, 1988(1): 20-23.

准等。等级 5 标准影响信息获得及使用的方法，因为许多媒介需要特殊设备去提示信息（而不是媒介物），国内有《文献类型与文献载体代码》（GB 3469—1983）。

等级 6（媒介储存）：处理媒介储存的各种影响因素如热、光、湿度、空气及其他因素，它关系到媒介储存时间的长短。包括媒介通信及信息通信标准在内的多维技术性的问题一直归在科学技术领域范围内，模式中有关标准可以从技术科学的相关领域内引进并使用，将信息直接反馈到技术科学领域。

2. 书目信息领域已存在标准与模式的关系

现有标准多少有些与模式相吻合，略述如下：

等级 0 主要是关于磁带标号和信息约定方面的，如《文献目录信息交换用磁带格式》（GB/T 2901—1982）作为一种约定就是属于这个等级，还有《中国机读书目格式》（GB/T 33286—2016）、《信息与文献 参考文献著录规则》（GB/T 7714—2015）。等级 1 主要是数据结构方面的，过去有 ISO2709 和 Z30.2—1979，现在我国有《图书馆馆藏资源数字化加工规范》（文本资源 GB/T 31219.2—2014、图像资源 GB/T 31219.3—2014）、音频资源 GB/T 31219.4—2014、视频资源 GB/T 31219.5—2016 等、《信息与文献 图书馆射频识别（RFID）》（数据元素及实施通用指南 GB/T 35660.1—2017、RFID 数据元素 GB/T 35660.2—2017、RFID 标签数据编码方案）、《文本数据加工规范》（WH/T 45—2012）、《图像数据加工规范》（WH/T 46—2012）、《音频数据加工规范》（WH/T 49—2012）、《视频数据加工标准与工作规范》。等级 2 关于数据元标识符，属于此等级的标准主要是 MARC 格式；我国比较重视并进行系统化建设，颁布的文化行业标准有《古籍元数据规范》（WH/T 66—2014）、《电子图书元数据规范》（WH/T 65—2014）、《电子连续性资源元数据规范》（WH/T 64—2014）、《学位论文元数据规范》（WH/T 68—2014）、《期刊论文元数据规范》（WH/T 67—2014）、《网络资源元数据规范》（WH/T 50—2012）、《音频资源元数据规范》（WH/T 62—2014）、《视频资源元数据规范》（WH/T 63—2014）、《图像元数据规范》（WH/T 51—2012）、《图书馆数字资源长期保存元数据规范》（WH/Z 1—2012）、《管理元数据规范》（WH/T 52—2012）等。等级 3 表示特定数据元素值，ANSI/NISO Z39.9—1972 建立的 ISSN 和 ANSI/NISO Z39.43—1980 建立的 SAN，我国文化行业标准有《数字对象唯一标识符规范》（WH/T 48—2012）、《图书馆古籍定级规范》《图书馆机读规范格式》《中国少数民族文字古籍定级》（GB/T 36748—2018）、《汉文古籍特藏藏品定级》（简帛古籍、敦煌遗书、佛教古籍、碑帖拓本、古地图等）、《图书馆数字资源统计规范》（WH/T 47—2012）、《汉文古籍文本数据规范》等。等级 4 编排形式方面有《参考文献》（ANSI/NISO Z39.29—2005）、《书脊上的印刷信息》（ANSI/NISO Z39.41—1997）和《图书馆数字资源长期保存信息包封装规范》（WH/T 72—2015）。

等级 2～4 构成分类系统信息表达标准。类目名称作为标识符，有关标准及规则属于等级 2；而类目号码顺序序列，每个号码都有特定元素值，标准应建立在等级 3 基础上；类目名称和类目号码排列的形式方面的标准及规则则属于等级 4。

等级 5 主要是媒介方面的标准，我国有《信息处理交换用磁带标号和文卷结构》（GB/T

7574.3—1987）。媒介储存与信息通信方面的标准已有信息处理用汉字字模集及数据集系列标准。

3. 模式的讨论

字符通信中，每条信息（字符）前有起始位，后有结束位，数据元素是位，每个位是按位置确定的。这里的位即字符，就是说每个字符按位置确定。有些标准仅仅处理信息的一部分，分属模式中的各个等级。各个等级上的标准制定和使用，它们相互间有独立性，但模式构筑了它们之间的相互联系。

模式是书目信息标准的整体构架，其可以清晰地表征目前尤其是国内书目信息标准体系构建的现实及其需要加强的地方，对我国书目信息标准体系建设是有益的尝试。

第四节 中国社会化书目信息事业

书目信息事业是各类书目信息活动的高层次概括和总结，有自身的结构运动规律，但它受社会环境的制约。总结规律，并使之系统化，成为书目信息事业的发展原则，书目信息的基本职能之一即是比较研究各类、各国书目信息事业，找出书目信息事业发展的共同准则。同时，研究书目信息事业的一般规律，制定相应的书目事业目标，而这些目标又是衡量事业发展的尺度。对书目信息事业的评价，离不开具体的书目信息活动，评价的中介是"书目信息"。

一、书目信息活动的社会环境

当今社会，书目信息成为一种重要的社会资源，人类的书目信息交流成为一种重要的社会活动。在书目信息交流活动中，人们越来越信赖信息处理技术。科学技术的发展，也使得信息资源丰富，担负着日益增长的信息加工、生产和传播任务。

计算机网络系统的建立，通信技术的发展，使得系统之间的地域联系、国际联系无论纵向还是横向都在发展。书目信息作为信息交流的中介工具大有作为。

随着信息观念的不断深入人心，书目信息得到更高的重视，甚至被直接用于学术评价。书目信息系统功能进一步完善，有更大的实力开发信息资源，有利于书目信息市场的发展壮大。随着书目信息的处理、存储、传播、利用功能方面的扩展，尤其是经济信息系统与社会信息系统融为一体，书目信息界限和范围开始模糊，产业的成果智能性要求提高。大力加强研究开发，可以支持、促进各种信息处理和相关服务及其商品开发中的咨询分析和市场拓展服务。我国信息商品化与经济体制改革密切相关，技术市场、信息咨询服务等为商品化奠定了实践基础。我国信息商品化从有偿服务开始，国外联机信息的输入加速了国内各种信息系统的市场化，国际信息业加强了对中国市场的影响与渗透，信息服务业发展空间初步形成。我国信息服务业已经具备相应的条件和发展的环境。

商品化和市场化对我国书目信息事业发展具有积极的意义，商品化和市场化促进了信息产业发展，完善书目信息系统结构，为书目信息系统走向统一的社会信息系统奠定了良好基础。

二、学科发展环境

学科发展环境包括科技、文化教育事业的发展水平，社会经济因素，民族历史与文化传统等。发展科技、文化教育事业，可以提高社会公众的文化知识水平，增强公众使用书目信息的意识。社会经济状况决定书目信息事业的发展规模、速度和水平，社会经济发展，促进科技进步，文献数量种类增多、载体多样化，为书目信息活动提供丰富的信息源；经济发展刺激书目信息事业的发展；科技进步为书目信息活动提供新技术、新设备，书目信息活动的生产过程、服务方式发生变革，书目信息组织形式、结构也发生深刻变革。在当今信息产业崛起、知识商品化的浪潮中，我们用经济的眼光考察书目信息工作无疑具有重要的现实意义。书目信息是一种知识产品，它的生产不是以满足生产者自身消费为目的，而是为了满足人们的特定需求。生产者通过过渡书目信息的使用权或所有权的方式，即通过交换的形式达到书目信息生产的目的。因此，书目信息具备了商品的要素，同时，书目信息又是一种特殊商品，其特殊性表现在使用价值的知识性、价值实现的时效性和商业效益的潜在性等方面。我们剖析书目信息产品的商品特征，其目的就在于寻找评价书目信息工作的新准则，探求书目信息工作发展中的经济规律，进行这些问题的探讨，无疑将丰富目录学的理论，完善目录学的理论体系，从而为我国书目信息事业向产业化迈进打下坚实的理论基础。

文化的昌明，学术的兴盛，是目录学产生、发展的直接因素，不同文化背景产生不同的目录学，目录学具有民族文化的色彩，同时，目录学是为学术文化服务的，它本身就是学术文化的一部分，书目信息不仅揭示与报道一代文献的状况，而且反映一代学术的盛衰，专科书目更是各学科发展史的缩影。任何重大的学术活动和学术思潮，都会在书目系统中得到反映。

三、书目信息意识、书目信息需求与社会之间的关系

书目信息意识，是书目的社会功能在人际中的反映，也是时代进步、社会发展对书目信息客观要求在人脑中的反映[1]。研究信息心理、信息需求、信息行为的一般规律和特点，并分析其影响因素，这是一项实践性很强的社会研究活动。当书目信息需求得到满足时，甚至可以成为一种间接的社会生产力。目前，人们的观念随着时代发展不断更新，社会对书目信息的有效需求正在形成并日益增强，人们越来越注重信息资源开发与利用，信息成为一种战略资源、经济资源、社会资源的意识在逐渐深化。

对用户书目信息行为、心理意识的研究以社会学方法、社会心理学方法为基础，从问卷访谈法到现在用系统工程理论创立的一系列的新方法如比较分析、德尔菲法、模糊分析、数理统计、系统控制等，已形成了多学科方法相结合的方法体系。

---

[1] 傅红岩, 陈晖. 论我国社会书目情报意识的现状、原因与强化. 图书情报知识, 1992(3): 11-14, 56.

四、书目信息服务观

书目信息实践属于上层建筑,必须服务于一定的经济基础。我国实行社会主义市场经济后,给书目信息服务带来了新的需求,实现了信息"供"与"求"矛盾的统一。

以用户的信息需求为依据来组织开发书目信息资源是一种根本的指导思想。根据用户结构及需求的变化,调整书目信息组织的内容、结构、载体形式与组织模式,建立"用户中心模式"的网络信息组织方式。以用户为中心,按照用户或用户群的特点来组织书目信息资源,以用户的需求为导向进行书目信息组织、设计与安排,充分体现符合用户书目信息需求原则优先的理念。结合用户书目信息需求的特定化与独特化等特点,建立人性化与"以人为本"的书目信息组织模式,建立基于概念划分体系结构的、符合用户心理特点的书目信息组织方式。结合用户书目信息需求的高效化、易用性与可获得性等特点,适度把握书目信息组织的深度,建立便于交互的用户界面[1]。

第五节 书目信息组织的智能化与可视化

书目信息组织的智能化是指用基于计算机与信息技术的智能化工具,运用推理、归纳学习、模式识别、知识获取、神经元网络等有关数理统计技术,人工智能和知识工程等领域的各种知识、方法、手段来挖掘数据仓储中的书目信息。书目信息可视化是指给书目信息以可视化形象来提供直观的结果,揭示书目信息之间的关联,挖掘隐含的模式和结构,让我们有效地利用书目信息、发现书目知识。可视化技术是书目信息获取的一种重要途径。书目信息可视化技术把计算机可视化技术与信息资源获取和组织有机结合起来,将人类的视觉潜能与信息的外在表示方式联系起来。书目信息可视化丰富了书目信息表达方式,增加了书目知识存量,有利于知识创新[2]。目前,书目信息可视化系统主要采用树(trees)、图(graphs)、地图(maps)及虚拟现实(virtual reality)等隐喻方式完成书目信息及其结构的可视化呈现。

自然语言与规范控制语言相对应,自然语言是由关键词、自由词等非规范控制的语言组成的,题名、正文和摘要常常用自然语言表示。因其利用便利,目前许多书目信息组织系统均采用自然语言标引。同时,自然语言也存在不足之处,不能有效控制同义词和近义词,概念词之间也不能一一对应,信息系统缺少相应的控制机制。人工语言则是在自然语言的基础上,规范了同义词和近义词,提高了查全率和查准率。但人工语言也存在缺点,即使用成本较高,检索工具太专业,不利于用户的广泛使用。需要将自然语言与人工语言有机结合起来,提高信息获取的深度与精度[3]。

书目信息组织的技术研究还需要取得更加深入的突破,特别是在一些关键性的技术

---

[1] 刘建准. 基于用户信息需求的网络信息组织. 情报杂志, 2004(6): 64-65.
[2] 赵丹, 张会平. 基于可视化技术的知识提取研究. 图书情报工作, 2009(2): 100-103.
[3] 谷建新. 网络信息组织的问题与发展趋势. 图书馆, 2008(5): 90-91.

领域里，如人工智能技术、机器学习技术、语义网技术、数据挖掘技术、数据仓库技术、可视化技术、网格技术、本体技术、云计算技术等。随着开源理念的深入人心，开源技术的不断发展，书目信息组织的方法应当融合上述关键技术，并加强与用户的互动，不断地探寻书目信息组织的新方法。

第十章 网络学术信息资源利用

随着社会的进步和科技的发展，网络技术的运用已涉及人类学习生活的方方面面。网络学术信息资源作为一种新型学术资源，已经渐渐成为高校教学、科学研究以及知识创新的重要信息传播来源。相比于传统的信息获取途径，我们能够感受到网络学术信息资源的获取是更加快捷高效的。互联网的发展大大扩展了我们所能接触到的信息资源世界，使得信息生产与信息服务直接面向用户，互联网已成为信息资源最大的集散地。然而这些信息存在于网络世界中，既丰富多彩又杂乱无章。如何在鱼龙混杂的信息海洋中找到有利用价值的网络学术信息资源，对用户来说是一个巨大的挑战。互联网中有哪些可以被利用的信息资源，它们是如何分布的，又有什么特点，如何选择合适的网络信息资源库并迅速找到所需要的信息，是利用网络学术信息资源时需要思考的问题。

第一节 网络学术信息资源概念与特征

一、网络学术信息资源的概念

网络信息资源是指以电子数据的形式将文字、图像、声音、动画等多种形式的信息存放在光、磁等非印刷的介质中，并通过网络通信、计算机或其他终端等方式再现出来的信息资源的总和[1]。广义上的网络学术信息资源是指以数字化形式记录，通过计算机网络发布与存取，并具有一定的科研价值，能够为学术研究所利用的信息资源，包括各种网络科技数据库、通用搜索引擎、学术会议网站、科研项目网站、网络学术论坛、开放存取系统以及大量的教育、科研人员主页和博客等。其中，各种学术文献的数据库资源已成为高校、各类科研院所进行教学、科研与知识创新活动的主体[2]。了解网络信息资源的特点，可以更清楚地知道网络信息资源的优势与劣势，在之后的网络学术信息资源的检索与利用中更好地发挥主观能动性，提高检索效率。

---

[1] 华薇娜. 网络学术信息资源检索与利用. 北京: 国防工业出版社, 2002.
[2] 李宝强, 成颖. 网络学术信息资源利用研究的意义和基本框架. 情报杂志, 2009, 28(9): 188-193, 121.

二、网络学术信息资源的特征

（一）信息丰富，范围广泛

互联网已经成为继电视、广播和报纸之后的第四大媒体，且其自身影响力还在不断提升。互联网的信息资源极为丰富，它既是信息资源储存和传播的主要媒介之一，也是集各种信息资源为一体的信息资源网。进入 Web 2.0 时代后，伴随着各种移动设备、物联网和云计算、云存储等技术的发展，人和物的所有轨迹都可以被记录，数据因此被大量生产出来。数据来自无数自动化传感器、自动记录设施、生产监测等设备，大数据的起始计量单位不仅仅是人们现在熟知的 G、T 级别，还可能是 P（1P=1024T）、E（1E=1024P）或 Z（1Z=1024E）这些数量级。由于信息源的暴增、信息发布自由，网络信息量呈爆炸式增长[1]。

（二）信息全面，种类多样

随着网络技术的发展，信息表达方式变得多样化，从而导致网络信息资源的多样化和异构化。互联网上的信息资源层次众多，按不同的划分标准有一次信息、二次信息、三次信息；也有如文本信息、图像信息、图形信息、表格信息、超文本信息等，以及多媒体、多语种、多类型信息的混合体。信息组织非线性化，超文本、超媒体信息资源成为主要组成方式。网络信息资源包罗万象，几乎覆盖了各个学科、各个领域、各个地区以及各种语言的信息资源。网络信息的发布者既有政府部门、高等院校、科研院所、学术团体、行业协会等大型组织，也有大量的公司企业以及个人用户。

（三）自由发布，面向用户

进入 Web 2.0 时代后，用户主导而生成的内容成为互联网产品模式的主流，以此生成的互联网领域以人为本的创新 2.0 模式，是由专业人员织网到所有用户参与织网的创新民主化进程的生动诠释，并由此生成了海量的、复杂的数据集合。除了以往联机检索以及大量在图书馆工具书、检索刊物的基础上发展起来的数据库这些正式信息交流渠道外，网络信息资源中更多的是非正式交流渠道发布的信息。这里提供了自由发表个人见解的空间和获取非出版信息的机会，还包括了类似于灰色文献信息、还未成熟的观点、个人研究心得等正式出版物无法展现的信息。同时，讨论群组、邮件、论坛等渠道，以及各类社交网络平台也为用户提供了更多信息传播和交流的空间。

（四）时效性强，更新频繁

大数据时代下，互联网信息资源最显著的一个特点就是可以实时地从不断变化的动态数据中抽取用户所需要的信息，且创建和移动数据的速度较快。在当今高速发展的网

---

[1] 韩丽华，魏明珠. 大数据环境下信息资源管理模式创新研究. 情报科学, 2019, 37(8): 158-162.

络环境下，软件性能优化促使电脑处理器和服务器不断升级，可以实现创建实时数据流的目标。信息资源管理不仅包括数据存储与检索的过程，还包括处理数据、分析数据并反馈给用户的过程，以满足用户的实时需求。与电视、报纸等传统媒体相比，互联网信息的更新相当及时，且无须审核、制作、发放等过程，可以瞬时实现交流。而消息更新的频繁也可能导致真假信息混杂，获取准确消息的难度增大。

（五）成本低廉，检索方便

在友好的用户查询界面下，用户可以根据需要和已知信息任意选择检索方式与入口，进行自然语言检索、全文检索，简便易学。大部分搜索引擎在不断地升级且越来越智能化，输出的信息按相关性大小排序，通过对关键字词的查询，可以迅速查找到所需内容；用户还可以在更大的库存容量范围、更大的时间跨度范围检索，或在更多数量的数据库集合中进行总体检索，检索出的信息更专业、对口且全面。相对于传统信息资源，网络信息资源无须批发、代理、零售等中间环节，大大降低了成本。

（六）分散无序，管理困难

在网络信息资源爆炸式增长的时代，人人参与、人人生产这种信息传播生产方式早已使网络信息资源不可量化，并且这种不可量化的网络信息有可能是视频、音频、文字、图片等，大部分缺乏统一的标准格式。在互联网的快节奏下，不同的数据表达传输方式层出不穷，不同的数据在不同的使用场景、不同的用户受众下均有其独特的制定标准。更加多元化信息共享渠道方式的产生，使得多形式多标准的数据共享会带来更多不可预测的问题。同时，伴随着相关技术的更新迭代，这些技术所对应的数据格式可能也会更新迭代，甚至可能会被完全淘汰。因此，从整个网络环境来看，尚未形成高效、合理、统一的数据标准，这也导致了网络信息资源管理的困难[1]。

（七）内容冗杂，良莠不齐

互联网的信息大部分都没有经过严格的审查，信息发布有很大的自由度，海量信息中，不同格式的信息资源可能记载传达着相同的讯息，这也导致了大量冗余的产生。正式出版物与非正式出版物混合在一起，有价值的学术信息、商业信息、服务信息与广告、暴力、色情等不良无用信息交织，信息质量无法保证，这不仅严重影响网络用户的检索效率，也为图书馆将来对网络信息资源的进一步开发和再利用设置了很大的障碍，给利用有价值的网络信息带来极大不便。

在明确网络信息资源的特征之后，我们可以感受到网络信息资源的利用与传统环境下学术信息资源的利用存在着极大的差异。网络学术信息资源利用的特征体现在：①使用权，用户只要拥有了使用权，就可以完整且系统地利用网络学术信息资源。②网络信

---

[1] 夏禹. Web 3.0 背景下高校图书馆对网络信息资源的整合研究. 智库时代, 2018(51): 88-90.

息资源分布，传统时代信息资源的分布和网络信息资源的分布是有差异的。对于不同的网络信息的生产商，网络信息的分布、结构、组织方式以及信息的揭示方式都不相同。③网络检索工具，网络遍及世界各地，各个地区、各个国家使用的网络搜索引擎也是有差异的，对于专门数据库的利用，存在专门的检索工具，所以对于专门的检索工具或者检索软件，用户应充分了解它们的使用方法、使用范围以及使用的权限。④阅览器，在网络上利用学术信息资源，不同的数据生产商有自己发布的不同的阅览器，比如 Adobe Reader、CNKI 的 CAJ 阅览器、超星的图书阅览器等。这些阅览器在使用方法、功能以及对网络信息的利用等方面是有差异的。⑤翻译工具，网络信息资源利用和传统的信息资源利用另一个重大差异体现在翻译工具的使用。在网络上获取网络信息资源的时候，语言障碍成为一个突出的问题，所以对于翻译工具或者翻译软件的了解和掌握也显得尤为重要。另外，对于网络文本的转换、编辑、加工利用等软件和工具，用户也应加以充分地了解和认识。

第二节　网络学术信息资源划分与种类

网络学术信息资源广泛分布于整个网络系统之中，目前仍然没有一个统一的组织管理机构，也没有统一的目录。对于网络学术信息资源的划分，可以有多种不同的划分标准，大致分为以下几种。

一、按信息资源的加工程度划分

（一）一次资源信息

一次资源信息指那些未经加工的、不具备检索入口的原始资源信息。这些信息从内容上来看比较详细、准确，但分散无序。在网络信息资源中多为个人在网站、论坛等发布的信息。

（二）二次资源信息

二次资源信息将分散的、无组织的一次信息，根据一定的方法，经过整理、归纳、简化，把可供检索信息的特征著录下来而形成的有组织的、系统的信息类型。这类信息提供获知一次资源信息的渠道，并提高一次信息的传递速度和使用效率，多为文摘索引类的具有标引检索性质的网络信息，如目录、索引、摘要等。

（三）三次资源信息

在一、二次信息的基础上，通过评价筛选，以简练的文字编写而成，提供检索入口并能被用户直接利用的信息资源，多为工具书类的网络信息，如综述、文摘、教材、百科全书、字典等。

（四）全文信息

若根据信息的发布者来判断，这也算一种原始的信息资源。但从加工程度上来看，这是经过加工了的、在数据库中供全文检索的信息资源。包括图书、连续出版物、政府工作报告、科技报告、会议文献、专利、学位论文、档案等。全文检索是指以全文本信息作为检索对象，建立全文数据库，除了具有布尔逻辑检索功能外，还具有文本检索功能，并允许用户以自然语言检索，直接获得原文或原文中相关的章节、段名等。全文检索具有全新、方便的检索功能，可以直接根据文献资料的内容进行检索，支持多角度、多侧面的综合查询方式。

二、按信息资源的载体划分

（一）数字化网络学术信息资源

数字化网络学术信息资源包含了传统环境下所有的学术资源，包括一次文献、二次文献、三次文献等。这些原本已有纸质或其他物质载体的学术资源在网络环境下被数字化制作和呈现，并且在网络上被传播、利用和交流。

（二）纯数字化学术信息资源

纯数字化信息资源是指一经生产出来就以数字化的方式记录的学术信息，也称为原生数字资源，比如网络上的数字化论坛、博客、学术网站以及一开始就以数字化的方式出现的数据库或者电子图书。纯数字化的网络信息资源最大的特点就是没有纸质载体的文献形式。

三、按信息资源的有偿性划分

（一）收费信息资源

用户需要先行注册登记，并通过一定的付费方式交纳所需费用后或获得授权后方可使用完整的信息资源。对于局域网内用户来说，一旦主机系统成为某系统的注册用户后，所有网内（IP 地址范围内）用户即可登录该系统使用其数据库，不过一些系统会控制局域网内并行用户的数量。一般来说，除公益项目外，商业性机构开发的大型的、成本费用高的系统采用收费方式的较多，这一类数据库大多是为某个专业或行业生产出来的专门性数据库，如 OCLC、CNKI、超星等。

（二）免费信息资源

无偿服务的数据库多为非营利性公司开发，或小型的、实验性的、新发布的数据库，多数不需要注册，用户便可以直接连接使用。即使有些数据库要求用户注册，也是为了了解、掌握用户信息，系统仍然是免费的。这类网络信息资源在使用的全过程中都是免费的，不需要授权，用普通的网络搜索引擎就可以搜索到，比如百度百科、Google、Google Scholar 中的一些学术信息资源都可以用免费的方式获取。

值得注意的是，这两类信息资源不是固定不变的。为了让更多的用户了解并成为其数据库的购买者，不少收费的数据库系统常通过提供免费试用的方法，向各科研教学单位或个人推广其产品。因而试用阶段的收费数据库往往是免费的。反之，一些在建成之初宣称免费的数据库在得到一定数量的固定用户后，也会转变为收费数据库。此外，在一些特殊时期，收费的数据库系统也可能会出于公益性目的在规定时间内免费开放数据库资源供用户使用。还有一类资源，不是严格意义上的免费，如 OA 资源、机构知识库（IR）资源、学术社区（如 ResearchGate）的资源，是学术交流方式发生变化后，用户获取资源的新方式和新途径。

第三节　网络学术信息资源检索

信息资源的爆炸式增长导致网络信息的生产和利用的矛盾逐渐尖锐，网络信息资源在得到极大充实丰富的同时却无法被充分有效地利用。绝大多数用户没有专门学习过网络检索，不了解网络学术信息资源检索的基本方法，导致检索效果大打折扣。因此如何在浩瀚的网络资源海洋中全面、准确、迅速地获取有利用价值的信息成为各类用户，尤其是学术科研人员所面临的一个重大问题。网络学术信息资源大量增加，成为我们进行科学研究的重要信息源。因而，掌握网络信息检索的基本方法，了解网络信息检索的特点，对于我们全面高效地获取网络学术信息资源具有重要的意义。

在互联网上获取所需要的信息，主要是要找到提供信息源的服务器。也就是说，我们应先找到各个服务器在网络上的地址（URL），然后通过该地址访问服务器来找到信息资源，获取网络学术信息资源的形式主要是全文获取[1]。

一、学术信息资源检索的基本方法

在网络上进行学术信息资源检索的基本方法主要有以下几种。

（一）网址查询直接浏览

如果用户要访问已知地址的学术信息资源，可以直接在浏览器地址栏中输入已知的网站或网页地址直接进行浏览，这是一种最常见、最有效的获取方式。网络学术信息资源的用户中有许多都有自己侧重的研究领域，会有意识地积累一些与本专业相关的网址以及信息资源导航的网址。用户可以充分利用浏览器中的收藏夹功能，保存和管理浏览过的感兴趣的网站或网页，也可以通过与他人的交流征询获取相关的网址。同时，目前在一些专业刊物上有一些专门介绍某些专业互联网资源的文章，也可供我们参考使用。

---

[1] 王立清, 宋文燕. 网络社会科学学术信息资源检索的基本方法和特点. 成人高教学刊, 2002(4): 57-60.

该方式有些类似于传统环境下的资料索引收集工作,能否有效地采用这种方法关键在于用户平时是否能够多渠道地收集相关网址。直接按网址进行查询的方法简单高效,但获得的学术信息资源仅是沧海一粟,能够通过这种方法获得的信息资源非常有限。

(二)利用搜索引擎检索

搜索引擎作为基本的网络检索工具,在信息资源的检索中处于重要的地位。利用搜索引擎检索是获取网络学术信息资源较为常规和普遍的方式。搜索引擎使用自动索引软件来发现、收集并标引网页,建立数据库;以 Web 形式提供给用户一个检索界面,供用户输入检索关键词、词组或短语等检索项;代替用户在数据库中查找出与提问匹配的记录,并返回结果且按相关度排序输出。搜索引擎突出的是检索功能,许多人把它称为因特网资源的关键词索引。

搜索引擎发展至今,其技术日趋完善,未来将进一步和智能搜索技术相结合,具有更为广阔的前景。搜索引擎是提供给用户进行关键词、词组或自然语检索的工具。用户提出检索要求,搜索引擎代替用户在数据库中进行检索,并将检索结果提供给用户。它一般支持布尔检索、词组检索、截词检索、字段检索等功能。利用搜索引擎进行检索有这样一些优点:省时省力,简单方便,检索速度快、范围广,能及时获取新增信息。但在利用搜索引擎查找信息的过程中,也存在着一些问题,如查准率太低、噪声太大,这在很大程度上影响了用户利用搜索引擎获取信息资源的效率。

利用搜索引擎查询获取网络学术信息资源比较适合用户从关键词的途径获取信息。但在使用过程中,尤其是利用英文搜索引擎进行查找时,应注意掌握一些检索技巧,如认真分析课题、多键入相关的关键词、使用词组检索和字段限定检索等。

(三)利用网络目录指南

利用网络目录指南,是指从分类主题的途径获取所需的学术信息资源。在互联网上存在着一些特殊的门户网站,其主要目的是收集和整理网上提供的各类信息。这些网站是由信息管理专业人员在广泛搜集网络资源并进行加工整理的基础上,按照某种主题分类体系编制的一种可供浏览的等级结构式目录。在每个类目及子类下提供相应的网络资源地址,并给予简单的描述,使用户在目录体系的导引下,逐层点击,直至发现有关的信息,这就是所谓的网络目录指南或称之为信息资源指南。网上提供的信息资源指南可以分为两大类:

一类是搜索引擎的分类目录,如著名的 Yahoo、搜狐的目录等。在这些目录中都有社会科学的专门类目,几乎包括了社会科学各个学科的信息资源。它们通常由专业人员在对网络资源进行鉴别、选择、评价、组织的基础上编制而成,对于获得网络学术信息资源具有重要指引作用。此外,某些搜索引擎的分类目录还可以配合关键词检索一同使用。

另一类是各个信息机构整理编制的信息导航,如 CALIS 的重点学科导航库(http://www.calis.edu.cn)。这些导航与搜索引擎的分类目录相比,更加注重信息资源的学科分类，更符合我们查询学术性资源的思维模式。这类信息导航多由人工编制，荟萃了网上学术性资源的精华部分。

利用网络信息资源目录指南是查询网络学术信息资源较为有效的方法。网上除了有许多包含各学科内容的综合性目录指南外，还有很多专题性的信息资源指南，几乎每一个学科专业、研究领域的网络资源指南都可以在互联网上找到。我们可以通过目录浏览，比较全面地获取某个学科或某个主题的网上资源，提高对网上资源的智能性获取能力，比较适合对宽泛性主题的信息进行查询。这种方法强调的是信息资源的浏览功能，但它也存在着一定的局限性，主要表现为：管理和维护跟不上网络信息的增长速度，导致其收录范围不够全面，更新不够及时；同时，由于网上的目录指南没有统一的分类标准，所列出的类目体系主要受标引者分类思想的影响，有时用户所需要的类目未必在目录中找得到，这也为信息获取带来了负面影响。

总的来说，这种信息查询方式简便易行，用户不需要经过专门的培训，就可以轻松地利用万维网的超文本技术浏览和获取网络学术信息资源，但需要用户能够注重平时对目录指南的收集，其中包括综合性的目录指南和专业性的资源导航。只有这样，才能有效地利用浏览方式获取丰富的学术信息资源。

（四）查询网络数据库

网络学术信息资源分布在全球不同的服务器上，而相对最为集中的是网络数据库中的信息资源。随着信息技术的发展，传统的联机数据库服务也开始将自己的许多服务转向互联网平台，以网络数据库的形式为用户提供学术性信息资源的检索服务。网络数据库所收录的信息资源学术性强、质量高，包含有大量的学术性图书、期刊文章、研究报告等，是科研人员从事学术研究的资料基础。因此，访问网络数据库是用户获取学术信息资源的最有效的方法，尤其是全文数据库的迅速发展，为用户直接获取原始文献提供了便利。

网络数据库可以分为免费网络数据库和收费网络数据库两种。目前，国内外有部分机构将其所拥有的数据库放在网上，免费供用户使用，如中国期刊网的题录数据库等。但存在更多的是收费的网络数据库。这些数据库由专门的公司或机构进行开发，主要目的就是提供文献信息服务，它们收集的文献数据比较系统、完整、全面，数据量大且更新及时。许多网络数据库在国际上均享有盛名，伴随经济全球化进程的加快，科研活动也逐步实现全球化，越来越注重国际交流，而这些网络数据库中收录的文献对于科研人员了解学科发展动态、确保自己研究成果的创新性和新颖性具有重要的意义。因此，查询网络数据库是获取学术性信息资源的重要途径。

利用网络数据库查询检索文献应注意两点：一是要获知网络数据库的登录入口；二是要掌握一些网络数据库的检索技巧。对于免费的数据库，用户可以按其网址直接登录其网站，或通过查询搜索引擎找到它的服务器地址；对于收费数据库来说，多为集体购买，然后提供给本局域网上的用户使用，如高校的图书馆购买多种有价值的网络数据库，用户可以在本校园网的任何一台主机上访问这些数据库，而该校园网外的用户则不能使用这些数据库。作为网络数据库，其检索功能较为完善，多数网络数据库都支持布尔检索、字段限定检索、截词检索、位置检索和自然语言检索。在网络数据库的检索过程中，能否构造一个完整的检索式对于提高检索结果的查准率和查全率都有很大影响。这就要求信息机构加大用户培训的力度，使花巨资购买的网络数据库资源得到充分的利用，满足用户查询网络数据库的信息需求。

（五）查询数字图书馆

查询网络学术信息资源的又一重要的途径是查询数字图书馆。对于从事社会科学研究的用户而言，数字图书馆的主要资源有三种类型：一是联机公共检索目录（OPAC），如我国国家图书馆的联机公共检索目录（http://opac.nlc.cn）；二是图书馆工作人员通过收集、整理、组织网上资源而形成的学科信息资源导航，如各高校图书馆的信息资源导航；三是图书馆购买的各种商业数据库。用户可以通过OPAC获知相关的书目信息，也可以在网上预约借书。数字图书馆的学科信息导航不同于搜索引擎的分类目录，它以学科分类为基础，以搜集学术性信息为宗旨，经过人工筛选重新组织形成。此外，数字图书馆还是我们利用商业数据库的入口，图书馆还提供利用网络学术信息资源的各种培训。用户可以充分利用数字图书馆获取自己所需的信息资源，如中国国家图书馆（http://www.nlc.cn）、北京大学图书馆（http://www.lib.pku.edu.cn）、南京大学图书馆（http://lib.nju.edu.cn）等。

在使用各种网络工具进行学术信息资源检索时，不同的检索途径和检索方式都对用户提出了不同程度的专业性要求。其实，网络信息检索的原理在很大程度上传承了手工检索的基础，是在原有检索理论的基础上扩展创新的成果。要想提高网络学术信息资源的查全率和查准率，用户必须了解网络学术信息资源的特征，掌握网络信息检索的技巧，以优化检索结果，获取到更多可利用的信息资源。

二、网络信息检索的技巧

（一）选取适当的检索工具

各类检索工具的查询范围、检索功能各有侧重，因此根据检索主题的需要和要求，选择适当的检索工具，是提高检索查全率、查准率及效率的首要条件。选择检索工具应遵循以下原则：①以专业对口、高质量为原则。一般来说，网络资源信息检索应从本单位、本地区或系统现有检索工具的实际出发，选择专业对口、质量高的检索工具。②综合性与专业性相结合。先考虑综合性的全文索引搜索引擎，然后选择专业性垂直搜索引擎加以补充。这是由于综合性全文搜索引擎通常以全球网络资源为目标，而一些中小型垂直搜索引擎则以某一区域或专业的专题信息为侧重点，前者的搜索范围广泛，但就某一局部或某个专业而言，内容却未必有后者的丰富和完备。③以先中文后外文为原则。在选择语种方面，先考虑选用中文的检索工具或系统，然后考虑英文语种，最后使用其他语种，这是基于中国人的语言实际而考虑的。④选择检索工具时应了解其工具特有的检索方式、所支持的检索功能，以及检索结果有几种表达方式[1]。

（二）选用适当的关键词

选用适当的关键词，既是检索中的技巧，也是检索经验积累的结果。选用关键词能力的提升除了实践中不断尝试和积累外，还应掌握表述准确、贴切的原则。网站或数据库都有自动搜索关键词的功能，因此，准确表述关键词是获得良好搜索结果的前提条件。一般用户之所以搜索结果不理想，主要存在的问题有：①主题思路正确，但不能正确地作出表述，如关键词语义不清或有错别字，因此应注意提升关键词准确度。②主题不够关联或简练。搜索引擎要求关键词简练、匹配，因此提交搜索请求时，应把关键词提炼成简单的、所希望找到的、与信息主题相关联的查询词。关键词并不是越长越好，而应该合适、贴切。③使用多个关键词。对于大部分搜索请求，都能通过搜索网站找到需要的网页，但如果选择关键词不合适、贴切，搜索网站会返回很多不相关的结果。如果将多个相关的关键词加在一起搜索，返回的结果就会少很多，结果也会更加准确。

（三）构建正确的检索式

检索式是检索策略的具体体现，它控制着检索过程，构造是否合理正确关系到检索结果的好坏。一个好的检索式应准确地反映检索的内容主题，符合检索系统的功能、限制条件和规定，将检索结果控制在准确的范围内。以下一些基本的检索命令或符号是在构建检索式时需要掌握的。

1. 基本布尔逻辑符号

布尔逻辑检索是检索系统中应用最为广泛的检索技术，基于布尔逻辑检索理论的成熟性，其理论便成了构造检索表达式最基本、最简单的匹配模式。基本布尔逻辑运算式有三种：

其一，逻辑"与"，以"AND"或"*"表示。以此表示其所连接的两个检索项的交叉部分，即交集部分。逻辑"与"检索能增强检索的专指性，使检索范围缩小。

其二，逻辑"或"，以"OR"或"+"表示，用于连接并列关系的检索词。运算逻辑或检索可扩大检索范围，提高检索的查全率。

其三，逻辑"非"，以"NOT"或"-"号表示，用于连接排除关系的检索词，即排除不需要的和影响检索结果的概念。逻辑"非"用于表达两个或两个以上检索词之间排除不需要的检索词（关键词、主题词）运算，以缩小检索范围，提高检索的准确性。若使用不当，将会排除有用信息，导致漏检。

2. With 符号

邻近度算符 With，以"With"表示。用于表示同时出现在同一文献的一个字段的两个词，用 With 连接检索词 A 和 B，检索式为"A with B"。表示检索词 A 和 B 不仅要同

---

[1] 张晨. 网络信息资源的检索及技巧. 图书情报论坛, 2010(3): 46-48, 70.

时出现在一条记录中,还要同时出现在一个字段里的文献才是命中文献。

3. Near 符号

邻近度算符 Near,以"Near"表示。用于表示不仅要同时出现在一条记录的同一字段,还必须在同一个子字段里的两个词,用 Near 连接检索词 A 和 B,检索式为"A near B"。表示检索词 A 和 B 不仅要同时出现在一条记录中的同一个字段里,还要同时出现在同一个子字段里的文献才是命中文献。

4. 通配符

通配符也叫截词符,在进行信息检索时,可以在检索词的后面加一个通配符来进行截词检索,以代替任意的字母组合,这样就可以把包含某一词根的不同形式的资料同时检索到,减少了由于单词的不同形式造成的含有某一词根的检索资料的漏检。通配符是一种特殊语句,主要有星号(*)和问号(?),也有的数据库拥有其特定的通配符,可以通过阅读该数据库的"帮助"界面找到准确的表示符号。如输入"physic*",可分别得到 physical,physics,physician,physically,physicist 等结果。

5. 双引号

在网络检索中,双引号中的词被看作是一个整体在文本中查找。例如需要检索 information management 方面的资料,则需要使用"information management"这一表达式,这样计算机才会将 information management 作为一个整体进行检索,否则检索的结果可能会分别出现"information"或"management"各自的资料,而非专门针对 information management 的资料。

6. 字段检索与限制检索

在搜索引擎中,可以通过在检索词前加"t"或"u"来表明是在特定的字段中进行检索,"t"表示只在标题中进行检索,"u"表示只检索网址,这些符号可以用来控制检索结果的相关性,提高检索效率。

一个检索式中可以同时使用多个逻辑运算符,构成一个复合逻辑检索式。复合逻辑检索式中,执行顺序按级别从高到低运行,依次是 NOT、AND、Near、With、OR,但可根据需要用括号重新规定顺序。括号的作用是使括号内的操作符先运行,也即先被计算机解释,而括号外的逻辑符则按原先顺序在其后依次运行。使用括号的目的是保证计算机明确认知到执行的步骤顺序以达到理想的检索效果。

(四)调整检索范围

1. 扩大检索范围

当检索结果为零或检索结果太少时,可扩大检索范围,以提高检索查全率。其主要途径有：①使用多个搜索引擎和数据库检索。任何大型搜索引擎都不可能将公开网页全部收录，且都有收录的侧重点。因此，对于难度大的检索，必须进行多搜索引擎检索。对于要求高且复杂的检索，至少要分别使用 Google、百度、搜搜、Bing、搜狗 5 个搜索引擎进行搜索，或利用元搜索进行多库搜索。②扩大检索主题。在布尔检索式中，增加布尔"或"相连的关键词，减少"与"相连的关键词，即扩大搜索的主题。③利用近义词和同义词检索。可使同一主题的检索的结果更加全面，反映同一概念的检索词越多，就越能保证查全率。④采用上位词检索。如"检索"是"文献检索"的上位词，通过扩大检索概念范围的方式提高检索效果。⑤在文摘或全文字段中检索。除搜索题名和关键词外，把搜索范围扩大到文献和全文字段能够使检索结果大大增加。⑥为了获得较多的检索结果，可应用循环法来不断扩大检索范围，或利用减少限制、站点推荐、模糊检索来扩大检索范围，这些策略的运用都有利于检索结果的增多。

2. 缩小检索范围

若检索结果太多或不相关时，可缩小检索范围，以提高检索的查准率，其主要途径有：①增加检索概念。在检索式中增加检索概念，如加入"AND"运算符，或利用二次检索功能，逐次附加新的检索条件，进行概念限制，缩小检索范围。②排除无关概念。检索结果中反复出现无关或重复信息，可利用"NOT"运算符排除无关概念，即在不需要出现的关键词前加"-"排除之。③短语检索。将拟检索词加双引号进行检索，以提高检索精确度。④限定检索。一是对检索的字段、时间、网域、语言或其他辅助字段加以限定；二是将检索词限定在篇名或叙词字段中，以此提高检索的查准率。⑤专业术语检索。使用专指度较强的词汇和专业术语检索，以提高检索的专指性。⑥搜索具体化。检索前，明确检索主题，限定查询范围，选择确切的检索词，使之具体化、明确化，以提高检索的查准率。

（五）利用"检索帮助"

互联网的检索工具、搜索引擎都是在不断地更新和改进的，信息提供者或获取者应不断跟进了解它的新功能，而网站上的诸如 about us（关于我们）、online help（在线帮助）、FAQ（经常提问的问题）、search tip（检索提示）等介绍性文件能够给予帮助。这些介绍性文件图文并茂，通俗易懂，便于掌握。初次接触一个网站时，可花费少量时间熟悉它的特性，浏览它的"帮助"和提示，以了解其设计、数据库范围、新增功能、常用检索技巧、检索具体要求、查询注意事项等。利用"检索帮助"进行检索，可以提高检索的查全率和查准率。

第四节　网络书目信息资源

随着计算机技术和网络技术的发展与普及，各行各业、包罗万象的大量信息迅速涌到网络上。网络信息资源中蕴藏着数量巨大的学术信息资源，它们是高校师生和科技工作者查找的主要目标，也是图书馆作为信息中介和学术机构实施网络信息资源的搜集、分类、组织、有序化的主要对象。随着计算机技术、通信技术、信息处理技术的发展及其在信息检索领域中的应用深入化，书目信息的检索向网络化、智能化方向发展，致使基于 Web 的联机书目查询的效用与价值在当今信息服务领域逐步得到体现。下文列举了一些现有的网络书目信息资源可供参考。

一、国家书目信息资源

国家书目是全面系统地揭示与报道一个国家出版的所有文献信息的总目录。国家书目分为两种类型：一种是以全面登记一个国家最近出版文献为内容的现行国家书目；另一种是以全面登记一个国家在过去一定历史时期出版文献为内容的回溯性国家书目。它是一个国家全部出版物的现状与历史的记录，是用以掌握和控制一个国家全部出版物的重要手段，是实现国内外书目控制的基础。同时，它还是各门学科文献的系统而可靠的来源之一，是促进科学技术的发展、实现文献资源共享的重要条件。现代的国家书目较多地采用电子计算机技术，实行自动化编目。为了提高国家书目的质量和便于国际书目信息交流，1977 年国际图书馆协会和机构联合会的世界书目控制计划办公室为联合国教育、科学和文化组织制定了《国家书目机构和国家书目准则》。

我国现行国家书目的编制目前有两大系统，一是自新中国成立以来，由版本图书馆连续编制出版的《全国新书目》和《全国总书目》。二是中国国家图书馆自 1987 年以后，开始编制出版的《中国国家书目》。网络上可查询的是《全国新书目》（http://xinhshumu.qikan.com）[1]。目前网站依然可以访问，只是数据更新已经不够及时。

二、图书馆网上联机公共目录查询系统（OPAC）

图书馆或文献收藏单位无论大小，都要编制一部能反映其文献收藏状况的目录，即馆藏目录。传统的馆藏目录以卡片目录为主，读者必须亲自到该馆并在开馆时段方能查询，严格受到时间和地域的限制。20 世纪 70 年代中期，联机公共目录查询系统（OPAC）出现。它是一种通过联机书目检索，以实现图书馆书目信息资源共享的现代化检索系统。OPAC 书目资源是包括书目、文摘、全文、相关资源及多媒体信息在内的各类介质资源。其特点是以数字化的方式将馆藏资源揭示给用户。经整合后，它将是一个整体的、立体化的能满足用户多种需求的书目资源系统。用户检索到书目信息后，可以立即阅读书刊的全文，还能浏览与之相关的文字、音频、视频等资料。OPAC 从一开始就受到用户的极大欢迎，因为它不受时间和地域的限制，检索起来省时省力。随着图书馆的数字化和自动化等各方面的发展，OPAC 也有了惊人的发展。目前在我国，几乎所有图书馆都已经有了自己的 OPAC。

---

[1] 纪晓平, 闫安. 网上书目信息资源的探索与研究. 情报科学, 2003(10): 1047-1049, 1053.

（一）中国国家图书馆 Web OPAC

中国国家图书馆（http://www.nlc.cn）是国家总书库、国家书目中心、国家古籍保护中心以及国家典籍博物馆。至 2018 年 10 月，中国国家图书馆馆藏文献 3768.62 万册，其中古籍文献近 200 万册；数字资源总量超过 1000TB，是世界最大、最先进的国家图书馆之一。目前中国国家图书馆使用 ALEPH500 联机公共目录查询系统。Web OPAC 是通过 HTTP Internet 标准访问 ALEPH500 联机目录的一个界面，其允许读者以匿名身份或系统读取的身份登录（激活读者缺省的需求文件）以进入系统。新版 Web OPAC 顺应时代发展需要，加入了更多高效率、智能化元素，是一种更加强大而易用的检索工具。

（二）地区公共图书馆馆藏 OPAC

南京图书馆（http://www.jslib.org.cn）是中国第三大图书馆、亚洲第四大图书馆，江苏省省级公共图书馆、首批全国古籍重点保护单位、国家一级图书馆、江苏省文献资源保障中心。至 2018 年 9 月，南京图书馆馆藏总量超过 1200 万册，其中古籍 160 万册，数字资源有"CNKI""瀚堂典藏""Proquest"等引进数据库及自建数据库共 50 余种。用户在进入南京图书馆官方网站首页后，可以看到"馆藏书目检索""数字资源检索""站内检索"的导航条，可以直接点击进行书目检索。

上海图书馆（https://library.sh.cn）是上海市综合性研究型公共图书馆和行业情报中心，也是全国文化信息资源共享工程上海市分中心、文化部公共文化研究基地。至 2015 年年底，上海图书馆藏有中外文献 5500 余万册（件），其中中文古籍线装书 170 万余册，善本 2.5 万种 17 万册，属国家一、二级藏品的有 2256 种 13526 册，中文期刊 19915 种，上海地方文献共 8454 册，上海历史图片 21429 张。用户进入上海图书馆新版网站主页后，在上方导航栏就可直接点击进行书目检索。

（三）教育科研系统图书馆书目信息

中国科学院文献情报中心（http://www.las.ac.cn）立足中国科学院、面向中国，主要为自然科学、边缘交叉科学和高技术领域的科技自主创新提供文献信息保障、战略情报研究服务、公共信息服务平台支撑和科学交流与传播服务，同时通过国家科技文献平台和开展共建共享为国家创新体系其他领域的科研机构提供信息服务。至 2015 年年底，文献资源总量达到 1145 余万册(件)。用户在访问其官方网站后，可以点击"馆藏纸本"按钮进行馆藏目录检索。

三、网上联合书目信息资源

联合目录是若干图书馆或文献收藏单位合作编制的馆藏目录。它的一个重要特征是反映某一具体文献的具体收藏地点。

（一）CALIS 联合目录数据库

中国高等教育文献保障系统 CALIS（http://opac.calis.edu.cn）推出 CALIS 联合目录公共检索系统，于 2000 年 3 月正式启动服务，面向 1000 多家成员单位提供服务，已成为国内外颇具影响力的联合目录数据库。截至 2018 年 6 月 30 日，CALIS 联合目录数据库共有书目记录 713 万余条，规范记录 175 万余条，馆藏信息约 5000 万条。书目记录涵盖印刷型图书和连续出版物、古籍、电子资源等多种文献类型，覆盖中、西、日、俄、韩、阿拉伯文等 100 多个语种；内容囊括教育部普通高校全部 71 个二级学科，226 个三级学科（占全部 249 个三级学科的 90%以上）；数据标准和检索标准兼容国际标准。

（二）OCLC 联合编目数据库（WorldCat）

WorldCat 是 OCLC 下 First Search 中由 9000 多个成员馆参加的联合目录数据库。它包括了 400 多种语言及 5700 多万条记录，每条记录中带有馆藏地点，覆盖了从公元前 1000 年至今的资料，基本上反映了世界范围内的图书馆所拥有的图书和其他资料。它的主题范畴广泛，并以每年 200 万条记录的速度增长，且该库每天更新。

（三）NSTL 国家科技图书文献中心

国家科技图书文献中心（https://www.nstl.gov.cn）目录查询是由 NSTL 及其成员单位共同建设的联机公共目录查询的服务系统，提供西文期刊、西文会议、西文图书等文献类型的书目数据查询[1]。

四、网上专题书目信息资源

专题书目又称专题文献书目、参考书目、学科目录等。它是围绕某一学科或课题系统全面地收集文献而编制的书目，对于从事专门或专题科学研究的科研工作者来说，其重要意义是不言而喻的。

五、网上书店书目信息资源

随着互联网的发展，"网上书店""在线书店""电子图书超市"等应运而生，且发展迅猛。网上书店可以被看作是一个无限伸展的书库，可以容纳无限的图书或图片乃至内容，且随时随地可进行检索查询。网上书店的书目信息可以被看作是沟通读者和书店的桥梁。从信息检索角度来看，网上书店能帮助用户检索到特定图书的出版信息，在某种程度上起到了联合书目的作用；有的网上书店还提供书评信息以及绝版图书的信息，并提供二手书供应渠道信息，扩大了书目的功能。

当当网上书店于 1999 年 11 月投入运营，十余年后，当当曾一度占据了线上图书市

---

[1] 董灵燕. 利用书目检索获取网上学术信息资源. 农业图书情报学刊, 2006(3): 93-96.

场份额的 50%以上，图书订单转化率高达 25%，远远高于行业平均的 7%，这意味着每四个人浏览当当，就会产生一个订单；包括平台图书的销售业务在内，当当图书 SKU 总数达到 400 万种，其中 100 万～200 万为外文书，自营图书 SKU 也有 100 万种之多。当当网上书店将所要销售的图书分为 25 大类，并细分二级类目，提供书名、作者、出版社、出版日期等多种图书目录查询功能，同时还为图书馆等大型客户提供特别需要书目数据和格式书目数据的下载服务等。

六、网上出版发行书目信息资源

网上出版发行书目信息资源是由专门出版社提供的，报道其最新出版的新书概况及已经出版的其他图书目录信息资源。由于竞争激烈，国外出版社大多强调自身的出版特色，从而形成了不同的专业分工来占据市场。如 Bowker 公司（http://www.bowker.com）专门出版书目类工具书。

在我国，已有不少大型出版社开发了网上出版发行书目信息资源。南京大学出版社自建社以来，已经累计出版 2 万余种图书，教材、学术专著占 60%以上，千余种图书获省部级以上奖励，正全力打造图书、音像、电子和网络出版等多元化、立体化的出版格局。在南京大学出版社主页上有"图书查询"一栏，用户可以进行书目查询，还可以按分类查询查找其他书目信息。

以上所列出的各类信息资源仅是网上书目类学术信息资源中有代表性的一部分，通过上述列举，我们不难发现，以网络为载体、以现代化技术为手段编制和检索书目信息已是新时代书目信息生存与发展的必然趋势；书目工作实践活动伴随着信息社会的到来也已进入网络书目信息控制的新阶段。因此，书目工作研究的重点也应尽快从传统的书本式、卡片式、印刷式等书目形式，转换到网上书目信息资源的开发和利用中来。

第五节　网络学术信息资源评价与共享

网络信息资源中信息来源的广泛性与信息发布的随意性，使得其在内容极大丰富的同时可能存在大量虚假、冗余的垃圾信息。因此人们越来越关注网络信息资源的质量，对网络信息资源的评价也成为图书情报领域研究的热点之一。而网络学术信息资源作为更加专业化的信息资源，也受到广泛的讨论。

国内外网络学术信息资源评价，在范围上主要涵盖学术网站、开放存取期刊、开放存取仓储、学术博客、Web 页面、开放获取论文、维基百科词条等；在评价视角上，可分为基于信息服务和信息用户两大类型[1]。

罗春荣、曹树金认为评价的标准应当包括三个方面：①内容，包括实用性、全面性、准确性、权威性、新颖性、独特性、稳定性等；②操作使用，包括导航设计、信息资源

---

[1] 朱梦月，杨凌云，周维彬. 开放学术资源评价的新突破——评丁敬达教授的《人文社会科学网络学术信息资源评价理论与方法研究》. 法制与社会, 2019(14): 242-244.

组织、用户界面、检索功能、连通性等；③成本，包括技术支持、连通成本等[1]。王知津、李明珍提到了六条选择评价指标的原则：①针对性，即调查时尽量让调查对象的专业领域与被评价的网站相吻合；②系统性，即评价指标应全面综合地反映被评价的对象；③科学性，即每个指标都应有明确的含义和范围；④实用性；⑤内容第一，即应当把评价网站内容的指标放在一个重要的位置；⑥定性分析与定量分析相结合，使定性和定量指标优势互补[2]。柯平、陈昊琳等提出构建图书馆网站评价的基本标准：内容指标，用于考察网站提供的各类网络信息的情况；外在形式指标；实用指标，从用户的角度出发进行评价；其他指标，针对不同类型图书馆建立可替换的评价项[3]。丁敬达论述了人文社会科学网络学术信息资源服务者采选评价的基本原则，进行了评价体系的整体构建，提出五个层面的评价指标，分别是：政治标准；内容质量，包括权威性、准确性、客观性、时效性、覆盖面；服务水平，包括信息规模、学术含量；来源特征；外界利用，包括作者引用、读者关注、网络链接[4]。

目前对网络信息资源的评价，大部分以定性评价方法为主，从主观的角度对网络信息资源作出评价，所以这些评价方法的结果存在一定的局限性，现有研究也存在一定的问题：评价标准比较主观，评价方法的合理性和可信性有待商榷；网络资源评价工作不能与急剧增加的网络信息资源同步；统一的网络信息资源评价标准体系不能满足信息用户个性化的信息需求；现行的网络信息资源评价指标体系不够规范准确，也没有统一的标准，有待学术界进一步商讨[5]。然而，高质量的网络学术信息资源都具有一些共同特性，它们都可以通过较为简单容易理解的检索方法快速准确全面地被用户获取，且格式与内容都能被用户接受。

网络学术信息资源评价除了应具备网络信息资源评价的一般原则如科学性、系统性、可操作性等外，还应具备一些更具针对性和专业性的原则。

1. 内容的准确性和学术性

高校师生、科研人员等查找利用的信息资源主要是为满足日常教学科研的需要，对信息的质量要求较高。因此应选取具备本学科的前沿发展水平和发展动态的网上学术信息资源。内容的学术性和准确性应是首先考虑的重要指标。

2. 发布者的可信性

检索学术信息资源时，用户一般先从专业性强、权威可信的发布方寻找。如选择图书资源时，著者、出版社是一个重要参考因素；选择期刊时首选核心期刊。在评价网络

---

[1] 罗春荣, 曹树金. 因特网的信息资源评价. 中国图书馆学报, 2001(3): 45-47, 52.

[2] 王知津, 李明珍. 网站评价指标体系的构建方法与过程. 图书与情报, 2006(3): 45-52.

[3] 南开大学中国图书馆网站评价研究组, 柯平, 陈昊琳, 等. 图书馆网站评价的基本理论问题. 国家图书馆学刊, 2009, 18(3): 30-36.

[4] 丁敬达. 人文社会科学网络学术信息资源评价理论与方法研究. 武汉: 武汉大学出版社, 2017.

[5] 郭明珠, 吕俊生, 张佳宁. 国内网络信息资源评价研究新进展述评. 图书馆学研究, 2010(18): 2-6.

学术信息资源时,信息的制作和发布者同样也是一个重要的考虑因素。权威信息中心或情报机构、本学科学术刊物的出版单位、著名学术研究机构所制作发布的网络学术信息比其他信息更加引人瞩目,其信息使用频率也高于普通研究者发布的信息。

3. 信息资源的稳定性

学术研究通常耗时良久,过程艰辛而曲折,对于学术信息资源的需求也具有连续性和持久性,这就要求网络学术信息发布的连续性和学术内容的延续性。数字化印刷型文献、网络数据库都是比较稳定可靠、方便存取的网络学术信息资源。

4. 信息资源的可利用性

对于从事各项研究的高校师生、科研工作者来说,每天都需要面对大量的专业文献,且需要时时保持对本专业最前沿研究趋势的敏感度,因此网络学术信息资源能否方便使用,是否符合专业人员查找相关文献的习惯,是否允许多种访问工具在较短时间内进入并搜索到所需的最新资料是应当重点考虑的方面。

随着网络通信技术的兴起与快速发展,传统学术传播模式受到很大的影响,学术传播体系出现急剧的变化,涌现出许多新的基于网络进行交流共享的学术传播模式[1]。传统的技术条件下,学术交流主要通过物质载体的共享,也即文献共享,来实现信息资源的共享。这种共享只能是在一定的时间、空间范围内实现的有限共享。而计算机网络本身具有的高速、动态的特性,能随时随地给用户提供大量的信息资源。数字化技术令文献的复制变得简单,网络传输与无线通信使得地域和时间不再是阻碍,跨时空的信息资源共享得以实现。目前,图书馆数字化以及文献资源的共建共享已成为一个国家图书馆事业发展水平的重要标志,同时也是实现图书馆现代化、实现世界文献资源全面共享的重要基础。

然而在网络学术信息资源的共享过程中,还存在着一些障碍和问题。

1. 信息爆炸与信息污染

一方面,由于信息发布的便捷性和随意性,网络信息资源一直处于爆炸式增长状态,由于不同地域不同人群以及不同的设备创造的信息资源都可以自由进入网络,且文献信息资源的入网也不规范,因此网络上的信息是十分巨量且庞杂的。另一方面,由于网络世界的自由和开放,信息传递变得无序和失控,垃圾信息、虚假广告等无用的信息占据了大量网络信息资源,降低了有用信息的传递速度,导致信息污染且用户对真实信息的信任程度降低。

---

[1] 黄凯文, 刘芳. 网络环境下科学信息资源的公开与共享——试析网络学术传播的"公开获取运动". 农业图书情报学刊, 2005(5): 38-42.

2. 缺乏协同合作机制

受传统技术条件下的学术资源信息共享观念影响，许多机构单位的网络学术信息资源建设都是各自为政，由于缺乏分工合作，大量网络信息资源被重复建设，造成人力、物力、财力的巨大浪费。而各部门应尽快意识到，网络环境下信息传播共享的成本大大降低，只有建立起协调合作机制，实现网络信息资源的共建共享，才能发挥网络跨时空资源共享的优势，实现合作共赢。

3. 标准化程度不高

资源共享的前提和基础是规范化的接口和统一的技术标准。目前，数据库等学术型网络信息资源的标准化进程依旧缓慢，许多单位机构在起始阶段都按照自己的标准开始数据库建设，导致后来的数据库应用受到严重限制，许多数据库之间不能互相交流或交流极少。且在网络信息资源标准化建设研究领域，理论研究开展得较少，能用于实践的标准化建设方案更少，大大影响了标准化建设的进程。

4. 技术设备落后

目前，各类搜索引擎、网站、数据库发展迅猛，可以容纳越来越多的用户同时进行资源共享。但是网站、数据库崩溃或无法进入的现象仍时有发生。在网络运行过程中，由于路窄、人多、入口少，常出现网络通路不畅或不能进入的现象。这实际上是现有的技术手段和设备条件无法与迅猛发展的网络环境相匹配的体现。技术设备的落后会降低网络信息资源的传递速度，减少单位时间内的信息获取量，提高信息成本，降低信息的使用价值，客观上对网络学术信息资源的共享形成障碍。

网络学术信息资源的共建与共享是全球化发展环境下必然的趋势。在信息资源共享过程中，除了要解决上述问题之外，还应注意版权保护。目前，国内外司法实践已反映出网络环境下版权保护的趋势与模式，网络信息著作权相关法案正在逐步完善。未经许可擅自传播版权作品、未经授权连接版权作品、破坏版权管理信息、破坏技术保护措施等均属于侵权行为。这要求互联网用户应在遵纪守法的前提下，开发利用并共建共享信息资源，也只有这样，才能真正充分地利用好网络学术信息资源。

第十一章 大数据中的目录学

随着通信技术的飞速发展，物联网、云计算、移动互联等新兴技术的出现，大数据已经渗透于人类工作和生活的方方面面，图书馆数据量迅速增长。分析挖掘复杂、多样的非结构化数据，整合重构图书馆数字信息资源，可以显著提升图书馆信息服务能力。利用大数据，可以建立更加灵活的、智能的网络化信息资源环境。数据挖掘、知识发现、可视化分析等技术的应用可以使图书馆服务变得更加智能，形成一个智慧的、可控的自适应新型服务体系。大数据的组织与管理离不开目录学思想基础，信息资源的采集、描述、分类、标引和检索等处理过程中都蕴含了目录学原理。目录工作通过对碎片化知识的提炼与整合，完成无序知识的组织、揭示与利用；大数据管理通过对数据的分析与整理，实现大数据资源的重构与增值。知识资源的组织与整序是目录工作的实质，资源结构化是目录学理论的核心理念，目录学是大数据管理的理论基础。

第一节 大数据与目录学

自 1946 年世界上第一台数字计算机发明以来，信息技术的发展为人类开辟了一种前所未有的生活方式，数字技术使我们有可能采集、存储、分析并扩散各类信息。同时，由于人类活动空间与活动类型的丰富，无论是互联网用户，还是移动通信和物联网设备，抑或是科学研究项目，每时每刻都在产生海量新的数据。数据是通过数字化手段记录的信息，而通常具备规模巨大、种类繁多、处理速度快和价值密度低等特性的可被认为是大数据。非结构化数据是大数据的主要组成部分，这些非结构化数据中蕴含着有价值的信息。

作为一门能够科学揭示与有效报道文献信息的学科，目录学可以解决巨量文献与人们对其特定需要之间的矛盾。信息时代数量庞大的信息资源爆炸式增长，却没有得到及时有效的组织，信息的分布愈加呈现出无序化的特性。同时，用户需求日益即时化、多元化、个性化，目录学研究为解决日益增长的用户信息需求有序化与信息提供无序化之间的矛盾提供了一个可行的解决方案。

挖掘非结构化数据中隐藏的信息，重构数字信息资源，是图书馆在飞速发展的信息环境中增强核心竞争力的重要举措。大数据管理的核心是对数据资源进行整序，目录学理论的核心是对知识资源进行组织。从这个角度上说，大数据管理和目录学理论有着相似的核心理念，都是资源结构化。无论是在基础理论还是在实践经验中，大数据中均有着目录学思想的存在。

一、大数据

"大数据"一词起源于20世纪的美国，1944年，卫斯理安大学（Wesleyan University）的图书馆馆员Rider在其出版的著作 *The Scholar and the Future of the Research Library* 中提到，美国大学图书馆的藏书量平均每16年翻一番[1]，并预测2040年的耶鲁大学将需要超过6000英里的书架来放置藏书[2]。虽然没有预测到图书馆文献数字化，但他却准确预言了几十年后的信息爆炸现象。1980年，美国社会学家Tilly在工作论文中首次使用了"big data"一词，该文后于1984年发表，但文中的"big data"与如今"大数据"一词的含义相去甚远[3]。1990年，美国计算机科学家Denning引入了一些与大数据有关的概念，并提到可能会制造出可以在没有理解模式含义的情况下识别或预测数据中的模式的机器，这样的机器最终可能以足够快的速度来处理实时数据流[4]。1997年，Cox和Ellsworth合作发表的论文成为美国计算机协会数字图书馆（ACM Digital Library）中首次使用"big data"一词的文章，认为可视化为计算机系统带来了一个有趣的挑战：数据集通常十分大，耗尽了主存储器、本地磁盘甚至远程磁盘的容量，这被称为大数据问题[5]。随后，美国计算机科学家、硅图公司首席科学家Mashey在题为"Big Data and the Next Wave of Infrastress"的讲座中，将大数据定义为数据存储密度的快速增长。之后，经济学家Diebold在发表的学术论文中首次将"big data"引入社会科学，指出包括社会科学在内的很多学科都被迫面对并且经常得益于"大数据"现象，同时解释大数据是指可用的和潜在的相关数据的数量（有时是质量）激增，这很大程度上是由于数据记录和存储技术的空前进步[6]。这也是"big data"一词首次被赋予了我们今天所理解的"大数据"的含义。

IBM以5V（volume, variety, value, velocity, veracity）来描述大数据的五大特征，其一指数量（volume）巨大，即大数据采集、存储和计算的起始计量单位都非常大，其存

---

[1] Rider F. The Scholar and the Future of the Research Library. New York: Hadham Press, 1944: 3.

[2] Rider F. The Scholar and the Future of the Research Library. New York: Hadham Press, 1944: 12.

[3] Tilly C. The old new social history and the new old social history. Review, 1984, 7(3): 363-406.

[4] Denning P J. Saving all the bits. American Scientist, 1990, 78(5): 402-405.

[5] Cox M, Ellsworth D. Application-controlled demand paging for out-of-core visualization // Moorhead R, Johnston N, Rhyne T M, et al. Proceedings of the 8th Conference on Visualization 97. Washington: IEEE Computer Society Press, 1997: 235-244.

[6] Diebold F X. "Big data" dynamic factor models for macroeconomic measurement and forecasting // Dewatripont M, Hansen L P, Turnovsky S J. Advances in Economics and Econometrics: Theory and Applications, Eighth World Congress. Cambridge: Cambridge University Press, 2003: 115-122.

储单位由传统的 MB、GB 上升至 TB 乃至 PB 层面；其二指类型（variety）多样，不仅包括结构化数据，也包括半结构化和非结构化数据，网络日志、图片、音视频文件、地理位置信息等都涵盖在内，类型繁多的数据对数据的处理能力提出了更高的要求；其三指价值（value）较低，即信息是海量的，但由于充斥着大量重复和无效甚至虚假的信息，有效信息较为分散，导致其价值密度相对较低，因此，如何将已有的结构化数据、半结构化数据及非结构化数据进行整合分析，挖掘稀缺数据，缓解信息爆炸带来的"到处是水，却没有一滴水可喝"的矛盾，是大数据时代最需要解决的问题；其四指速度（velocity）较快，数据的产生、获取和传播技术的飞速发展导致数据量呈几何指数增长，因此对数据处理的速度和效率提出了更高的要求，以保证其时效性，对激增的海量数据的快速处理要求是大数据处理技术的关键特征；其五指准确性（veracity）高，大数据时代的数据具有量的优势，但同时还要求有质的保证，即要求数据具有准确性和可信赖性。

通常情况下，大数据被分成结构化、半结构化和非结构化数据三种类型。结构化数据是存储在数据库里，严格地遵循数据格式与长度规范，可以用二维表结构来进行逻辑表达和实现的数据；非结构化数据通常指无法结构化的数据，与结构化数据相对，不适合用数据库二维表来实现，包括图像、音频和视频信息等，非结构化数据往往伴随着传感器技术的发展和社交网络的应用而迅速生产和传播；半结构化数据则是介于结构化数据和非结构化数据之间的一种数据类型，具有一定的结构性，但和具有严格理论模型的关系数据库的数据相比更具有灵活性。绝大多数的数据都是以半结构化或非结构化形式存在的。

二、现代目录学研究的基点——书目信息理论

书目信息（国内学术界也称书目情报）理论起源于 20 世纪 50 年代的美国。1952 年，Egan 和 Shera 在合作发表的论文中提出了"书目交流"（bibliographic communication）理论，这正是书目信息理论的启蒙思想[1]。其间，Shera 和其他美国学者也曾多次在发表的论文中使用"书目信息"（bibliographic information）这一术语，虽然未对"书目信息"的具体定义作出解释，但该词逐渐发展成为与"书目交流"意义相近，甚至可以互为替代的术语。书目信息理论在 20 世纪 70 年代的苏联得到了充实和发展。巴尔苏科等在《苏联目录学状况、问题与前景》中指出书目的一般理论就是书目信息的理论[2]。随后，科尔舒诺夫详细阐述了"书目信息"这一概念，并定义"书目信息"是在文献交流体系中发挥检索、交流和评价功能的，关于文献的信息[3]。书目信息理论使目录学研究的基点从具体的书目文献转向了书目文献中的信息。书目信息理论在 20 世纪 80 年代中期被引入中国，彭斐章在《世纪之交的目录学研究》中指出，现代目录学是研究书目情报运动

---

[1] Egan M E, Shera J H. Foundations of a theory of bibliography. Library Quarterly, 1952(2): 125-137.

[2] 巴尔苏科, 卡尔叔诺夫, 王锦贵. 苏联目录学状况、问题与前景. 四川图书馆学报, 1983(3): 22-33;1983(4): 53-70;1984(2): 56-73.

[3] 科尔舒诺夫. 目录学普通教程. 彭斐章, 李修宇, 赵世良, 等译. 武汉: 武汉大学出版社, 1987: 16.

规律的一门科学[1]。书目信息理论的出现与发展结束了国外目录学以具体书目成果为核心的历史，成为现代目录学研究的一个基本概念，是新时期目录学研究的基点[2]。书目信息理论的诞生，使目录学的研究与揭示对象从文献整体转移到知识单元。

书目信息理论是目录学理论的彻底革命，是传统书目工作迎接新技术革命挑战中产生的新思想。在这个理论的建立过程中，"书目交流""书面交流""书目组织""书目情报""书目信息"等新的术语随之产生，产生了新的"目录学"术语，与原有的"目录"术语相区分，为书目信息理论的建立理顺了术语关系，奠定了术语基础。当信息、交流和现代技术这三个书目信息理论的影响因素交织在一起并与书目活动相结合时，传统的微观书目研究就上升到现代宏观书目信息的研究，由此，书目信息理论就是研究在科学交流、信息交流体系中书目信息存储和传递规律的理论[3]。

柯平运用香农的通信系统模型、范诺通信系统模型和信息熵等信息理论分析了书目情报的本质，认为书目文献是书目情报的载体，书目情报是关于文献的语义信息传递，其目的在于增强文献信息的有序性，其实质是文献语义信息传递的有序化。并指出，由信息理论发展而来的书目情报理论是现代目录学的基础理论，以信息理论为基础的现代目录学将向信息化方向发展[4]。书目情报系统处理的主要对象是作为知识结晶的文献，因此，使文献信息序化的过程本质就是对知识的结构性重组，即知识组织[5]。书目情报作为现代目录学研究基点，体现了信息时代目录学的本质特征[6]。在书目情报理论的指引下，目录学开始了由传统向现代化过渡的革命。

三、书目信息活动的实质——知识组织

知识组织的研究是在图书与情报学的分类系统、主题词表、叙词表的基础上发展起来的[7]。1929 年，美国图书馆学家、分类法专家 H. E. Bliss 在他的著作 *The Organization of Knowledge and the System of the Sciences* 中提出了"知识组织"的概念。1989 年，以促进各种形式的知识组织在各领域的研究、发展和应用为使命的国际知识组织学会（International Society for Knowledge Organization, ISKO）成立[8]。

关于知识组织的定义，蒋永福认为，知识组织是指为促进或实现主观知识客观化和客观知识主观化而对知识客体所进行的诸如整理、加工、引导、揭示、控制等一系列组织化过程及其方法。知识组织的任务是寻求抑制知识存取无序化的方法，其目标是使知

---

[1] 彭斐章. 世纪之交的目录学研究. 图书情报工作, 1995(2): 1-5.
[2] 王友富. 80 年代以来我国书目情报理论研究之进展. 图书情报工作, 2000(12): 16-22.
[3] 柯平. 国外书目情报理论. 图书馆工作与研究, 1992(2): 25-28.
[4] 柯平. 试论以信息理论为基础的现代目录学. 图书情报知识, 1994(2): 22-25.
[5] 王友富, 王心裁, 黄正雨. 知识组织智能化与现代目录学的发展. 图书情报工作, 1999(12): 3-8.
[6] 彭斐章, 付先华. 20 世纪中国目录学研究的回眸与思考. 图书馆论坛, 2004(6): 5-10, 57.
[7] 刘柏嵩. 学术型大数据知识组织与服务模式研究. 杭州: 浙江大学出版社, 2018: 20.
[8] ISKO. International society for knowledge organization. https://www.isko.org/about.html [2020-03-25].

识（资源）处于有序化状态，并提供有序知识，保证客观知识主观化过程的顺利进行[1]。也有学者从广义和狭义角度定义知识组织，认为狭义的知识组织是指文献的分类、标引、编目、文摘、索引等一系列整序活动，广义的知识组织则是知识因子（节点）的有序化和知识关联（节点间的联系）的网络化[2]。马费成等指出，知识组织是揭示知识单元（包括显性知识因子和隐性知识因子）、挖掘知识关联的过程或行为，从而快捷地为用户提供所需有效的知识或信息[3]。

书目信息是关于文献的效用信息，书目信息的传递需要对文献信息进行序化。王友富等分析了知识组织智能化与现代目录学的关系，认为现代书目情报活动的实质与核心是知识组织，知识组织智能化是数字时代目录学的基本特征[4]。数字时代目录学研究的逻辑起点是信息资源揭示，并使其信息有序化，在此基础上完成信息开发利用职能[5]。彭斐章指出，对无序网络信息资源进行整理和揭示已经成为中国目录学研究的新任务[6]。

信息组织是使信息从无序集合转变为有序集合，将信息转化为信息资源或将潜在的信息资源转化为显性信息资源的过程[7]，是信息管理活动的核心和基本环节[8]。信息的开发、使用与管理都离不开信息组织，信息组织是目录学的方法论。书目信息系统通过对文献的分析和综合处理，降低信息熵值，提高文献信息有序度，从而提供给用户序化的信息。文献是知识的结晶，书目信息系统使文献信息有序化的过程本质上是知识组织，这是对现代书目信息活动内在本质的揭示。在现代信息化社会环境下，信息组织贯穿在图书馆学、情报学领域的大数据研究中。

四、目录的知识地图属性

知识地图亦被称作认识地图或认知地图，这一概念最早由行为主义心理学家 Tolman 提出[9]。英国情报学家 Brookes 主张在情报学领域引入知识地图原理来组织知识，他基于哲学家 Popper 在 1972 年出版的 *Objective Knowledge: An Evolutionary Approach* 一书中提出的"三个世界"理论，认为通过对文献中的逻辑内容进行分析和组织，人类的知识结构可以绘制成以各种单元为节点的知识地图。借助"认识地图"揭示的知识点间多维立体的有机结构线索，用户可以更方便、更充分地利用知识资源[10]。

知识地图是一种能在语义和知识层次上描述知识的模型，目的在于以一种通用、直

---

[1] 蒋永福. 图书馆与知识组织——从知识组织的角度理解图书馆学. 中国图书馆学报, 1999(5): 19-23.
[2] 王知津, 王乐. 文献演化及其级别划分——从知识组织的角度进行探讨. 图书情报工作, 1998(1): 4-7.
[3] 马费成, 宋恩梅, 赵一鸣. 信息管理学基础. 3版. 武汉: 武汉大学出版社, 2018: 202.
[4] 王友富, 王心裁, 黄正雨. 知识组织智能化与现代目录学的发展. 图书情报工作, 1999(12): 3-8.
[5] 王锰, 郑建明, 陈雅. 数字时代目录学理论体系的形式与内容分析. 图书情报知识, 2015(1): 41-46.
[6] 彭斐章, 付先华. 20世纪中国目录学研究的回眸与思考. 图书馆论坛, 2004(6): 5-10, 57.
[7] 马费成. 信息资源开发与管理. 北京: 电子工业出版社, 2004: 102.
[8] 叶继元. 信息组织. 2版. 北京: 电子工业出版社, 2015: 3.
[9] Tolman E C. Cognitive maps in rats and men. Psychological Review, 1948, 55(4): 189-208.
[10] Brookes B C. The foundations of information science: part IV. information science: the changing paradigm. Journal of Information Science, 1981, 3(1): 3-12.

观的方式来获取、组织与呈现知识，进行知识的快速检索，实现知识的共建共享。知识地图起源于地理上的地图，美国捷运公司绘制的展示知识资源分布的美国地理地图是知识地图的雏形[1]。目前广泛应用于知识管理领域的"知识地图"概念，指的是运用可视化的直观手段使知识在组织成员中有效地传递和共享[2]。中国国家标准有关知识管理的术语部分（GB/T 23703.2—2010）定义知识地图是一种知识导航系统，并显示不同的知识存储之间重要的动态联系，协助用户快速找到所需知识。

知识地图是组织知识资源、指明知识位置的导航系统。知识地图是关于知识的指南，而非知识的仓库，它指向知识但并不包含知识本身。知识地图具有索引的功能，可以被认为是一种清单目录，它显示了可供使用的知识资源及其所在的位置。因此，知识地图可以作为一种工具来评估知识库存，了解尚待开发的知识资源和需要填补的资源空白[3]。

知识地图揭示了知识所在的位置，却不包含知识的具体内容，通过对知识的组织和管理，方便用户按图索骥，可以看作是知识的索引。目录工作的任务就是组织知识，使分散的知识有序化，这种有序的知识系统就是一幅完整的知识地图，在揭示报道文献的同时，用户也可以有效检索、获取和利用文献。具体来说，知识地图所组织的知识覆盖范围更广，包括显性知识、人员、方法和过程等一切资源在内的知识，而目录所组织的知识则是文献中蕴含的客观知识。二者的性质都是知识的组织与查询系统，具有类似的组织原理，其目的都是对知识进行有效组织和管理，揭示知识与知识资源，为用户提供知识线索。可以说，目录是知识地图最原始和基本的形式之一，其本质就是知识地图。

第二节 非结构化数据处理

进入大数据时代，伴随着数据成本的下降、新的数据源和数据采集技术的出现，图书馆大数据呈现数量繁多、结构多样和流动性强的特点，图书馆中诸如文本、图片、视频、音频等非结构化数据量急剧增加，这些复杂、多样、异构的非结构化数据对图书馆的信息挖掘和学科服务具有重要的支持作用，图书馆面临着如何有序地管理并利用大量非结构化数据的问题。科学、高效地采集、管理和应用非结构化数据，已成为图书馆在飞速发展的数字信息环境中变革服务模式、提升服务质量的重要助力。

一、非结构化数据处理的基础理论

结构化数据主要指在数据存储和处理过程中结构设计比较合理的数据，这种规律性的特征使后续的查询、分析与处理过程相对容易；半结构化数据则具有自描述的数据模型，缺乏统一的结构限制；非结构化数据没有概念数据模型形式的限制，可以自由表达。

---

[1] 袁永科, 迟远英. 书际经济学. 北京: 现代教育出版社, 2015: 208.

[2] 肖明. 信息计量学. 北京: 中国铁道出版社, 2014: 76.

[3] Davenport T H, Prusak L. Working Knowledge: How Organizations Manage What They Know. 2nd ed. Boston: Harvard Business School Press, 2000: 72.

非结构化数据是当今大数据的主体部分,对它的处理是大数据分析技术的难点和重点,也是提升大数据价值挖掘深度的必要条件。

在2018年中国人工智能大会(CCAI 2018)上,美国伊利诺伊大学香槟分校的韩家炜教授指出,无结构"大数据"成为效用"知识",需要经过数据结构化过程。由结构化数据生成的"知识"十分强大,其前置步骤——从非结构化数据中挖掘隐藏的结构,将原始的非结构化数据处理为具有高潜在价值的部分结构化数据十分重要。因此,要进行大数据挖掘,数据结构化是首先要解决的问题。

大数据处理的相关技术主要包括大数据采集、提取、结构化处理、语义分析技术、大数据分析的模型与算法等。结构化处理是在分析挖掘之前对原始数据进行处理的过程,包括词汇切分、词性识别、歧义处理等;大数据分析的模型与算法是大数据分析技术的核心之一,主要涉及向量空间模型、概率模型、分类算法和聚类算法等[1]。

二、图情领域非结构化数据处理研究

非结构化数据蕴含着丰富的信息,在图书馆学、情报学领域,通过挖掘非结构化数据中的隐藏价值,可以为图书馆读者服务和管理决策提供支持。大数据处理是实现大数据检索、分析与利用的前提。对非结构化数据进行处理,从而科学和高效地管理和应用非结构化数据,根据用户需求调整信息资源结构,已成为大数据时代图书馆转变信息资源建设观念、改进资源服务模式、提高读者服务质量和加强核心竞争力的重要内容[2]。

大数据时代,多类型数据的处理与利用水平是图书馆间竞争的关键因素,对大量复杂数据进行分析的技术与工具的需求也更加迫切。用户信息行为等非结构化数据对于发现关联规则、内容分类和用户聚类的需求,以及提高个性化推荐的精度等极具参考价值。图书馆应用智能化技术进行复杂的数据收集及处理工作,在提高工作效率的同时,也完成了对海量信息数据的智能抓取、关键词抽取等人工难以实现的工作需求;图书馆智能化技术、工具和平台的使用让用户所产生的各类非结构、半结构化数据为图书馆的智能化决策提供分析参考成为可能;图书馆服务智能化程度的提高也有利于知识的利用,促进隐性知识向显性知识的转变,便于知识的发现、挖掘与组织[3]。

魏浩认为,对非结构化数据予以组织至少会在信息查询、工作效率、入职培训、办公开支、读者关系、员工利益等方面带来好处,分类法是图书馆信息门户中非结构化数据的组织工具,可以把分类法看作经过整理的图书馆内容列表和内容目录。在内容管理过程中,可以使用系统分类的标准术语统一信息资源的分类和标识;在内容管理工作流中,内容管理员通过提供分层类别列表来推行分类结构。魏浩还提出了一个在图书馆信息门户中构建分类法的步骤,其中包括三项重要的步骤:创建关于图书馆现有内容来源

---

[1] 曾剑平. 互联网大数据处理技术与应用. 北京:清华大学出版社, 2017.
[2] 陈传夫, 钱鸥, 代钰珠. 大数据时代的数字图书馆建设研究. 图书情报工作, 2014, 58(7): 40-45.
[3] 韩翠峰. 大数据时代图书馆的服务创新与发展. 图书馆, 2013(1): 121-122.

的列表，创建分类表简表，对分类表简表中各类目进行扩充[1]。曹霞构建了非结构化大数据的 D-SFSD 管理模式，提出了对与高校图书馆战略发展有关的非结构化大数据进行优化组织与分级管理的设想。优化组织是从独立分散的数据中提炼主题，从格式各异的大数据中形成有意义的知识概念，通过整合重组实现知识之间的关联。分级管理是基于资源的价值差异，将不同层级的非结构化大数据放入相应的存储级别，建立数据的索引库和倒排档，以便查找[2]。郭春霞构建了适合高校图书馆的非结构化数据的融合分析流程，通过数据拆分、数据记录滤重和数据统计，进行主题拆分、整合和归类，将非结构化的自由文本转为结构化、语义化的情报资源[3]。

图书馆拥有的数据量在不断增长，但能够分析利用的数据比例却不断降低，因此，要充分管理各种结构化、半结构化和非结构化数据，重视非结构化数据持久化处理及深度分析的技术及解决方案，建立软硬件一体化集成的数据及知识处理流程的大数据综合解决方案，提高图书馆可用数据比例，加强知识服务的智能辅助决策能力[4]。

三、非结构化数据处理中的目录学原理

对大数据处理的目的是提取海量数据中具有价值的信息，目录学对文献的组织同样是强调文献中的重点内容。目录学的方法论历经了传统的延续与现代化变革。分类和标引是贯穿指导目录学的两大核心思想，分类旨在揭示文献之间的结构关系乃至进一步确立背后的逻辑结构，最终实现检索利用的功能。标引则更多地作用在文献个体层面，旨在分析文献内容和相关外表属性。

分类法是一种传统信息资源组织和揭示的常用方法，是根据某一特定的分类体系和逻辑结构组织和揭示信息的方法，也同样适用于大数据环境下的图书馆数字资源重构。大数据环境下对文本的数据挖掘、非结构化数据的转化等处理过程的核心理念之一是对数据进行分类，然后分别进行处理。在信息技术的推动下，传统的信息组织方法向自动化方向发展，信息组织技术化下产生的自动分类技术就是利用计算机技术对信息按照一定的分类体系或标准进行自动分类标记，以处理和组织大量文本数据，是数据挖掘中的关键技术。例如，文本分类是计算机依据输入的文本内容按照给定的分类体系通过算法自动判断文本类别的过程。大数据环境下的文本分类有着广泛的应用场景，在人工智能浪潮席卷全球的今天，文本分类技术已经被广泛地应用在文本审核、广告过滤、情感分析等自然语言处理领域。

标引是通过对文献或信息资源的分析、提炼和总结，选用准确的检索标识，以反映文献或资源内容的过程。标引是文献处理中的重要环节，是信息存储与检索的依据，对信息检索效果会产生决定性的影响，也是目录产生的基础。大数据时代，为有效组织数

---

[1] 魏浩. 图书馆信息门户中非结构化数据的管理. 情报资料工作, 2005(2): 41-43.
[2] 曹霞. 高校图书馆非结构化大数据的 D-SFSD 管理模式研究. 图书馆学研究, 2014(1): 57-60.
[3] 郭春霞. 大数据环境下高校图书馆非结构化数据融合分析. 图书馆学研究, 2015(5): 30-34.
[4] 樊伟红, 李晨晖, 张兴旺, 等. 图书馆需要怎样的"大数据". 图书馆杂志, 2012, 31(11): 63-68, 77.

字资源，利用计算机系统自动生成情报检索需要的索引符号的自动标引技术更加凸显了其应用价值。当前人工智能的发展已经迎来第三次浪潮，大数据算法在不断改进，但制约人工智能发展的关键是经过深度"标引"的数据量，而不是未经加工的质量无保证的原始数据量。因此，对数据的专业加工——"标引"可能成为人工智能的核心竞争力。以大数据机器学习方法为例，对大数据的筛选、清洗、标注和索引等专业加工技术的发展程度相较于原始数据量的多少更是制约其发展的关键。

第三节　数字信息资源重构及其策略

大数据环境下，图书馆存在来源各异、形式多样的资源。图书馆不仅需要通过结构化数据了解用户需求，也需要通过半结构化数据和非结构化数据挖掘、分析和预测当下以及潜在的用户需求。图书馆信息化程度的提高和用户信息素养的提高要求图书馆服务由提供简单的数据堆砌转向深度的分析与挖掘，将基础的信息检索与信息组织和信息分析相结合。利用云计算、数据挖掘和语义分析等技术，对包括非结构化数据在内的零散分布的图书馆数字资源进行整合重构，转化为能够高效利用的知识，提升图书馆的信息服务能力，促进资源共享。

一、图书馆数字信息资源重构的基础理论

随着大数据的应用，图书馆开始进入以智慧图书馆为代表的第三代图书馆阶段。与以藏书为中心的第一代图书馆和以开放借阅为代表的第二代图书馆不同，第三代图书馆特征和功能的实现依赖于互联共享的信息环境，将更加注重资源的有机融合。过去知识浓缩在图书里，而现在以数字形式存在的研究数据正逐渐成为学术交流的基本元素，科学研究正在向数字密集型转变[1]。数字化图书所带来的最重要的革命是所有书都不再是孤岛，每一本书中的每一个词都被互相交联、聚合、引用、提取、索引、分析、注释、混合、重组，并且被融汇到比以往更深的文化中。在这个书本的新世界中，每个比特都影响着它的伙伴，每个页面都读懂了其他的页面，每一本书中的每一个词都被互相交联，深入融汇[2]。

陈传夫等提出，图书馆应重视对海量数据的加工处理与管理服务，在云计算等技术的支持下深入开发数字资源，拓展对原始数据的转换、挖掘、组织等新型数据服务功能，从海量数据中提炼有效信息[3]。云计算环境下的信息资源整合是通过各种技术把不同来源和不同通信协议的信息体系完全融合，包括分散异构数据库的整合、应用系统和数字资源的分解和重组、检索方式的组合、多种资源整合技术的合并和协议标准的统一等，

---

[1] 吴建中. 走向第三代图书馆. 图书馆杂志, 2016, 35(6): 4-9.
[2] Kelly K. Scan this book. New York Times Magazine, 2006, 155(53579): 43-49, 64, 71.
[3] 陈传夫, 钱鸥, 代钰珠. 大数据时代的数字图书馆建设研究. 图书情报工作, 2014, 58(7): 40-45.

使不同类型、不同格式的信息资源实现无缝连接[1]。图书馆应充分挖掘知识信息，利用数据挖掘、知识发现和智能搜索等工具技术，通过分析和重组来探索信息资源中隐含的知识，同时可以参考用户需求，对知识内容和结构进行描述、链接和组织，帮助用户构建动态的知识地图和知识组织系统，形成面向需求、快速响应、灵活深入的知识服务机制[2]。

图书馆大数据资源具有海量和复杂的特点，挖掘难度大。对大数据进行聚类、关联、挖掘、重组、融合、分析和深度加工，清楚了解大数据间的复杂关系和隐性知识，准确识别数字资源间的关联关系，是图书馆实现在大数据、语义关联、知识发现、知识展示四个层次递进的重要途径，是数字图书馆从传统的服务向大数据时代读者需求预测、个性化定制服务、知识服务推送、服务质量智能评估与优化等转变的前提[3]。信息资源整合是对每个相对独立的资源系统中的数据内容、功能结构及其相互关系进行聚类和重组，使其优化成为一个具有更高效率的信息资源体系[4]。将海量异构的数字信息资源整合成一个有序的开放系统，实现系统内部和系统之间的资源共享与互操作，是图书馆信息资源组织的一项重要任务[5]。提高图书馆数据分析能力，将数据资源转化为图书馆信息生产力，是大数据时代图书馆行业所面临的重要挑战[6]。泛在信息环境下，用户对隐性知识的需求更加强烈，信息需求由零散、孤立、简单的显性信息向聚集、关联、复杂的知识转变。因此，图书馆信息组织的对象将向着从显性到隐性、从事实数据到知识、从孤立信息到关联知识的方向演进[7]。

二、图书馆数字信息资源重构策略

数字图书馆服务需要结构化信息资源和非结构化数据资源并重，以满足大数据环境下用户的知识需求。针对非结构化资源，图书馆可以通过大数据技术进行整理、收集、分析与挖掘，从非结构化内容中提炼整合出各类数据信息知识，为科学研究提供支持[8]。

吴金红等讨论了智能工具发展环境下图书馆数字资源重构策略，分析未来的数字资源应该是知识微型化、支持动态联结、支持知识进化以及具备情境表征能力的资源。研究提出了两种不同的知识碎片化策略和三种不同的知识碎片动态联结方式：基于组织构架的分解策略、基于主题的分解策略；基于知识检索的联结、基于知识导航的联结、基于知识发现的联结。通过知识碎片化将重点内容分解成众多微型阅读材料，可以方便用户利用碎片化时间学习；通过知识碎片动态联结构建知识单元网络，在个体知识单元不

---

[1] 王长全, 艾雰. 云计算环境下的数字图书馆信息资源整合与服务模式创新. 图书馆工作与研究, 2011(1): 48-51.
[2] 吴燕, 张志强. 泛在智能与图书馆的未来发展. 情报科学, 2007(1): 25-29.
[3] 陈臣. 基于大数据的图书馆数字资源重构与融合研究. 现代情报, 2016, 36(8): 10-13, 20.
[4] 王翠萍. 试论个性化服务的信息资源整合. 情报资料工作, 2005(4): 37-40.
[5] 毕荣, 范华. 泛在环境下图书馆信息资源组织特征趋势研究. 四川图书馆学报, 2013(4): 34-36.
[6] 马晓亭. 大数据时代图书馆数据可用性: 价值、挑战和保障. 图书馆理论与实践, 2014(10): 5-8.
[7] 欧阳剑. 泛在信息环境下图书馆信息资源组织探讨. 图书情报工作, 2011, 55(19): 68-72, 124.
[8] 叶文伟. 大数据趋势下数字图书馆信息服务的影响. 兰台世界, 2016(7): 54-56.

能满足用户需求的情况下，可以为用户提供网络化的系统知识[1]。陈臣对大数据环境下图书馆数字资源的重构与融合问题进行研究，提出通过数字资源的融合管理、聚类和重组，揭示隐性知识和大数据间的关系网络，全面挖掘知识和构建知识间的相互联系，是支持图书馆数字资源深度揭示的有效途径。通过数字资源的融合管理和聚类重组来消除数据孤岛，构建海量复杂大数据间的关联，实现资源开放共享和知识融合，是图书馆实现大数据价值二次增值的关键[2]。欧阳剑探讨了泛在信息环境下图书馆的信息资源组织，认为可以通过语义技术，将不同来源、格式和内容层次的信息建立关联，充分运用数据挖掘、数据融合、知识发现、知识组织、智能搜索等多种技术和工具，形成面向需求、适应变化、灵活深入的知识发现机制，更好地满足泛在信息环境中用户信息需求的知识化[3]。张晓林针对信息资源分散组织的现状，提出了一种信息资源的链接与动态重组方式，即在已建立的信息资源体系基础上，专门建立相应的链接机制，有意识地根据用户的具体需求和信息内容的内在关系进行面向用户的信息组织，将有关信息内容链接形成新的信息链或信息集，从而实现信息重组[4]。孙战彪指出，图书馆可以与用户合作进行资源重构，帮助用户建立资源间的语义关联，促进信息资源间的深度整合。通过建立支持知识进化的资源管理模式，协同用户通过评价、标注等方式进行信息资源的创建和管理。同时，用户之间基于某个主题的交流可以促使隐性知识向显性知识转化，更新知识内容或知识表示形式，从而形成促进知识进化的信息环境[5]。

陶新权等提出，可以利用云计算在信息和知识资源的组织、检索与共享等方面的强大优势，特别是选择、评价、分析和整合等环节，利用数据挖掘及知识发现工具，为用户提供信息资源使用方面的指导。在信息组织和加工环节，可以利用云计算技术加工和处理联合编目，全面整合分布式存储构架下的数字资源和信息服务[6]。王长全认为信息资源整合的实现可以概括为数据仓库整合、中介器封装器整合、代理整合等机制类型。数据仓库整合机制将分散异构数据库进行无缝链接形成一个新的有机整体，以便实现更为深入的数据挖掘和知识发现；中介器封装器整合机制将参与整合的信息源转化成结构性更强、语义更清晰的格式，从而适应网络环境下信息源高度自治、数量多、更新快等特点，消除信息资源的异构性；代理整合机制将提高整合效率，增加系统灵活性，使整合系统能更加适应数字资源分布性及异构性的特点[7]。

三、图书馆数字信息资源重构中的目录学方法论

目录是人类信息交流的工具，本质上具有信息系统特征和知识地图属性。信息资源

---

[1] 吴金红, 陈强, 王娜. SOLOMO环境下图书馆数字资源重构策略研究. 图书馆论坛, 2014, 34(4): 64-69, 40.
[2] 陈臣. 基于大数据的图书馆数字资源重构与融合研究. 现代情报, 2016, 36(8): 10-13, 20.
[3] 欧阳剑. 泛在信息环境下图书馆信息资源组织探讨. 图书情报工作, 2011, 55(19): 68-72, 124.
[4] 张晓林. 数字化信息组织的结构与技术(二). 大学图书馆学报, 2001(5): 19-24, 91.
[5] 孙战彪. SOLOMO环境下图书馆信息资源协同建设研究. 现代情报, 2017, 37(12): 110-116.
[6] 陶新权, 孙青, 王亚, 等. 云计算在图书馆中的应用. 大学图书馆学报, 2010, 28(2): 54-58.
[7] 王长全, 艾雰. 云计算环境下的数字图书馆信息资源整合与服务模式创新. 图书馆工作与研究, 2011(1): 48-51.

的采集、描述、分类、标引和检索等处理过程中都蕴含目录学原理，大数据的组织与管理离不开目录学思想基础。虽然二者研究的标准规范和处理方式有所不同，但拥有相似的核心理念。

对图书馆海量数字资源进行重构，挖掘隐性知识、洞察资源间的联结关系，将数据信息价值转化为读者服务保障力，是大数据时代图书馆优化和提升服务的重要举措。信息组织是信息重构和增值的过程，将无序的原始信息集合成一个有序高效的信息集成系统，并提供给用户。信息经过前期的搜集、选择、分析、揭示、标引、描述、加工和排序等环节，形成了信息组织成果，目录正是这样一种信息组织的成果。

随着信息技术的不断发展，大数据的应用越来越广泛，传统以语法为主的信息组织逐渐开始侧重语义、语用信息组织，不再局限于信息整序的过程，而是强调知识之间的关联与融合。大数据环境下，图书馆数字信息资源重构需要加强对各类规模较大的数字信息资源的处理和利用能力。同时，可以利用现代计算机和人工智能技术发展知识组织智能化。通过对信息进行分析、集成、链接和重组等来发现和提取信息资源中所隐含的知识，建立数字信息资源之间的关联，对相关知识的整体性与知识之间的关联进行深层次的揭示，为用户构建一个清晰立体的知识地图，提供更好的知识导航，满足用户的动态需求。

目录学是一门"辨章学术，考镜源流"的学科，除了具有"得便寻检"的基本功能，也是读书治学的门径之学。目录在揭示文献信息的功用特征以外，现代信息技术发展的浪潮赋予了目录对网络信息资源进行描述与报道的新功能，对无序网络信息资源的整理成为新时代目录学研究的议题，对知识的有效组织、揭示、报道、传递与利用成了目录学研究新的使命。目录学研究围绕着知识结构化展开，目录工作通过对碎片化知识的提炼与整合，完成无序知识的组织、揭示与利用。大数据管理围绕着数据结构化进行，通过对数据的分析与整理，实现大数据资源的重构与增值。对知识资源的组织与整序是目录学研究的核心理念，大数据管理同样继承了这一理念。目录工作和大数据管理分别通过对知识资源和数据资源的组织与整序，实现了资源的结构化。

第四节　大数据管理中的目录学机理

目录学是一门致用之学，现代信息技术的广泛应用使目录学研究范围大大扩展，突破了原有的文献揭示和书目编制等范畴。大数据、云计算环境改变了传统的研究工具和利用手段，当代目录学已由单纯地指导读书治学变为研究科学揭示与有效报道知识信息的一门学科。

以书目信息理论为基础建立的现代目录学理论的核心是资源结构化，资源结构化是通过挖掘资源间的关系，利用内容的组织、版面的安排等手段来体现资源间的内在关联，从而实现无序资源有序化。通过对碎片化资源进行结构化关联，揭示信息资源内部的逻辑关系与整体布局。作为一门能够科学揭示与有效报道文献信息的学科，目录学可以解决巨量文献与人们对其特定需要之间的矛盾，目录学也是解决数字时代用户信息需求有序化与信息提供无序化之间矛盾的基础。

目录学是人类获取知识和信息方法的科学[1]，是时代发展的产物，具有明显的时代性和致用性，适应社会的发展是目录学前进的动力。数字时代用户的需求不再局限于馆藏文献，对于图像、视频、音频等多媒体资源的需求日益增加，这些变化对信息资源的整合提出了更高的要求。在信息资源爆炸式增长的今天，目录学研究为无序网络信息资源的整理和揭示提供了解决方案，目录学思想也为利用大数据提供智能高效的信息服务提供了思路。

目录学对大数据管理的指导作用主要有以下几点：

第一，目录以较为系统的方式揭示了知识之间的关系，将不同来源的无序知识进行连接和整合，结合知识地图，还可以对知识的位置进行可视化的标示，为指引人们找到所需知识提供导航和索引。不同领域的人们可通过知识地图高效地定位和获取知识，并有效地共享、学习和利用知识。大数据管理的目的之一则是对大量的无序信息进行有效组织和管理，与目录学的功能异曲同工。

第二，目录指示了知识的位置，是用户进行检索的向导与途径，是对知识的有效集成。利用这一思想，大数据管理也可在语义层次上对不同来源的异构信息建立统一视图，通过统一的术语和概念描述信息及其之间的联系，为计算机自动理解信息语义提供基础，从而支持信息的有效集成和共享。

第三，目录学的分类标引思想是指导文献得到规范化揭示的基础和前提，对大数据资源进行有效的组织、管理、开发和利用可以借鉴分类标引思想，将搜集的数据按照一定的标准或原则进行自动分类标记，从海量数据中提取关键信息，从而实现对数据的深层次挖掘，更高效地利用数据。

第四，目录是对文献进行记录和整序、加以控制与管理，使其便于存储与传递的有效手段，目录是对文献知识的高度提炼和浓缩，具有提纲挈领的作用。目录工作将碎片化的知识结构化地关联起来，从整体上揭示文献的结构布局与内容之间的逻辑关系，将有关的文献信息及时准确地提供给读者。对大数据资源进行分析与重构，建立大数据间的内在关联，通过各领域的共同协作实现大数据组织智能化，完成大数据的重构与增值。

信息环境下，存在于社会空间中的信息数据量迅猛增长，其组成结构、类型格式，甚至存在形态都朝着复杂多样的方向发展。科研方式的变化要求图书馆能够支持数据驱动的研究环境，这对图书馆的信息服务模式和资源建设模式提出了新的挑战。

从内部层面来说，利用大数据，可以为图书馆的图书采购、流通服务以及参考咨询等业务提供参考作用；从外部层面来说，大数据的应用促进了图书馆馆藏资源建设的数字化转型，推动了图书馆更新和完善知识服务模式，也为图书馆拓展服务范围提供了重要技术支撑。

在图书馆管理中合理高效利用大数据，可以帮助建立更加灵活的、智能的网络化信

---

[1] 王子舟. 时代需求与目录学的发展. 图书情报知识, 1998(1): 7-10.

息资源环境。从非结构化数据中提取有效信息，利用云计算、数据挖掘和知识发现等技术，对零散分布的图书馆数字资源进行重构，将信息资源进一步整合，利用聚类分析、可视化分析等技术使图书馆服务变得更加智能，形成一个智慧的、可控的自适应新型服务体系。图书馆的数字信息资源服务将朝着智能化的交互式信息服务模式发展，成为图书馆服务创新发展的主要引擎和推动力。

参 考 书 目

柯平. 1996. 书目情报系统理论研究. 北京: 书目文献出版社.
刘国华. 1997. 书目控制与书目学. 北京: 中国物价出版社.
彭斐章. 1990. 书目情报需求与服务研究. 武汉: 武汉大学出版社.
彭斐章. 1996. 书目情报服务的组织与管理. 武汉: 武汉大学出版社.
彭斐章. 2003. 目录学. 修订版. 武汉: 武汉大学出版社.
彭斐章. 2017. 目录学教程. 2版. 北京: 高等教育出版社.
乔好勤. 1992. 中国目录学史. 武汉: 武汉大学出版社.
朱天俊. 1993. 应用目录学简明教程. 北京: 光明日报出版社.

后　　记

本书内容还存在以下不足。由于存在语言习惯和专业用语的差别，也因为数据库收录范围的局限，在文献调研方面，对国外尤其是近现代有关目录学基础理论研究方面的文献调研广度和深度会存在遗漏和缺陷，即使是已经检索到的信息资源，对于其内容的提炼也有所欠缺，挂一漏万；对于国内外理论体系构建中涉及的一些概念问题的分析和解决不够，比如对于目录学概念的歧义，只是发现了问题，并没有继续分析其产生的原因，并据此提出一个具体解决的办法；对于数字时代目录学的理论基础进行了探讨，并对其与目录学理论体系的关系虽有所挖掘，但是阐述还不够紧密、系统和深入；对于目录学理论体系的形式和内容方面虽有分析和思考，但是并没有展开，这在内容方面尤为明显。总体来说，本书基本上提出了一个数字时代的目录学理论分析框架，而对于分析框架的科学性、分析框架内容的填充，都需要花费大的功夫进一步研究和解决。